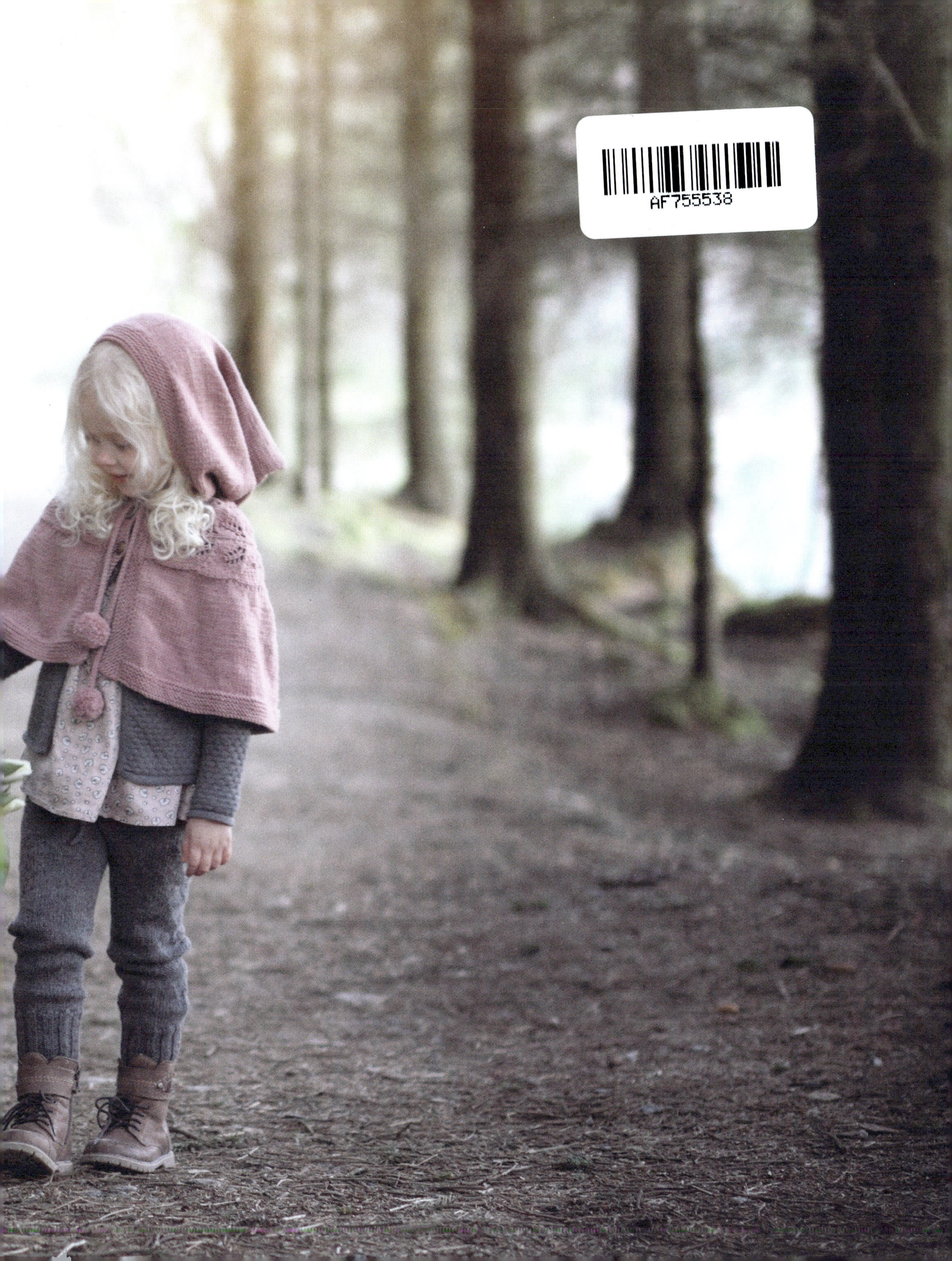

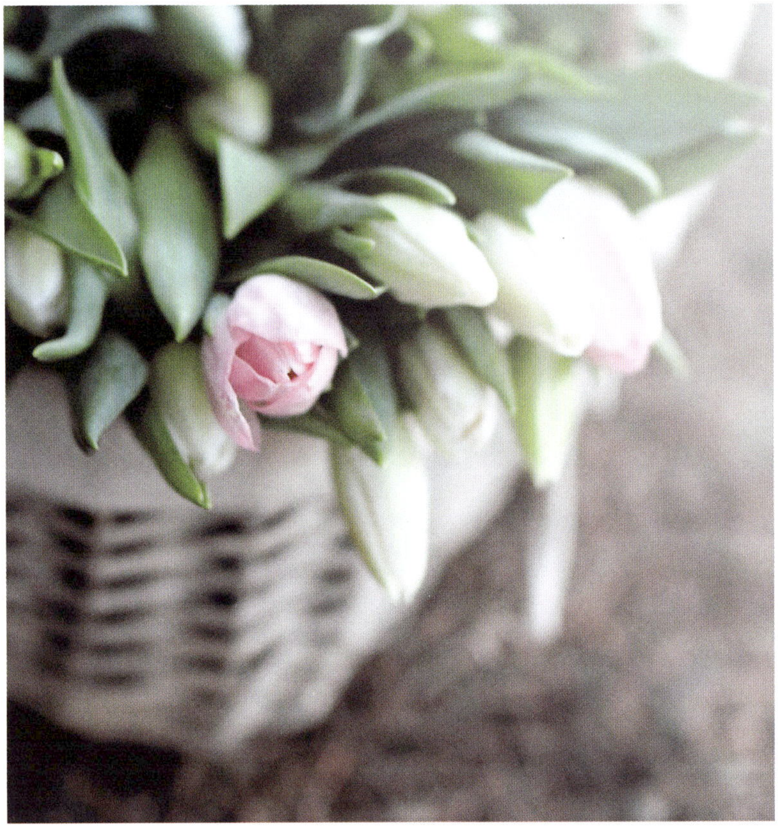

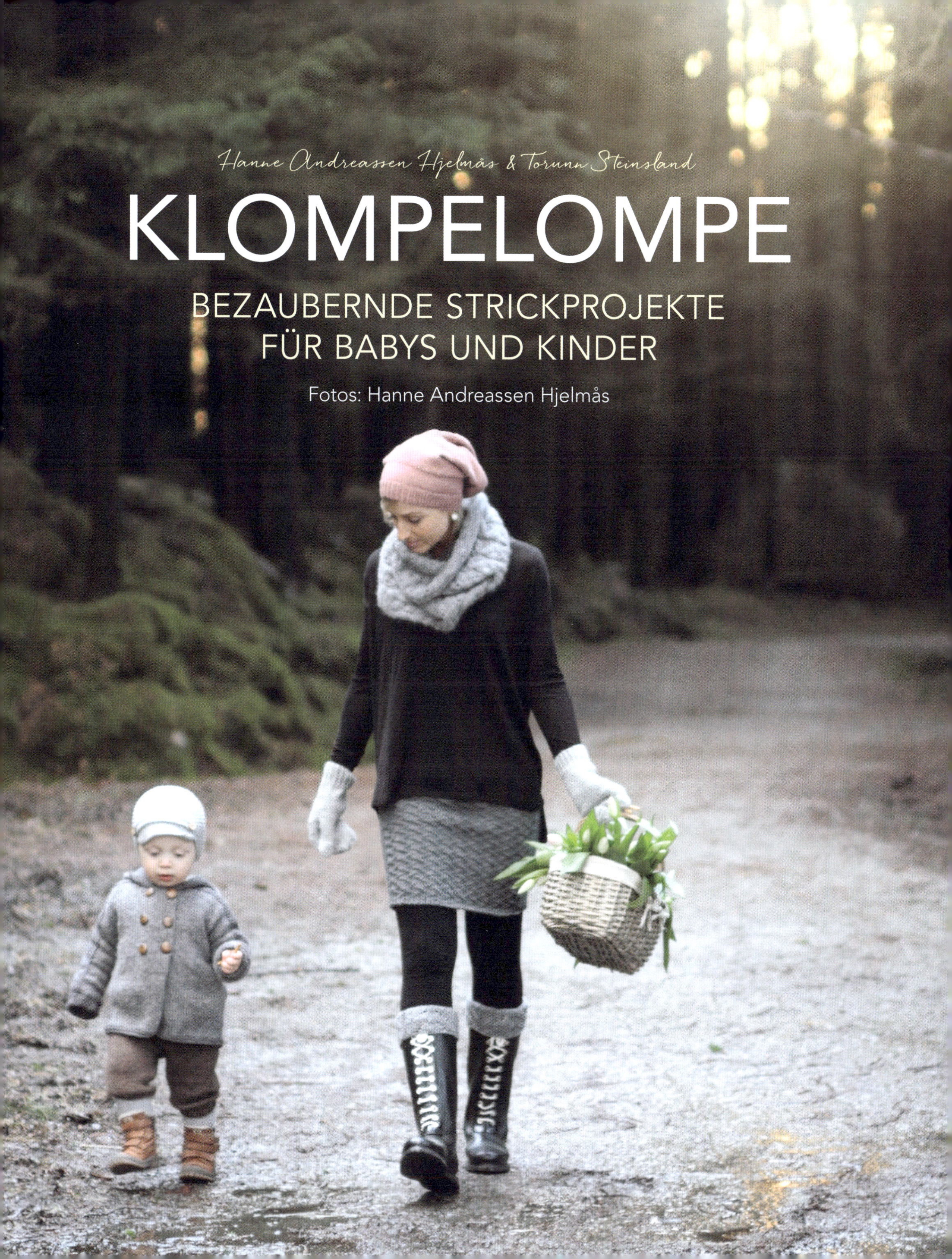

Hanne Andreassen Hjelmås & Torunn Steinsland

KLOMPELOMPE

BEZAUBERNDE STRICKPROJEKTE FÜR BABYS UND KINDER

Fotos: Hanne Andreassen Hjelmås

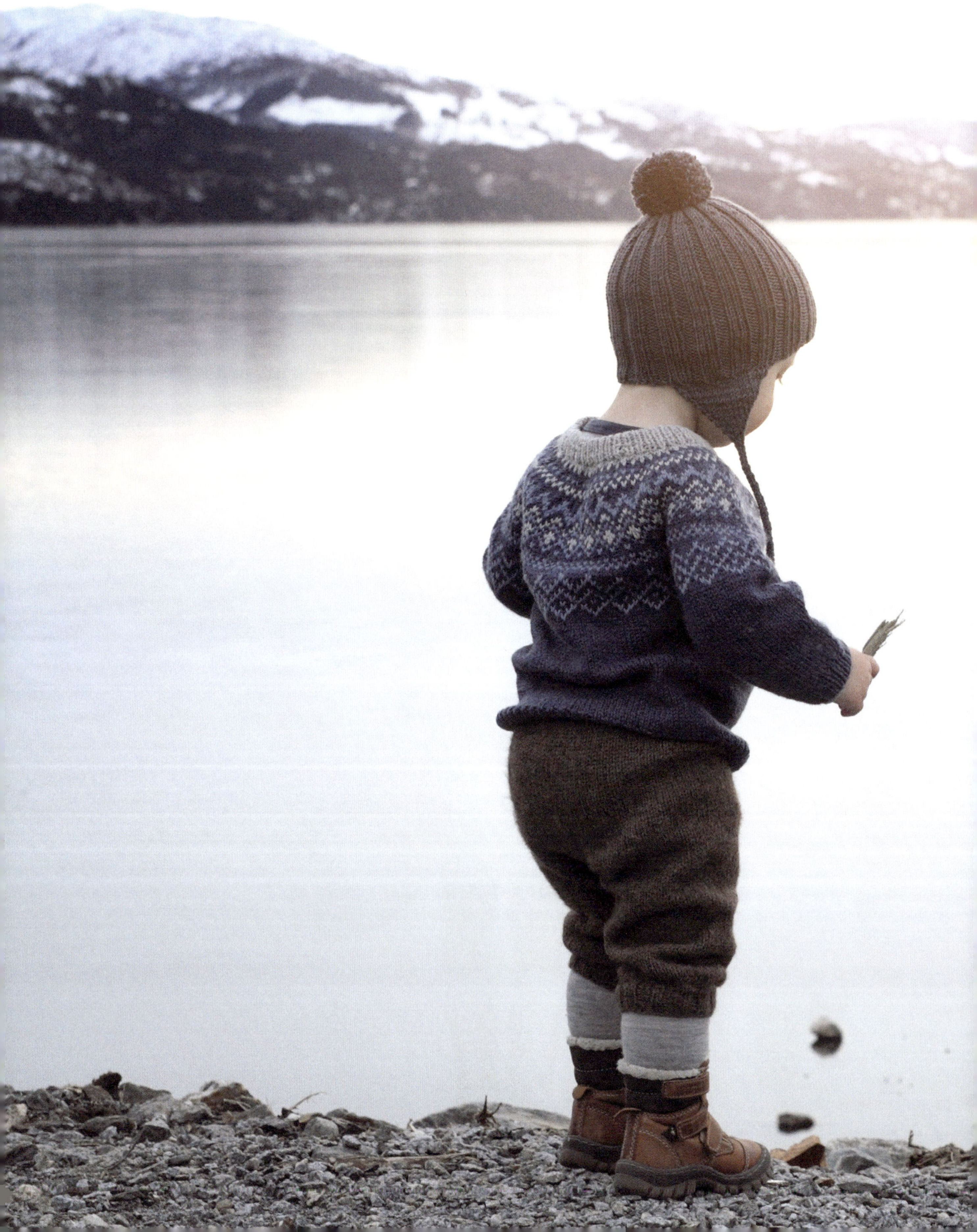

Inhalt

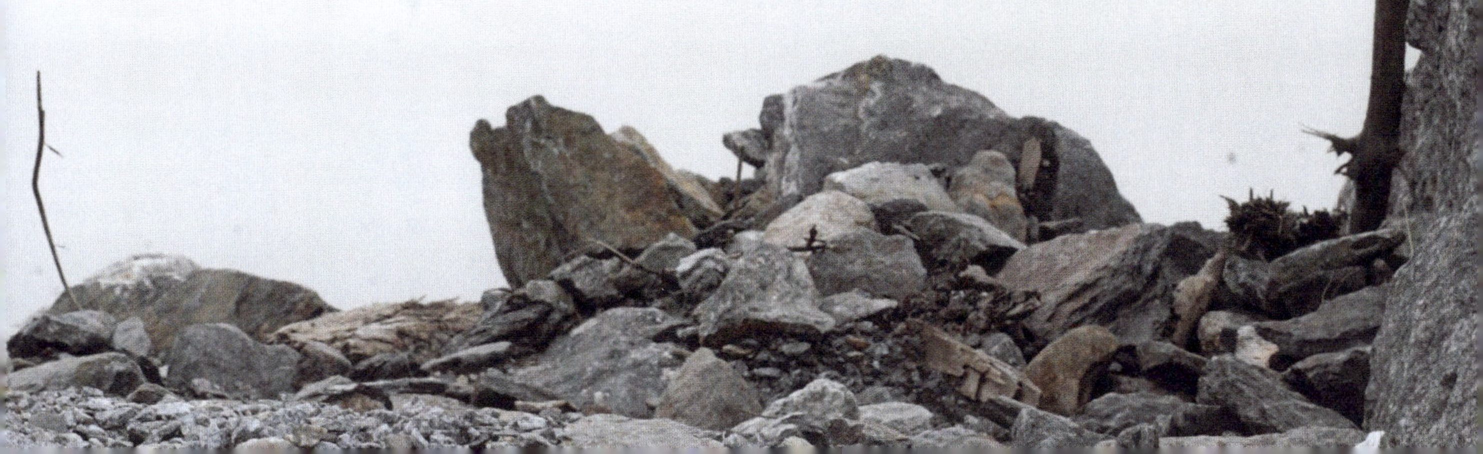

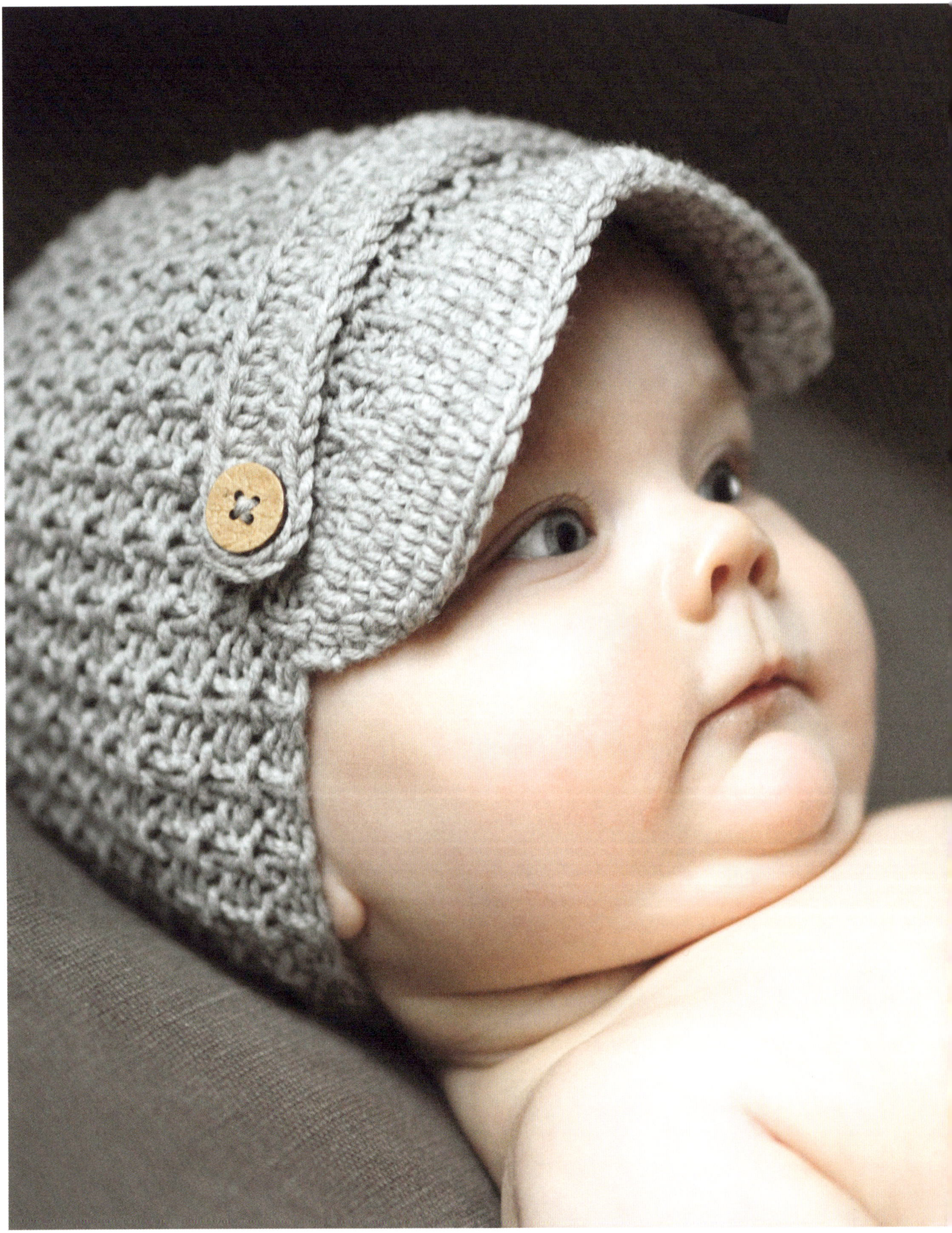

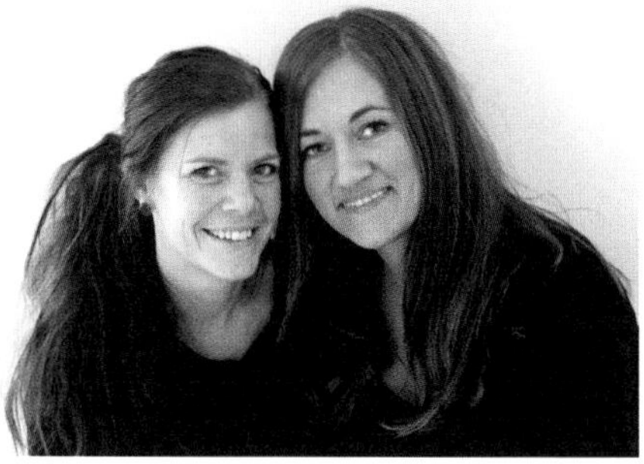
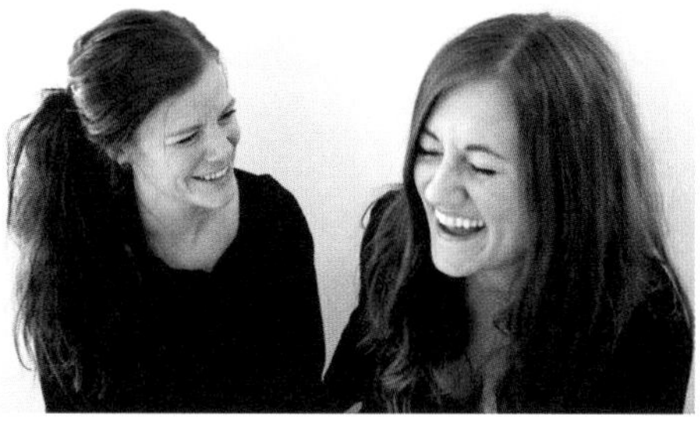
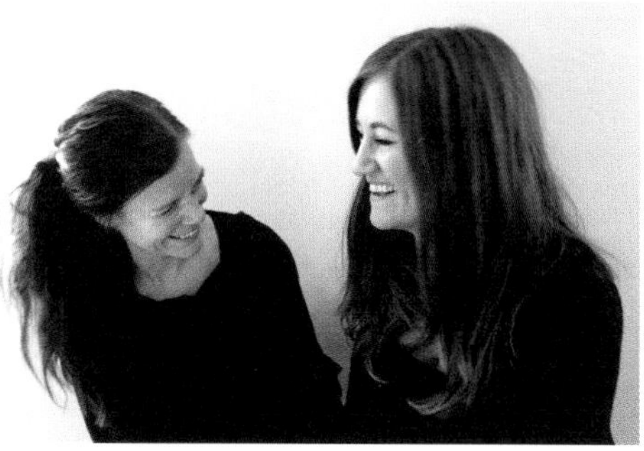

Von der Idee zur Umsetzung

Die Idee für Klompelompe, unseren Blog und Onlineshop, wurde an einem Strickabend im Mai 2012 geboren. Wir haben beide Kinder im Kindergarten- und Schulalter und wir vermissten Strickanleitungen für schöne Mützen mit guter Passform, besonders für Jungen. Also entstand die Mütze Frechdachs, die schließlich unser Markenzeichen werden sollte. Wir erstellten einen Blog, um das, was wir angefertigt hatten, auch zu verkaufen. Die Kleidungsstücke waren sehr beliebt und zu unserem Erstaunen nach nur ein paar Stunden ausverkauft. Weitere Kollektionen wurden erarbeitet – jede mit einem eigenen Farbthema.

Mit der Zeit wurde die Nachfrage nach Strickanleitungen für unsere Kleidungsstücke immer größer. Zwei Jahre später kam das erste Heft mit Anleitungen heraus – und es wurde ein Erfolg! Der Blog entwickelte sich zum Onlineshop und nach kurzer Zeit entstand die Idee zu einem Buch.

Unser Ziel ist, gute Strickstücke für Kinder und Erwachsene zu designen, Kleidung mit einem tollen Schnitt, die man gern anzieht und die lange hält. Am allerliebsten arbeiten wir Mützen – das wird uns nie langweilig. Aber es macht auch Freude, große Kleidungsstücke zu entwerfen und dafür eine Anleitung zu entwickeln. Design- und Strickabende enden immer mit Lachanfällen, bis uns die Tränen kommen. Wir sind Glückspilze, weil wir so prima zusammenarbeiten!

Dieses Buch enthält Strickanleitungen für Jungen und Mädchen zwischen einem und sechs Jahren, aber auch für Babys und Erwachsene. Finden Sie Ihre Favoriten und kombinieren Sie dann einfach Farben, die zusammenpassen!

Für jede Anleitung haben wir einen Schwierigkeitsgrad angegeben, die meisten haben den Schwierigkeitsgrad 2. Wenn Sie Lust auf ein schnelles und einfaches Projekt haben, suchen Sie nach Schwierigkeitsgrad 1. Wird es Zeit für eine größere Herausforderung, wählen Sie eine Strickanleitung mit dem Schwierigkeitsgrad 3.

Wir hoffen, Sie haben mit unserem allerersten Strickbuch viel Freude!

TORUNN STEINSLAND hat eine Ausbildung als technische Zeichnerin und arbeitet in einem beratenden Ingenieurbüro. Sie hat zwei Kinder. Torunn hat schon immer viel gehäkelt – und als die Kinder zur Welt kamen, hat sie stricken gelernt. Sie stellt am liebsten einzigartige Kinderkleidung her.

Das Strickzeug ist immer in Reichweite und die Stricknadeln werden schnell hervorgeholt, wenn sie nach einem arbeitsreichen Tag in ihrer Sofaecke sitzt.

HANNE ANDREASSEN HJELMÅS ist Fotografin und führt ein eigenes Unternehmen. Auch sie hat zwei Kinder. Hanne arbeitet gern kreativ und dank ihrer Ideen für neue Kleidungsstücke strickt sie oft bis tief in die Nacht. Ob sie in einer Warteschlange sitzt, Auto fährt (auf dem Beifahrersitz, wohlgemerkt) oder mit Freundinnen diskutiert – das Strickzeug hat sie immer dabei. Dabei sind Farbe und Design für sie besonders wichtig. Auf ihr Konto gehen sämtliche Fotos für Klompelompe.

Omas Stricktipps

Hannes Oma hat ihr das Stricken beigebracht, als Hanne ein kleines Mädchen war, und Omas Tipps bleiben in Erinnerung und sind ständige Begleiter. Oma war der Ansicht, dass es schonender wäre, die Kleidungsstücke in ein feuchtes Handtuch zu wickeln, als sie mit dem Bügeleisen zu dämpfen. Besonders Strickstücke mit Strukturmuster werden durch diese Behandlung schön, da das Muster dabei nicht zusammengedrückt wird. Es hat etwas Magisches, wenn man nach einigen Stunden das Handtuch hochhebt und sieht, dass all das, was zunächst vielleicht ungleichmäßig gestrickt war und nicht so schön aussah, gleichmäßig geworden ist und jetzt toll aussieht. Bei einigen Kleidungsstücken ist jedoch das Dämpfen notwendig und auch in der Anleitung angegeben.

Oma hat weiterhin gesagt, dass man keine Angst davor haben sollte, ein Strickstück wieder aufzutrennen. Das unterscheidet die Anfängerin von der erfahrenen Strickerin: Es ist nicht so, dass die erfahrene Strickerin niemals einen Fehler macht – sie macht sich jedoch die Arbeit, wieder aufzutrennen und das Ganze noch einmal neu zu stricken. Sie weiß, dass es die Mühe wert ist.

MASCHENPROBE

Manche stricken fest, andere etwas lockerer. Denken Sie deshalb daran, die Maschenprobe in der Strickanleitung zu überprüfen. Arbeiten Sie ein Probestück – dann sind Sie sicher, dass die Größe mit den Angaben in der Anleitung übereinstimmt. Das funktioniert so: Schlagen Sie ein paar Maschen mehr an, als für die Maschenprobe auf 10 cm angegeben sind. Stricken Sie dann ein Stück glatt rechts bzw. im angegebenen Muster. Zählen Sie die Anzahl der Maschen, die Sie auf 10 cm in der Waagerechten haben, um herauszufinden, ob Ihre Maschenprobe stimmt. Wenn Sie zu viele Maschen haben, nehmen Sie dickere Nadeln. Wenn Sie zu wenige Maschen haben, nehmen Sie dünnere Nadeln. Bei einem mehrfarbigen Muster ist es besonders wichtig, die Maschenprobe zu überprüfen, da die meisten von uns Jacquardmuster straffer arbeiten.

Wenn Sie jetzt vielleicht denken, dass die Maschenprobe nicht sehr aussagefähig ist, seien Sie daran erinnert, dass zwei Maschen Unterschied auf 10 cm leicht eine Größe Unterschied bei einem Kleidungsstück bedeuten.

GARNAUSWAHL

Wir haben für unsere Strickanleitungen Garnempfehlungen gegeben und bei vielen davon haben wir auch Alternativen vorgeschlagen. Wenn Sie ein anderes Garn verwenden möchten, geht das natürlich, solange die Maschenprobe stimmt. Denken Sie daran, dass Mützen aus Baumwollgarn weniger elastisch sind und die Form schlechter halten als Mützen, die aus Merinowolle gestrickt wurden. In größeren Größen wird Alpakawolle schwerer wirken und sich möglicherweise etwas mehr ausdehnen als übliche Wollarten.

Denken Sie daran, die Waschanweisungen einzuhalten, damit das Kleidungsstück so lange wie möglich schön bleibt.

AUSSTATTUNG

Zum Stricken benötigen Sie keine umfangreiche Ausstattung, aber es gibt eine Reihe von guten Hilfsmitteln. Kleine Maschenmarkierer aus Kunststoff sind praktisch. Sie können problemlos auf die nächste Reihe umgesetzt werden.

Sie sollten möglichst gute Stricknadeln verwenden. Wir arbeiten häufig mit Bambus- oder anderen Holzstricknadeln, da es für die Handgelenke schonender ist. Zudem lässt es sich mit solchen Nadeln leiser arbeiten. So vermeiden wir Beschwerden von unseren »besseren Hälften«, wenn wir vor dem Fernseher stricken. Im vergangenen Jahr sind viele Schnüre gestrickt worden, während wir an diesem Buch gearbeitet haben. Als wir uns dann eine Strickliesel angeschafft haben, lief die Anfertigung von Schnüren wie geschmiert.

STRICKHILFE

Wenn Sie mit einer Strickanleitung nicht weiterkommen, holen Sie sich einfach Hilfe im Fachgeschäft.

Im Internet gibt es unzählige Videoclips mit tollen Erklärungen für unterschiedliche Stricktechniken – wenn Sie denn keine Oma in der Nachbarschaft haben, die gut stricken kann!

ABKÜRZUNGEN

abh	abheben
abk	abketten
Abn	Abnahme(n)
abn	abnehmen
anschl	anschlagen
arb	arbeiten
DStb	Doppelstäbchen
Fb	Farbe
fM	feste Masche(n)
folg	folgende(n)
fortlfd	fortlaufend
Hinr	Hinreihe(n)
Km	Kettmasche(n)
Lm	Luftmasche(n)
li	linke/links
li verschr	links verschränkt
LL	Lauflänge
M	Masche(n)
MM	Maschenmarkierer
N	Noppe(n
Nd	Nadel(n)
Ndspiel	Nadelspiel
R	Reihe(n)
Rd	Runde(n)
re	rechte/rechts
restl	restliche(n)
re verschr	rechts verschränkt
Rückr	Rückreihe(n)
Stb	Stäbchen
str	stricken
U	Umschlag/ Umschläge
übz zusstr	überzogen zusammenstricken
verschr	verschränkt
wdh	wiederholen
Zun	Zunahme(n)
zun	zunehmen
zusstr	zusammenstricken

Angaben für unterschiedliche Größen sind durch Schrägstriche voneinander getrennt. Steht nur eine Angabe, so gilt sie für alle Größen.

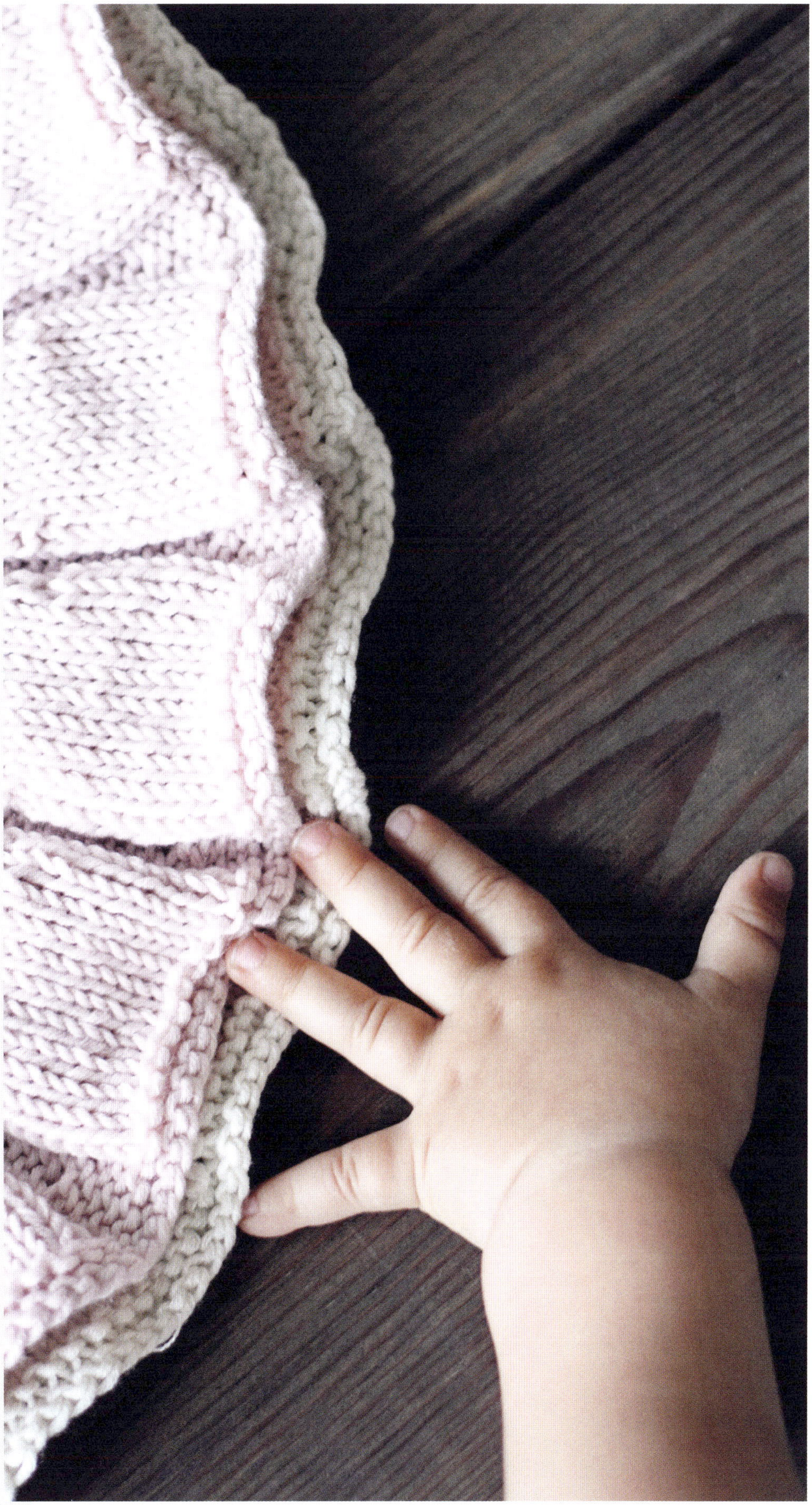

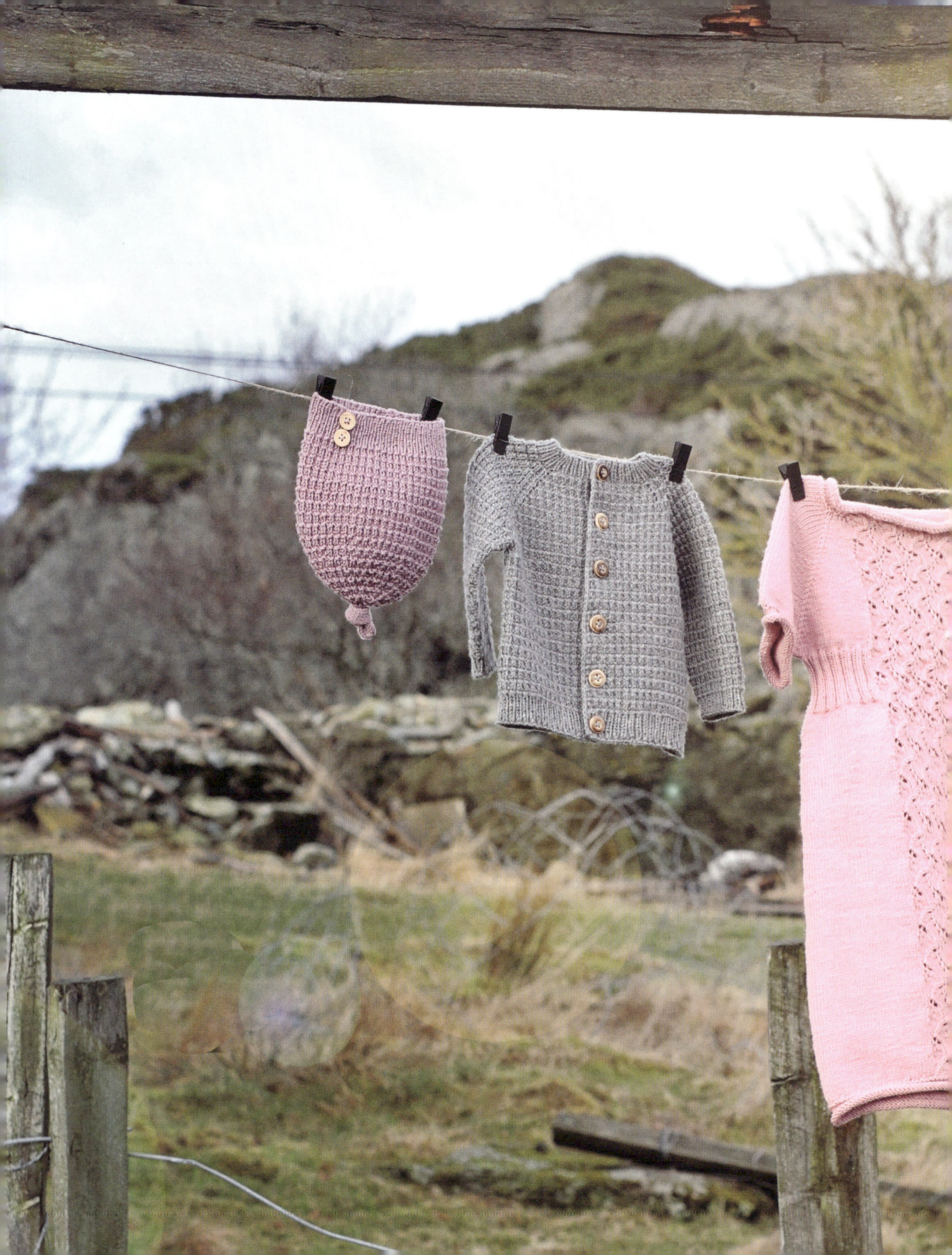

Strickanleitungen

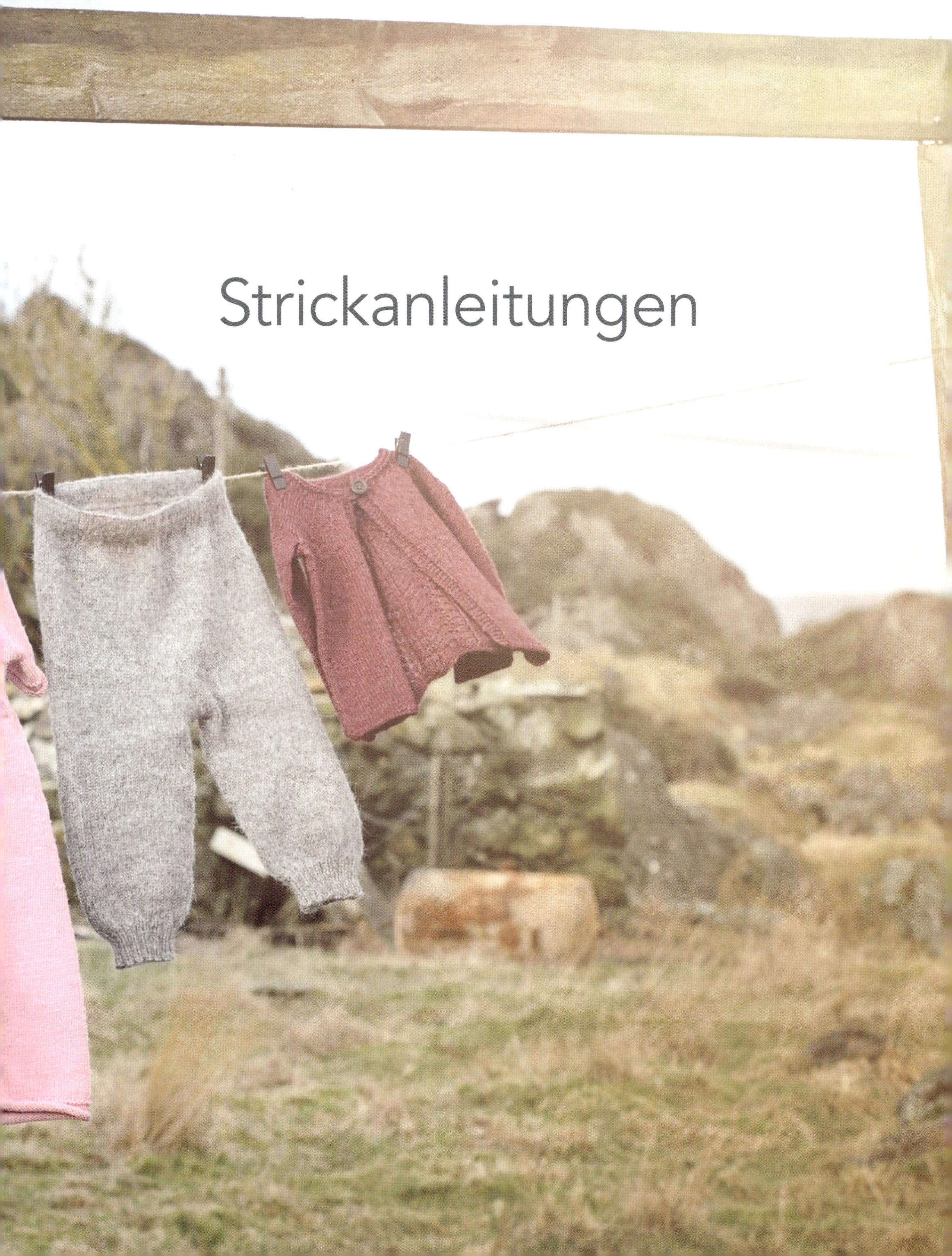

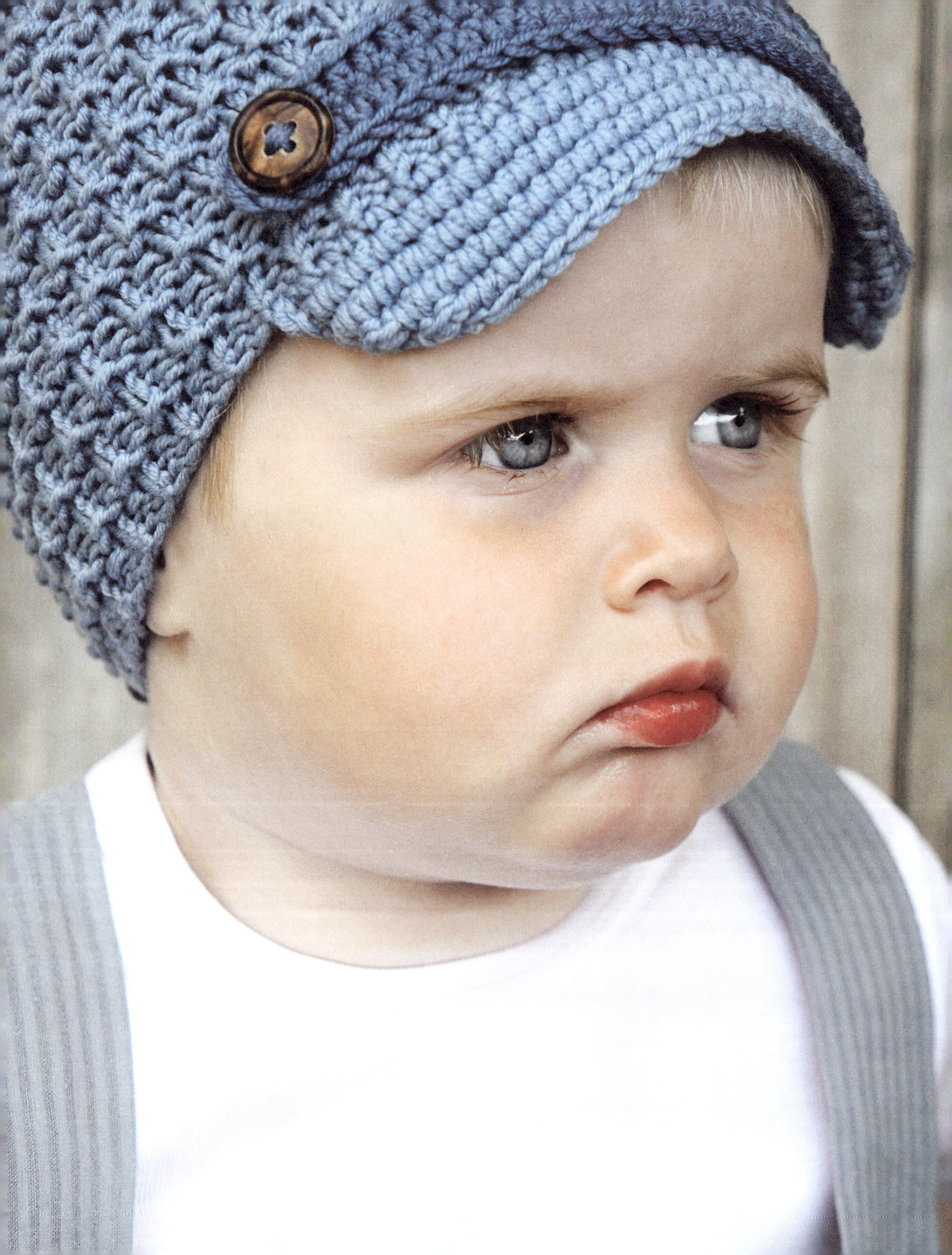

Mütze Frechdachs

Diese Mütze ist das Markenzeichen von Klompelompe, und man erkennt auch gleich, warum. Die Passform ist gut, und dank der schicken Details wie Knopfbändchen und Schirm ist sie richtig populär geworden. Das Modell für coole Jungen. Für die Mütze Zuckerschnute die Blende einfach gegen eine Häkelblume austauschen.

Schwierigkeitsgrad 2

GRÖSSE für 6–12 Monate/ 1–3 Jahre/3–6 Jahre
GARN Drops Merino Extra Fine (100 % Merinowolle, LL 105 m/50 g) in Graublau (Fb 23), 50/100/100 g
NADELN Rundstricknadel 4,0 mm, 40 cm lang, Häkelnadel 3,5 mm
ZUBEHÖR 2 Knöpfe
MASCHENPROBE 22 M mit Nd 4,0 mm glatt re = 10 cm

Mit der Rundstricknd 4,0 mm 72/80/80 M anschl und zur Rd schließen. Den Rd-Beginn mit einem MM oder einem Kontrastfaden kennzeichnen. Im Grundmuster str.

GRUNDMUSTER

1. Runde: 1 M re, 1 M li im Wechsel str.
2. Runde: 1 M re, 1 M li im Wechsel str.
3. Runde: Alle M re str.
4. Runde: Alle M li str.
Die 1.–4. Rd fortlfd wdh.

ABNAHMEN

Wenn das Grundmuster zum 10./11./12. Mal gestrickt wird, mit den Abn beginnen, sie werden jeweils in der 3. Muster-Rd gearbeitet (das Muster verschiebt sich dabei).

Für Größe 1–3 Jahre und 3–6 Jahre
Nächste Abnahmerunde: * 6 M re, 2 M re zusstr; ab * fortlfd wdh bis Rd-Ende (= 72/70/70 M).

Für alle Größen
(**Achtung:** Hier beginnen die Abn für Größe 6–12 Monate!)
Nächste Abnahmerunde: * 5 M re, 2 M re zusstr; ab * fortlfd wdh, enden mit 2/0/0 M re (= 62/60/60 M).
Nächste Abnahmerunde: * 4 M re, 2 M re zusstr; ab * fortlfd wdh, enden mit 2/0/0 M re (= 52/50/50 M).
Nächste Abnahmerunde: * 2 M re, 2 M re zusstr; ab * fortlfd wdh, enden mit 4/2/2 M re (= 40/38/38 M).
Nächste Abnahmerunde: * 1 M re, 2 M re zusstr; ab * fortlfd wdh, enden mit 4/2/2 M re (= 31/29/29 M).
1 Rd li M str (= 4. Rd Grundmuster). Damit ist das Muster abgeschlossen.
Nächste Runde: 1 M re, 1 M li im Wechsel str.
Nächste Runde: * 1 M re, 2 M re zusstr; ab * fortlfd wdh, enden mit 1/2/2 M re (= 21/20/20 M).
Nächste Runde: Fortlfd 2 M re zusstr, enden mit 1/0/0 M re (= 11/10/10 M).
Den Faden abschneiden, durch die verbleibenden M führen, fest anziehen und innen in der Mütze vernähen.

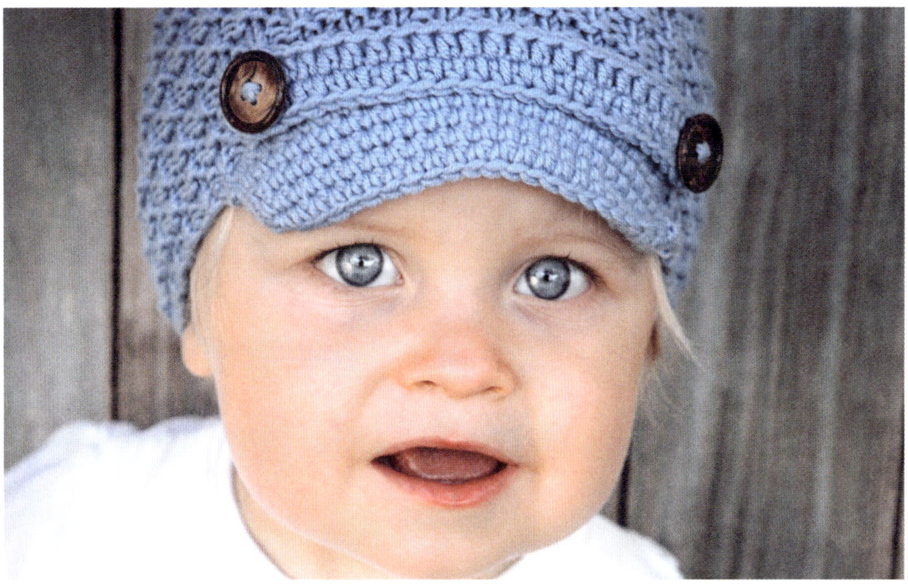

SCHIRM

Über die M an der vorderen Mützenkante 32/36/38 fM häkeln. Wenden und 1 R Km arb. Wieder wenden und 1 R tiefer gestochene fM häkeln, dafür in die fM der vorletzten R einstechen. So wird der Schirm stabiler.
Achtung: Dabei in die 8. fM und in die 24./28./30. fM jeweils 2 fM arb.
Erneut wenden und 1 R Km häkeln. Wieder wenden und 1 R tiefer gestochene fM häkeln. So fortfahren, bis insgesamt 4/5/5 R mit tiefer gestochenen M gearbeitet sind.
Hinweis: Für die Schirmrundung in den beiden letzten R mit tiefer gestochenen fM die zweite und die vorletzte fM überspringen und mit 1 Km enden.
Den Faden abschneiden. Km um die Schirmkanten häkeln.

KNOPFBAND

Mit doppeltem Faden 28/32/34 Lm anschl. Die Lm-Kette wie folgt mit einfachem Faden rundherum behäkeln: 4 hStb in die 2. Lm von der Häkelnd aus, dann 1 hStb in jede Lm bis zur vorletzten Lm. 5 hStb in die letzte Lm arb. Nun auf der anderen Seite der Lm-Kette zurückhäkeln: 1 hStb in jede Lm. Die Rd mit 1 Km in das 1. hStb schließen.
Das Band so auf die Mütze nähen, dass eine Musterreihe zwischen Schild und Band zu sehen ist. Jeweils einen Knopf an beide Enden des Knopfbandes nähen.

Alle Fadenenden vernähen.

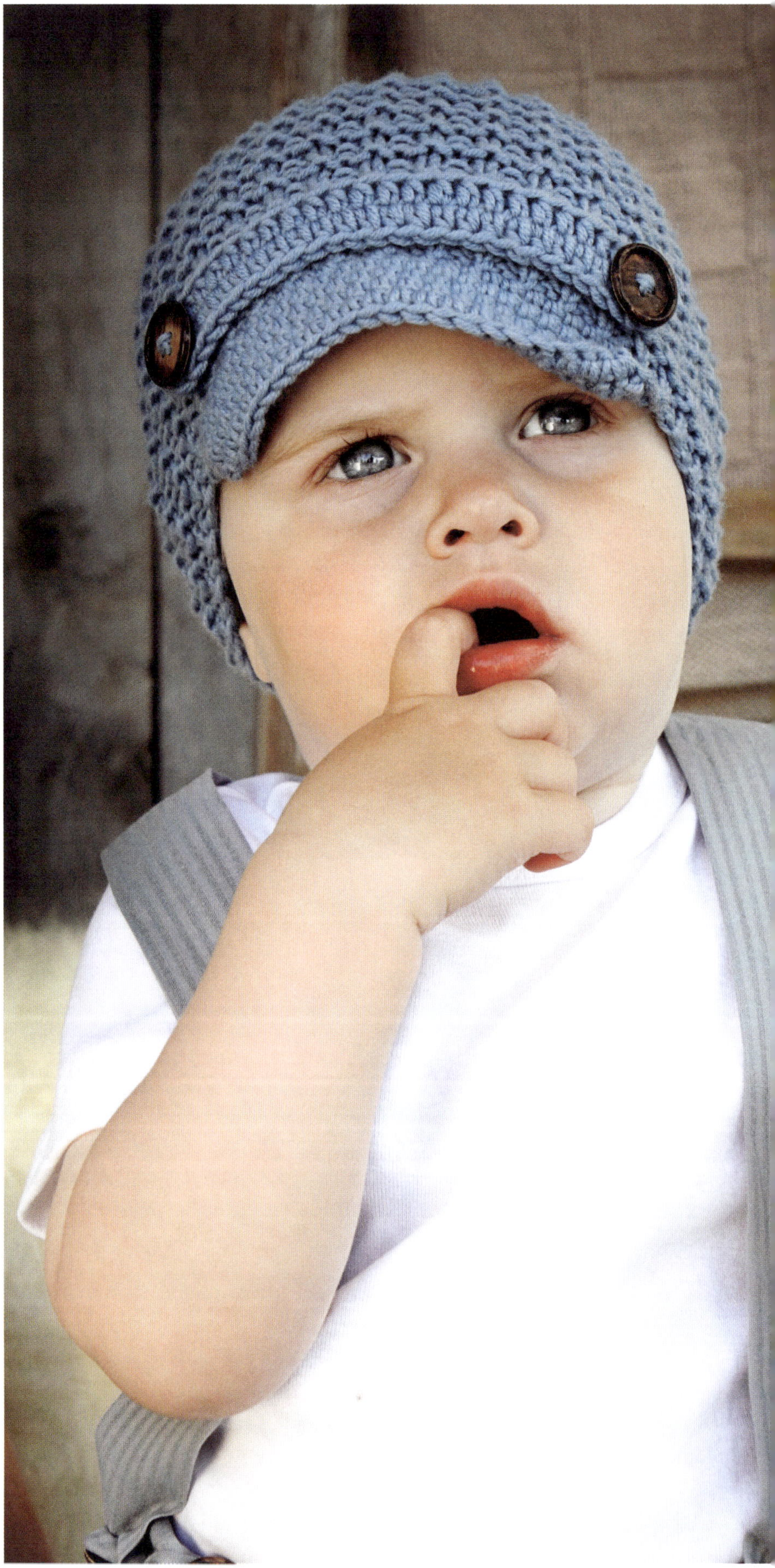

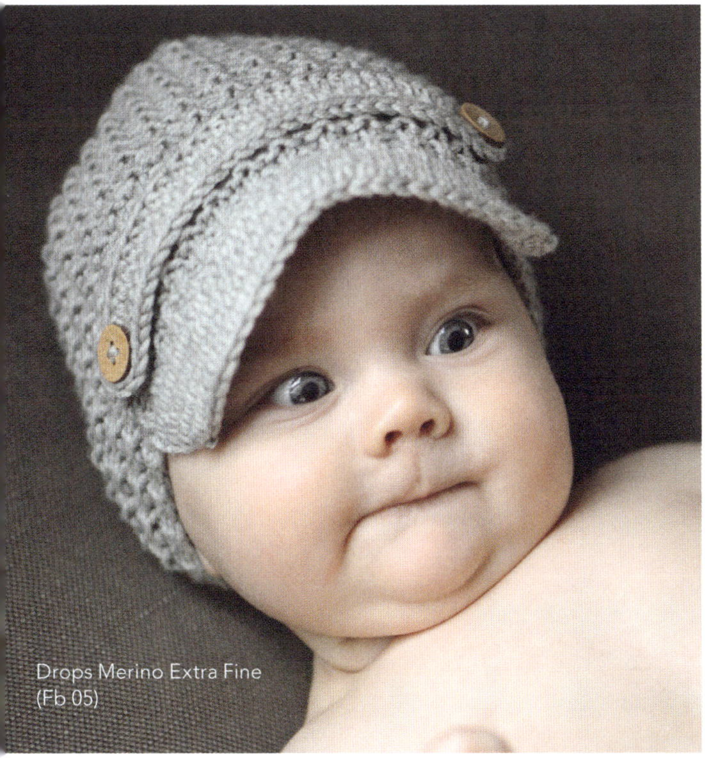
Drops Merino Extra Fine
(Fb 05)

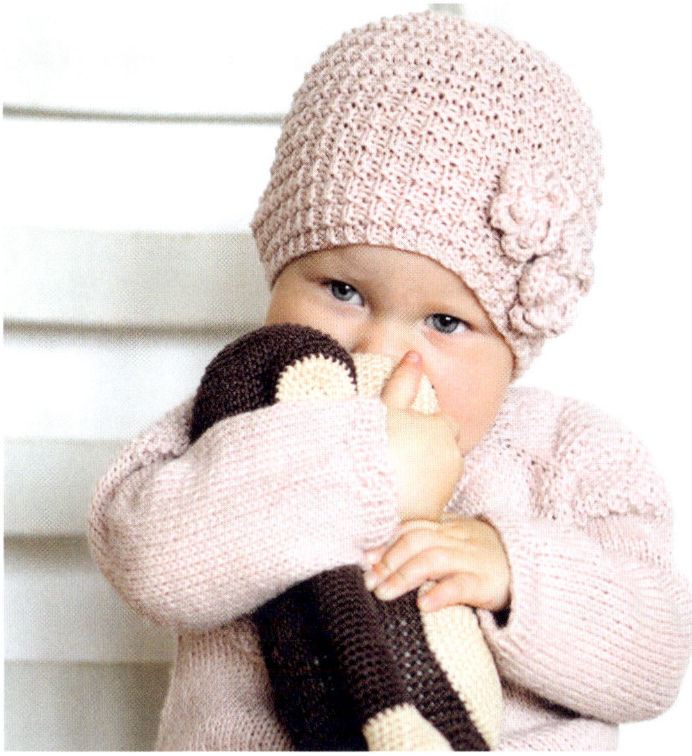

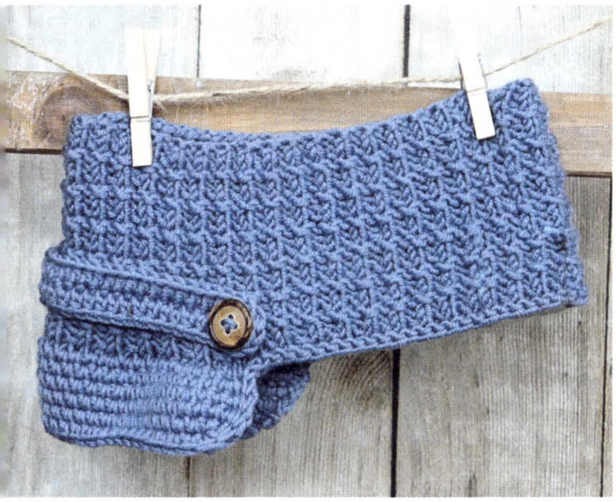

Vier tolle Varianten

* Mütze Frechdachs
* Stirnband Frechdachs
* Babymütze Frechdachs
* Mütze Zuckerschnute

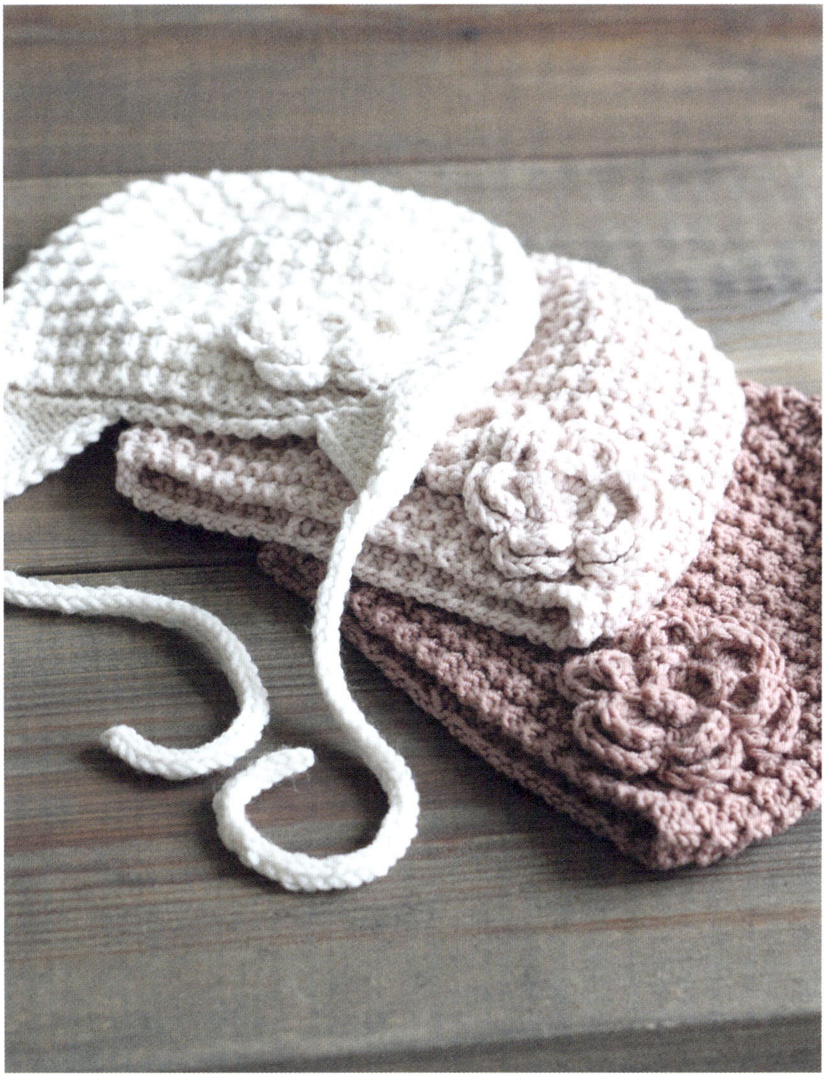

Stirnband Frechdachs

Dies ist eine Variante der Frechdachs-Mütze, die sich für mildere Tage eignet. Einfach und schnell gestrickt, glänzt sie mit tollen Details. Passt für große und kleine Frechdachse.

Schwierigkeitsgrad 2

GRÖSSE für 6–12 Monate/ 1–3 Jahre/3–7 Jahre
GARN Merino Extra Fine (100 % Merinowolle, LL 105 m/50 g) in Graublau (Fb 23), 50 g
NADELN Rundstricknadel 4,0 mm, 40 cm lang, Häkelnadel 3,5 mm
ZUBEHÖR 2 Knöpfe
MASCHENPROBE 22 M mit Nd 4,0 mm glatt re = 10 cm

Mit der Rundstricknd 4,0 mm 72/80/80 M anschl und zur Rd schließen. Den Rd-Beginn mit einem MM oder einem Kontrastfaden kennzeichnen. Im Grundmuster str.

GRUNDMUSTER

1. Runde: 1 M re, 1 M li im Wechsel str.
2. Runde: 1 M re, 1 M li im Wechsel str.
3. Runde: Alle M re str.
4. Runde: Alle M li str.
Die 1.–4. Rd fortlfd wdh.

Das Grundmuster insgesamt 6/7/8 x str, dann nur die 1. und 2. Rd des Grundmusters noch 1 x str. In der nächsten Rd alle M locker re abk.

SCHIRM

Über die M an der vorderen Mützenkante 32/36/38 fM häkeln. Wenden und 1 R Km arb.
Wieder wenden und 1 R tiefer gestochene fM häkeln, dafür nicht in die vorangegangene R mit Km, sondern in die vorletzte R mit fM einstechen. So wird der Schirm stabiler.
Achtung: Dabei in die 8. fM und in die 24./28./30. fM jeweils 2 fM arb.
Erneut wenden und 1 R Km häkeln. Wieder wenden und 1 R tiefer gestochene fM häkeln.
So fortfahren, bis insgesamt 4/5/5 R mit tiefer gestochenen M gearbeitet sind.

Hinweis: Für die Schirmrundung in den beiden letzten R mit tiefer gestochenen fM die zweite und die vorletzte fM überspringen und mit 1 Km enden.
Den Faden abschneiden. Km um die Schirmkanten häkeln.

KNOPFBAND

Mit doppeltem Faden 28/32/34 Lm anschl. Die Lm-Kette wie folgt mit einfachem Faden rundherum behäkeln: 4 hStb in die 2. Lm von der Häkelnd aus, dann 1 hStb in jede Lm bis zur vorletzten Lm. 5 hStb in die letzte Lm arb. Nun auf der anderen Seite der Lm-Kette zurückhäkeln: 1 hStb in jede Lm. Die Rd mit 1 Km in das 1. hStb schließen.
Das Band so auf die Mütze nähen, dass eine Musterreihe zwischen Schild und Knopfband zu sehen ist. Jeweils einen Knopf an beide Enden des Knopfbandes nähen.
Alle Fadenenden vernähen.

Tipp

Bitte möglichst locker abketten. Wir empfehlen, dafür eine größere Nadelstärke zu verwenden.

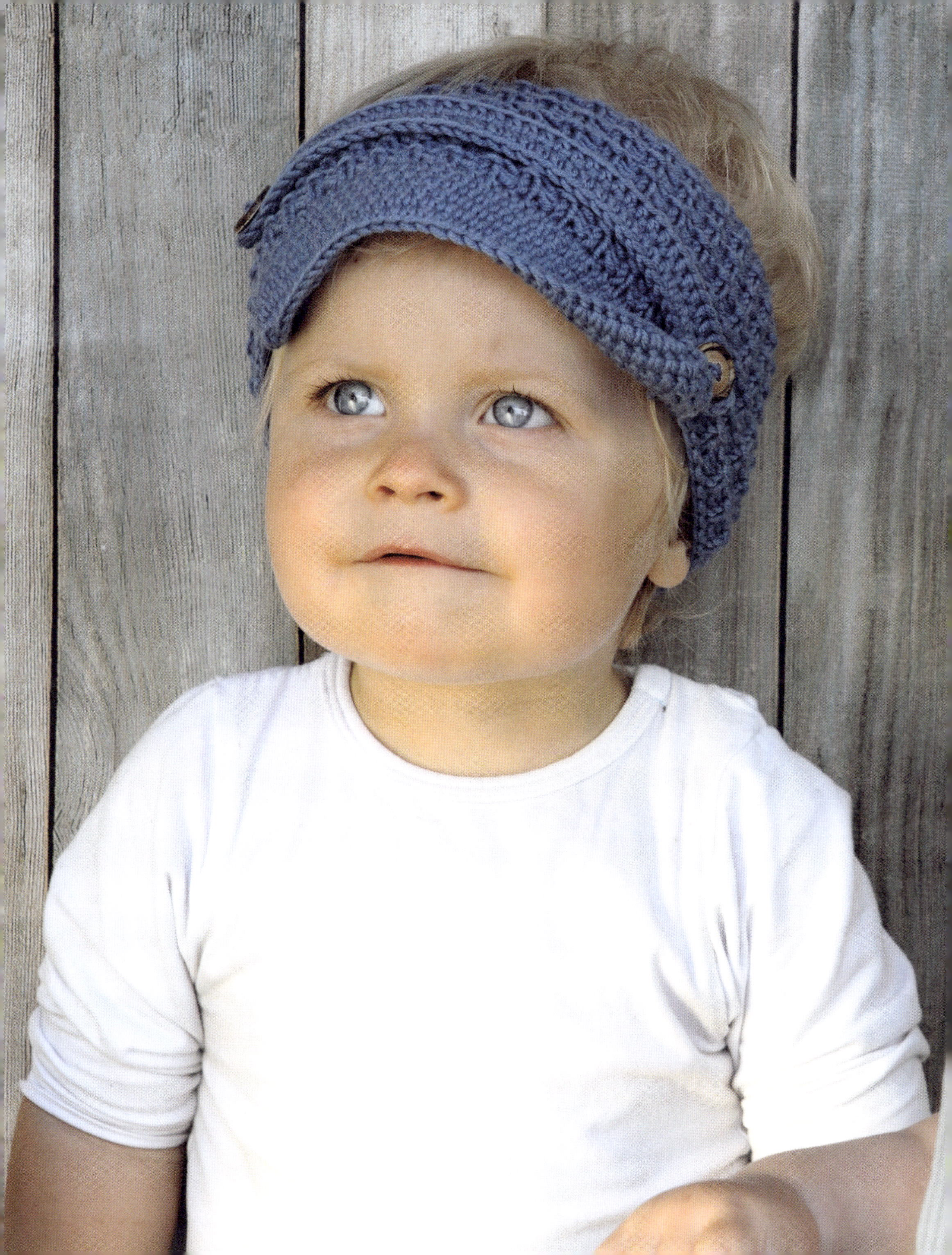

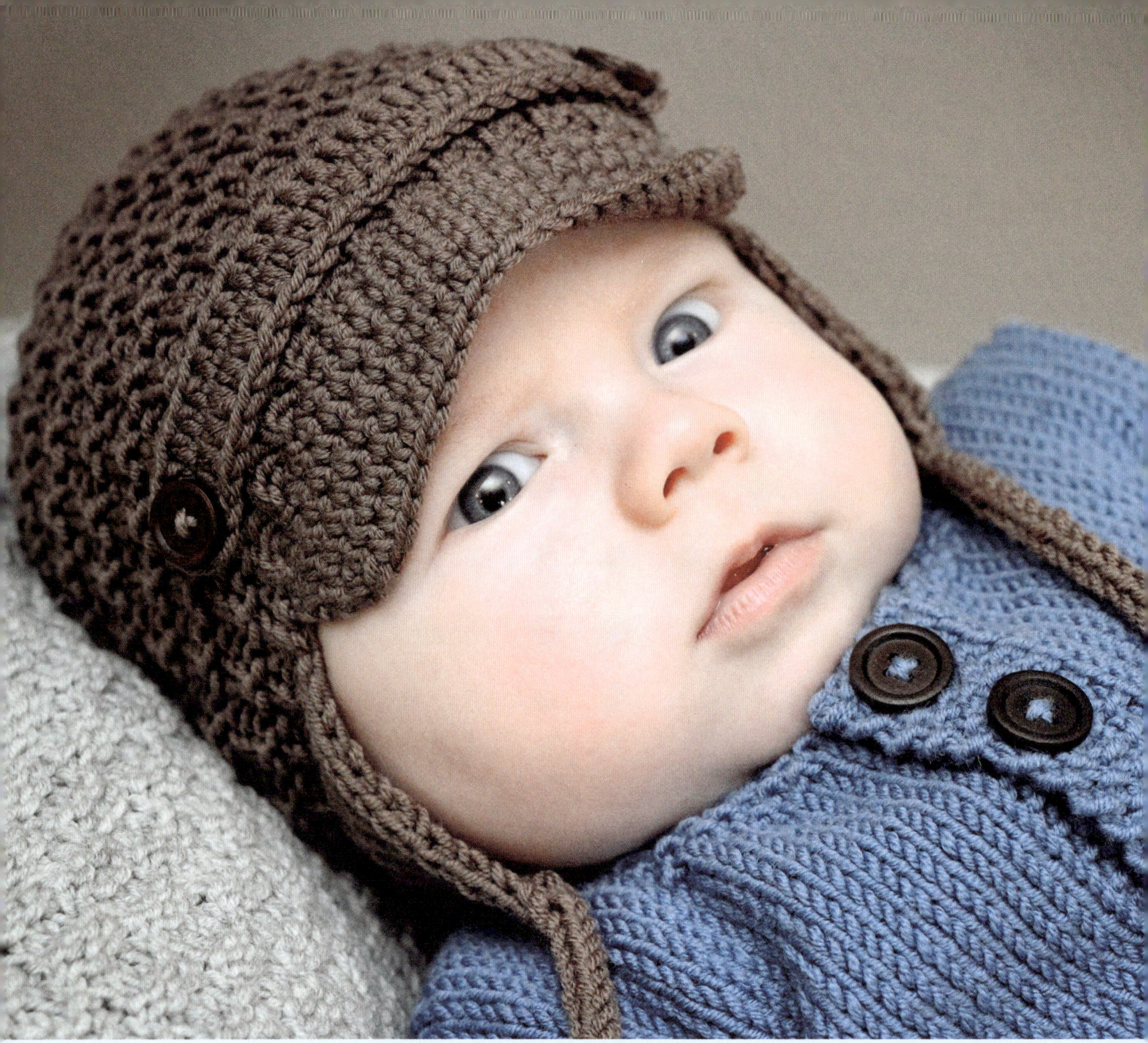

Babymütze Frechdachs

Als unsere Jungen zur Welt kamen, mussten wir eine Neugeborenenvariante der Frechdachs-Mütze haben. Genauso toll wie das Original, aber mit praktischen Klappen – und sie sitzt perfekt auf den kleinen Köpfen.

Schwierigkeitsgrad 2

GRÖSSE für 0–1 Monate/1–3 Monate
GARN Sandnes Garn Merinoull (100 % Merinowolle, LL 105 m/50 g) in Mittelbraun (Fb 3161), 50 g
NADELN Rundstricknadel 4,0 mm, 40 cm lang, Nadelspiel 4,0 mm, Häkelnadel 3,5 mm
ZUBEHÖR 2 Knöpfe
MASCHENPROBE 22 M mit Nd 4,0 mm glatt re = 10 cm

Mit der Rundstricknd 4,0 mm 60/66 M anschl und zur Rd schließen. Den Rd-Beginn mit einem MM oder einem Kontrastfaden kennzeichnen. Im Grundmuster str.

GRUNDMUSTER

1. Runde: 1 M re, 1 M li im Wechsel str.
2. Runde: 1 M re, 1 M li im Wechsel str.
3. Runde: Alle M re str.
4. Runde: Alle M li str.
Die 1.–4. Rd fortlfd wdh.

ABNAHMEN

Wenn das Grundmuster zum 6./8. Mal gestrickt wird, mit den Abn beginnen. Diese werden jeweils in der 3. Muster-Rd wie folgt gearbeitet:

1. Abnahmerunde: * 4 M re, 2 M re zusstr; ab * 10 x wdh, für Größe 1–3 Monate enden mit 2 M re, 2 x 2 M re zusstr (= 50/54 M).

2. Abnahmerunde: * 3 M re, 2 M re zusstr; ab * 10 x wdh, für Größe 1–3 Monate enden mit 4 M re (= 40/44 M).

3. Abnahmerunde: * 2 M re, 2 M re zusstr; ab * 10 x wdh, für Größe 1–3 Monate enden mit 2 x 2 M re zusstr (= 30/32 M).

4. Abnahmerunde: * 1 M re, 2 M re zusstr; ab * 10 x wdh, für Größe 1–3 Monate enden mit 2 M re (= 20/22 M). Hier endet das gewohnte Muster.

Nächste Runde: Alle M li str.

Nächste Runde: 1 M re, 1 M li im Wechsel str.

Nächste Runde: * 1 M re, 2 M re zusstr; ab * fortlfd wdh, enden mit 2/1 M re.

Nächste Runde: Fortlfd 2 M re zusstr, enden mit 0/1 M re (= 7/8 M).

Den Faden abschneiden, durch die verbleibenden M führen, fest anziehen und innen in der Mütze vernähen.

SCHIRM

Über die M an der vorderen Mützenkante 24/28 fM häkeln. Wenden und 1 R Km arb.

Wieder wenden und 1 R tiefer gestochene fM häkeln, dafür nicht in die vorangegangene R mit Km, sondern in die vorletzte R mit fM einstechen. So wird der Schirm stabiler.

Achtung: Dabei in die 6. fM und in die 18./22. fM jeweils 2 fM arb.

Erneut wenden und 1 R Km häkeln. Wieder wenden und 1 R tiefer gestochene fM häkeln.

So fortfahren, bis insgesamt 4 R mit tiefer gestochenen M gearbeitet sind.

Hinweis: Für die Schirmrundung in der letzten R mit tiefer gestochenen fM die zweite und die vorletzte fM überspringen und mit 1 Km enden. Den Faden abschneiden. Km um die Schirmkanten häkeln.

OHRENKLAPPEN

An der re Seite bis zum Schirm von der Vorderseite 16 M auffassen und 3 R glatt re (= in Hinr re M, in Rückr li M) str, dabei mit 1 Rückr li M beginnen.

Dann in jeder Hinr (= re M) wie folgt abn:

1 M re, 2 M re übz zusstr (= 1 M abh, die nächste M re str, die abgehobene M überziehen), re M str, bis zu den letzten 3 M, enden mit 2 M re zusstr, 1 M re.

Wenn noch 3 M auf der Nd sind, eine Kordel str. Dazu die Arbeit nicht wenden, sondern die M an das andere Ende der Nd schieben. Den Faden auf der Rückseite der Arbeit an den Nd-Anfang holen und die 3 M wieder re str. Wdh, bis die Kordel 20 cm lang ist, dann abk.

Auf der li Seite der Mütze genauso arb.

KNOPFBAND

Mit doppeltem Faden 20/34 Lm anschl. Die Lm-Kette mit einfachem Faden rundherum behäkeln: 4 hStb in die 2. Lm von der Häkelnd aus, dann 1 hStb in jede Lm bis zur vorletzten Lm. 5 hStb in die letzte Lm arb. Nun auf der anderen Seite der Lm-Kette zurückhäkeln: 1 hStb in jede Lm. Die Rd mit 1 Km in das 1. hStb schließen. Das Band so auf die Mütze nähen, dass eine Musterreihe zwischen Schild und Knopfband zu sehen ist. Jeweils einen Knopf an beide Enden des Knopfbandes nähen.

Alle Fadenenden vernähen.

Mütze Zuckerschnute

Schwierigkeitsgrad 1

GRÖSSE für 6–12 Monate/1–3 Jahre/3–6 Jahre
GARN Sandnes Garn Merinoull (100 % Merinowolle, LL 105 m/50 g) in Puderrosa (Fb 3511), 50/50/100 g
NADELN Rundstricknadel 4,0 mm, 40 cm lang, Häkelnadel 3,5 mm
MASCHENPROBE 22 M mit Nd 4,0 mm glatt re = 10 cm

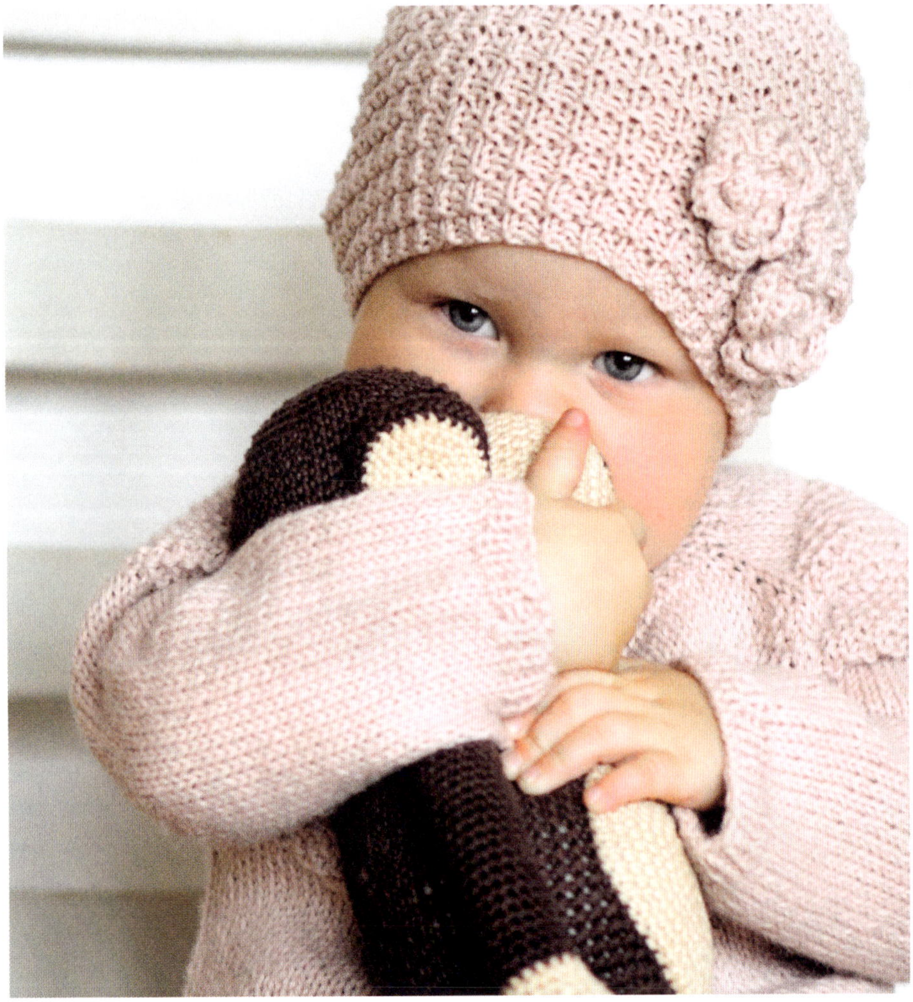

Mit der Rundstricknd 4,0 mm 72/80/80 M anschl und zur Rd schließen. Den Rd-Beginn mit einem MM oder einem Kontrastfaden kennzeichnen. Im Grundmuster str.

GRUNDMUSTER

1. Runde: 1 M re, 1 M li im Wechsel str.
2. Runde: 1 M re, 1 M li im Wechsel str.
3. Runde: Alle M re str.
4. Runde: Alle M li str.
Die 1.–4. Rd fortlfd wdh.

ABNAHMEN

Wenn das Grundmuster zum 10./11./12. Mal gestrickt wird, mit den Abn beginnen, sie werden jeweils in der 3. Muster-Rd wie folgt gearbeitet (das Muster verschiebt sich dabei):

Für Größe 1–3 Jahre und 3–6 Jahre
Nächste Abnahmerunde: * 6 M re, 2 M re zusstr; ab * wdh bis Rd-Ende.
(**Achtung:** Hier beginnen die Abn für Größe 6–12 Monate!)
Nächste Abnahmerunde: * 5 M re, 2 M re zusstr; ab * fortlfd wdh, enden mit 2/0/0 M re.
Nächste Abnahmerunde: * 4 M re, 2 M re zusstr; ab * fortlfd wdh, enden mit 2/0/0 M re.
Nächste Abnahmerunde: * 2 M re, 2 M re zusstr; ab * fortlfd wdh, enden mit 4/2/2 M re.
Nächste Abnahmerunde: * 1 M re, 2 M re zusstr; ab * fortlfd wdh, enden mit 4/2/2 M re (= 28/26/26 M).
Nächste Runde (4. Muster-Rd): Alle M li str. Damit ist das Grundmuster abgeschlossen.
Nächste Runde: 1 M re, 1 M li im Wechsel str.
Nächste Runde: * 1 M re, 2 M re zusstr; ab * fortlfd wdh, enden mit 1/2/2 M re.
Nächste Runde: Fortlfd 2 M re zusstr, enden mit 1/0/0 M re (= 10/9/9 M).
Den Faden abschneiden, durch die verbleibenden M führen, fest anziehen und innen in der Mütze vernähen.

HÄKELBLUMEN

Siehe S. 162

Spielhöschen Goldkind, S. 110, Sandnes Garn Merinoull in Mittelbraun (Fb 3161).

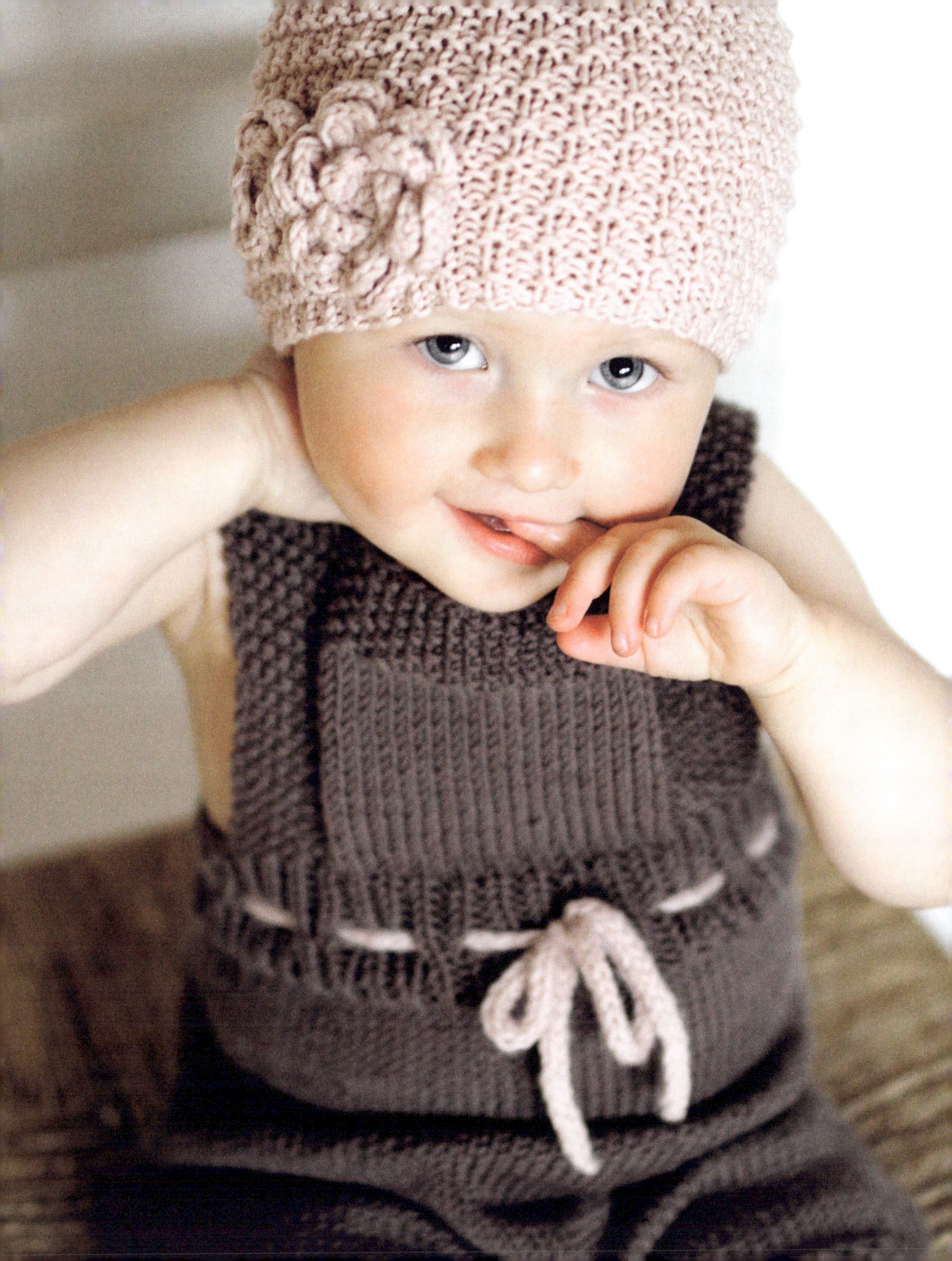

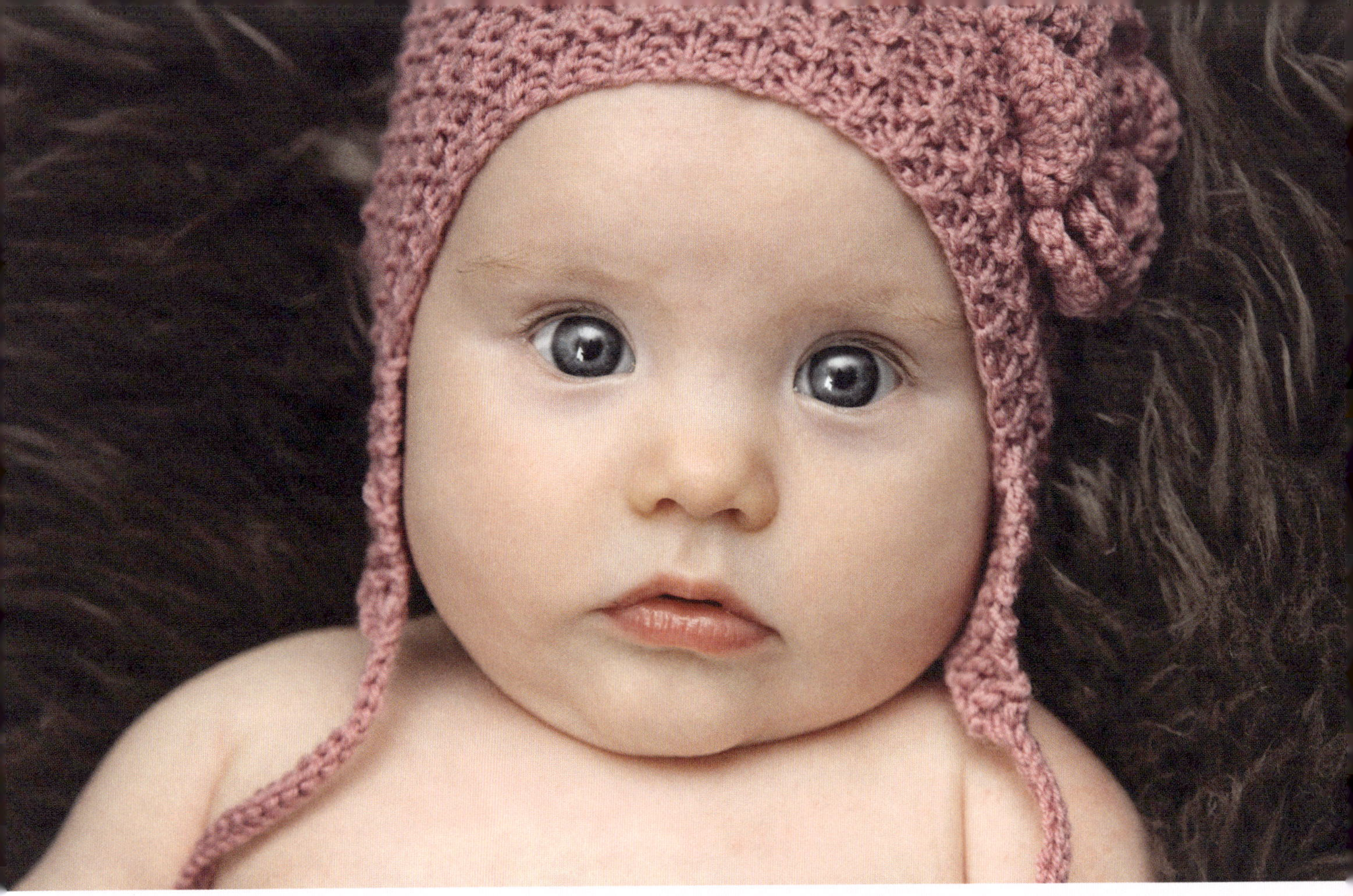

Babymütze Zuckerschnute

Schwierigkeitsgrad 1

GRÖSSE für 0–1 Monate/ 1–3 Monate
GARN Drops Baby Merino (100 % Merinowolle, LL 175 m/50 g) in Altrosa (Fb 27), 50 g
NADELN Rundstricknadel 3,0 mm, 40 cm lang, Nadelspiel 3,0 mm
MASCHENPROBE 27 M mit Nd 3,0 mm glatt re = 10 cm

Mit der Rundstricknd 3,0 mm 80/ 88 M anschl und zur Rd schließen. Den Rd-Beginn mit einem MM oder einem Kontrastfaden kennzeichnen. Im Grundmuster str.

GRUNDMUSTER

1. Runde: 1 M re, 1 M li im Wechsel str.
2. Runde: 1 M re, 1 M li im Wechsel str.
3. Runde: Alle M re str.
4. Runde: Alle M li str.
Die 1.–4. Rd fortlfd wdh.

Nur für Größe 1–3 Monate
Wenn das Grundmuster zum 11. Mal gestrickt wird, in der 3. Muster-Rd (= re M) wie folgt abn:
* 9 M re, 2 M re zusstr; ab * fortlfd wdh (= 80 M).

Für Größe 0–3 Monate und 1–3 Monate
Wenn das Grundmuster zum 10./ 12. Mal gestrickt wird, weiter in jeder 3. Muster-Rd wie folgt abn:
Nächste Abnahmerunde: * 6 M re, 2 M re zusstr; ab * wdh bis Rd-Ende (= 70 M).
Nächste Abnahmerunde: * 5 M re, 2 M re zusstr; ab * wdh bis Rd-Ende (= 60 M).
Nächste Abnahmerunde: * 4 M re, 2 M re zusstr; ab * wdh bis Rd-Ende (= 50 M).

Nächste Abnahmerunde: * 2 M re, 2 M re zusstr; ab * wdh, enden mit 2 M re (= 38 M).
Nächste Abnahmerunde: * 1 M re, 2 M re zusstr; ab * wdh bis Rd-Ende, enden mit 2 M re (= 26 M).
Nächste Runde: Alle M li str. Damit ist das Muster abgeschlossen.
Nächste Runde: 1 M re, 1 M li im Wechsel str.
Nächste Runde: * 1 M re, 2 M re zusstr; ab * fortlfd wdh, enden mit 2 M re (= 18 M).
Nächste Runde: Fortlfd 2 M re zusstr (= 9 M).
Den Faden abschneiden, durch die verbleibenden M führen, fest anziehen und innen in der Mütze vernähen.

OHRENKLAPPEN

Zwischen den Ohrenklappen sollen hinten 14/16 M liegen.
Aus dem Mützenrand an der re Seite bis zum Schirm von re 17 M auffassen und 3 R glatt re (= in Hinr re M, in Rückr li M) str, dabei mit 1 Rückr li M beginnen.
Dann in jeder Hinr (= re M) wie folgt abn:
1 M re, 2 M re übz zusstr (= 1 M abh, die nächste M re str, die abgehobene M überziehen), re M str, bis zu den letzten 3 M, enden mit 2 M re zusstr, 1 M re.
Wenn noch 3 M auf der Nd sind, eine Kordel str. Dazu die Arbeit nicht wenden, sondern die M an das andere Ende der Nd schieben. Den Faden auf der Rückseite der Arbeit an den Nd-Anfang holen und die 3 M wieder re str. Wdh, bis die Kordel 20 cm lang ist, dann abk.
An der li Seite der Mütze genauso arb.

Tipp

Möchten Sie eine dickere Version haben, stricken Sie die Variante Frechdachs von S. 17.

Alle Fadenenden vernähen.

HÄKELBLUME

Siehe S. 162

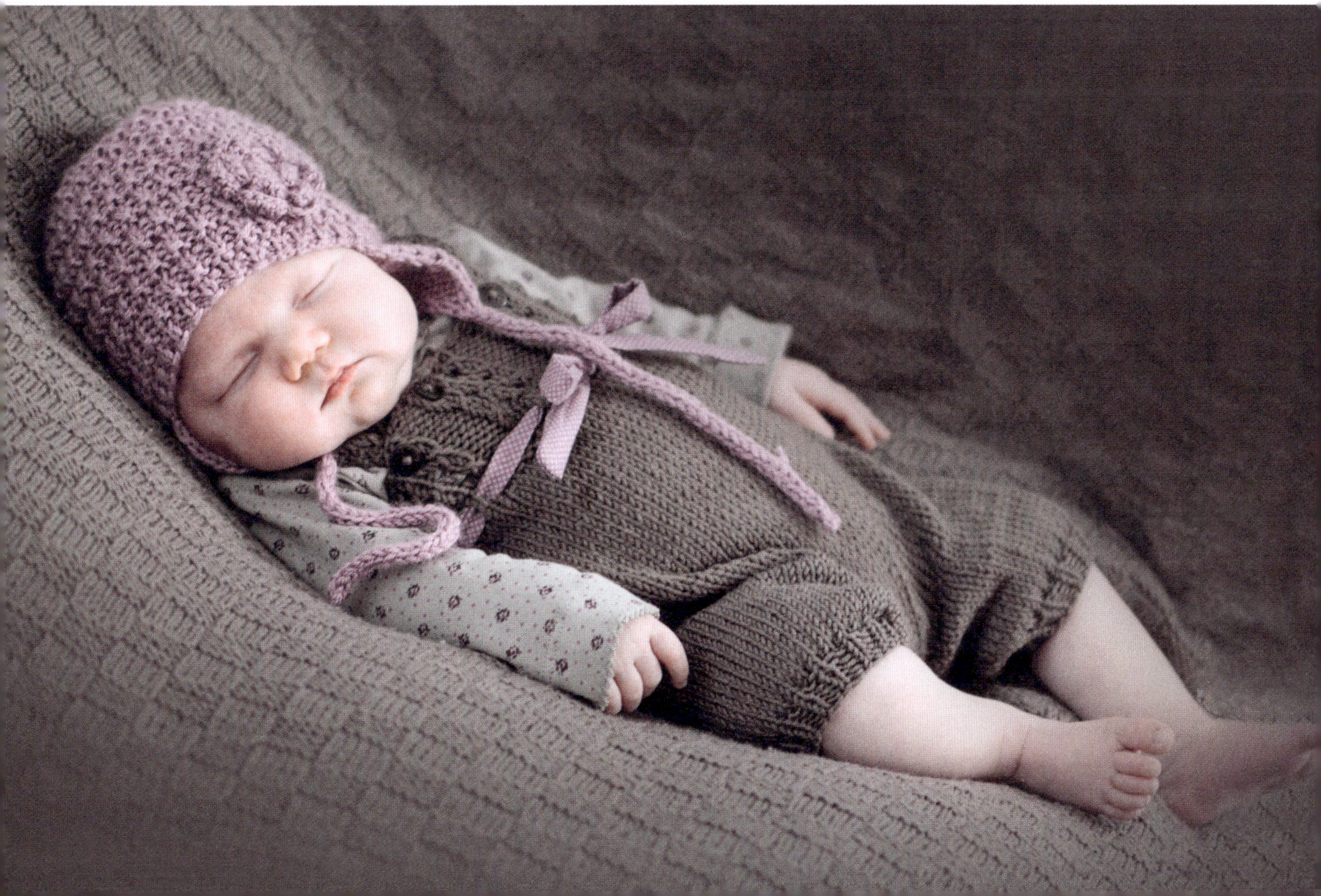

Babymütze Zuckerschnute mit doppeltem Faden Drops Baby Alpaca Silk in Erika (Fb 4088). Hosenanzug Wonneproppen, siehe S. 105, Sandnes Garn Merinoull in Mittelbraun (Fb 3161).

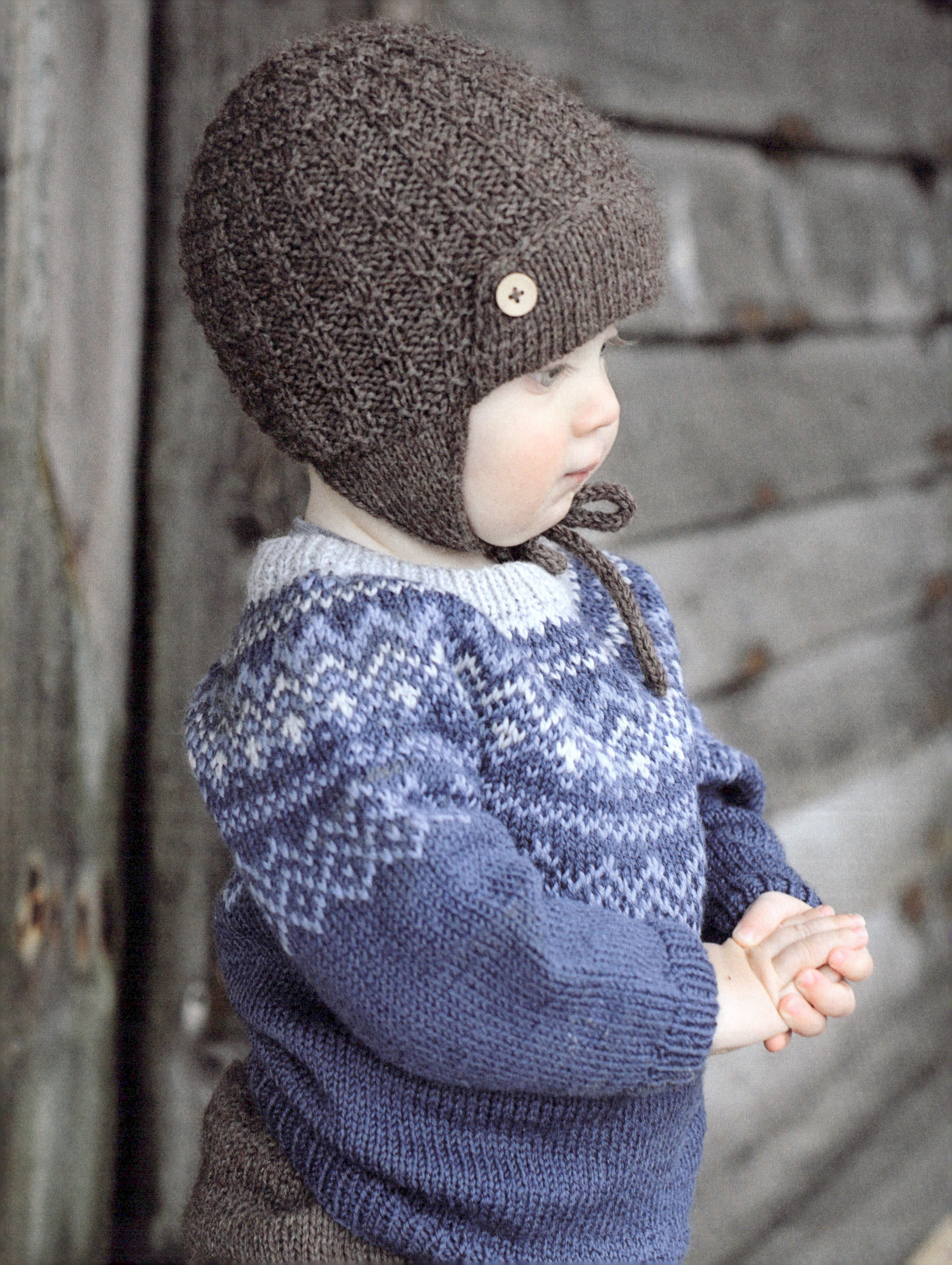

Pullover Ludwig

Der Ludwig-Pullover steht in der Tradition unserer Großväter – sie trugen Strickpullover, um sich warm zu halten, wenn sie zum Fischen hinausfuhren. Der Pullover wurde dabei immer besser, weil Wind und Wetter ihn leicht verfilzen ließen. Das Muster ist eine Inspiration von unserer Insel – und von Stein, Meer und Heide.

Schwierigkeitsgrad 3

GRÖSSE für 1/2/4/6/8/10 Jahre
MASSE
Länge: 36/39/44/48/52/54 cm
Oberweite: 54/58/65/69/76/80 cm
GARN Rauma Garn Pt5 (80 % Wolle, 20 % Nylon, LL 128 m/50 g)
Farbe A Jeansblau (Fb 568), 200/200/250/300/350/400 g
Farbe B Taubenblau (Fb 566), 50 g
Farbe C Hellgrau meliert (Fb 504), 50 g
NADELN Rundstricknadeln 3,0 mm und 3,5 mm, je 60 cm lang, Nadelspiele 3,0 mm und 3,5 mm
ZUBEHÖR 2 Maschenmarkierer
MASCHENPROBE 24 M mit Nd 3,5 mm glatt re = 10 cm

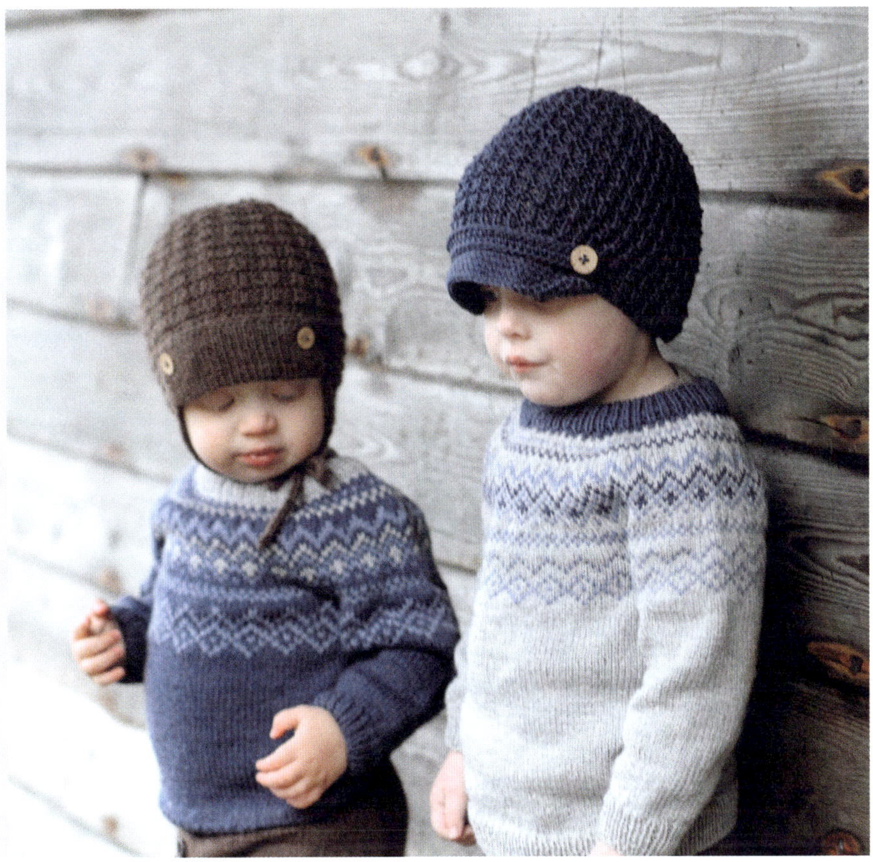

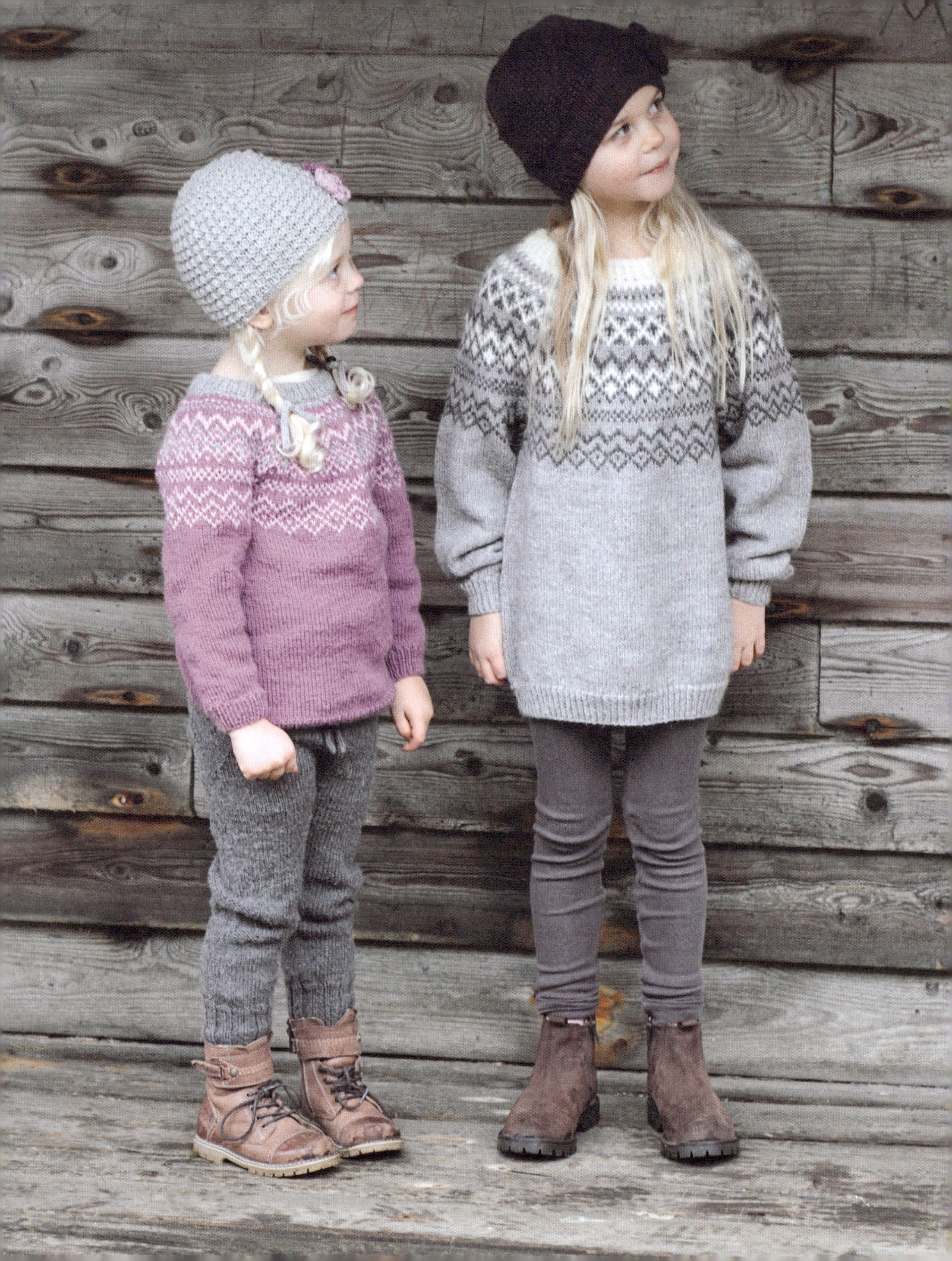

VORDER- UND RÜCKENTEIL

Der Pullover wird in Rd von unten nach oben gestrickt; Rd-Beginn ist an einer Seite des Pullovers.

Mit der Rundstricknd 3,0 mm 132/144/156/168/180/192 M anschl und zur Rd schließen. Den Rd-Beginn und die Rd-Mitte mit einem MM oder einem Kontrastfaden kennzeichnen. Für das Bündchen 3,5/3,5/4/4/4/4 cm im Rippenmuster 1 M re, 1 M li im Wechsel str. Zu Nd 3,5 mm wechseln und glatt re (= jede Rd re M) in Jacquardtechnik weiterstr. Nach 18/21/24/25/28/31 cm Gesamthöhe mit Zählmuster A beginnen. In der letzten Rd beidseitig (am Rd-Beginn und in der Rd-Mitte) jeweils 9 M für die Armausschnitte abk.

Die Arbeit beiseitelegen und zunächst die Ärmel str.

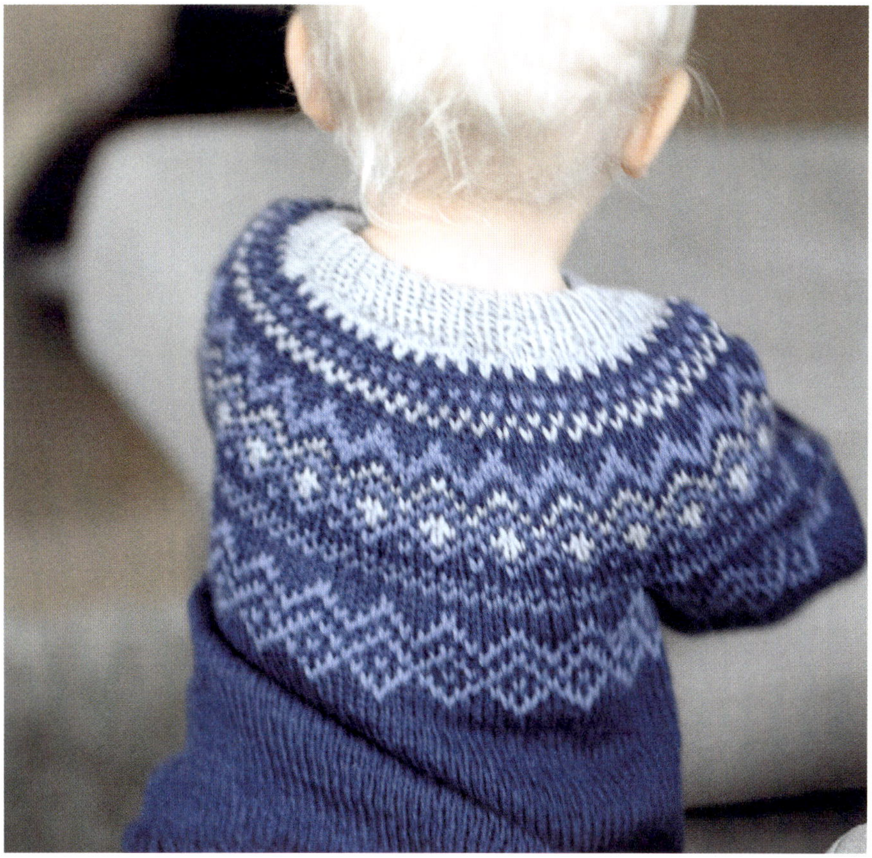

ÄRMEL (2 X ARB)

Mit dem Ndspiel 3,0 mm 40/42/44/46/48/48 M anschl und zur Rd schließen. Den Rd-Beginn mit einem MM oder einem Kontrastfaden kennzeichnen. Für das Bündchen 3,5/3,5/4/4/4/4 cm im Rippenmuster 1 M re, 1 M li im Wechsel str. Zu Ndspiel 3,5 mm wechseln und glatt re weiterstr, dabei in der 1. Rd gleichmäßig verteilt 6 M zun.

Die 1. M (= Markierungs-M) immer li str. Alle 2 cm jeweils vor und nach der Markierungs-M 1 M zun, bis 60/64/68/72/76/80 M erreicht sind und der Ärmel 17/19/23/26/30/33 cm lang ist. Glatt re in Jacquardtechnik nach Zählmuster A weiterstr, dabei die Rd-Mitte gemäß Zählmuster beachten und die M entsprechend einteilen. In der letzten Rd die letzten 4 M und die ersten 5 M abk.

RUNDPASSE

Die M aller Teile auf die Rundstricknd 3,5 mm nehmen wie folgt: 57/63/69/75/81/87 M für das Vorderteil, 51/55/59/63/67/71 M für den re Ärmel, 57/63/69/75/81/87 M für das Rückenteil, 51/55/59/63/67/71 M für den li Ärmel. Die Arbeit zur Rd schließen – 216/236/256/276/296/316 M.

Glatt re in Jacquardtechnik nach dem Zählmuster weiterstr, dabei in der 1. Rd (= 13. R Zählmuster) die M-Zahl durch Zu- bzw. Abn anpassen, wie beim Zählmuster angegeben. Die weiteren Abn wie am Zählmuster angegeben arb.

Nach Abschluss des Zählmusters 1 Rd in der zuletzt verwendeten Fb arb und gleichzeitig gleichmäßig verteilt auf 92/96/100/104/108/112 M abn.

Zum Ndspiel 3,0 mm wechseln und für die Halsausschnittblende 5 cm im Rippenmuster 1 M re, 1 M li im Wechsel str. In der nächsten Rd alle M locker mustergemäß abk.

Die Öffnungen unter den Armen zunähen. Die Halsausschnittblende nach innen umschlagen und festnähen. Alle Fadenenden vernähen.

Den Pullover spannen, anfeuchten und trocknen lassen.

Tipp

Stricken Sie nicht zu fest, wenn Sie in Jacquardtechnik arbeiten.

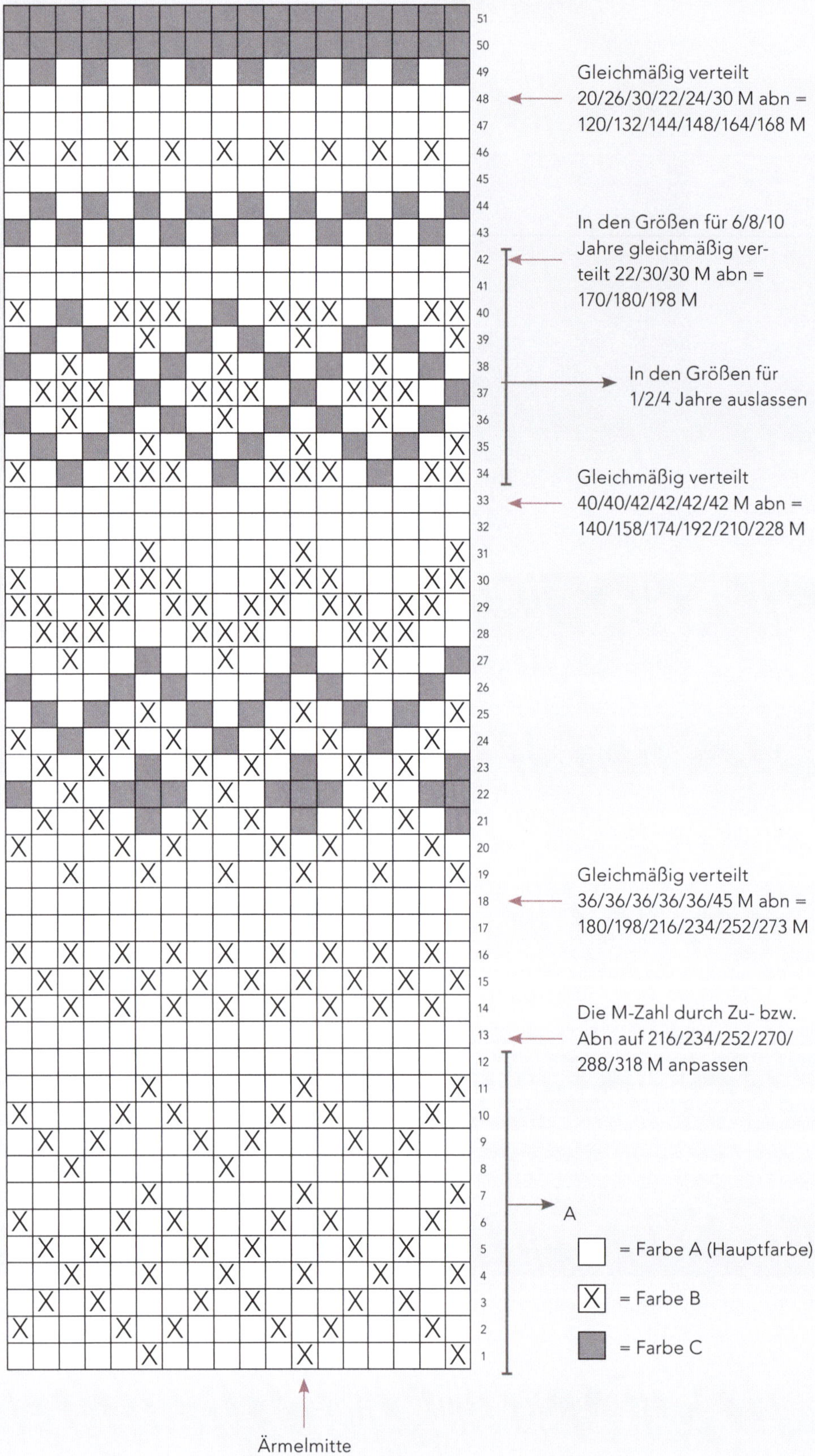
Gleichmäßig verteilt 20/26/30/22/24/30 M abn = 120/132/144/148/164/168 M
In den Größen für 6/8/10 Jahre gleichmäßig verteilt 22/30/30 M abn = 170/180/198 M
In den Größen für 1/2/4 Jahre auslassen
Gleichmäßig verteilt 40/40/42/42/42/42 M abn = 140/158/174/192/210/228 M
Gleichmäßig verteilt 36/36/36/36/36/45 M abn = 180/198/216/234/252/273 M
Die M-Zahl durch Zu- bzw. Abn auf 216/234/252/270/288/318 M anpassen
A
= Farbe A (Hauptfarbe)
= Farbe B
= Farbe C
Ärmelmitte

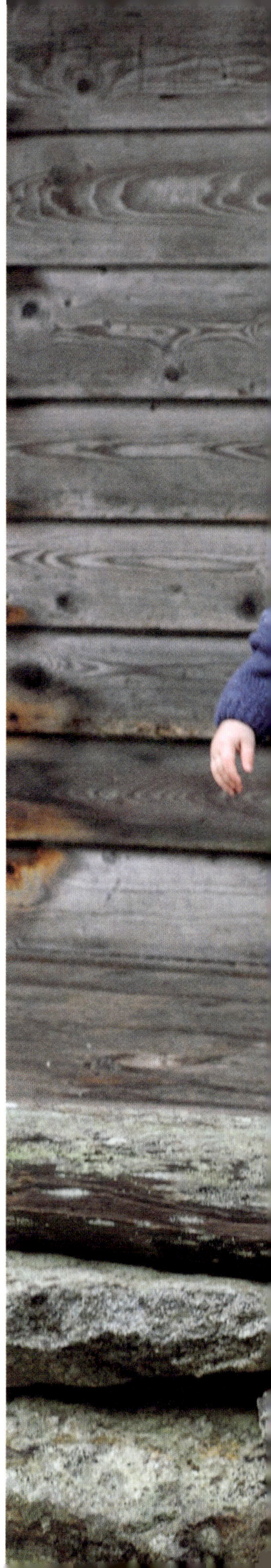

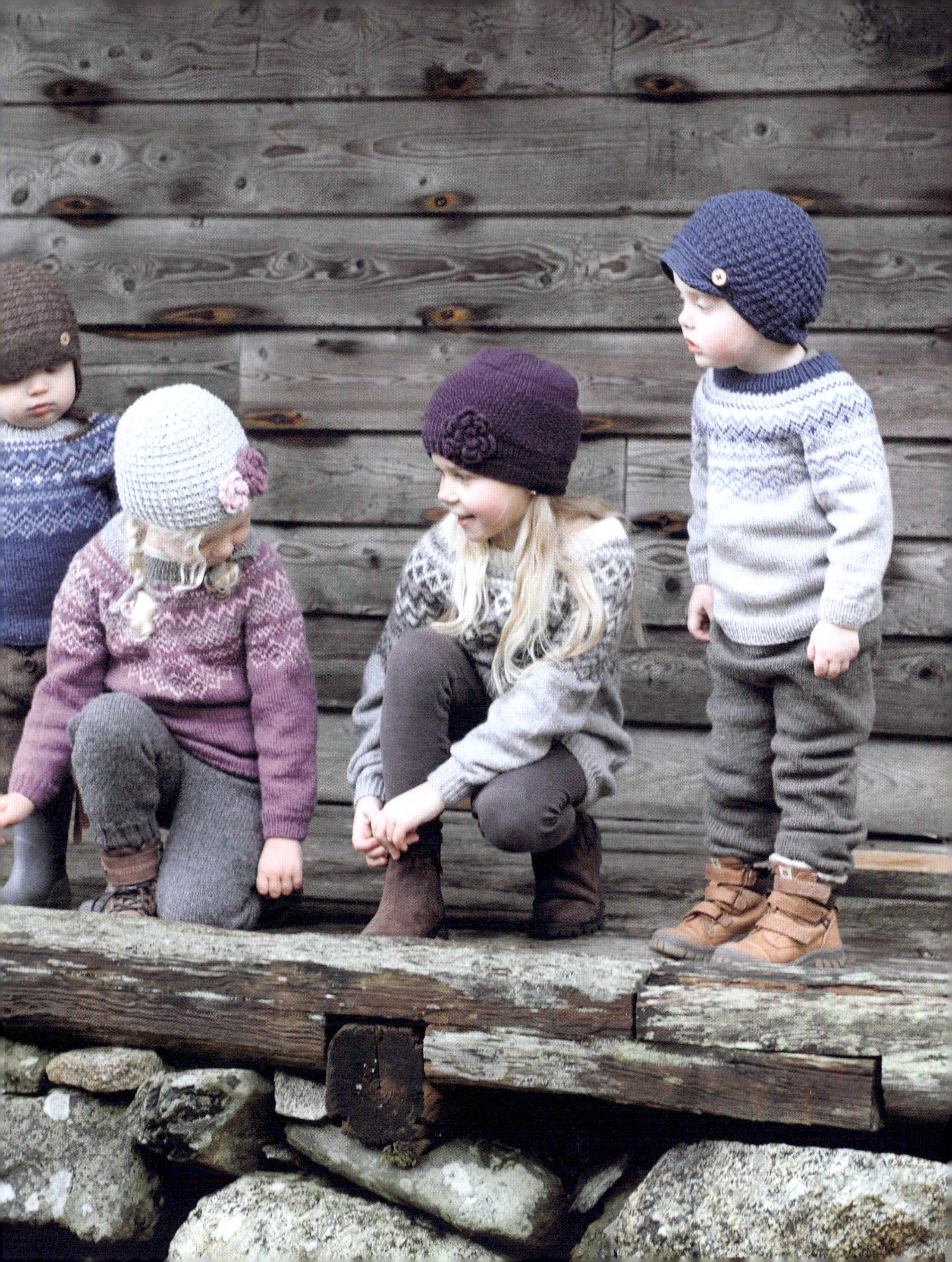

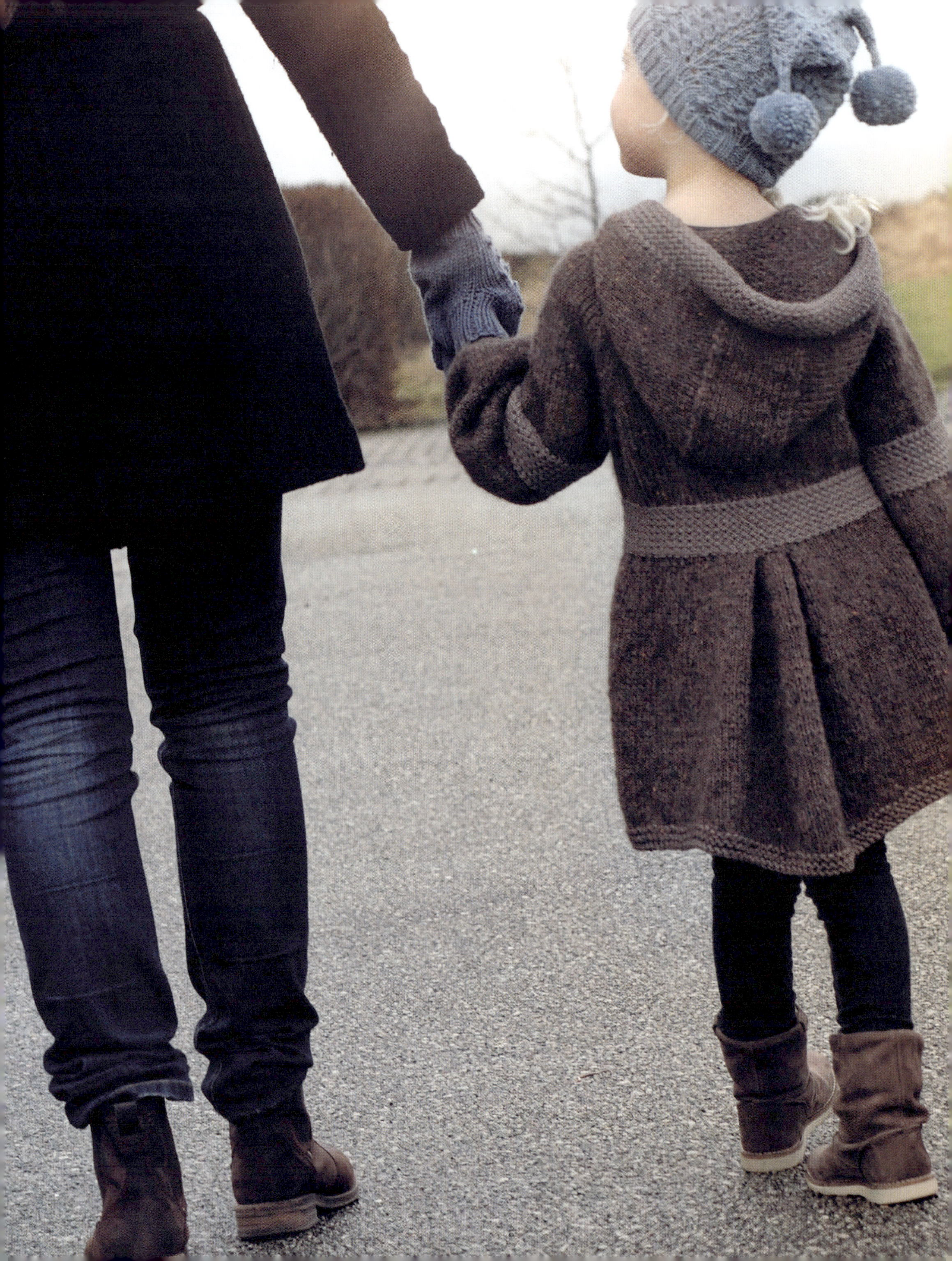

Handschuh Mutter und Kind

Wenn es draußen eiskalt ist und Sie auf dem Weg vom Kindergarten nach Hause sind, können Sie sich sicher denken, wie warm und kuschelig es sich da in einem großen Noppenhandschuh anfühlt, der Platz sowohl für die Hand der Mama als auch für die Hand des Kindes hat. In der vorliegenden Anleitung haben wir einen solchen Handschuh, aber wir bieten auch eine Anleitung für ein übliches Paar, sowohl für die Mutter als auch für das Kind, wenn Sie dies stricken möchten.

Schwierigkeitsgrad 2

GRÖSSE Einheitsgröße für Erwachsene
GARN Sandnes Garn Merinoull (100 % Merinowolle, LL 105 m/50 g) in Jeansblau (Fb 6052), 100 g
NADELN Nadelspiele 3,5 mm und 4,0 mm
ZUBEHÖR 2 Maschenmarkierer
MASCHENPROBE 22 M mit Nd 4,0 mm glatt re = 10 cm

NOPPE

In Runden

1. Runde: Aus 1 M 1 M li, 1 M re, 1 M li, 1 M re herausstr.

2. Runde: Die ersten 3 M der N nacheinander wie zum Linksstr abh mit dem Faden hinter der Arbeit, 1 M re str, die 3 abgehobenen M überziehen.

In Reihen

1. Reihe (Hinr): Aus 1 M 1 M li, 1 M re, 1 M li, 1 M re herausstr.

2. Reihe (Rückr): Die ersten 3 M der N nacheinander wie zum Linksstr abh mit dem Faden vor der Arbeit, 1 M li str, die 3 abgehobenen M überziehen.

MUSTER FÜR DEN HANDRÜCKEN

1. Runde: 4 M re, 1 N, 3 M re, 1 N, 3 M re, 1 N, 3 M re, 1 N, 3 M re, 1 N, 4 M re str.

2. Runde: Re M str, die N wie beschrieben fertigstellen (2. Rd Noppe).

3.–5. Runde: Alle M re str.

6. Runde: 6 M re, 1 N, 3 M re, 1 N, 3 M re, 1 N, 3 M re, 1 N, 6 M re str.

7. Runde: Re M str, die N wie beschrieben fertigstellen (2. Rd Noppe).

8.–10. Runde: Alle M re str.

Die 1.–10. Rd fortlfd wdh.

Mit dem Ndspiel 3,5 mm 40 M anschl und zur Rd schließen.

Für das Bündchen 8 cm im Rippenmuster 1 M re, 1 M li im Wechsel str.

Zu Ndspiel 4 mm wechseln.

Nächste Runde: * 5 M re, 1 M aus dem Querfaden zun; ab * fortlfd wdh bis Rd-Ende (= 48 M).

Nächste Runde: Am Rd-Beginn 1 MM einhängen, 25 M re str (= Handrücken), 1 weiteren MM einhängen, 23 M re str (= Innenhand).

3 Rd re M str.

Nun über die 25 M des vorderen Teils im angegebenen Muster und über die 23 M des rückwärtigen Teils glatt re (= jede Rd re M) str.

Nach 13 cm Gesamthöhe für die Öffnung des Kinderbündchens ab jetzt in R im angegebenen Muster für den Handrücken weiterarb. Dabei in den Rückr alle re M li str!

Nach 14 cm Gesamthöhe für die Daumenöffnung auf der Innenhand wie folgt arb: 2 M re, mit einem anderen Faden (Hilfsfaden) 7 M re str, dann diese 7 M auf die li Nd zurückheben und weiter mit dem normalen Faden str. Dann die restl M der R str.

Weiter in R über die 25 M des Handrückens im angegebenen Muster und über die 23 M der Innenhand glatt re (= in Hinr re M, in Rückr li M) str.

Nach 20 cm Gesamthöhe in einer Hinr wieder in Rd weiterarb. Nach 23 cm Gesamthöhe in einer 1. Noppenreihe an den Seiten wie folgt abn: 1 M re, 2 M re zusstr, bis 3 M vor der nächsten Markierung im Muster str, 2 M re übz zusstr (= 1 M abh, die nächste M re str, die abgehobene M überziehen), 1 M re.

Diese Abn über die M der Innenhand wdh.

Die Abn in jeder 2. Rd arb.

Wenn das letzte Mal N gestrickt werden, fallen die erste und die letzte N weg = insgesamt nur 3 N. Nach insgesamt 7 Abn nun in jeder Rd auf die gleiche Weise abn, bis 8 M übrig bleiben.

Den Faden abschneiden, durch die verbleibenden M führen und fest anziehen.

KINDERBÜNDCHEN

Mit dem Ndspiel 3,5 mm 30 M von re aus der Öffnung auffassen und 5 cm im Rippenmuster 1 M re, 1 M li im Wechsel str. Die M locker abk.

DAUMEN

Auf beiden Seiten des Hilfsfadens M auffassen: 7 M auf der Unterseite und 7 M auf der Oberseite. Den Hilfsfaden entfernen, die M auf 3 Spielnd 3,5 mm verteilen, zur Rd schließen und glatt re str. Nach 6 cm Daumenhöhe in der nächsten Rd fortlfd 2 M re zusstr (= 7 M). Den Faden abschneiden, durch die verbleibenden M führen und fest anziehen.

Alle Fadenenden vernähen, evtl. die kleinen Löcher auf beiden Seiten des Daumens zunähen.

Den Handschuh spannen, anfeuchten und trocknen lassen.

Handschuhe für große Leute

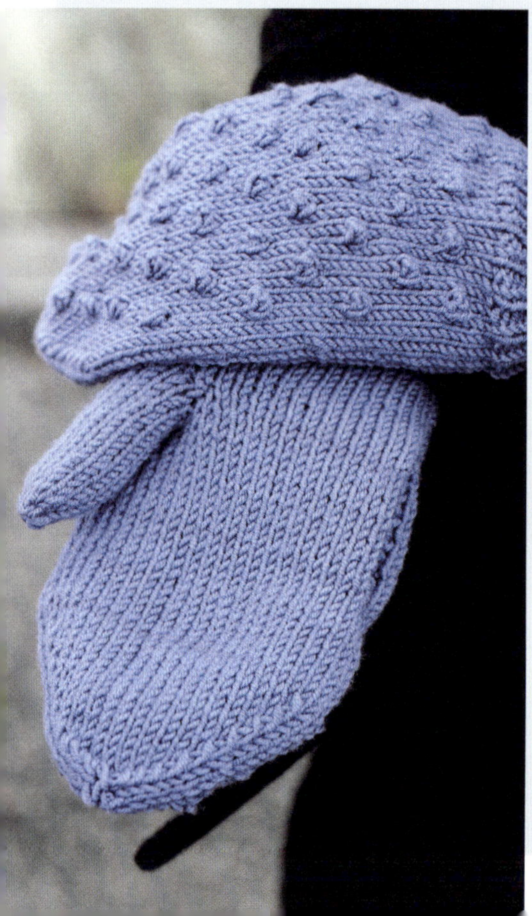

Schwierigkeitsgrad 2

GRÖSSE Einheitsgröße für Erwachsene
GARN Sandnes Garn Merinoull (100 % Merinowolle, LL 105 m/50 g) in Jeansblau (Fb 6052), 100 g
NADELN Nadelspiele 3,5 mm und 4,0 mm
ZUBEHÖR 2 Maschenmarkierer
MASCHENPROBE 22 M mit Nd 4,0 mm glatt re = 10 cm

NOPPE

1. Runde: Aus 1 M 1 M li, 1 M re, 1 M li, 1 M re herausstr.

2. Runde: Die ersten 3 M der N nacheinander wie zum Linksstr abh mit dem Faden hinter der Arbeit, 1 M re str, die 3 abgehobenen M überziehen.

MUSTER FÜR DEN HANDRÜCKEN

1. Runde: 3 M re, 1 N, 3 M re, 1 N, 3 M re, 1 N, 3 M re, 1 N, 3 M re, 1 N, 3 M re str.

2. Runde: Re M str, die N wie beschrieben fertigstellen (2. Rd Noppe).

3.–5. Runde: Alle M re str.

6. Runde: 5 M re, 1 N, 3 M re, 1 N, 3 M re, 1 N, 3 M re, 1 N, 5 M re str.

7. Runde: Re M str, die N wie beschrieben fertigstellen (2. Rd Noppe).

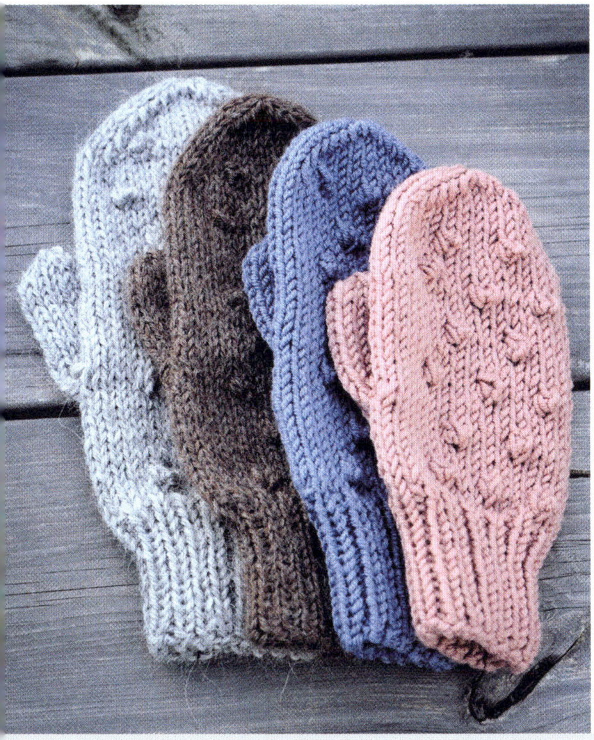
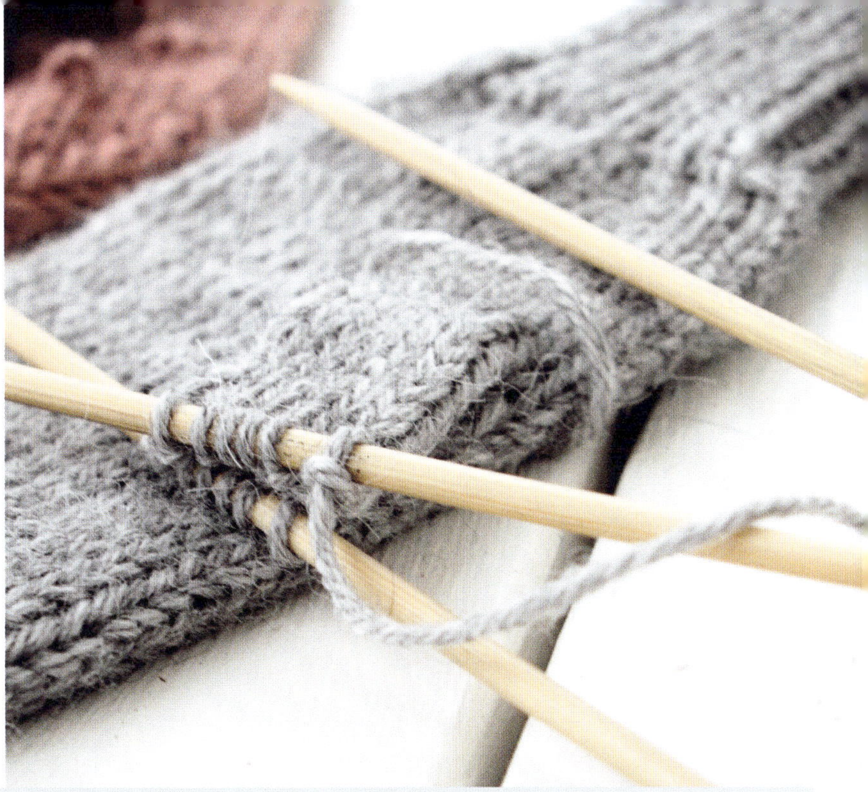

8.–10. Runde: Alle M re str.
Die 1.–10. Rd fortlfd wdh.

Mit dem Ndspiel 3,5 mm 40 M anschl und zur Rd schließen.
Für das Bündchen 8 cm im Rippenmuster 1 M re, 1 M li im Wechsel str.
Zu Ndspiel 4,0 mm wechseln und in der nächsten Rd gleichmäßig verteilt 4 M zun (= 44 M).
Nächste Runde: Am Rd-Beginn 1 MM einhängen, 23 M re str (= Handrücken), 1 weiteren MM einhängen, 21 M re str (= Innenhand).
3 Rd re M str.
Nun über die 23 M des Handrückens im angegebenen Muster und über die 21 M der Innenhand glatt re (= jede Rd re M str) str.
Nach 14 cm Gesamthöhe für die Daumenöffnung einen Hilfsfaden in Kontrastfarbe wie folgt einsetzen:
Rechter Handschuh, Innenhand: 2 M re, 7 M mit dem Hilfsfaden str, die 7 M auf die li Nd zurückheben und mit dem normalen Faden str. Dann die verbleibenden 12 M str.
Linker Handschuh, Innenhand: 12 M re, 7 M mit dem Hilfsfaden str, die 7 M auf die li Nd zurückheben und mit dem normalen Faden str. Die verbleibenden 2 M re str.
Weiter über den Handrücken im angegebenen Muster und über die Innenhand glatt re str.
Nach 23 cm Gesamthöhe in einer 1. Noppenreihe an den Seiten wie folgt abn:
1 M re, 2 M re zusstr, bis 3 M vor der nächsten Markierung im Muster str, 2 M re übz zusstr (= 1 M abh, die nächste M re str, die abgehobene M überziehen), 1 M re.
Diese Abn über die M der Innenhand wdh.
Die Abn in jeder 2. Rd wdh.
Wenn das letzte Mal N gestrickt werden, fallen die erste und die letzte N weg = insgesamt nur 2 N. Nach insgesamt 7 Abn nun in jeder Rd auf die gleiche Weise abn, bis 8 M übrig bleiben.
Den Faden abschneiden, durch die verbleibenden M führen und fest anziehen.

DAUMEN

Auf beiden Seiten des Hilfsfadens M auffassen: 7 M auf der Unterseite und 7 M auf der Oberseite. Den Hilfsfaden entfernen, die M auf 3 Spielnd 3,5 mm verteilen, zur Rd schließen und glatt re str. Nach 6,5 cm Daumenhöhe in der nächsten Rd fortlfd 2 M re zusstr (= 7 M). Den Faden abschneiden, durch die verbleibenden M führen und fest anziehen.
Alle Fadenenden vernähen, evtl. die kleinen Löcher auf beiden Seiten des Daumens zunähen.
Den Handschuh spannen, anfeuchten und trocknen lassen.

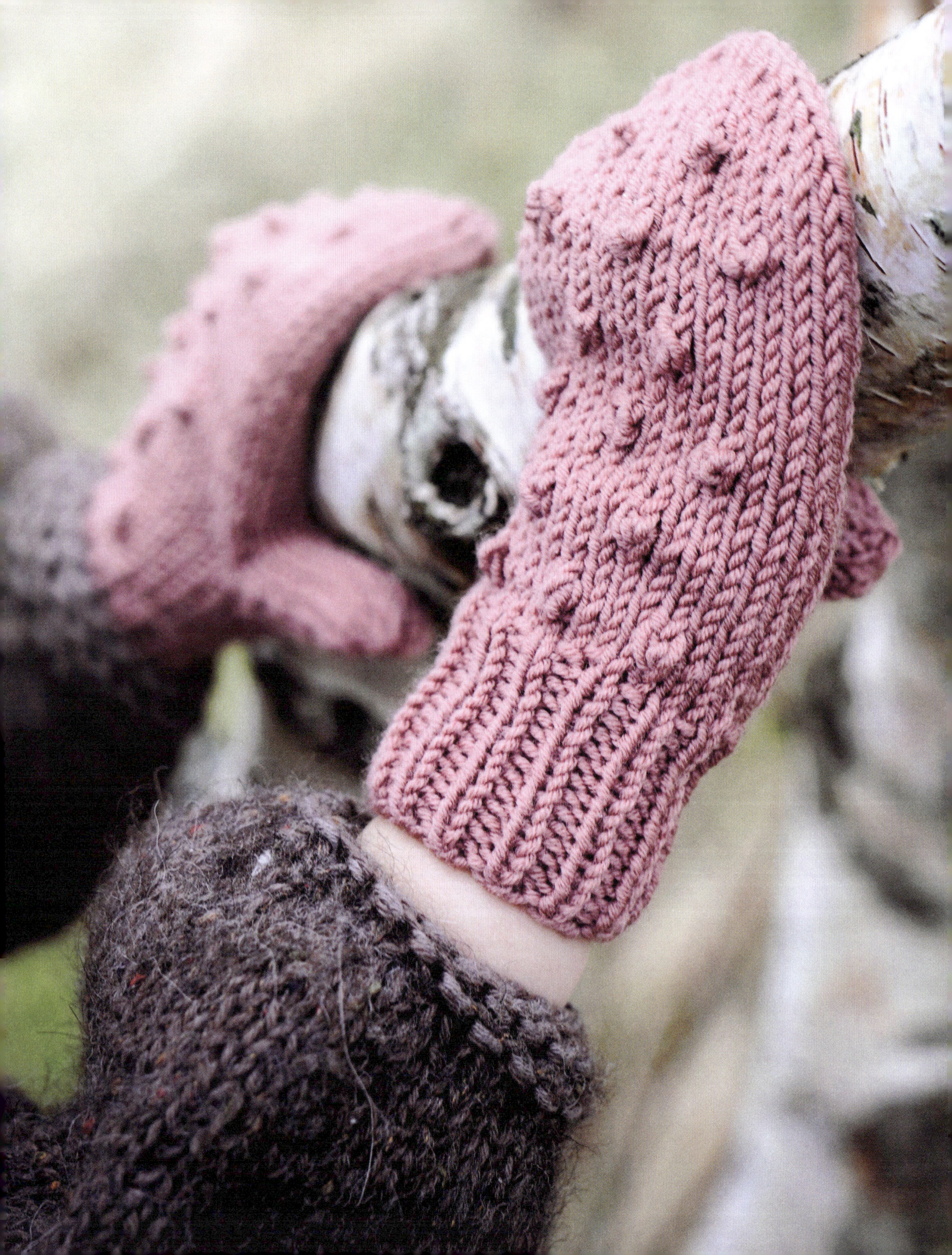

Handschuhe für kleine Leute

Schwierigkeitsgrad 2

GRÖSSE für 1–2/3–5/6–8 Jahre
GARN Sandnes Garn Merinoull (100 % Merinowolle, LL 105 m/ 50 g) in Rosa (Fb 4042), 50/50/50 g
NADELN Nadelspiele 3,5 mm und 4,0 mm
ZUBEHÖR 2 Maschenmarkierer
MASCHENPROBE 22 M mit Nd 4,0 mm glatt re = 10 cm

NOPPE

In Runden

1. Runde: Aus 1 M 1 M li, 1 M re, 1 M li, 1 M re herausstr.

2. Runde: Die ersten 3 M der N nacheinander wie zum Linksstr abh mit dem Faden hinter der Arbeit, 1 M re str, die 3 abgehobenen M überziehen.

MUSTER FÜR DEN HANDRÜCKEN

1. Runde: Für Größe 1–2 Jahre 4 M re, 1 N, 3 M re, 1 N, 3 M re, 1 N, 4 M re / für Größe 3–5 Jahre 4 M re, 1 N, 3 M re, 1 N, 3 M re, 1 N, 4 M re / für Größe 6–8 Jahre 3 M re, 1 N, 3 M re, 1 N, 3 M re, 1 N, 3 M re, 1 N, 3 M re.

2. Runde: Re M str, die N wie beschrieben fertigstellen (2. Rd Noppe).

3.–5. Runde: Alle M re str.

6. Runde: für Größe 1–2 Jahre 5 M re, 1 N, 3 M re, 1 N, 5 M re / für Größe 3–5 Jahre 6 M re, 1 N, 3 M re, 1 N, 6 M re / für Größe 6–8 Jahre 5 M re, 1 N, 3 M re, 1 N, 3 M re, 1 N, 5 M re.

7. Runde: Re M str, die N wie beschrieben fertigstellen (2. Rd Noppe).

Die 1.–7. Rd fortlfd wdh.

Mit dem Ndspiel 3,5 mm 28/30/34 M anschl und zur Rd schließen.

Für das Bündchen 5/5/6 cm im Rippenmuster 1 M re, 1 M li im Wechsel str.

Zu Ndspiel 4,0 mm wechseln und in der nächsten Rd gleichmäßig verteilt 4 M zun = 32/34/38 M.

Nächste Runde: Am Rd-Beginn 1 MM einhängen, 17/17/19 M re str (= Handrücken), 1 weiteren MM einhängen, 15/17/19 M re str (= Innenhand).

3 Rd re M str.

Nun über die 17/17/19 M des Handrückens im angegebenen Muster und über die 15/17/19 M der Innenhand glatt re str.

Nach 8/9/11,5 cm Gesamthöhe für die Daumenöffnung einen Hilfsfaden in Kontrastfarbe wie folgt einsetzen:

Rechter Handschuh, Innenhand: 1 M re, 6 M mit dem Hilfsfaden str, die 6 M auf die li Nd zurückheben und mit dem normalen Faden str. Dann die verbleibenden 8/10/13 M str.

Linker Handschuh, Innenhand: 8/10/13 M re, 6 M mit dem Hilfsfaden str, die 6 M auf die li Nd zurückheben und mit dem normalen Faden str. Die verbleibende M re str.

Weiter über den Handrücken im angegebenen Muster und über die Innenhand glatt re str.

Nach 14/16/18 cm Gesamthöhe in einer 1. Noppenreihe an den Seiten wie folgt abn (letzte Rd mit N):

1 M re, 2 M re zusstr, bis 3 M vor der nächsten Markierung im Muster str, 2 M re übz zusstr (= 1 M abh, die nächste M re str, die abgehobene M überziehen), 1 M re.

Diese Abn über die M der Innenhand wdh.

Die Abn 3 x in jeder 2. Rd, dann 3/3/4 x in jeder Rd arb.

Den Faden abschneiden, durch die verbleibenden M führen und fest anziehen.

DAUMEN

Auf beiden Seiten des Hilfsfadens M auffassen: 6 M auf der Unterseite und 6 M auf der Oberseite. Den Hilfsfaden entfernen, die M auf 3 Spielnd 3,5 mm verteilen, zur Rd schließen und glatt re str. Nach 4/5/6 cm Daumenhöhe in der nächsten Rd fortlfd 2 M re zusstr (= 7 M). Den Faden abschneiden, durch die verbleibenden M führen und fest anziehen.

Alle Fadenenden vernähen, evtl. die kleinen Löcher auf beiden Seiten des Daumens zunähen.

Den Handschuh spannen, anfeuchten und trocknen lassen.

Heiadecke

Eine herrlich weiche Babydecke mit schönem Lochmuster. So hübsch und warm, dass sie auch gut als Kinderwagendecke verwendet werden kann. Diese Decke ist aus Merinowolle gearbeitet, mit Alpakawolle entsteht wiederum ein ganz anderes Maschenbild.

Schwierigkeitsgrad 2

MASSE 64 x 80 cm
GARN Sandnes Garn Merinoull (100 % Merinowolle, LL 105 m/ 50 g) in Wollweiß (Fb 1002), 300 g
GARNALTERNATIVEN
Sandnes Garn Alpakka
Drops Merino Extra Fine
Viking Merino Extra Fine
(Denken Sie daran, die Lauflänge zu überprüfen, wenn Sie sich für ein anderes Garn entscheiden!)
NADELN Rundstricknadel 4,5 mm, 60 cm oder 80 cm lang
MASCHENPROBE 20 M mit Nd 4,5 mm glatt re = 10 cm

PERLMUSTER
1 M re, 1 li im Wechsel str. Die M in jeder R versetzen.

Die Decke wird in R auf einer Rundstricknd gestrickt.
Mit der Rundstricknd 4,5 mm 126 M anschl und 20 R im Perlmuster arb.
Nun beidseitig über die äußeren 10 M im Perlmuster weiterstr, über die mittleren 106 M im Lochmuster gemäß Strickschrift arb. Dazu den Rapport von 8 M pro R 13 x str, enden mit den 2 M nach dem Rapport. Das Lochmuster (= die 1.–16. Reihe der Strickschrift) 12 x str (= 192 R). Die Gesamthöhe der Decke ab Anschlag sollte nun ca. 72 cm sein. Noch 20 R im Perlmuster arb, dabei in der letzten R alle M abk.
Die Fadenenden vernähen. Die Decke spannen, anfeuchten und trocknen lassen.

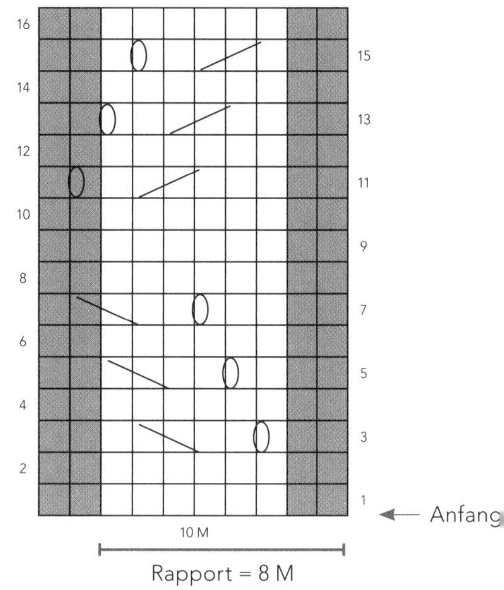

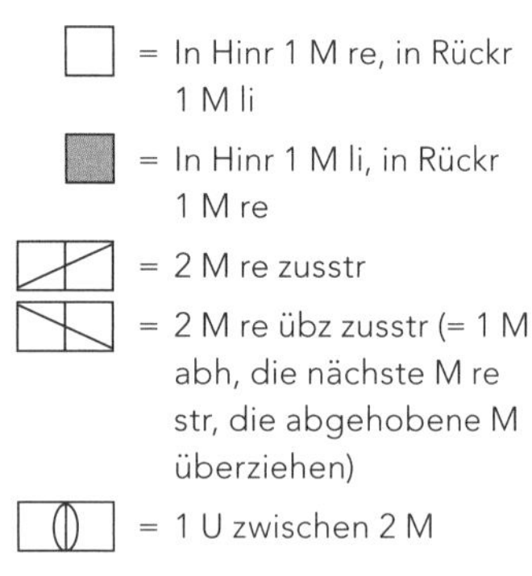

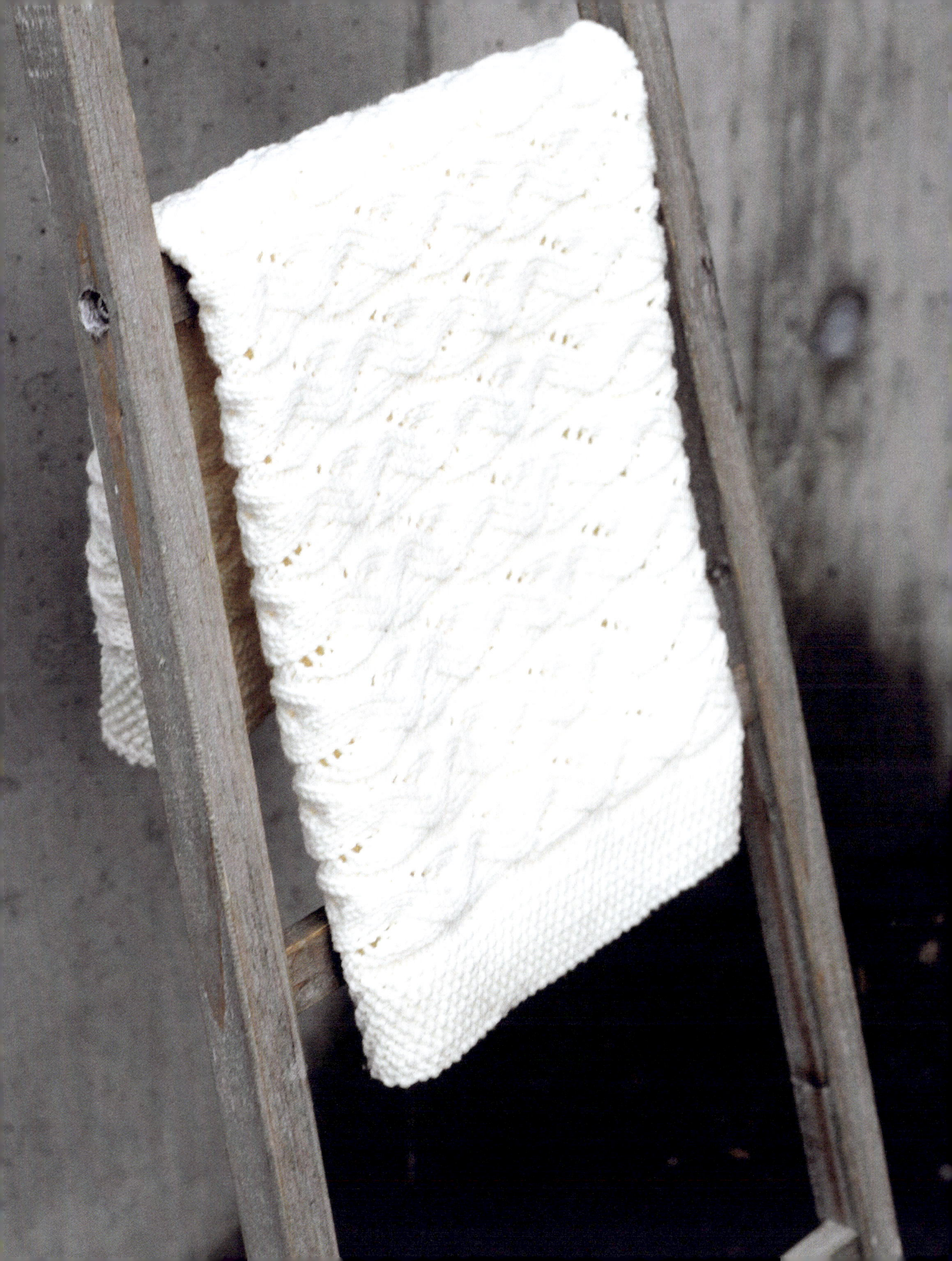

Kuscheldecke

Schwierigkeitsgrad 1

MASSE ca. 65 x 80 cm
GARN Drops Merino Extra Fine (100 % Merinowolle, LL 105 m/ 50 g) in Hellgrau (Fb 05), 400 g
NADELN Rundstricknadel 4,5 mm, 80 cm lang
MASCHENPROBE 20 M mit Nd 4,5 mm glatt re = 10 cm

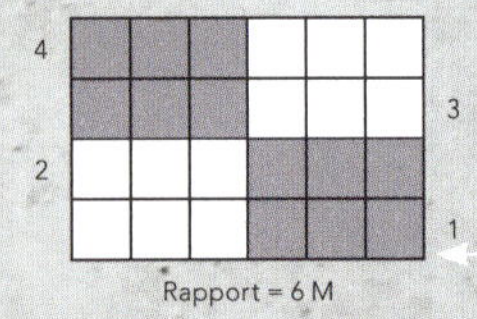

= In Hinr 1 M re, in Rückr 1 M li

= In Hinr 1 M li, in Rückr 1 M re

PERLMUSTER
1 M re, 1 M li im Wechsel str. Die M in jeder R versetzen.

Mit der Rundstricknd 4,5 mm 128 M anschl und 20 R im Perlmuster arb.
Nun beidseitig über die äußeren 10 M im Perlmuster weiterstr, über die mittleren 108 M im Strukturmuster gemäß Strickschrift arb. Dazu den Rapport von 6 M pro R 18 x str. Die 1.–4. R der Strickschrift fortlfd wdh, bis die Decke ab Anschlag ca. 75 cm hoch ist. Noch 20 R im Perlmuster arb, dabei in der letzten R alle M abk.
Die Fadenenden vernähen. Die Decke spannen, anfeuchten und trocknen lassen.

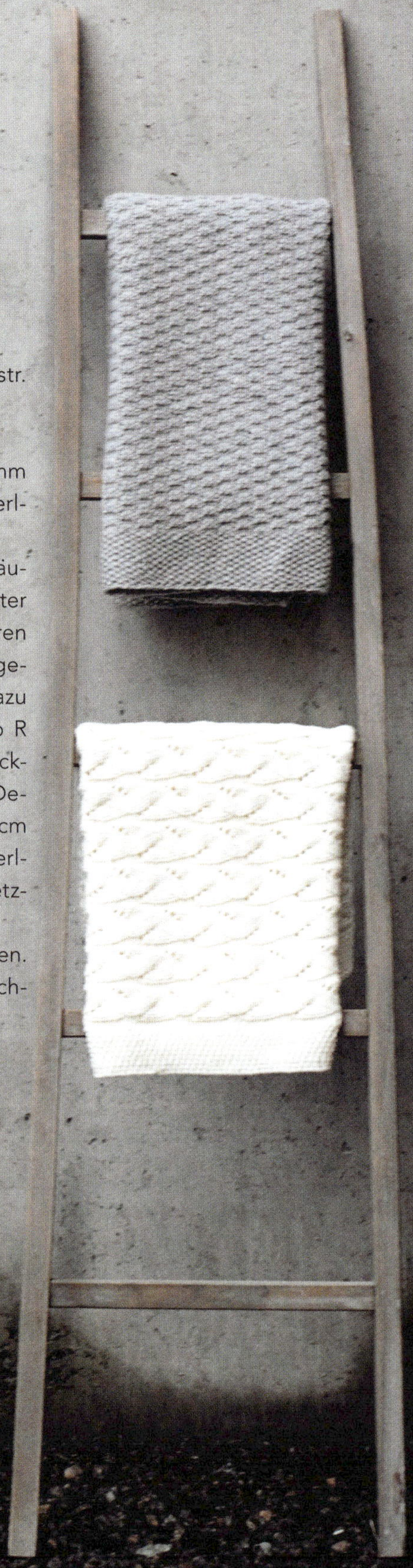

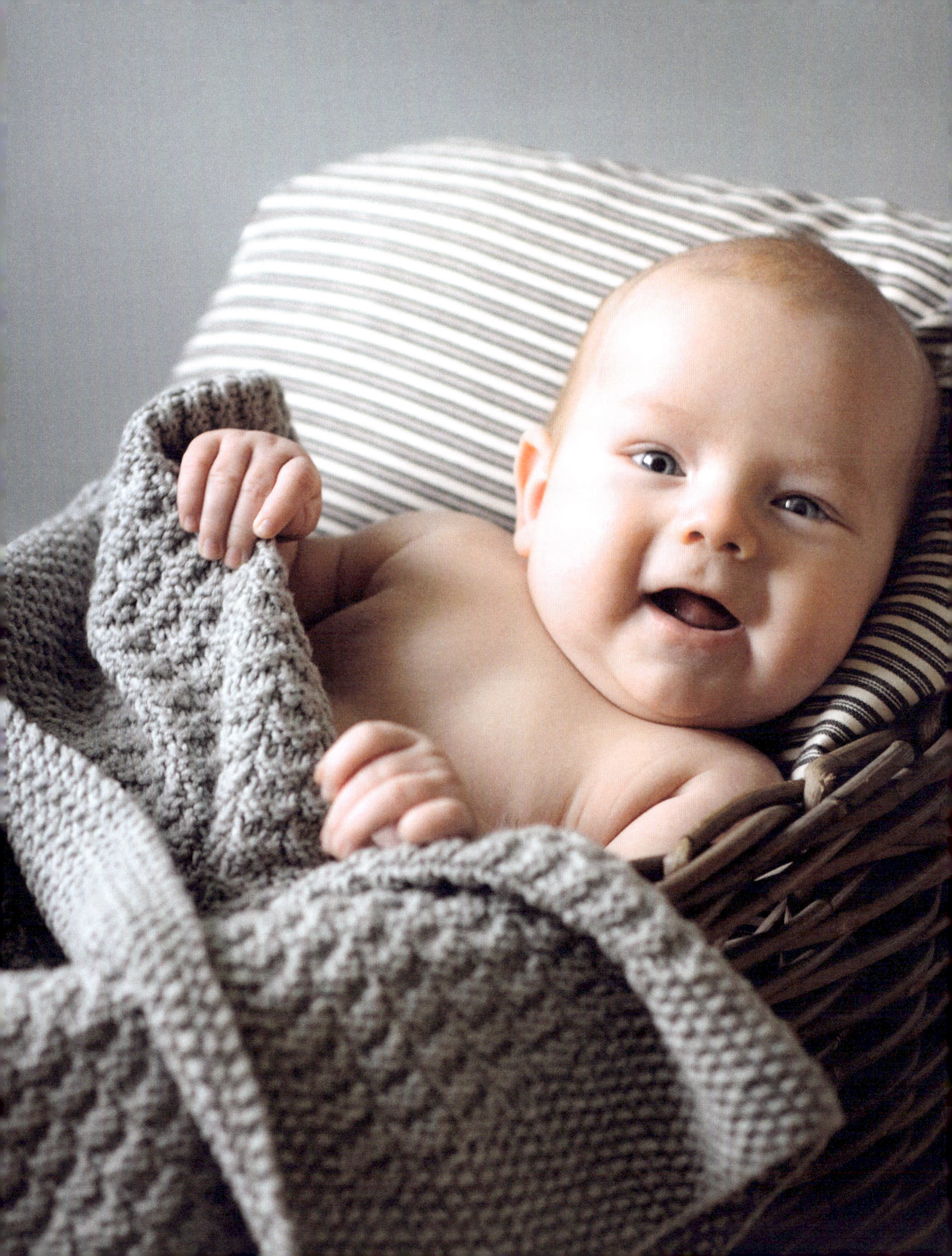

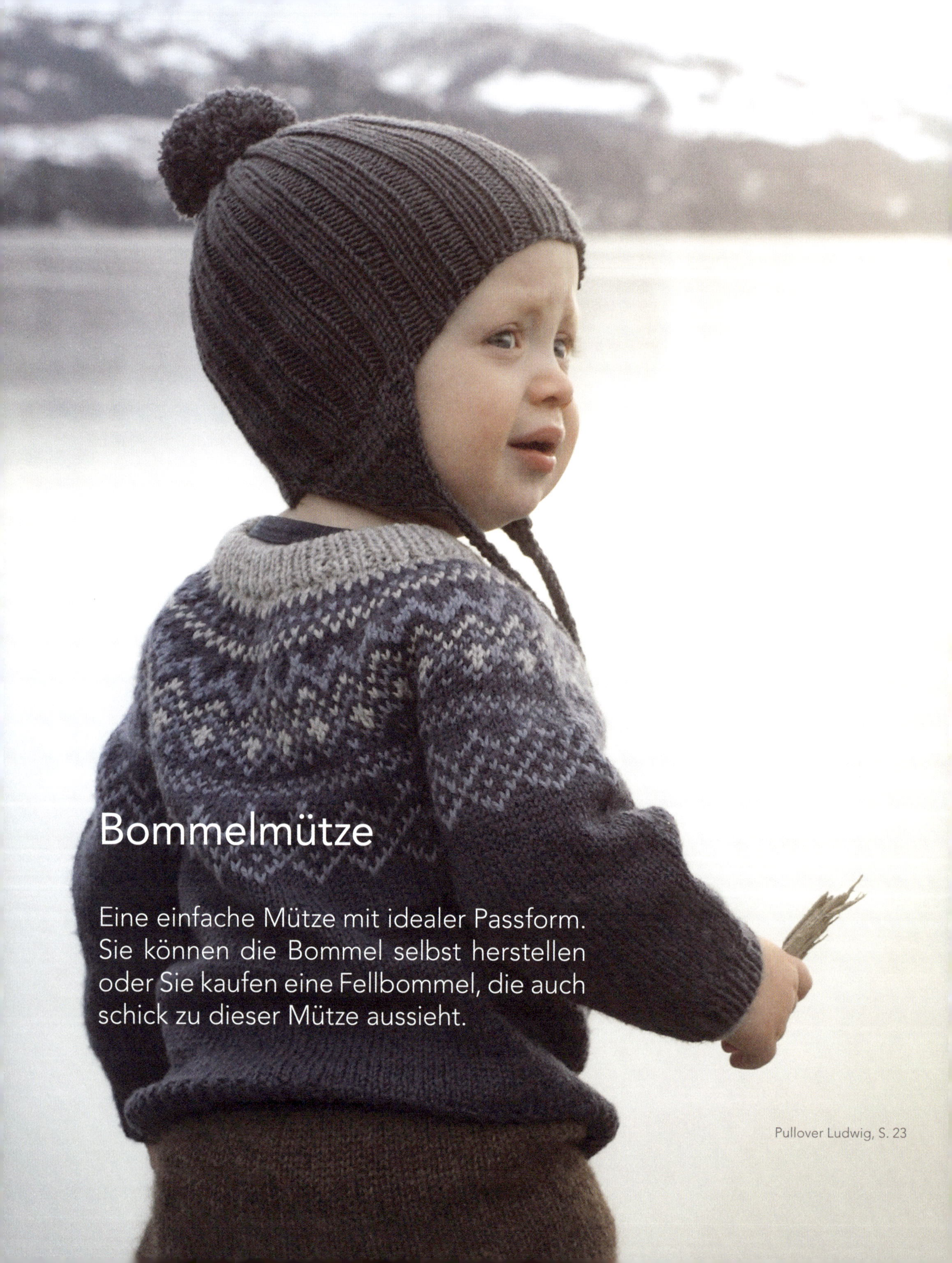

Bommelmütze

Eine einfache Mütze mit idealer Passform. Sie können die Bommel selbst herstellen oder Sie kaufen eine Fellbommel, die auch schick zu dieser Mütze aussieht.

Pullover Ludwig, S. 23

Schwierigkeitsgrad 1

GRÖSSE für 4–12 Monate/1–3 Jahre
GARN Sandnes Garn Merinoull (100 % Merinowolle, LL 105 m/50 g) in Graublau (Fb 6071), 100/100 g
NADELN Rundstricknadel 4,0 mm, 40 cm lang
MASCHENPROBE 22 M mit Nd 4,0 mm glatt re = 10 cm

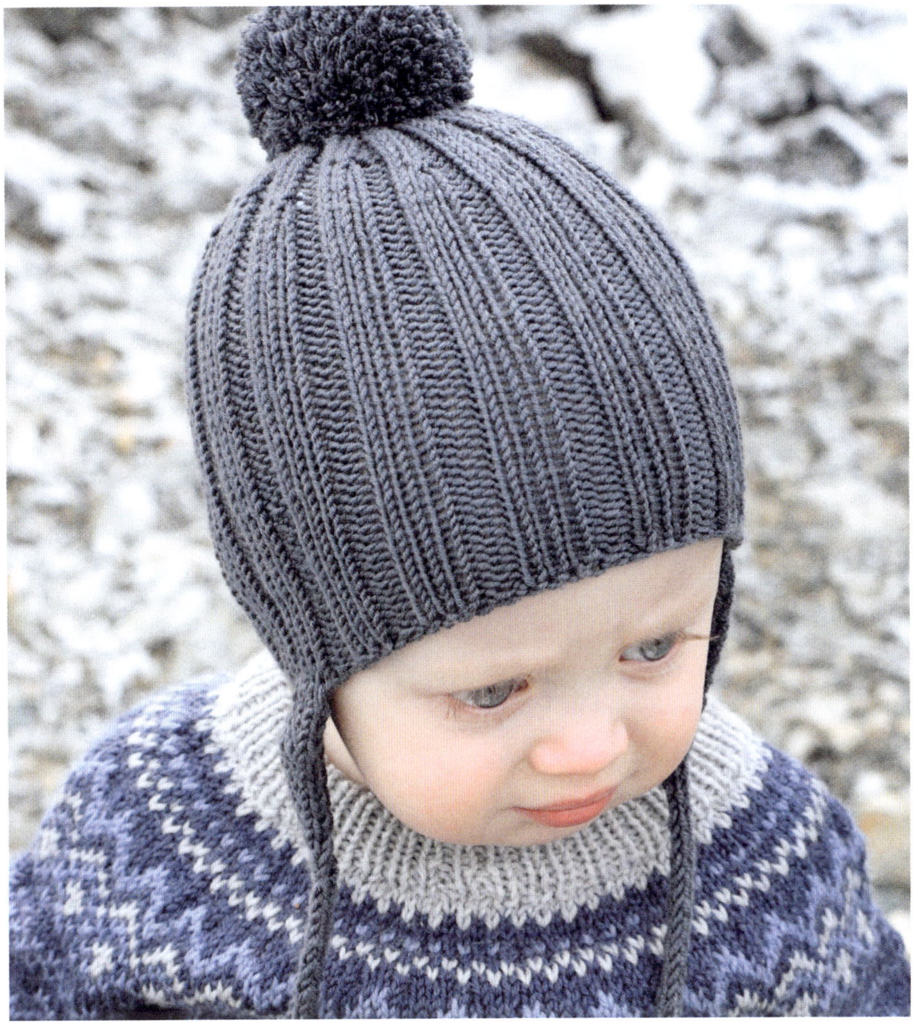

Mit Rundstricknd 4,0 mm 75/80 M anschl und zur Rd schließen. Den Rd-Beginn mit einem MM oder einem Kontrastfaden kennzeichnen.
Im Rippenmuster 3 M re, 2 M li im Wechsel str.
Nach 13/14 cm wie folgt abn:
1. Abnahmerunde: In jeder 2. Rechtsrippe 2 M re zusstr.
2 Rd ohne Abnahmen str, dabei den Rippenverlauf fortführen.
2. Abnahmerunde: In den Rechtsrippen aus 3 M, in denen nicht abgenommen wurde, je 2 M re zusstr.
2 Rd ohne Abnahmen str, dabei den Rippenverlauf fortführen.
3. Abnahmerunde: In jeder 2. Linksrippe 2 M li zusstr.
1 Rd ohne Abnahmen str, dabei den Rippenverlauf fortführen.
4. Abnahmerunde: In den Linksrippen aus 2 M, in denen nicht abgenommen wurde, je 2 M li zusstr.
1 Rd ohne Abnahmen str, dabei den Rippenverlauf fortführen.
5. Abnahmerunde: In jeder Rechtsrippe 2 M re zusstr.
1 Rd im Rippenmuster 1 M re, 1 M li im Wechsel str. In der nächsten Rd fortlfd 2 M re zusstr.
Den Faden abschneiden, durch die verbleibenden M führen und fest anziehen.

OHRENKLAPPEN

An der unteren Kante ausgehend vom Rd-Anfang jeweils 5/6 M nach re abzählen und mit einem MM oder einem Kontrastfaden kennzeichnen (= Ende Ohrenklappe). Von re aus der Kante 17/19 M auffassen und 3 R glatt re (= in Hinr re M, in Rückr li M) str, dabei mit 1 Rückr beginnen.
Weiter glatt re str und in jeder Hinr wie folgt abn:
1 M re, 2 M re übz zusstr (= 1 M abh, die nächste M re str, die abgehobene M überziehen), re M str, bis zu den letzten 3 M, 2 M re zusstr, 1 M re.
Wenn noch 3 M auf der Nd sind, eine Kordel str. Dazu die Arbeit nicht wenden, sondern die M an das andere Ende der Nd schieben. Den Faden auf der Rückseite der Arbeit an den Nd-Anfang holen und die 3 M wieder re str. Wdh, bis die Kordel 20/22 cm lang ist, dann abk.
An der unteren Kante ausgehend vom Rd-Anfang jeweils 5/6 M nach li abzählen und die andere Ohrenklappe ebenso arb.

Eine Bommel mit 5 oder 6 cm Durchmesser anfertigen (z. B. mit einem Pomponset) und an der Mützenspitze befestigen. Alle Fadenenden vernähen.

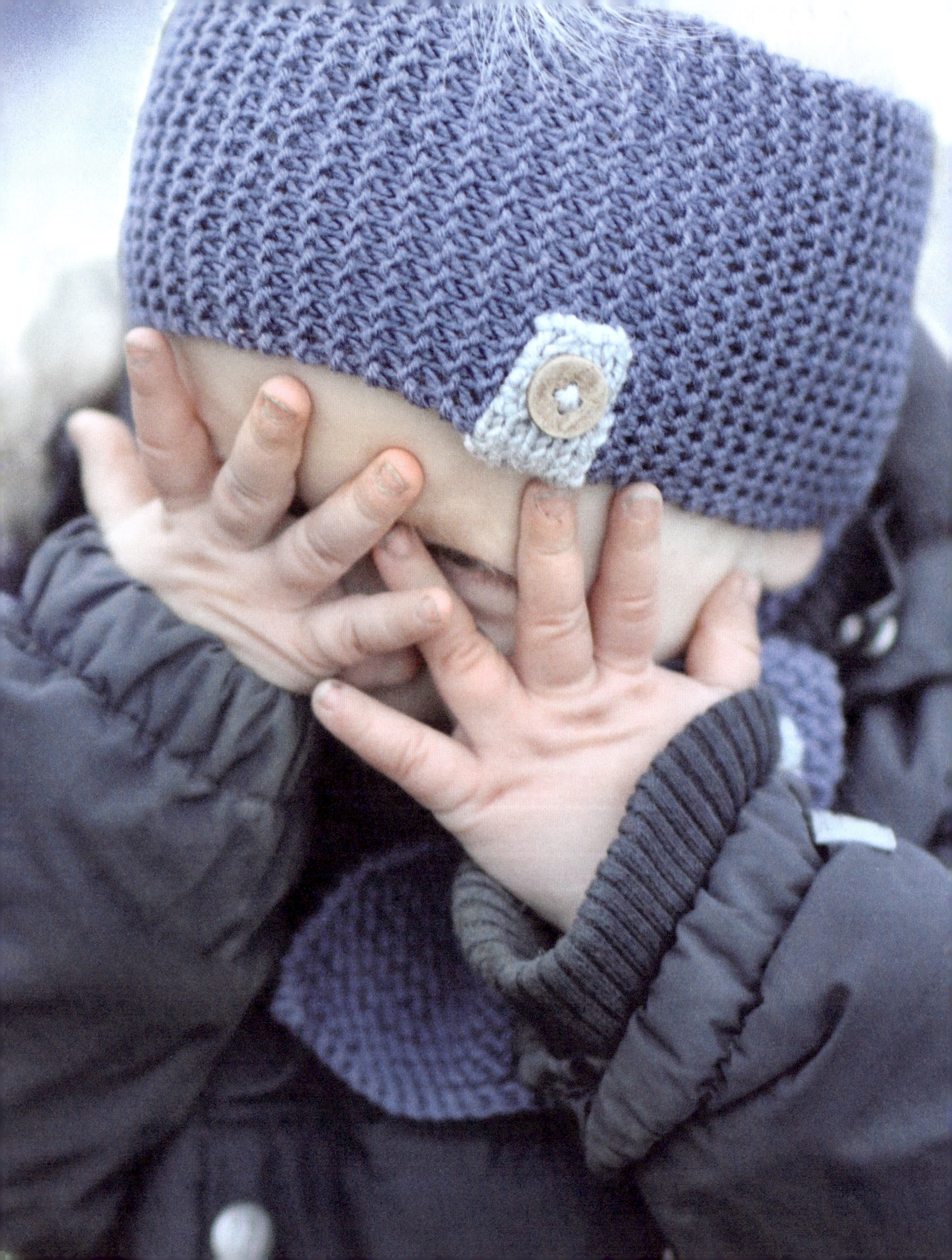

Stirnband Noah

Ein super Projekt für Anfänger. Das Stirnband wird sicher oft in Gebrauch sein.

Schwierigkeitsgrad 1

GRÖSSE für 1–3 Jahre/4–10 Jahre
GARN Viking Merino Superfine (100 % Merinowolle, LL 105 m/50 g) in Graublau (Fb 627), 50/50 g und ein Rest in Kontrastfarbe für das Knopfband
NADELN Nadelspiel 4,0 mm
ZUBEHÖR 1 Knopf
MASCHENPROBE 22 M mit Nd 4,0 mm glatt re = 10 cm

Mit zwei Spielnd 4,0 mm 20/25 M anschl und kraus re (= in jeder R re M) str. Nach 130/140 R (= 65/70 Krausrippen) alle M abk.
Anschlag- und Abkettrand zusammennähen.

KNOPFBÄNDCHEN

Mit zwei Spielnd 4,0 mm 4/5 M anschl und 12 R glatt re str. Die M abk.
Den Streifen um die Kante des Stirnbands klappen und annähen. Einen Knopf auf den Streifen nähen.

Tipp

Für ein Mädchen ersetzen Sie das Knopfbändchen durch eine Blume.

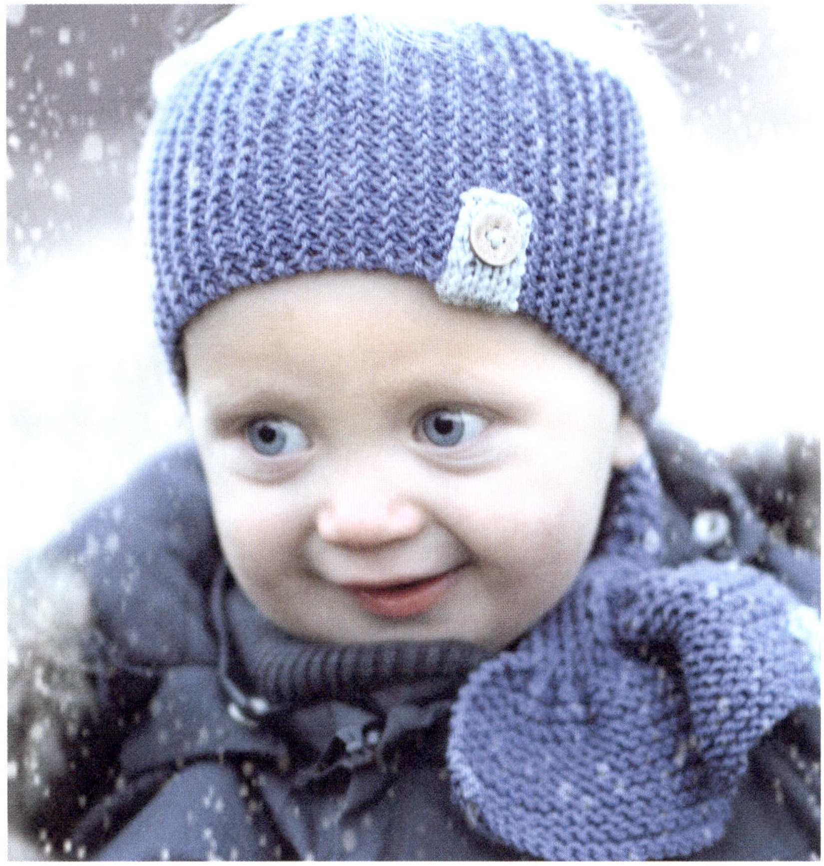

Schal Noah

Schwierigkeitsgrad 1

GRÖSSE für 1–3 Jahre/4–6 Jahre
GARN Viking Merino Superfine (100 % Merinowolle, LL 105 m/50 g) in Graublau (Fb 627), 50/100 g und ein Rest in Kontrastfarbe für das Knopfband
NADELN Nadelspiel 4,0 mm
ZUBEHÖR 1 Knopf
MASCHENPROBE 22 M mit Nd 4,0 mm glatt re = 10 cm

Mit zwei Spielnd 4,0 mm 20/26 M anschl und kraus re (= in jeder R re M) str. Nach 28/36 R (= 14/18 Krausrippen) jede 2. M auf eine weitere Spielnd str. Über diese beiden Nd mit je 10/13 M einzeln jeweils 10 R im Rippenmuster 1 M re, 1 M li str.
Nun die M wieder zusammenfügen, dafür jeweils 1 M des vorderen Teils und 1 M des hinteren Teils abwechselnd auf eine Nd nehmen.
Nun über alle M 100/120 R kraus re (= 50/60 Krausrippen) str. Dann 10 R im Rippenmuster 2 M re, 2 M li arb. Noch 28/36 R kraus re (= 14/18 Krausrippen) arb, dann alle M abk.

KNOPFBÄNDCHEN

Wie beim Stirnband beschrieben arb.

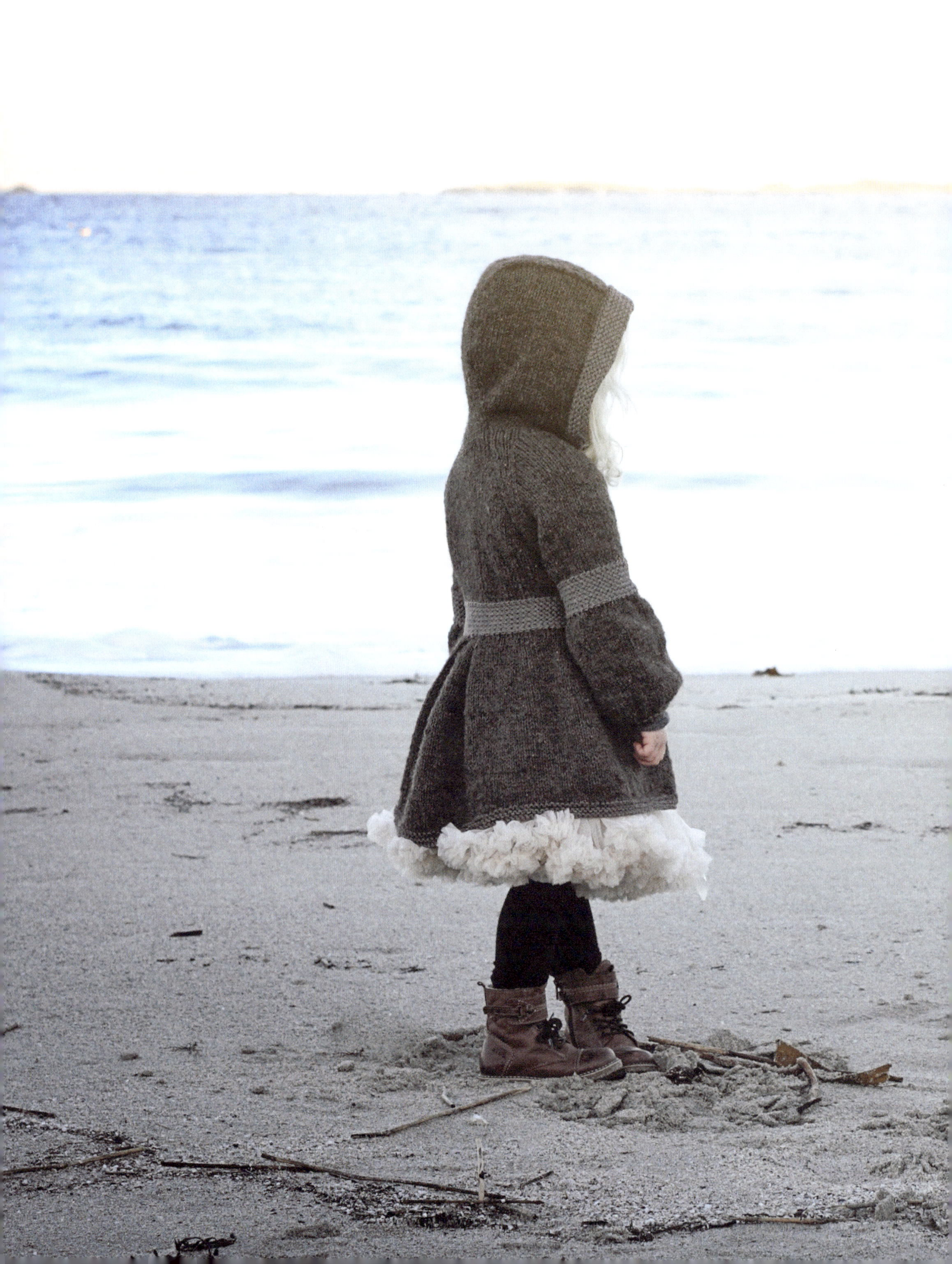

Mantel Tilda

Ein eleganter Mantel mit einem tollen Schnitt. Hier haben wir ein Projekt, mit dem Sie beeindrucken können, das aber durchaus machbar ist, denn dieser Mantel wird mit dicken Nadeln gestrickt. Das Flechtmuster ist eine kurzweilige Herausforderung und macht diesen Mantel zu etwas ganz Besonderem.

Schwierigkeitsgrad 3

GRÖSSE für 2/3–4/5/6–7 Jahre

MASSE

Länge: 50/53/65/69 cm

Oberweite: 61/65/69/73 cm

GARN

Garn A Dale Garn Lerke (53 % Merinowolle, 47 % ägyptische Baumwolle, LL 115 m/50 g) in Graubraun (Fb 3461), 100/100/100/100 g

Garn B Sandnes Garn Tweed (40 % Baby-Alpaka, 32 % Viskose, 20 % Polyamid, 8 % Merinowolle, LL 150 m/50 g) in Braun (Fb 3090), 200/200/300/300 g

Garn C Sandnes Garn Mini Duett (55 % Baumwolle, 45 % Merinowolle, LL 175 m/50 g) in Mittelbraun (Fb 3161), 150/200/250/250 g

NADELN Rundstricknadel 5,0 mm, 80 cm lang, Nadelspiele 4,0 mm und 5,0 mm

ZUBEHÖR 4 große Druckknöpfe, 4 Maschenmarkierer

MASCHENPROBE

Je 1 Faden Garn B und Garn C: 16–17 M mit Nd 5,0 mm glatt re = 10 cm

Garn A: 30 M mit Nd 4,0 mm im Flechtmuster = 10 cm

WENDETECHNIK

w&w (wickeln und wenden): Die nächste M wie zum Linksstr auf die re Nd abh, den Faden zwischen den Nd auf die andere Seite der Arbeit legen, dieselbe M zurück auf die li Nd heben und die Arbeit wenden. Beim späteren Abstricken den Wickelfaden mit der entsprechenden M zusstr.

VORDER- UND RÜCKENTEIL

Es wird mit dem »Gürtel« begonnen (in der Mitte des Mantels).

Mit zwei Spielnd 4,0 mm 16 M mit Garn A anschl und im Flechtmuster in R str (siehe S. 44 oben). Nach 59/63/67/71 cm die M abk.

Nun wird der untere Teil des Mantels gearbeitet (also der »Rock«). Beim Auffassen nah am Flechtmuster einstechen und aus 2 Fäden herausstr, damit keine Löcher entlang der Auffasskante entstehen.

Mit Rundstricknd 5,0 mm und je 1 Faden Garn B und Garn C str.

An einer Längskante des Flechtmusterstreifens (Gürtels) je einen MM zu beiden Seiten der mittleren 3 cm des Streifens einhängen. Dann von re auf der einen Seite bis zum 1. MM 45/50/55/57 M auffassen. Dann weitere 16 M dazu anschl und 45/50/55/57 M nach dem 2. MM auffassen (= 106/116/126/130 M).

1 Rückr li M str.

Nächste Reihe (Hinr): * 9/10/11/11 M re, 1 M zun; ab * 5 x arb, 5 M re, 1 M zun, 6 M re, 1 M zun, 5 M re, ** 1 M zun, 9/10/11/11 M re; ab ** 5 x arb (= 118/128/138/142 M).

3 R glatt re str.

Nächste Reihe (Hinr): * 10/11/12/12 M re, 1 M zun; ab * 5 x arb, 6 M re, 1 M zun, 6 M re, 1 M zun, 6 M re, ** 1 M zun, 10/11/12/12 M re; ab ** 5 x arb (= 130/140/150/154 M).

5 R glatt re str.

Nächste Reihe (Hinr): * 11/12/13/13 M re, 1 M zun; ab * 5 x arb, 7 M re, 1 M zun, 6 M re, 1 M zun, 7 M re, ** 1 M zun, 11/12/13/13 M re; ab ** 5 x arb (= 142/152/162/166 M).

7 R glatt re str.

Nächste Reihe (Hinr): * 12/13/14/14 M re, 1 M zun; ab * 5 x arb, 8 M re, 1 M zun, 6 M re, 1 M zun, 8 M re, ** 1 M zun, 12/13/14/14 M re; ab ** 5 x arb (= 154/164/174/178 M).

Nun 22/24/27/30 cm glatt re str.

Jetzt wird über einige M auf der Rückseite des Mantels weitergearbeitet, dieser Rockteil des Mantels wird also länger, dabei werden verlängerte R gestrickt.

FLECHTMUSTER

Über 16 M.

1. Reihe: 1 M re, * mit der re Nd zwischen den nächsten beiden M auf der li Nd einstechen und die 2. M re str, aber noch nicht von der Nd gleiten lassen. Die re Nd wieder nach vorn holen und die 1. M auf der li Nd re str. Nun beide M von der li Nd gleiten lassen. Ab * 7 x str, mit 1 M re enden.

Für die 1. R siehe Abbildungen rechts.

2. Reihe: 1 M re, 1 M li, * die 2. M auf der li Nd li str, aber nicht von der Nd gleiten lassen. Dann die 1. M li str. Beide M von der li Nd gleiten lassen. Ab * 6 x str, mit 1 M li, 1 M re enden.

Die 1. und 2. Reihe fortlfd wdh.

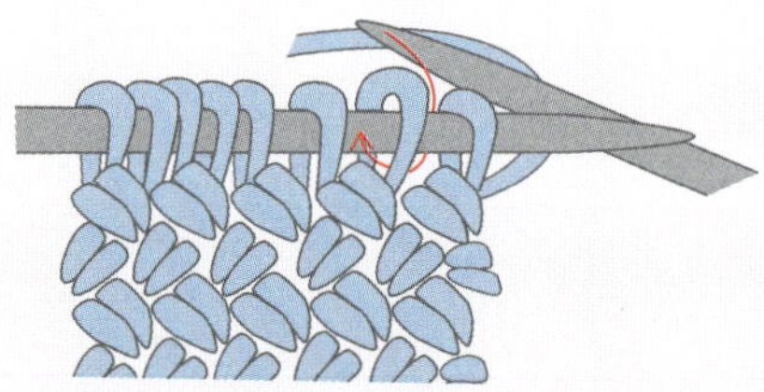

1. Mit der re Nd zwischen den nächsten beiden M auf der li Nd einstechen und die 2. M re str, aber noch nicht von der Nd gleiten lassen.

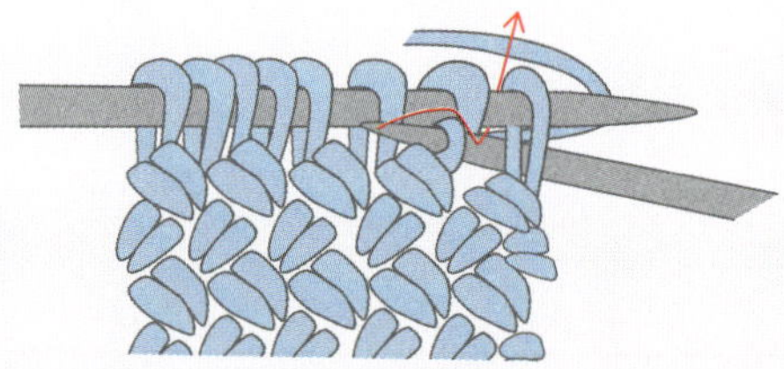

2. Die re Nd wieder nach vorn holen.

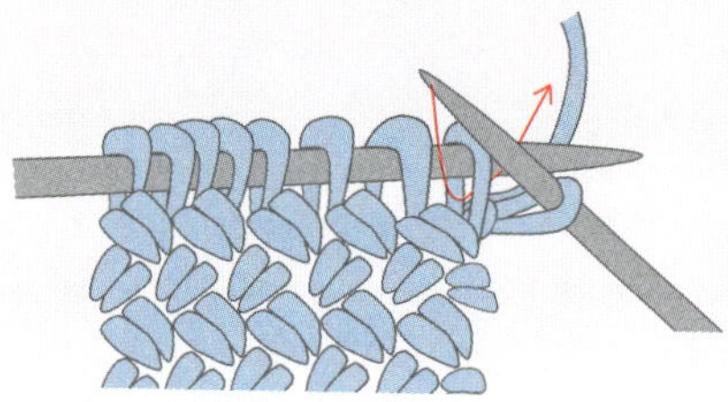

3. Jetzt die 1. M auf der li Nd re str.

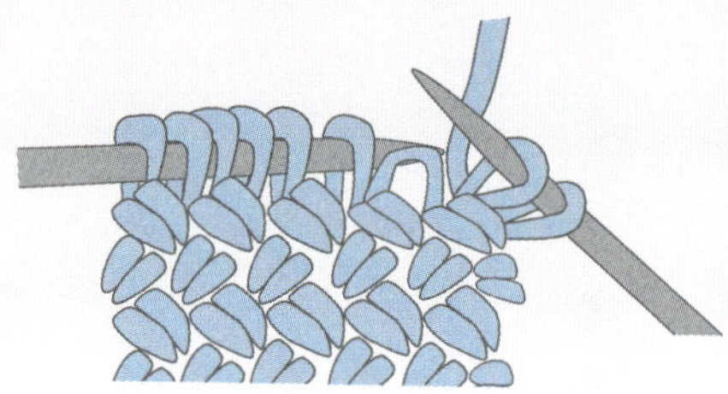

4. Dann beide M von der li Nd gleiten lassen.

Tipp

Eine Video zur Technik (Kurvstrikk) gibt es unter klompelompe.no/tips-og-videoer/

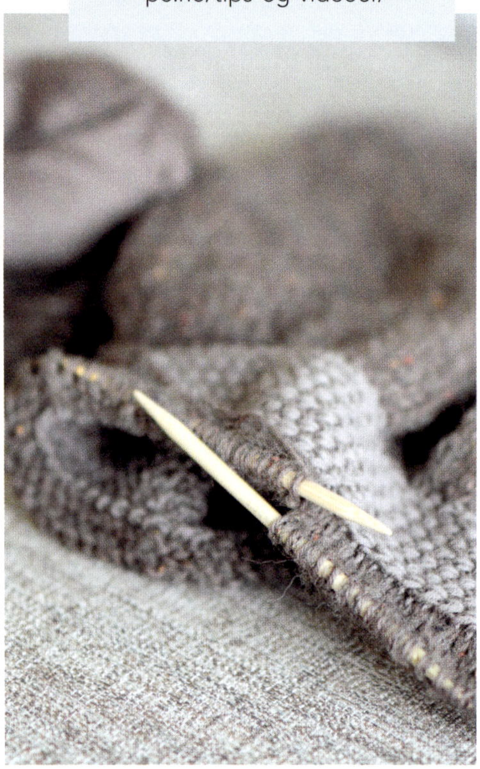

Nächste Reihe (Hinr): 82/87/91/94 M re, w&w (siehe S. 43), 10 M li, w&w, 15 M re, w&w, 20 M li, w&w, 25 M re, w&w, 30 M li, w&w, 35 M re, w&w, 40 M li, w&w, die restl M bis R-Ende re str.

Zu je 1 Faden Garn A und Garn C wechseln und 5 R kraus re (= in jeder R re M) str. Dann alle M abk.

Nun mit je 1 Faden Garn B und Garn C aus der anderen Kante des Flechtmusterstreifens (Gürtel) 96/104/112/120 M von re auffassen und 4/5/5/5 cm glatt re str. In der nächsten R für die Armausschnitte wie folgt abk:

Nächste Reihe (Hinr): 22/24/26/28 M re, 4 M abk, 44/48/52/56 M re, 4 M abk, 22/24/26/28 M re.

Die Arbeit vorläufig beiseitelegen und erst die Ärmel str.

ÄRMEL (2 X ARB)

Mit zwei Spielnd 4,0 mm 16 M mit Garn A anschl und 26/28/28/28 cm im Flechtmuster in R str. Die M nicht abk, sondern mit dem M-Stich zum Ring zusammennähen.

Zunächst wird der Ärmel von der Ärmelmitte (Flechtmusterstreifen) bis zur Hand gestrickt. Dazu mit dem Ndspiel 5,0 mm 43/46/46/46 M mit je einem Faden Garn B und Garn C aus der einen Seite des Rings auffassen und zur Rd schließen.

1 Rd re M str.

Nächste Runde: 4/5/5/5 M re str, 1 M zun, * 6 M re, 1 zun; ab * 6 x arb, 3/5/5/5 M re, 1 M zun (= 51/54/54/54 M).

Nur Größe 2 Jahre

Nächste Runde: * 9 M re, 1 M zun; ab * 5 x arb, 6 M re (= 56/–/–/– M).

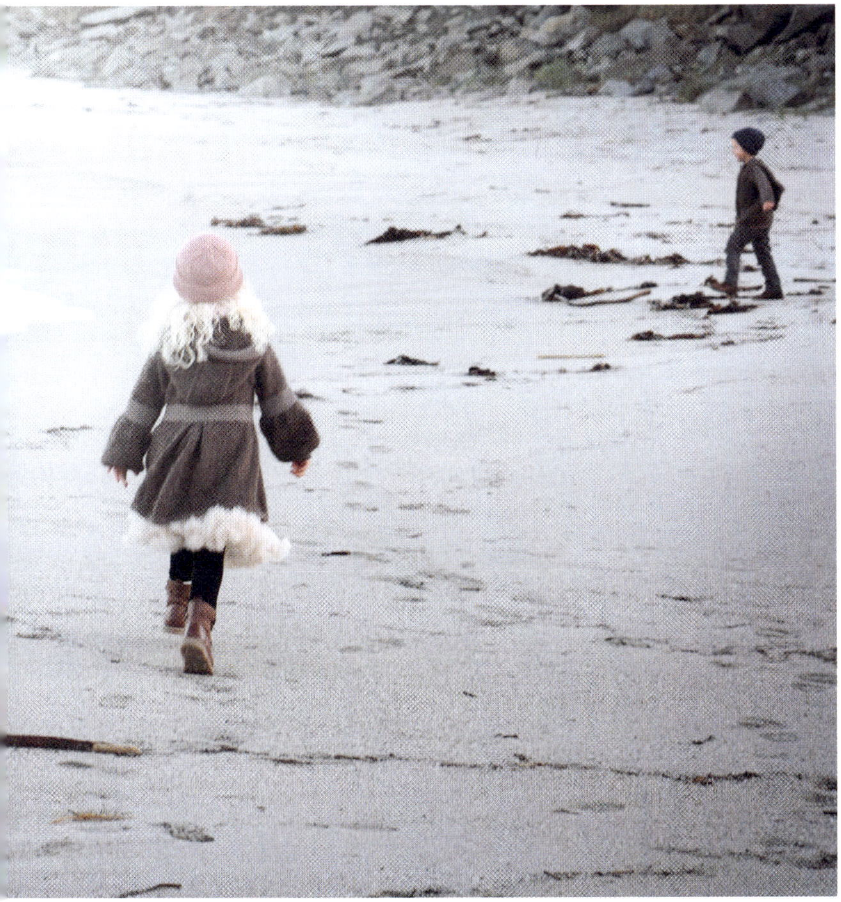

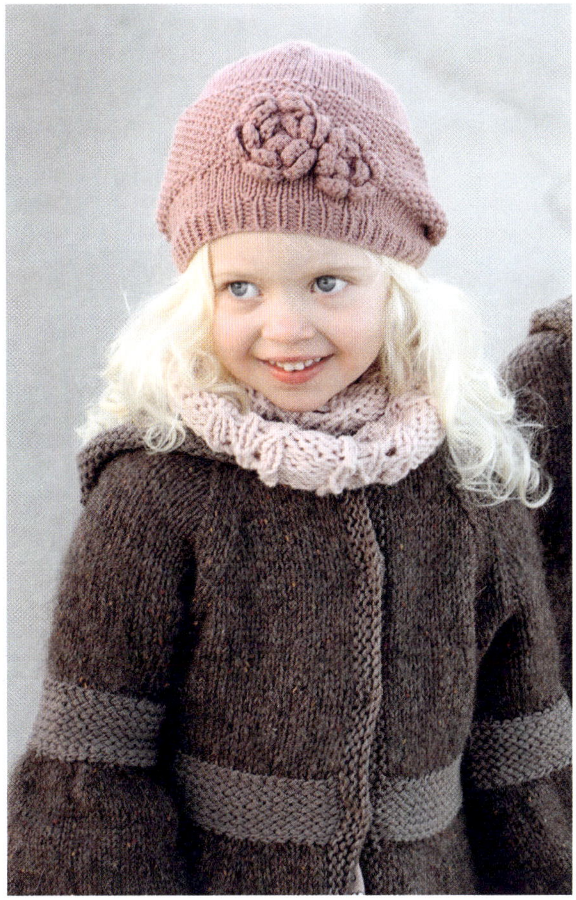

Nur Größe 3–4/5/6–7 Jahre
Nächste Runde: * 9 M re, 1 M zun; ab * 6 x arb (= –/60/60/60 M).

Alle Größen
Glatt re weiterstr, bis der Ärmel ab Auffassen 13/16/19/22 cm lang ist.
Nächste Runde: * 2 M re, 2 M re zusstr; ab * fortlfd wdh bis Rd-Ende (= 42/45/45/45 M).
1 Rd re M str.
Nächste Runde: * 1 M re, 2 M re zusstr; ab * fortlfd wdh bis Rd-Ende (= 28/30/30/30 M).
Nächste Runde: * 3 M re, 2 M re zusstr; ab * fortlfd wdh bis Rd-Ende, enden mit 3/0/0/0 M re (= 23/24/24/24 M).
Zu je 1 Faden Garn A und Garn C wechseln und 4 Rd kraus re str. In der nächsten Rd alle M abk.

Mit dem Ndspiel 5,0 mm 43/46/46/46 M mit je einem Faden Garn B und Garn C aus der anderen Seite des Flechtmusterrings auffassen und zur Rd schließen.
4,5/5,5/5,5/5,5 cm glatt re str.
Nächste Runde: 2 M abk, 39/42/42/42 M re str, 2 M abk.

RUNDPASSE
Die M aller Teile auf die Rundstricknd 5,0 mm nehmen wie folgt, dabei jeweils zwischen den Teilen einen MM einhängen: 22/24/26/28 M für das re Vorderteil, 39/42/42/42 M für den re Ärmel, 44/48/52/56 M für das Rückenteil, 39/42/42/42 M für den li Ärmel, 22/24/26/28 M für das li Vorderteil = 166/180/188/196 M.
In R glatt re str, dabei mit 1 Rückr li M beginnen.

Nächste Reihe (Hinr; Abn-R): * Re M str bis 3 M vor den MM, 2 M re zusstr, re M str bis 1 M nach dem MM, 2 M re übz zusstr (= 1 M abh, 1 M re, die abgehobene M überziehen); ab * wdh bis R-Ende.
Diese Abn-R in jeder Hinr insgesamt 14/15/16/17 x arb (= 54/60/60/60 M).
1 Rd li M str.

Nur Größe 2 Jahre
Nächste Reihe (Hinr): 13 M re, * 2 M re zusstr; ab * 2 x arb, 6 M re, 4 x 2 M re zusstr, 6 M re, 2 x 2 M re zusstr, 13 M re (= 46/–/–/– M).
Nur Größe 3–4/5/6–7 Jahre
Nächste Reihe (Hinr): 11 M re, 4 x 2 M re zusstr, 7 M re, 4 x 2 M zusstr, 7 M re, 4 x 2 M zusstr, 11 M re (= –/48/48/48 M).

Alle Größen
1 R li M str.

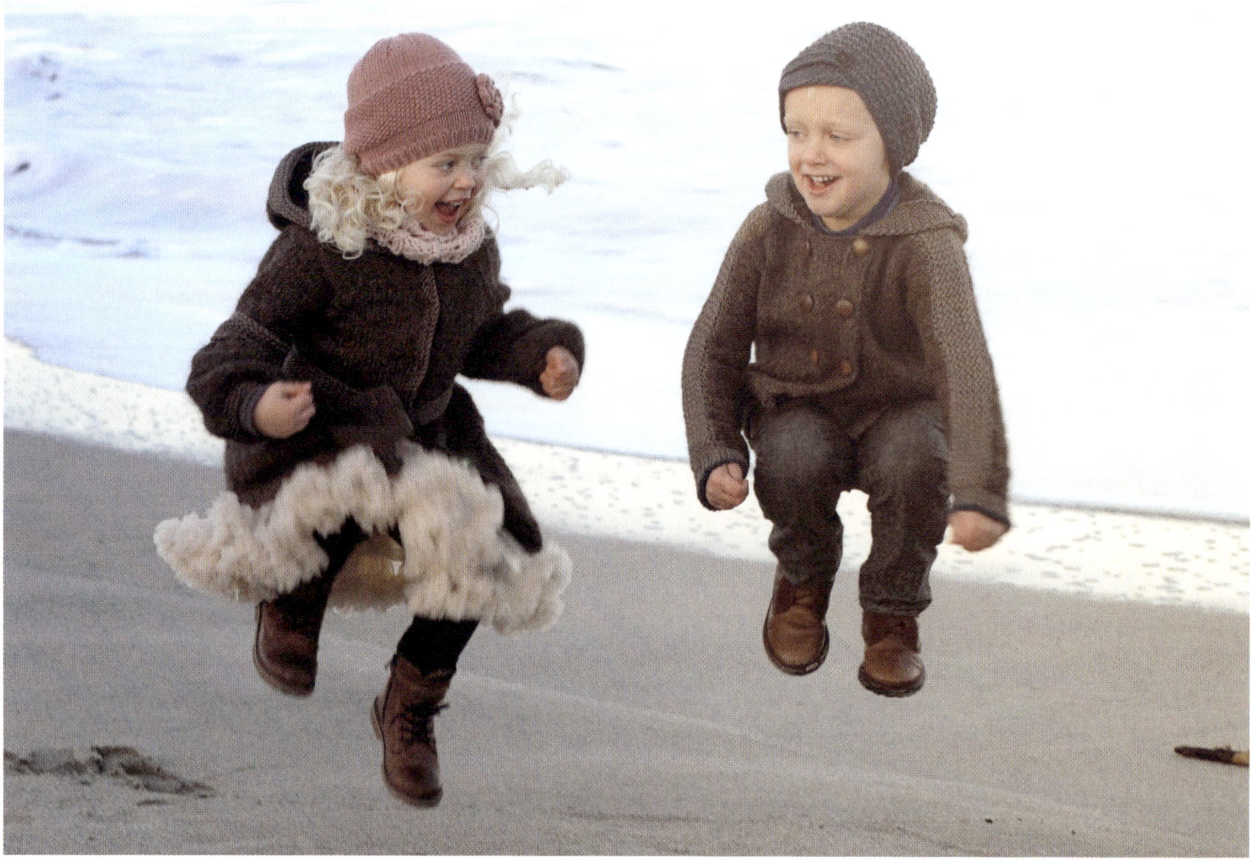

KAPUZE

Nächste Reihe (Hinr): 7 M abk, 32/34/34/34 M re str, 7 M abk.
Den Faden abschneiden.

Nächste Reihe (Rückr): 11/12/12/12 M li, 1 MM einhängen, 10 M li, 1 MM einhängen, 11/12/12/12 M li.

Weiter glatt re str, aber in der nächsten Hinr jeweils vor dem 1. MM und nach dem 2. MM 1 M zun (= 2 M zugenommen). Diese Zun-R insgesamt 12 x in jeder Hinr arb (= 56/58/58/58 M).

Anschließend 20/22/22/24 cm glatt re str.

Nächste Reihe (Hinr; Abn-R): Re M str bis 1 M vor den 1. MM, 2 M re zusstr, 10 M re str bis 1 M vor den 2. MM, 2 M re übz zusstr (= 1 M abh, 1 M re, die abgehobene M überziehen), re M str bis R-Ende.

Diese Abn-R noch 2 x in jeder Hinr wdh.

Hinweis: Zwischen den beiden MM werden immer 10 M gestrickt.

Ab der nächsten Hinr wird wie folgt in verkürzten R gestrickt: Re M str bis 1 M vor den 1. MM, 2 M re zusstr, 10 M re str bis 1 M vor den 2. MM, 2 M re übz zusstr (= 1 M abh, 1 M re, die abgehobene M überziehen), w&w (siehe S. 43), * 9 M li str, 1 M li abh mit dem Faden vor der Arbeit, 1 M li, die abgehobene M überziehen, w&w, 9 M re, 2 M re übz zusstr, w&w. Ab * wdh, bis noch 10 M übrig sind.

Alle M abk.

KNOPFBLENDEN

Mit Rundstricknd 5,0 mm und je 1 Faden Garn A und Garn C jeweils aus den Vorderteilkanten ca. 8 M auf 5 cm Kante auffassen und 5 R kraus re (= in jeder R re M) str. In der letzten Rd die M abk.

KAPUZENBLENDE

Mit Rundstricknd 4,0 mm 16 M mit Garn A anschl und 58/60/60/62 cm im Flechtmuster (siehe S. 44) arb. Dann die M abk.

Den Flechtmusterstreifen entlang der Kapuzenkante festnähen. Die Enden des Flechtmusterstreifens an der Knopfleiste und an den je 7 M, die am Anfang der Kapuze abgekettet wurden, festnähen.

Alle Fadenenden vernähen. Die Öffnungen unter den Ärmeln schließen. Vier große Druckknöpfe vom Halsausschnitt bis zur Gürtelmitte an die Knopfblenden nähen.

Den Mantel spannen, anfeuchten und trocknen lassen.

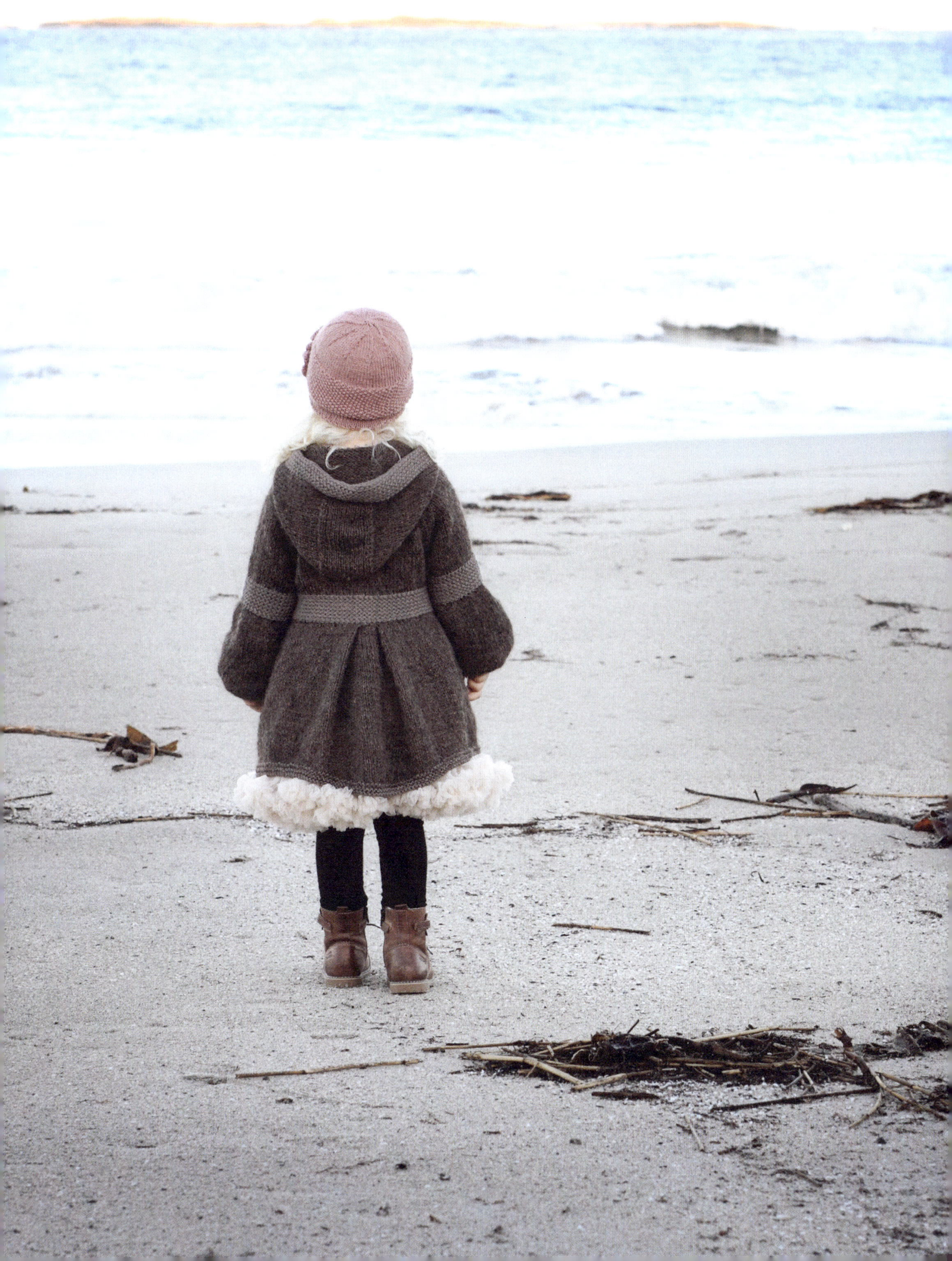

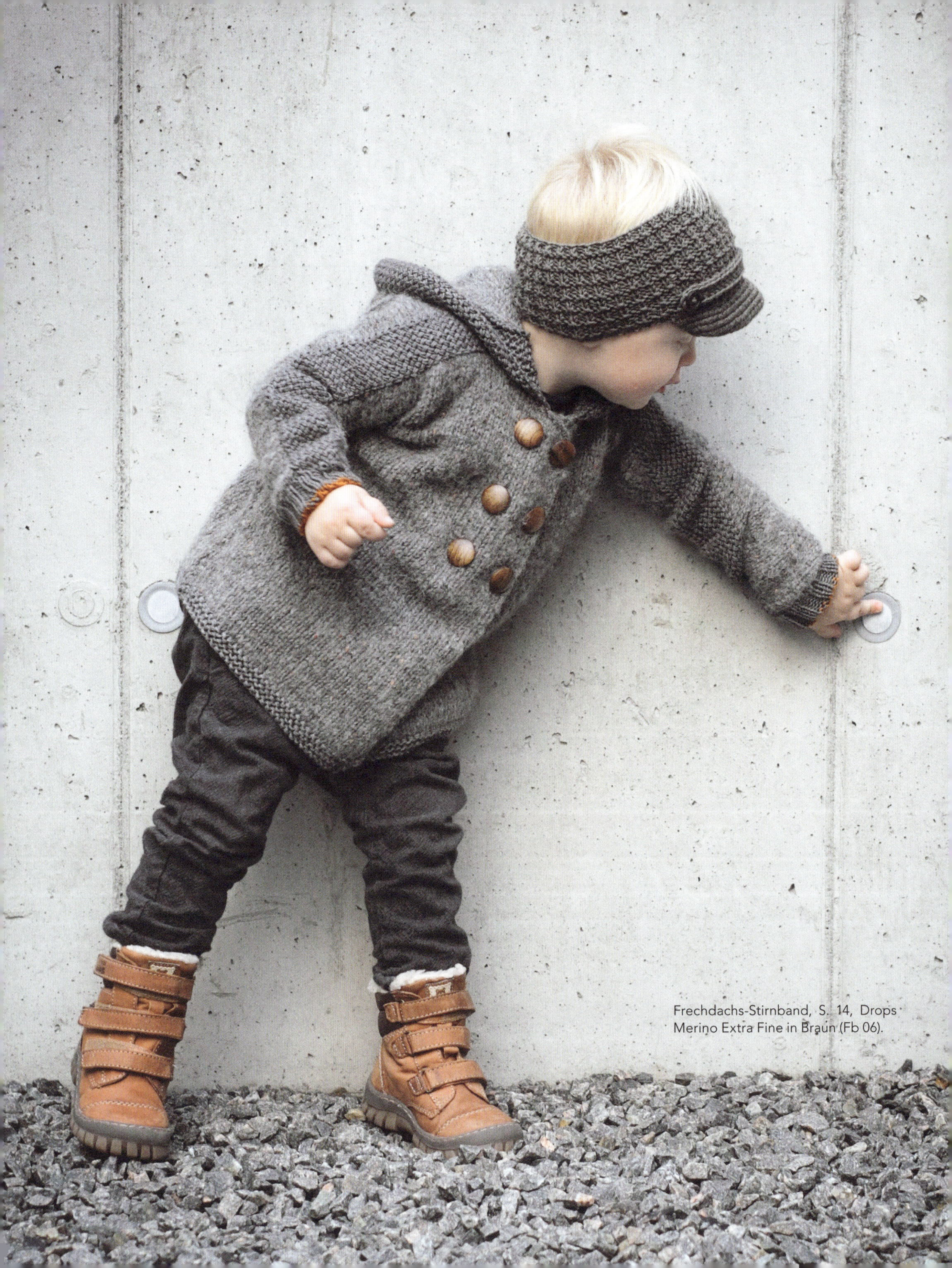

Frechdachs-Stirnband, S. 14, Drops Merino Extra Fine in Braun (Fb 06).

Jacke Johannes

Hier haben wir unsere Ausgehjacke für Jungen. Genauso wie beim Mantel Tilda ist das Stricken dieser Jacke ein größeres Projekt – eine interessante Mischung aus anspruchsvollem Flechtmuster und Glatt-rechts-Gestrick auf dicken Nadeln. Wir haben diese Jacke aus einer Kombination von Tweedwolle und Mischwolle gestrickt und als schickes Detail sechs große Holzknöpfe angenäht.

Schwierigkeitsgrad 3

GRÖSSE für 18–24 Monate/3–4 Jahre/5–6 Jahre

MASSE

Länge: ca. 38/44/48 cm

Oberweite: ca. 74/78/80 cm

GARN

Garn A Sandnes Garn Duo (55 % Baumwolle, 45 % Merinowolle, LL 124 m/50 g) in Grau (Fb 5873), 100/100/100 g

Garn B Sandnes Garn Tweed (40 % Baby-Alpaka, 32 % Viskose, 20 % Polyamid, 8 % Merinowolle, LL 150 m/50 g) in Grau (Fb 1054), 150/200/200 g

Garn C Sandnes Garn Mini Duett (55 % Baumwolle, 45 % Merinowolle, LL 175 m/50 g) in Grau (Fb 5873), 150/200/200 g

Kontrastgarn für die Ärmel (optional) Dale Garn Lerke (53 % Merinowolle, 47 % ägyptische Baumwolle, LL 115 m/50 g) in Zimt (Fb 3046), 50 g oder ein Rest

FARBALTERNATIVEN

Garn A Sandnes Garn Duo in Hellgrau (Fb 6030)

Garn B Sandnes Garn Tweed in Hellgrau (Fb 1044)

Garn C Sandnes Garn Mini Duett in Hellgrau (Fb 6030)

NADELN Rundstricknadel 5,0 mm, 80 cm lang, Nadelspiel 4,0 mm, Häkelnadel 4,0 mm

ZUBEHÖR 6 Knöpfe, Durchmesser 23 mm, Maschenraffer

MASCHENPROBE

Je 1 Faden Garn B und Garn C: 16–17 M mit Nd 5,0 mm glatt re = 10 cm

Garn A: 30 M mit Nd 4,0 mm im Flechtmuster = 10 cm

FLECHTMUSTER

Siehe Abbildungen auf S. 44.

Über 16 M.

1. Reihe: 1 M re, * mit der re Nd zwischen den nächsten beiden M auf der li Nd einstechen und die 2. M re str, aber noch nicht von der Nd gleiten lassen. Die re Nd wieder nach vorn holen und die 1. M auf der li Nd re str. Nun beide M von der li Nd gleiten lassen. Ab * 7 x str, mit 1 M re enden.

Für die 1. Reihe siehe Abbildungen rechts auf S. 44..

2. Reihe: 1 M re, 1 M li, * die 2. M auf der li Nd li str, aber nicht von der Nd gleiten lassen. Dann die 1. M li str. Beide M von der li Nd gleiten lassen. Ab * 6 x str, mit 1 M li, 1 M re enden.

RECHTES VORDERTEIL MIT ÄRMEL

Die Arbeit mit einem Flechtmusterstreifen beginnen. Dazu mit zwei Spielnd 4,0 mm 16 M mit Garn A anschl und 34/38/46 cm im Flechtmuster str.

Mit der Rundstricknd 5,0 mm und je 1 Faden Garn B und Garn C 56/63/76 M aus einer Längskante des Flechtmusterstreifens von re auffassen. Glatt re str, dabei mit 1 Rückr li M beginnen. In der 1. Hinr am R-Ende (= vor der letzten M) 1 M re verschr aus dem Querfaden zun (= 57/64/77 M).

Nur Größe 5–6 Jahre

1 R li M. In der nächsten Hinr wieder am R-Ende 1 M re verschr aus dem Querfaden zun (= –/–/78 M).

Alle Größen

1 R li M str.

Am Ende der nächsten Hinr 14 M dazu anschl (= 71/78/92 M).

13/15/15 R glatt re str, dabei in der 4. R (= Hinr) zwei Knopflöcher einstr wie folgt:

Knopflochreihe (Hinr): 59 (66) 80 M re, 2 M re zusstr, 2 U, 5/7/7 M re, 2 M re zusstr, 2 U, 3 M re.

In der nächsten R (Rückr) alle M li str, die U wie folgt str: Den 1. U li str, den 2. U fallen lassen.

In der nächsten R (Hinr) nach den 13/15/15 R glatt re die ersten 35/39/52 M abk.

Die verbleibenden 36/39/40 M re str.

1 R (Rückr) li M str.

In der nächsten R zwei Knopflöcher einstr wie folgt:

Knopflochreihe (Hinr): 24/25/26 M re, 2 M re zusstr, 2 U, 5/7/7 M re, 2 M re zusstr, 2 U, 3 M re.

In der nächsten R (Rückr) den 1. U li str, den 2. U fallen lassen.

Nun 10/12/12 R glatt re str.

Dann in der nächsten Hinr wieder zwei Knopflöcher einstr wie beschrieben.

Glatt re weiterstr, bis 32 (38) 42 cm Gesamthöhe ab der Halsausschnittkante (dazu angeschlagene M) erreicht sind. Als letzte R 1 Hinr arb! Die M auf einem M-Raffer stilllegen.

LINKES VORDERTEIL MIT ÄRMEL

Einen Flechtmusterstreifen wie für das re Vorderteil angegeben arb.

Mit der Rundstricknd 5,0 mm und je 1 Faden Garn B und Garn C 56/63/76 M aus einer Längskante des Flechtmusterstreifens von re auffassen. Glatt re str, dabei mit 1 Rückr li M beginnen. In der 1. Hinr am R-Anfang (= nach der 1. M) 1 M re verschr aus dem Querfaden zun (= 57/64/77 M).

Nur Größe 5–6 Jahre

1 R li M. In der nächsten Hinr wieder am R-Anfang 1 M re verschr aus dem Querfaden zun (= –/–/78 M).

Alle Größen

1 R li M str.

Den Faden abschneiden. Mit je 1 neuen Faden Garn B und Garn C 14 M anschl, dann die 57/64/78 M auf der Nd re str (= 71/78/92 M).

Nun 13/15/15 R glatt re str.

In der nächsten Hinr die ersten 36/39/40 M re str, die letzten 35/39/52 M abk.

Glatt re weiterstr, bis 32/38/42 cm Gesamthöhe ab der Halsausschnittkante (dazu angeschlagene M) erreicht sind. Als letzte R 1 Hinr arb! Die M auf einem M-Raffer stilllegen.

RÜCKENTEIL

Mit der Rundstricknd 5,0 mm und je 1 Faden Garn B und Garn C aus der anderen Längskante des Flechtmusterstreifens des li Vorderteils 56/63/76 M auffassen, 12/12/14 M dazu anschl, dann 56/63/76 M aus der anderen Längskante des Flechtmusterstreifens des re Vorderteils auffassen (= 124/138/166 M).

17/19/21 R glatt re arb.

In der nächsten R die ersten 35/39/52 M abk, 54/60/62 M re str, 35/39/52 M abk.

Glatt re weiterstr, bis 32/38/42 cm Gesamthöhe ab Halsausschnittkante erreicht sind.

Die Seiten und die Öffnungen unter den Ärmeln von re zusammennähen.

Die stillgelegten M aller Teile auf die Rundstricknd 5,0 mm nehmen wie folgt: 36/39/40 M für das re Vorderteil, 54/60/62 M für das Rückenteil, 36/39/40 M für das li Vorderteil (= 126/138/142 M).

Mit je 1 Faden Garn A und Garn C 6 R kraus re (= in jeder R re M) str. In der letzten R alle M abk.

ÄRMELBÜNDCHEN

Mit dem Ndspiel 4,0 mm und Garn A aus jedem Ärmel 32/36/40 M auffassen und zur Rd schließen. 10 Rd im Rippenmuster 2 M re, 2 M li str. Nach Wunsch ab der 9. Rd zu einer Kontrast-Fb wechseln. Anschließend 10 Rd im Rippenmuster 2 M li, 2 M re str.

Das Bündchen (am Wechsel des Musters) nach innen umschlagen und festnähen.

KAPUZE

Mit der Rundstricknd 5,0 mm und je 1 Faden Garn B und Garn C aus der Halsausschnittkante 31 M auffassen: vom Anfang des re Flechtmusterstreifens beginnen, entlang des Halsausschnitts M bis zum Ende des li Flechtmusterstreifens.

11 M li str, 1 MM einhängen, 9 M li str, 1 MM einhängen, 11 M li str.

Glatt re str, dabei in jeder Hinr vor dem 1. MM und nach dem 2. MM jeweils 1 M re verschr aus dem Querfaden zun.

Diese Zun insgesamt 14 x arb (= 59 M), weitere 22/24/24 R ohne Zun glatt re str.

Nun die MM um 1 M zur Mitte versetzen = 7 M zwischen den MM.

Nächste Reihe (Hinr; Abn-R): Re M str bis 2 M vor den 1. MM, 2 M re zusstr, re M str bis zum 2. MM, 2 M re übz zusstr (= 1 M abh, 1 M re, die abgehobene M überziehen), re M str bis R-Ende.

Diese Abn-R 2 x in jeder Hinr wdh.

Ab der nächsten Hinr wird wie folgt in verkürzten R gestrickt: Re M str bis 2 M vor den 1. MM, 2 M re zusstr, re M str bis zum 2. MM, 2 M re übz zusstr

(= 1 M abh, 1 M re, die abgehobene M überziehen), w&w (siehe Wendetechnik, S. 43), * 8 M li str, 1 M li abh mit dem Faden vor der Arbeit, 1 M li, die abgehobene M überziehen, w&w, 8 M re, 2 M re übz zusstr, w&w; ab * wdh, bis noch 9 M übrig sind. Alle M abk.
Die Kapuzenkante sollte nun ca. 58/60/60 cm messen.

Dazu mit zwei Spielnd 4,0 mm 16 M mit Garn A anschl und 60/62/62 cm im Flechtmuster str. Die Kapuzenkante ausmessen, der Flechtmusterstreifen solllte 2 cm länger als die Kazuzenkante sein. Den Streifen an die Kapuzenkante nähen (er steht am Halsausschnitt etwas über, da der Halsausschnitt schräg verläuft).

Mit Häkelnd 4,0 mm und Garn A den Kapuzenrand mit Km behäkeln.
Alle Fadenenden vernähen. Die Knöpfe annähen. Die Jacke spannen, anfeuchten und trocknen lassen.

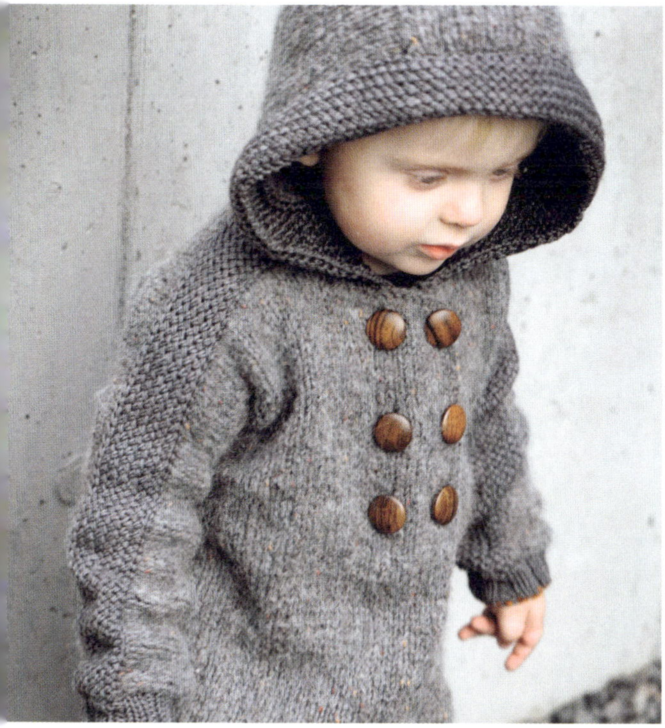

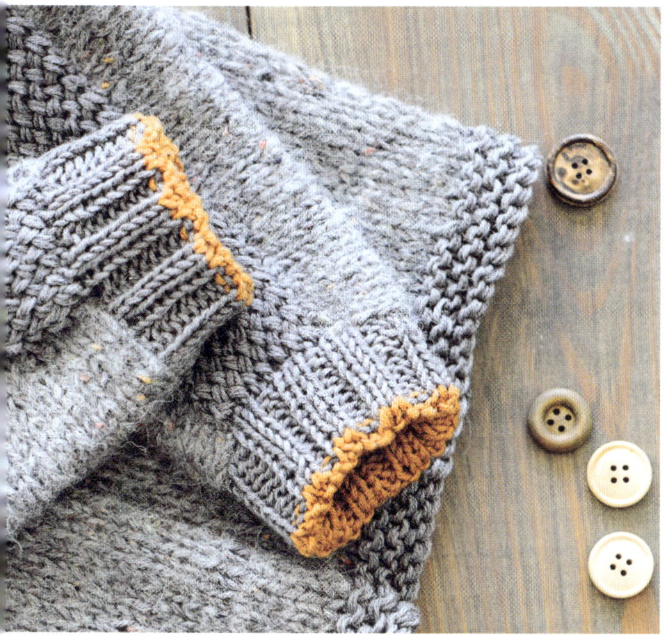

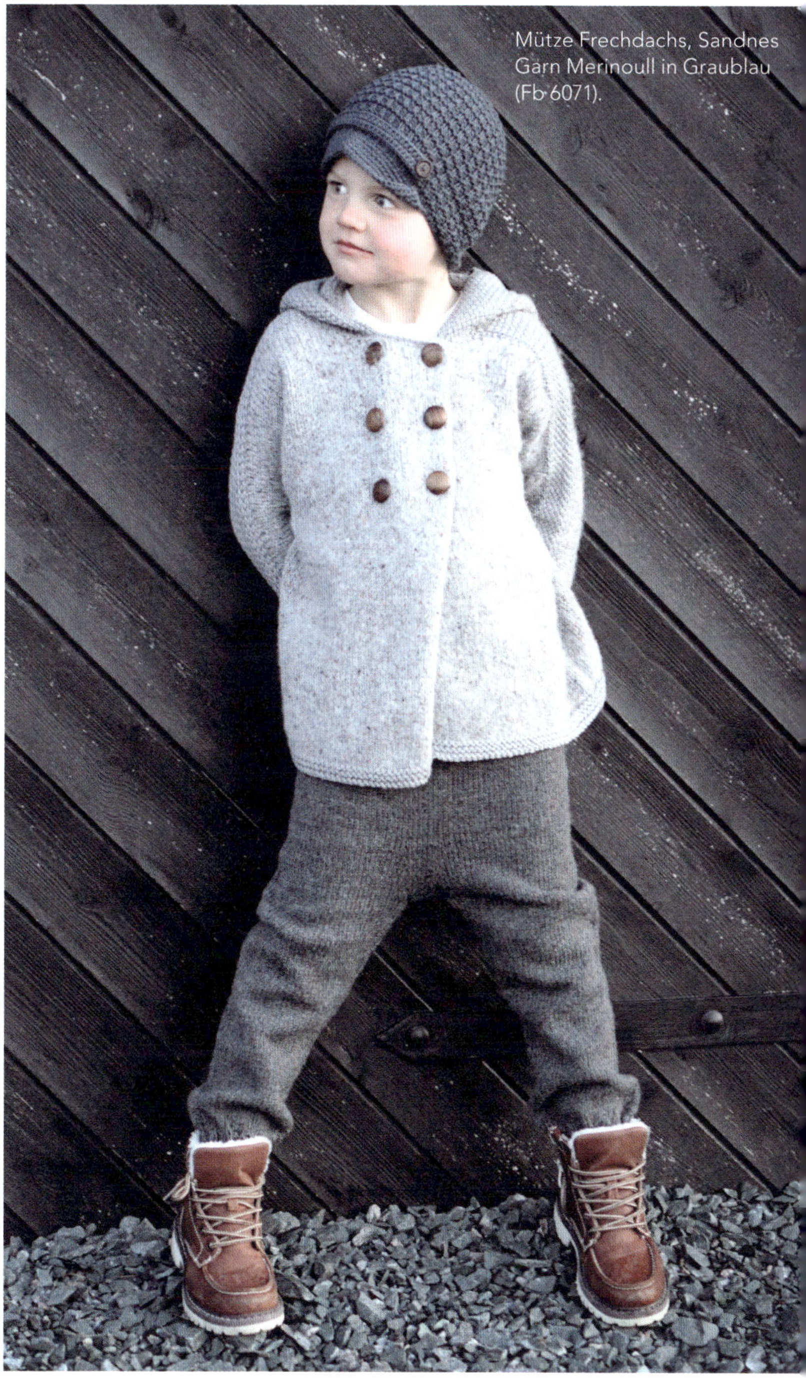

Mütze Frechdachs, Sandnes Garn Merinoull in Graublau (Fb 6071).

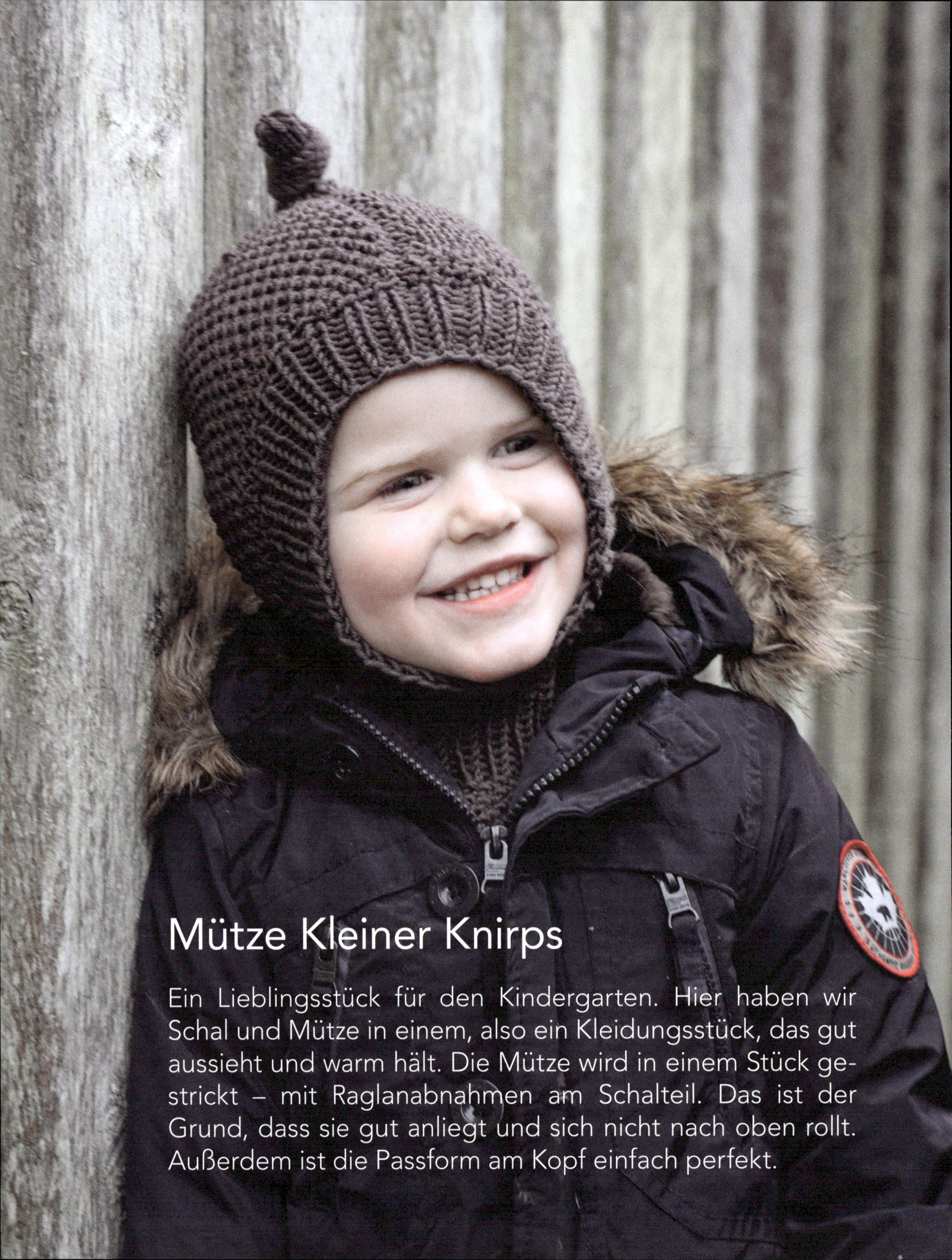

Mütze Kleiner Knirps

Ein Lieblingsstück für den Kindergarten. Hier haben wir Schal und Mütze in einem, also ein Kleidungsstück, das gut aussieht und warm hält. Die Mütze wird in einem Stück gestrickt – mit Raglanabnahmen am Schalteil. Das ist der Grund, dass sie gut anliegt und sich nicht nach oben rollt. Außerdem ist die Passform am Kopf einfach perfekt.

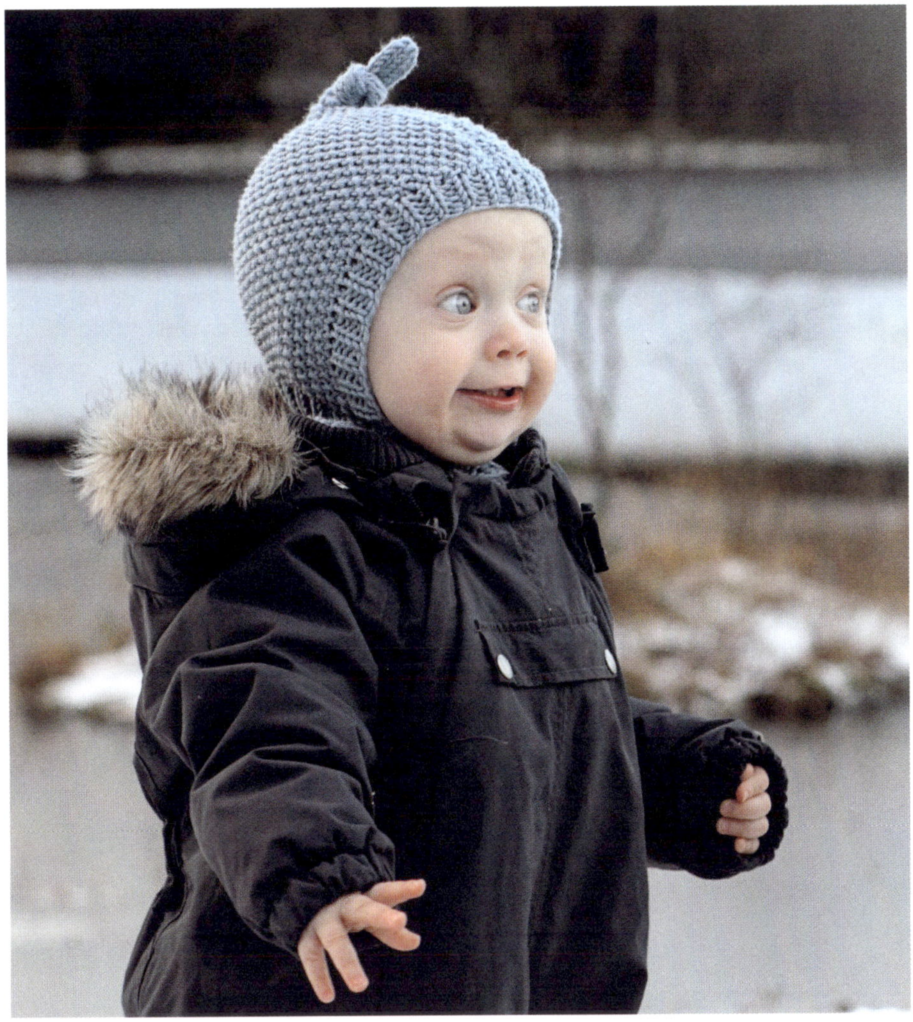

Drops Big Merino in Hellblau (Fb 06).

Schwierigkeitsgrad 2

GRÖSSE für 6–12 Monate/ 1–2 Jahre/3–4 Jahre/5–6 Jahre
GARN Drops Big Merino (100 % Merinowolle, LL 75 m/50 g) in Mokka (Fb 05), 100/100/150/200 g
NADELN Rundstricknadeln 8,0 mm, 60 cm lang, 5,0 mm, 60 cm und 40 cm lang, Nadelspiel 5,0 mm, 1 Hilfsnadel
ZUBEHÖR 4 Maschenmarkierer
MASCHENPROBE 17 M mit Nd 5,0 mm glatt re = 10 cm

PERLMUSTER

1 M re, 1 li im Wechsel str. Die M in jeder R/Rd versetzen.

Mit der Rundstricknd 8,0 mm 104/104/112/120 M anschl und zur Rd schließen.

Zu Rundstricknd 5,0 mm (60 cm) wechseln, 1 Rd li M und 1 Rd re M str.

Nächste Runde: 22/22/24/26 M li str, 1 MM einhängen, 30/30/32/34 M li str, 1 MM einhängen, 22/22/24/26 M li str, 1 MM einhängen, 30/30/32/34 M li str, 1 MM einhängen.

Nun in Rd im Perlmuster str, nur die M vor und nach den MM re str.

Gleichzeitig wie folgt abn:

Abnahmerunde: * Bis 2 M vor den MM im Muster str, 2 M re zusstr, nach dem MM 2 M re übz zusstr (= 1 M abh, 1 M re, die abgehobene M überziehen); ab * 4 x arb (= 8 M abgenommen).

Diese Abn-Rd 8/8/8/9 x in jeder 2. Rd arb (= 40/40/48/48 M).

Dann noch 4/4,5/5/5 cm im Rippenmuster 1 M re, 1 M li im Wechsel str.

Nächste Runde: 12/12/13/13 M im Rippenmuster str, 4/4/8/8 M auf einer Hilfsnd stilllegen, 24/24/27/27 M im Rippenmuster str.

Den Faden abschneiden. Die ersten 12/12/13/13 M auf dieselbe Nd nehmen wie die letzten 24/24/27/27 M. Über diese 36/36/40/40 M nun in R str; die restl 4/4/8/8 M bleiben stillgelegt auf der Hilfsnd. Einen MM in der hinteren Mitte einhängen. Ab jetzt im Perlmuster in R arb, dabei 2 x in jeder 2. R beidseitig (am R-Anfang und am R-Ende) 2 M zusstr (= 32/32/36/36 M).

Gleichzeitig für den Hinterkopf mustergemäß wie folgt zun:

Zunahmereihe: Mustergemäß bis 1 M vor den MM str, 1 M re oder li verschr aus dem Querfaden zun (je nachdem, wie es in der jeweiligen Reihe in das Perlmuster passt, es wird zu einigen Überlappungen mit 2 gleichen M kommen). 1 M nach

dem MM str, 1 M zun, die restl M mustergemäß str.
Diese Zun-R 7/8/8/9 x in jeder 2. R arb (= 14/16/16/18 M zugenommen = 46/48/52/54 M).
Im Permuster ohne Abn weiterstr bis zu einer Höhe von 13/14/14/15 cm ab Abschluss Rippenmuster.
Nun 2 x in jeder 2. R beidseitig je 1 M zun, dazu aus 1 M 1 M re und 1 M re verschr herausstr (= 4 M zugenommen = 50/52/56/58 M).
Weiter im Perlmuster ohne Zun arb bis zu einer Höhe von 16/17/18/19 cm ab Abschluss Rippenmuster, dabei mit 1 Hinr enden.

Nun das Strickstück re auf re so hinlegen, dass auch R-Beginn und R-Ende aufeinanderliegen. Nun wird zusammengestrickt und gleichzeitig abgekettet. Dazu mit einer weiteren Nd je 1 M der vorderen und der hinteren Nd re zusstr, wdh und nochmals 2 M der beiden Nd re zusstr und dann die 1. M über die 2. ziehen. So weiterarb, bis noch 8 M übrig sind. Die Mütze wieder auf re drehen und mit zwei Spielnd über die restl 8 M 10 cm glatt re str.
Den Faden abschneiden, durch die verbleibenden M führen, fest anziehen. Einen Knoten binden, das Loch daneben zunähen.

RIPPENBLENDE

Die stillgelegten 4/4/8/8 M im Rippenmuster 1 M re, 1 M li im Wechsel str, dann 56/60/60/64/M aus der Mützenkante (um das Gesicht) auffassen (= 60/64/68/72 M). Die Arbeit zur Rd schließen und 3/3/3,5/3,5 cm im Rippenmuster arb. Dann alle M locker abk.

Alle Fadenenden vernähen. Die Mütze in ein feuchtes Handtuch wickeln (siehe S. 6).

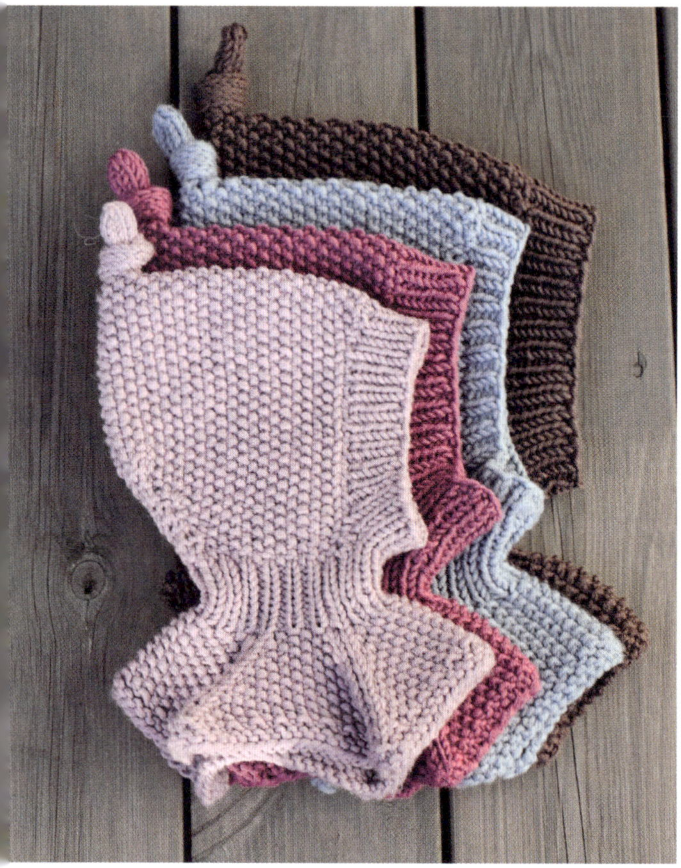

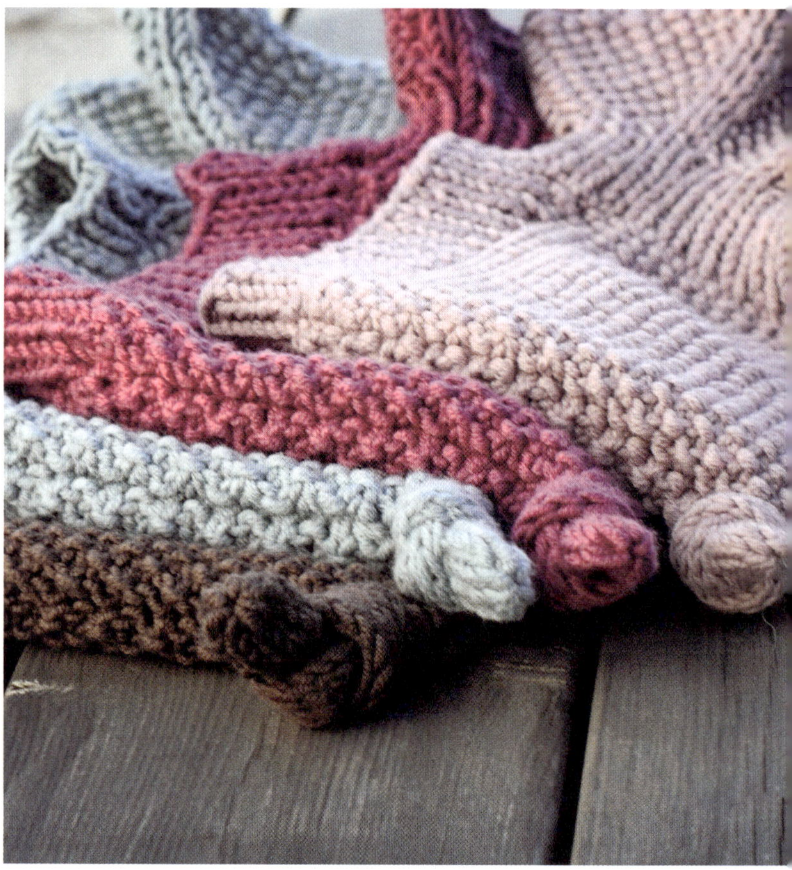

Kragen Kleiner Knirps

Eine Variante der Mütze Kleiner Knirps, jedoch ohne Kapuze. Es kann praktisch sein, immer einen solchen Kragen dabeizuhaben.

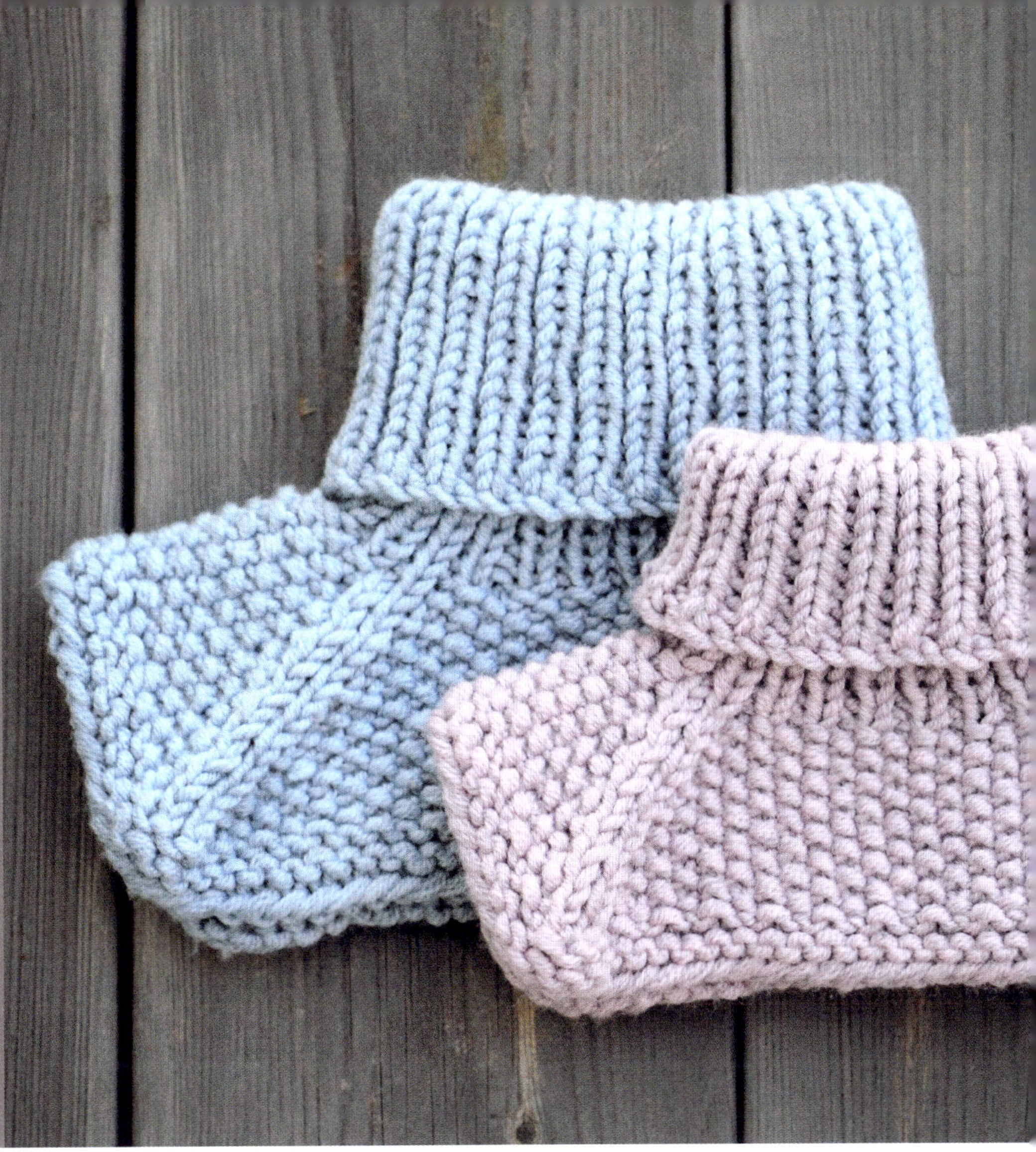

Schwierigkeitsgrad 1

GRÖSSE für 6–24 Monate/3–7 Jahre
GARN Drops Big Merino (100 % Merinowolle, LL 75 m/50 g) in Hellblau (Fb 06) oder Hellviolett (Fb 09), 100/100 g
NADELN Rundstricknadeln 8,0 mm, 60 cm lang, 5,0 mm, 60 cm und 40 cm lang, Nadelspiel 5,0 mm
ZUBEHÖR 4 Maschenmarkierer
MASCHENPROBE 17 M mit Nd 5,0 mm glatt re = 10 cm

Der Kragen wird in Rd von unten nach oben gestrickt.

Mit der Rundstricknd 8,0 mm 104/120 M anschl und zur Rd schließen.

Zu Rundstricknd 5,0 (60 cm) wechseln, 1 Rd li M und 1 Rd re M str.

Nächste Runde: 22/26 M li str, 1 MM einhängen, 30/34 M li str, 1 MM einhängen, 22/26 M li str, 1 MM einhängen, 30/34 M li str, 1 MM einhängen.

Nun in Rd im Perlmuster str (= 1 M re, 1 M li im Wechsel, die M in jeder Rd versetzen), nur die M vor und nach den MM re str.

Gleichzeitig wie folgt abn:

Abnahmerunde: * Bis 2 M vor den MM im Muster str, 2 M re zusstr, nach dem MM 2 M re übz zusstr (= 1 M abh, 1 M re, die abgehobene M überziehen); ab * 4 x arb (= 8 M abgenommen).

Diese Abn-Rd 7/8 x in jeder 2. Rd arb (= 48/56 M).

Dann 10/14 cm im Rippenmuster 1 M re, 1 M li im Wechsel str. Dann alle M locker abk.

Der Rippenstrick wird als Rollkragen umgeschlagen.

Alle Fadenenden vernähen. Die Mütze in ein feuchtes Handtuch wickeln (siehe S. 6).

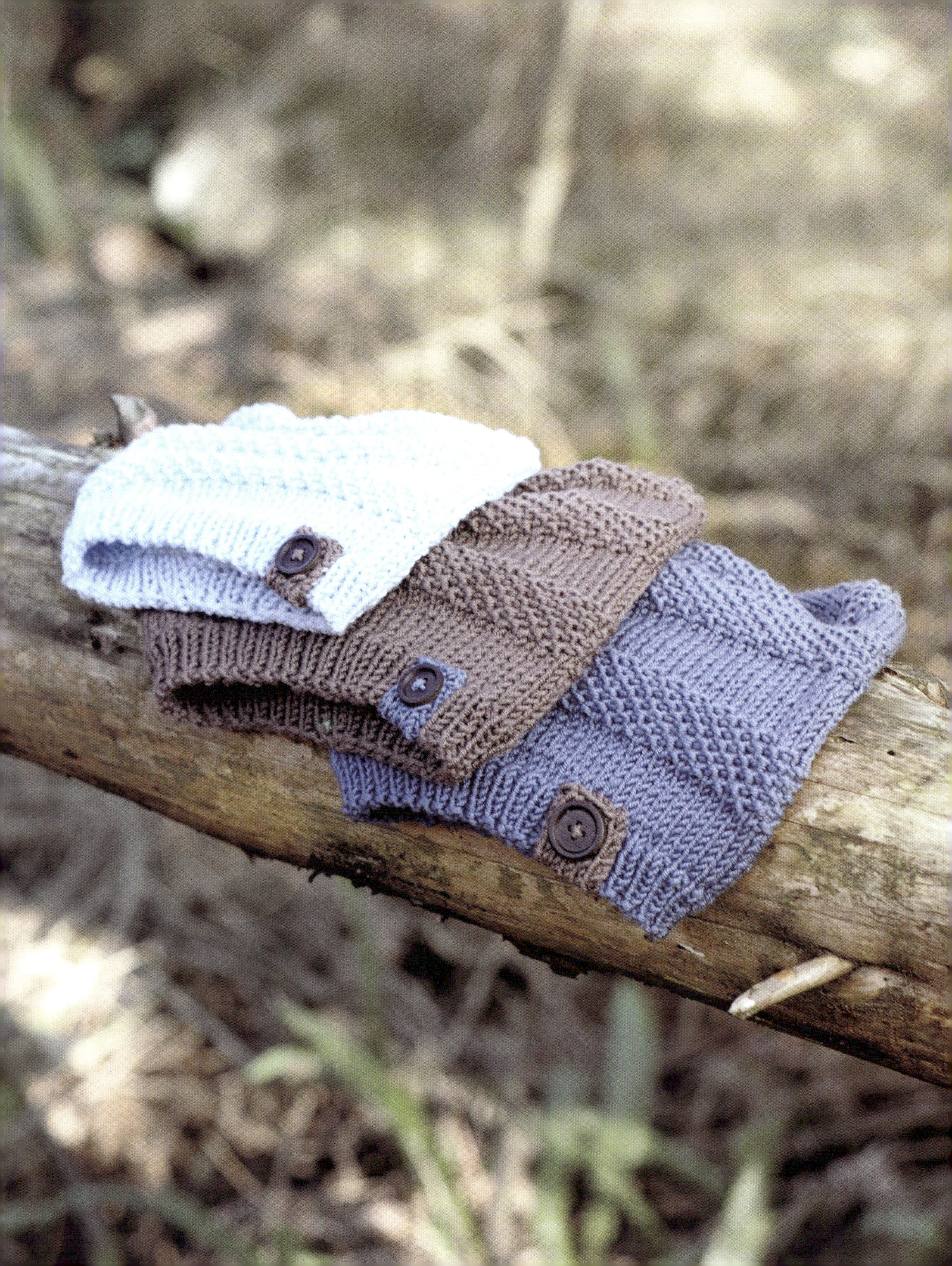

Beanie für kleine Leute

Diese Mütze können auch Anfänger sehr schnell stricken. Sie passt genauso gut zu einem Jungen wie zu einem Mädchen. Stricken Sie am besten gleich eine mehr, denn sie ist ein willkommenes Geschenk.

Schwierigkeitsgrad 1

GRÖSSE für 6–12 Monate/ 1–3 Jahre/3–6 Jahre
GARN Sandnes Garn Merinoull (100 % Merinowolle, LL 105 m/50 g) in Mittelbraun (Fb 3161), 50/100/ 100 g und evtl. ein Rest in Kontrastfarbe für das Knopfbändchen
NADELN Rundstricknadeln 3,5 mm und 4,0 mm, 40 cm lang, Nadelspiel 4,0 mm
ZUBEHÖR evtl. 1 Knopf
MASCHENPROBE 22 M mit Nd 4,0 mm glatt re = 10 cm

Mit der Rundstricknd 3,5 mm 72/80/ 80 M anschl und zur Rd schließen. Den Rd-Beginn mit einem MM oder einem Kontrastfaden kennzeichnen. 2,5 cm im Rippenmuster 1 M li, 1 M re im Wechsel str. Zu Nd 4,0 mm wechseln und wie folgt str: * 6/8/9 Rd glatt re (= jede Rd re M), 6/8/9 Rd im Perlmuster (= 1 M re, 1 M li im Wechsel, die M in jeder Rd versetzen); ab * 3 x arb (= 36/48/54 Rd).
1 Rd re M str, dann mit den Abn beginnen:

Nächste Runde: * 6 M re, 2 M re zusstr; ab * fortlfd wdh bis Rd-Ende (= 63/70/70 M).
2 Rd glatt re str.
Nächste Runde: * 5 M re, 2 M re zusstr; ab * fortlfd wdh bis Rd-Ende (= 54/60/60 M).
2 Rd glatt re str.
Nächste Runde: * 4 M re, 2 M re zusstr; ab * fortlfd wdh bis Rd-Ende (= 45/50/50 M).
2 Rd glatt re str.
Nächste Runde: * 3 M re, 2 M re zusstr; ab * fortlfd wdh bis Rd-Ende (= 36/40/40 M).
2 Rd glatt re str. Zum Ndspiel wechseln.
Nur Größe 1–3 Jahre und 3–6 Jahre
Nächste Runde: * 6 M re, 2 M re zusstr; ab * fortlfd wdh bis Rd-Ende (= –/35/35 M).
Nächste Runde: * 5 M re, 2 M re zusstr; ab * fortlfd wdh bis Rd-Ende (= –/30/30 M).
Alle Größen
Nächste Runde: * 4 M re, 2 M re zusstr; ab * fortlfd wdh bis Rd-Ende (= 30/25/25 M).
Nächste Runde: * 3 M re, 2 M re zusstr; ab * fortlfd wdh bis Rd-Ende (= 24/20/20 M).
Nächste Runde: * 2 M re, 2 M re zusstr; ab * fortlfd wdh bis Rd-Ende (= 18/15/15 M).
Nächste Runde: Fortlfd 2 M re zusstr, enden mit 0/1/1 M re (= 9/8/8 M).
Den Faden abschneiden, durch die verbleibenden M führen, fest anziehen und innen in der Mütze vernähen. Alle Fadenenden vernähen.

KNOPFBÄNDCHEN

Mit zwei Spielnd 4,0 mm 5/5/6 M anschl und 12 R glatt re str. Die M abk. Den Streifen um die Mützenkante klappen und annähen. Einen Knopf auf den Streifen nähen.

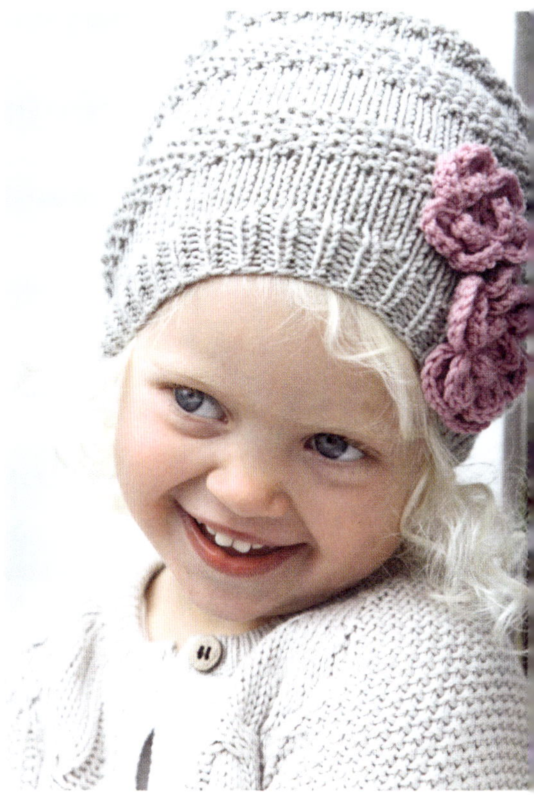

Drops Merino Extra Fine in Hellgrau (Fb 05).
Blume: Drops Baby Merino in Altrosa (Fb 27).

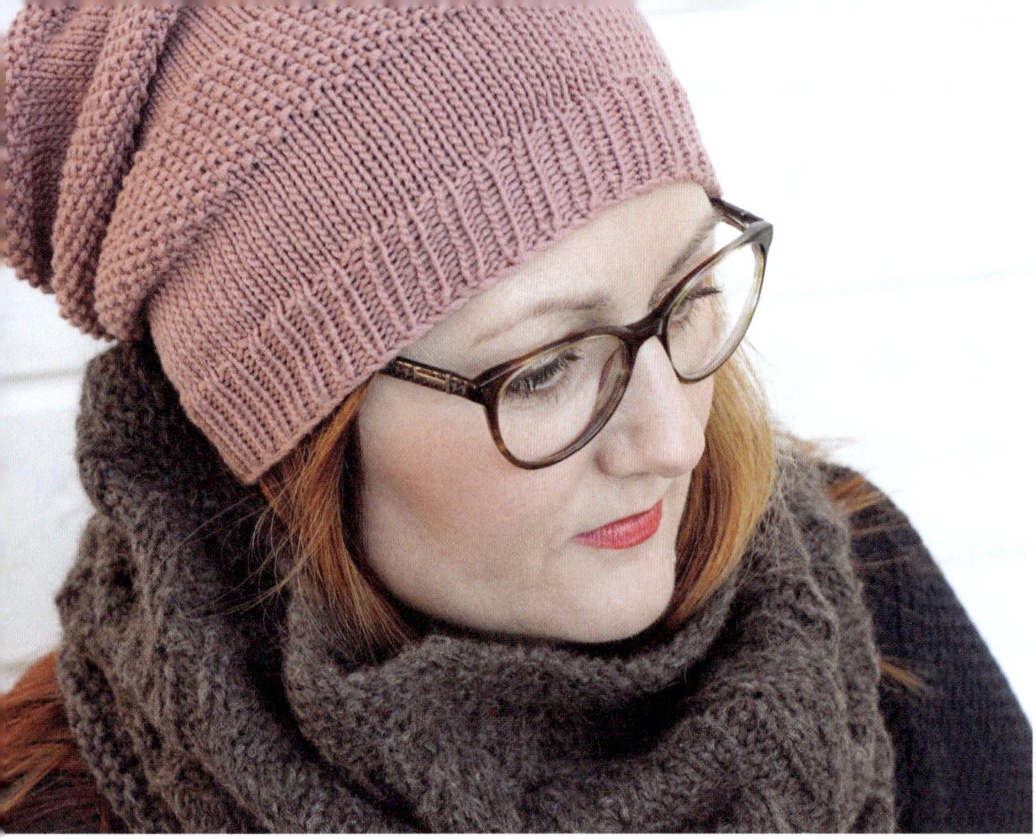

Beanie für große Leute

Die Beanie steht auch Erwachsenen super. Wenn Sie es verspielt mögen, nähen Sie Häkelblumen auf. Wenn Sie es cooler haben möchten, fertigen Sie ein Knopfbändchen.

Schwierigkeitsgrad 1

GRÖSSE Einheitsgröße für Erwachsene
GARN Sandnes Garn Merinoull (100 % Merinowolle, LL 105 m/50 g) in Rosa (Fb 4042), 150 g
NADELN Rundstricknadeln 3,5 mm und 4,0 mm, 40 cm lang, Nadelspiel 4,0 mm
MASCHENPROBE 22 M mit Nd 4,0 mm glatt re = 10 cm

Mit der Rundstricknd 3,5 mm 88 M anschl und zur Rd schließen.
4 cm im Rippenmuster 1 M li, 1 M re im Wechsel str. Zu Nd 4,0 mm wechseln und 1 Rd re M str, dabei wie folgt zun: * 8 M re, 1 M zun; ab * 11 x arb (= 99 M).
Dann wie folgt str: * 14 Rd glatt re (= jede Rd re M), 16 Rd im Perlmuster (= 1 M re, 1 M li im Wechsel str, die M in jeder Rd versetzen); ab * 3 x arb (= 90 Rd).
1 Rd re M str, dabei wie folgt abn: * 7 M re, 2 M re zusstr; ab * 11 x arb (= 88 M).
Nun wie folgt weiter abn:
Nächste Runde: * 6 M re, 2 M re zusstr; ab * fortlfd wdh bis Rd-Ende (= 77 M).
2 Rd glatt re str.
Nächste Runde: * 5 M re, 2 M re zusstr; ab * fortlfd wdh bis Rd-Ende (= 66 M).
2 Rd glatt re str.
Nächste Runde: * 4 M re, 2 M re zusstr; ab * fortlfd wdh bis Rd-Ende (= 55 M).
2 Rd glatt re str.
Nächste Runde: * 3 M re, 2 M re zusstr; ab * fortlfd wdh bis Rd-Ende (= 44 M).
2 Rd glatt re str. Zum Ndspiel wechseln.
Nächste Runde: * 9 M re, 2 M re zusstr; ab * fortlfd wdh bis Rd-Ende (= 40 M).
Nächste Runde: * 6 M re, 2 M re zusstr; ab * fortlfd wdh bis Rd-Ende (= 35 M).
Nächste Runde: * 5 M re, 2 M re zusstr; ab * fortlfd wdh bis Rd-Ende (= 30 M).
Nächste Runde: * 4 M re, 2 M re zusstr; ab * fortlfd wdh bis Rd-Ende (= 25 M).
Nächste Runde: * 3 M re, 2 M re zusstr; ab * fortlfd wdh bis Rd-Ende (= 20 M).
Nächste Runde: * 2 M re, 2 M re zusstr; ab * fortlfd wdh bis Rd-Ende (= 15 M).
Nächste Runde: Fortlfd 2 M re zusstr, enden mit 1 M re (= 8 M).
Den Faden abschneiden, durch die verbleibenden M führen, fest anziehen und innen in der Mütze vernähen. Alle Fadenenden vernähen.

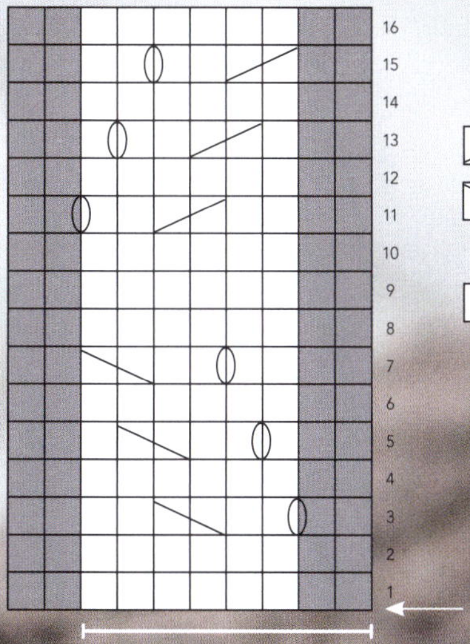

Rapport = 8 M

- = 1 M re
- = 1 M li
- = 2 M re zusstr
- = 2 M re übz zusstr (= 1 M abh, die nächste M re str, die abgehobene M überziehen)
- = 1 U zwischen 2 M

Loopschal Hanne

Ein herrlich weicher Schlauchschal mit einem einfachen Lochmuster. Wir haben ihn aus einem fluffigen Garn gestrickt. Sie können ihn auch aus einem glatten Garn stricken, dann tritt das Lochmuster deutlicher hervor.

1 Krausrippe = 1 Rd re M, 1 Rd li M im Wechsel.

Mit der Rundstricknd 6,0 mm 104 M anschl und zur Rd schließen. Den Rd-Beginn mit einem MM oder einem Kontrastfaden kennzeichnen. 3 Krausrippen (= 6 Rd kraus re) str. Nun das Lochmuster gemäß Strickschrift str. Dazu den Rapport von 8 M fortlfd wdh, enden mit den 2 M nach dem Rapport. Das Lochmuster (= die 1.–16. Runde der Strickschrift) 7 x str (= 112 Rd). 3 Krausrippen (= 6 Rd kraus re) str, in der letzten Rd abk. Alle Fadenenden vernähen.

Schwierigkeitsgrad 2

GRÖSSE Einheitsgröße für Erwachsene

MASSE
Länge, flach: ca. 47 cm
Breite: ca. 39 cm

GARN Rauma Garn Puno Alpakka (68 % Baby-Alpaka, 10 % Merinowolle, 22 % Polyamid, LL 110 m/50 g) in Dunkelbraun (Fb 2317), 150 g

NADELN Rundstricknadel 6,0 mm, 80 cm lang

MASCHENPROBE 15 M mit Nd 6,0 mm glatt re = 10 cm

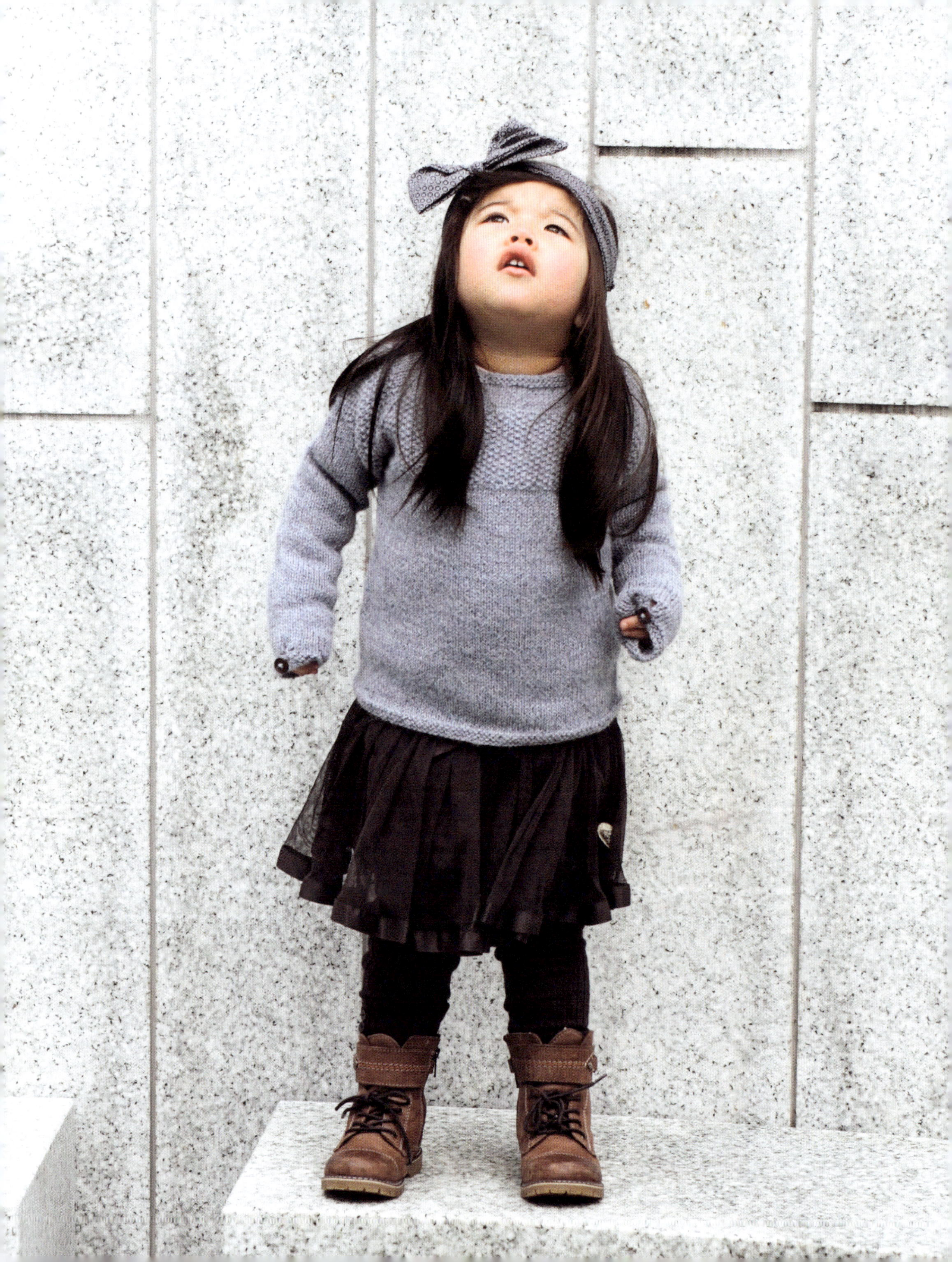

Pullover Goldmädchen

Hübsche Knöpfe und ein dekorativer Streifen machen diesen Pullover zu etwas ganz Besonderem. Wenn Sie den Pulli aus einem Wollmischgarn stricken, ist er sowohl für den Kindergarten als auch für die Schule perfekt.

Schwierigkeitsgrad 2

GRÖSSE 6–12 Monate/18 Monate/2 Jahre/3–4 Jahre/5–6 Jahre/7–8 Jahre
MASSE
Oberweite: ca. 54/60/64/68/72/76 cm
Länge: ca. 28/31/34/38/41/43 cm
GARN Sandnes Garn Alpakka (100 % Alpaka, LL 110 m/50 g) in Blau meliert (Fb 6221), 200/200/250/300/350/400 g
NADELN Rundstricknadeln 3,5 mm und 4,0 mm, 40 cm und 60 cm lang, Nadelspiele 3,5 mm und 4 mm
ZUBEHÖR 3 Knöpfe
MASCHENPROBE 22 M mit Nd 4,0 mm glatt re = 10 cm

Der Pullover wird von oben nach unten gearbeitet.

Mit der Rundstricknd 3,5 mm 71/75/75/80/80/84 M anschl und für den Rückenschlitz zunächst in R str. 4 R kraus re (= in jeder R re M) str. Dann zu Nd 4,0 mm wechseln.

Nächste Reihe (Hinr): 9/10/10/12/12/12 M re, 1 U, 1 M re (= Markierungs-M für Raglan-Abn), 1 U, 11/11/11/11/11/12 M re, 1 U, M 1 re (= Markierungs-M für Raglan-Abn), 1 U, 27/29/29/30/30/32 M re, 1 U, 1 M re (= Markierungs-M für Raglan-Abn), 1 U, 11/11/11/11/11/12 M re, 1 U, 1 M re (= Markierungs-M für Raglan-Abn), 1 U, 9/10/10/12/12/12 M re.

In der nächsten R alle M li, die U li verschr str.

Weiter glatt re str und dabei noch 3 x in jeder Hinr auf jeder Seite der 4 Markierungs-M jeweils 1 U arb, in der folg Rückr die U immer li verschr str (= 32 M zugenommen = 103/107/107/112/112/116 M).

Zu Beginn der nächsten Hinr 4 M dazu anschl, dabei je 1 MM vor und nach den 4 M einhängen. Dann alle M re str und am Ende die Arbeit zur Rd schließen (= 107/111/111/116/116/120 M).

Nun im Perlmuster str (= 1 M re, 1 M li im Wechsel, die M in jeder Rd versetzen), dabei jedoch weiterhin zu beiden Seiten der Markierungs-M U arb und diese in der Folge-Rd mustergemäß re verschr oder li verschr str. Die Markierungs-M in Hinr re, in Rückr li str.

Nach 20/22/22/24/26/28 Rd Perlmuster wurde weitere 10/11/11/12/14/16 x zugenommen (= 80/88/88/96/112/128 M zugenommen = 187/199/199/212/228/248 M).

In der nächsten Rd die Markierungs-M abn (= 183/195/195/208/224/244 M).

Die M von Vorderteil und Rückenteil zusammen auf eine Nd nehmen und dabei unter jedem Ärmel jeweils 4/4/4/6/6/6 M dazu anschl (= 113/121/121/134/142/152 M).

Die 39/41/41/43/47/52 M für jeden Ärmel jeweils auf einer Hilfsnd (evtl. Faden) stilllegen.

VORDER- UND RÜCKENTEIL

18/19/21/23/25/27 cm glatt re str (= jede Rd re M) str, über die 4 M in der hinteren Mitte jedoch im Perlmuster weiterarb. Zu Nd 3,5 mm

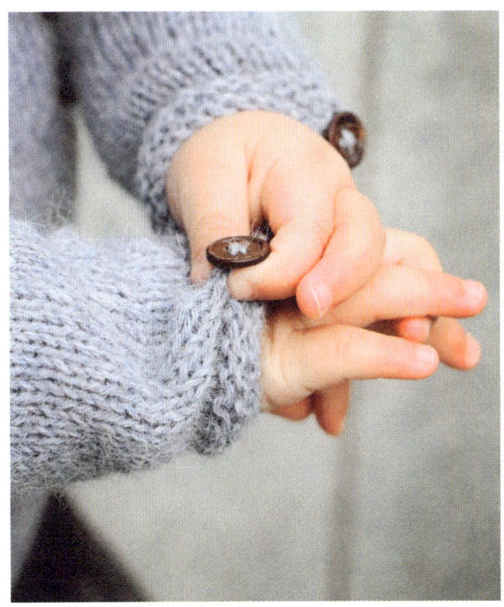

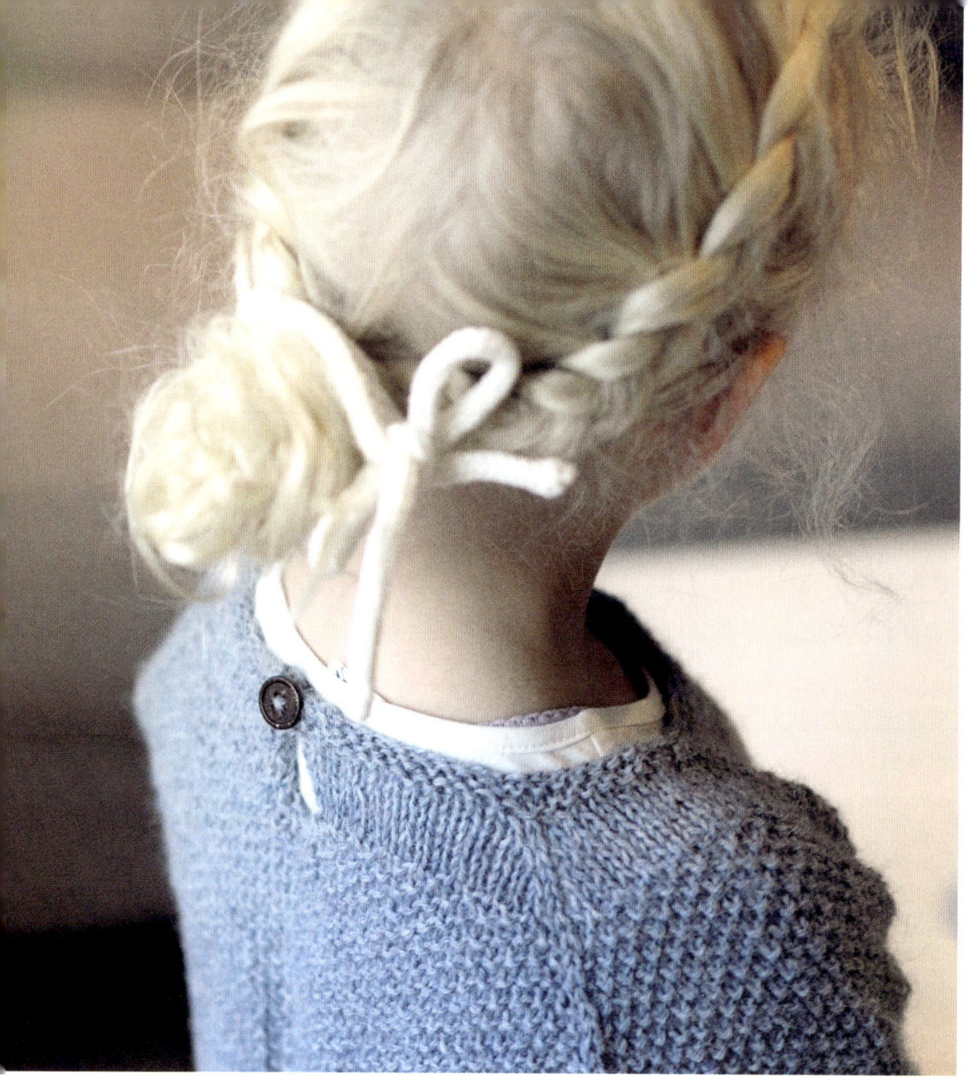

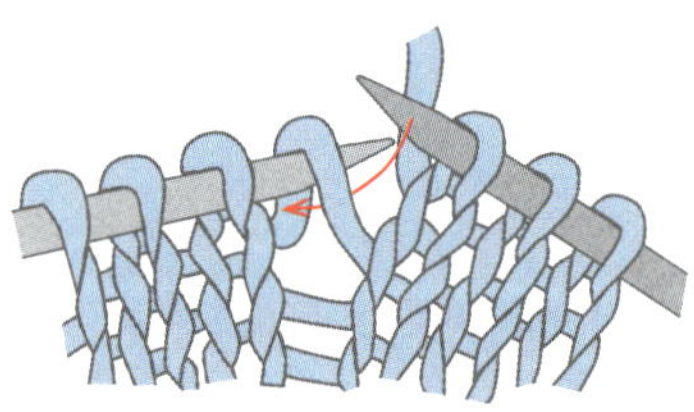

1

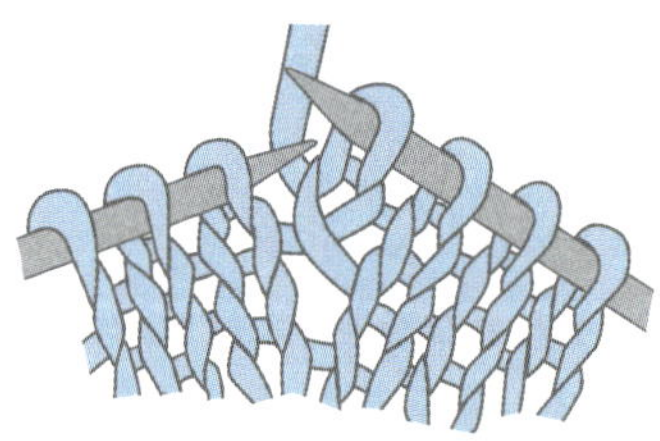

2

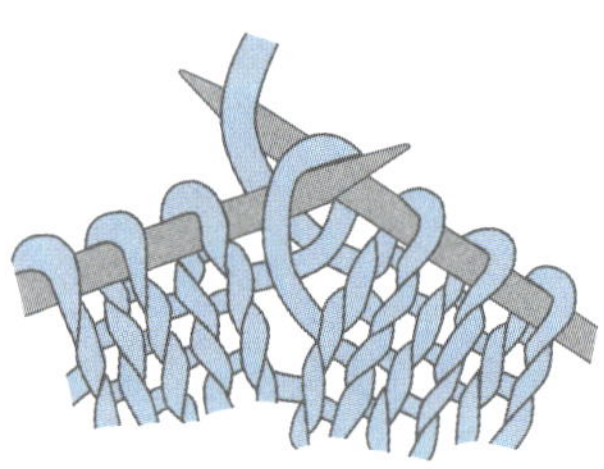

3

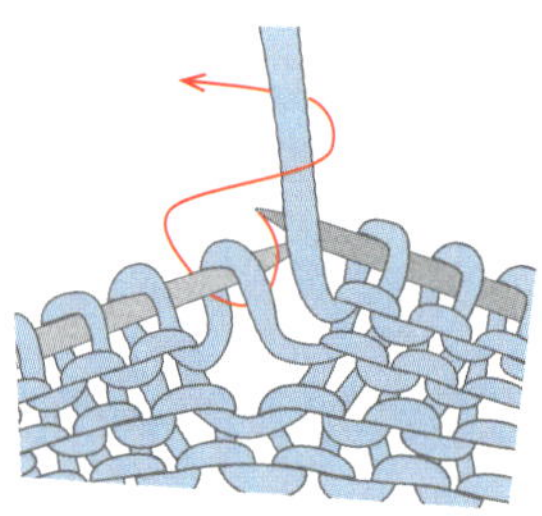

links verschränkt

Die zugenommenen Umschläge werden in der Folgereihe/-runde mustergemäß, also rechts verschränkt bzw. links verschränkt gestrickt.

wechseln und 5 Rd kraus re str, dabei mit 1 Rd li M beginnen und enden, in der letzten Rd alle M abk.

ÄRMEL (2 X)

Mit dem Ndspiel 4,0 mm 2/2/2/3/3/3 M anschl, dann die stillgelegten 39/41/41/43/47/52 M str und zuletzt 2/2/2/3/3/3 M dazu anschl. Den Rd-Anfang (= Mitte unter dem Ärmel) mit 1 MM kennzeichnen. 18/20/24/29/31/33 cm glatt re str, dabei alle 3,5 cm wie folgt abn:

Abnahmerunde: 1 M re, 2 M re zusstr, alle M re str bis zu den letzten 3 M, 2 M re übz zusstr (= 1 M abh, 1 M re, die abgehobene M überziehen).

Diese Abn-Rd alle 3,5 cm wdh, bis noch 29/31/31/31/35/36 M übrig sind. In der letzten Rd für alle Größen außer Größe 7–8 Jahre 1 M abk.

Nun für den Ärmelschlitz wie folgt in R weiterarb: 14/15/15/15/17/18 M re str, wenden, 28/30/30/30/34/36 M li str.

Noch 2 R glatt re (= in Hinr re M, in Rückr li M) str. Zu Nd 3,5 mm wechseln und noch 6 R kraus re str. In der letzten R abk.

Als Knopfschlinge jeweils 5 Lm auf einer Seite des Rückenschlitzes und an den Ärmelschlitzen anhäkeln.

Alle Fadenenden vernähen. Die Knöpfe annähen.

Den Pullover spannen, anfeuchten und trocknen lassen oder einfach in ein feuchtes Handtuch wickeln (siehe S. 6).

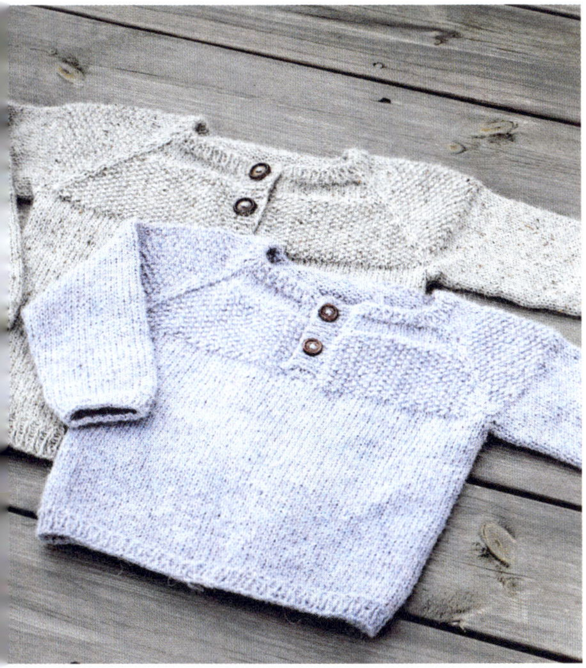

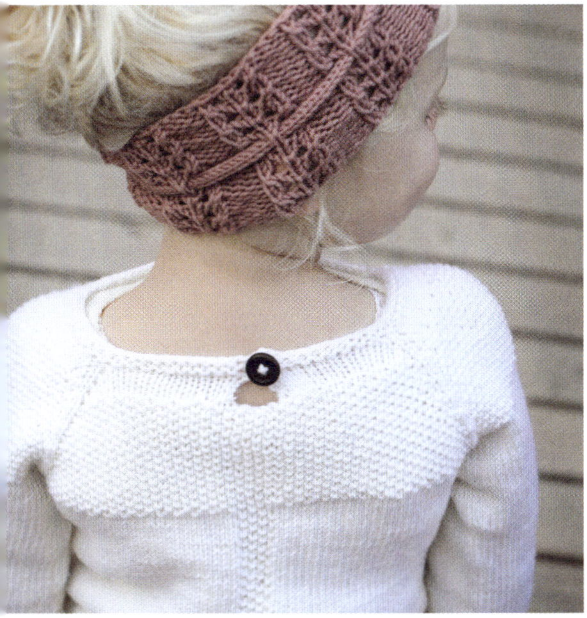

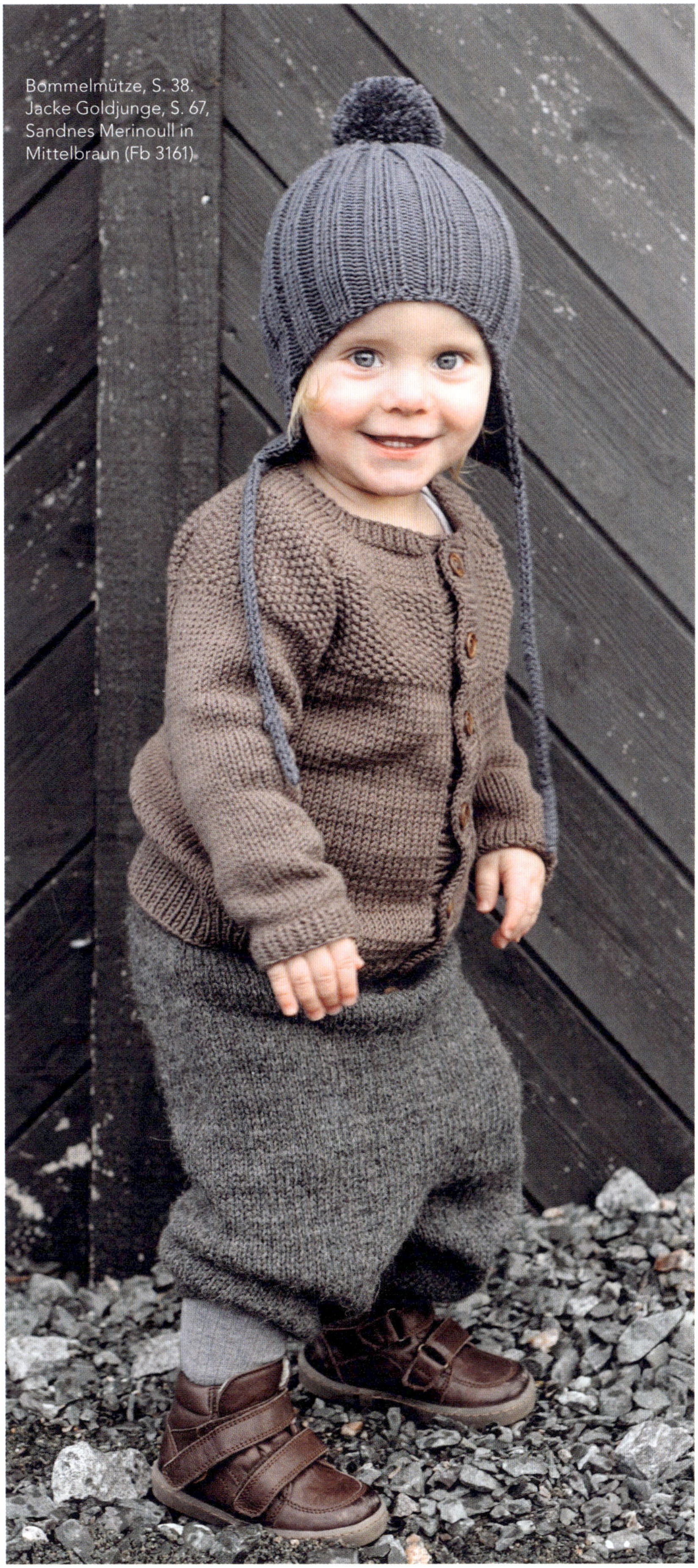

Bommelmütze, S. 38.
Jacke Goldjunge, S. 67,
Sandnes Merinoull in
Mittelbraun (Fb 3161)

Drei Goldvarianten:

- Pullover Goldmädchen
- Pullover Goldjunge
- Jacke Goldjunge

Pullover Goldjunge

Das ist unser Lieblingspullover, und dieser wird bei uns zu Hause oft angezogen. Er ist einfach und schön und er passt zu allen Anlässen. Gut zu wissen, dass die Jungen schick aussehen und sich gleichzeitig warm halten.

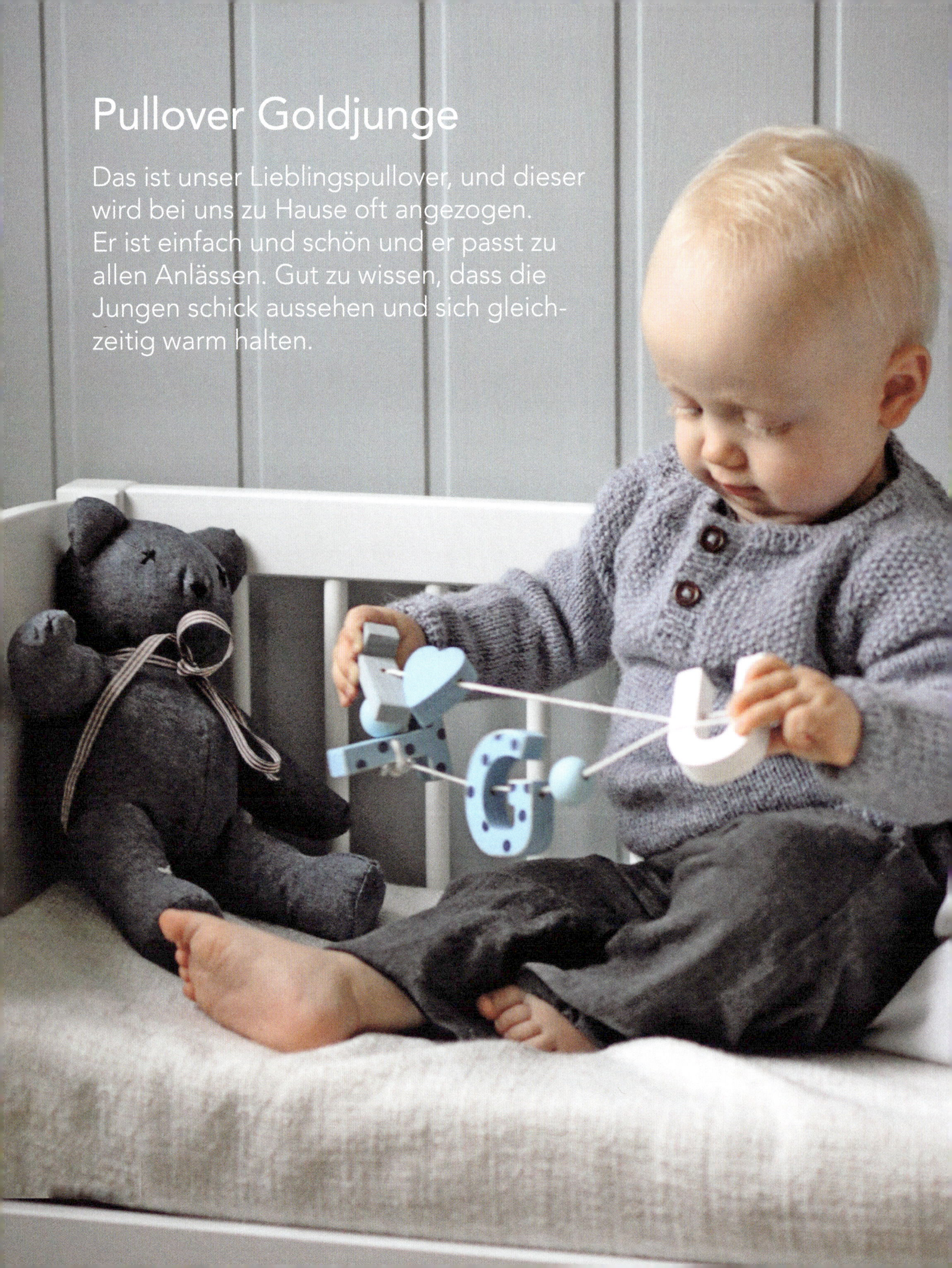

Schwierigkeitsgrad 2

GRÖSSE 6–12 Monate/18 Monate/ 2 Jahre/3–4 Jahre/5–6 Jahre/ 7–8 Jahre
MASSE
Oberweite: ca. 54/60/64/68/72/76 cm
Länge: ca. 28/31/34/38/41/43 cm
GARN Sandnes Garn Alpakka (100 % Alpaka, LL 110 m/50 g) in Blau meliert (Fb 6221), 200/200/250/300/350/400 g
NADELN Rundstricknadeln 3,5 mm und 4,0 mm, 40 cm und 60 cm lang, Nadelspiele 3,5 mm und 4 mm
ZUBEHÖR 2 Knöpfe
MASCHENPROBE 22 M mit Nd 4,0 mm glatt re = 10 cm

PERLMUSTER

1 M re, 1 li im Wechsel str. Die M in jeder R versetzen.

Der Pullover wird von oben nach unten gearbeitet.
Mit der Rundstricknd 3,5 mm 75/79/79/81/83/85 M anschl und für den Halsausschnitt zunächst in R str. 4 R kraus re (= in jeder R re M) str. Dann zu Nd 4,0 mm wechseln
Nächste Reihe (Hinr): 14/15/15/16/16/16 M re, 1 U, 1 M re (= Markierungs-M für Raglan-Abn), 1 U, 11/11/11/11/12/12 M re, 1 U, 1 M re (= Markierungs-M für Raglan-Abn), 1 U, 21/23/23/23/23/25 M re, 1 U, 1 M re (= Markierungs-M für Raglan-Abn), 1 U, 11/11/11/11/12/12 M re, 1 U, 1 M re (= Markierungs-M für Raglan-Abn), 1 U, 14/15/15/16/16/16 M re.
In der nächsten R alle M li, die U li verschr str.
Weiter glatt re str und dabei noch 3 x in jeder Hinr auf jeder Seite der 4 Markierungs-M jeweils 1 U arb, in der folg Rückr die U immer li verschr str (= 32 M zugenommen = 107/111/111/113/115/117 M).
Nun im Perlmuster str, dabei jedoch weiterhin zu beiden Seiten der Markierungs-M mit U zun und diese in den Hinr und Rückr mustergemäß re verschr oder li verschr str (siehe Abbildungen auf S. 62). Die Markierungs-M in Hinr re, in Rückr li str.
Nach 20/22/22/24/26/28 R Perlmuster wurde weitere 10/11/11/12/14/16 x zugenommen (= 80/88/88/96/112/128 M zugenommen = 187/199/199/209/227/245 M).
In der nächsten R die Markierungs-M abn (= 183/195/195/204/223/241 M).
Die M der Vorderteile und des Rückenteils zusammen auf eine Nd nehmen, dabei unter jedem Ärmel jeweils 4/4/4/6/6/6 M und zwischen den Vorderteilen jeweils 3 M dazu anschl (= 116/124/124/134/142/152 M).
Die restl 39/41/41/43/48/52 M für jeden Ärmel jeweils auf einer Hilfsnd (evtl. Faden) stilllegen.

VORDER- UND RÜCKENTEIL

Nun in Rd 18/19/21/23/25/27 cm glatt re str (= jede Rd re M) str. Zu Nd 3,5 mm wechseln und 8 Rd im Rippenmuster 1 M re, 1 M li im Wechsel str, in der letzten Rd alle M abk.
Mit Nd 4,0 mm aus der li Kante des Vorderteilschlitzes für die li Knopfleiste M auffassen und 7 R im Rippenmuster str, dabei in der 4. R ein Knopfloch 1–2 cm vom Halsausschnitt und eines etwa in der Mitte der Knopfleiste einstr. Dazu jeweils 2 M re zusstr und 1 U arb. Dann die M abk.
Die Knopfleiste ganz unten an den dazu angeschlagenen 3 M festnähen.
An der re Kante des Vorderteilschlitze die re Knopfleiste ebenso arb, jedoch ohne Knopflöcher. Die Knopfleiste unter der anderen annähen.

ÄRMEL (2 X ARB)

Mit dem Ndspiel 4,0 mm 2/2/2/3/3/3 M anschl, dann die stillgelegten 39/41/41/43/48/52 M str und zuletzt 2/2/2/3/3/3 M dazu anschl. Den Rd-Anfang (= Mitte unter dem Ärmel) mit 1 MM kennzeichnen. 18/20/24/29/31/33 cm glatt re str, dabei alle 3,5 cm wie folgt abn:
Abnahmerunde: 1 M re, 2 M re zusstr, alle M re str bis zu den letzten 3 M, 2 M re übz zusstr (= 1 M abh, 1 M re, die abgehobene M überziehen).
Diese Abn-Rd alle 3,5 cm wdh, bis noch 29/33/33/33/34/36 M übrig sind. In der letzten Rd für Größe 6–12 Monate/18 Monate/2 Jahre/3–4 Jahre 1 M abk (nicht für die beiden größten Größen!).
Zu Nd 3,5 mm wechseln und 4/4/4/6/8/8/ Rd im Rippenmuster 1 M re, 1 M li im Wechsel str. In der letzten Rd abk.

Alle Fadenenden vernähen. Die Knöpfe annähen.
Den Pullover spannen, anfeuchten und trocknen lassen oder einfach in ein feuchtes Handtuch wickeln (siehe S. 6).

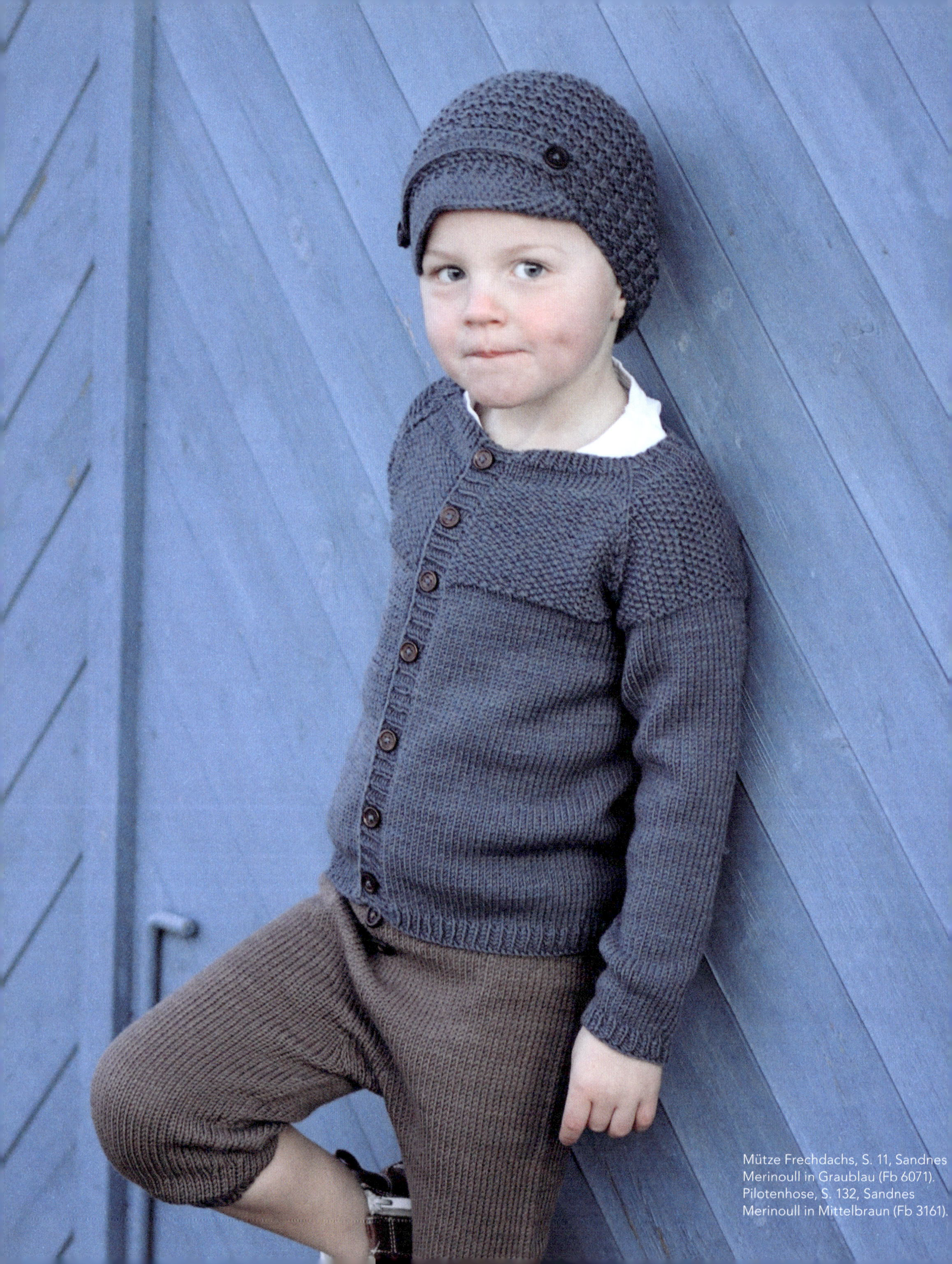

Mütze Frechdachs, S. 11, Sandnes Merinoull in Graublau (Fb 6071).
Pilotenhose, S. 132, Sandnes Merinoull in Mittelbraun (Fb 3161).

Jacke Goldmädchen und Jacke Goldjunge

Dies sind klassische Jacken, die zu allem passen. Sie gehören einfach in die Kleiderschränke unserer Kinder. Die Variante für Mädchen hat nur oben drei Knöpfe. Die Jacke wird von oben nach unten gestrickt – dadurch ist es ganz einfach, die Länge anzupassen.

Schwierigkeitsgrad 2

GRÖSSE 6–12 Monate/18 Monate/ 2 Jahre/3–4 Jahre/5–6 Jahre/ 7–8 Jahre

MASSE
Oberweite: ca. 54/60/64/68/72/76 cm
Länge: ca. 28/31/34/38/41/43 cm

GARN Sandnes Garn Merinoull (100 % Merinowolle, LL 105 m/50 g) in Rosa bzw. Graublau, 200/200/250/300/350/400 g

NADELN Rundstricknadeln 3,5 mm und 4,0 mm, 40 cm und 60 cm lang, Nadelspiele 3,5 mm und 4 mm

ZUBEHÖR 6/6/6/7/7/7 Knöpfe für die Jungenvariante, 3 Knöpfe für die Mädchenvariante

MASCHENPROBE 22 M mit Nd 4,0 mm glatt re = 10 cm

PERLMUSTER
1 M re, 1 M li im Wechsel str. Die M in jeder R versetzen.

Mit der Rundstricknd 3,5 mm (60 cm) 75/79/79/82/84/86 M anschl. 4 R im Rippenmuster 1 M re, 1 M li im Wechsel str. Dann zu Nd 4,0 mm wechseln.
Nächste Reihe (Hinr): 14/15/15/16/16/ 16 M re, 1 U, 1 M re (= Markierungs-M für Raglan-Abn), 1 U, 11/11/11/11/12/ 12 M re, 1 U, 1 M re (= Markierungs-M für Raglan-Abn), 1 U, 21/23/23/24/24/ 26 M re, 1 U, 1 M re (= Markierungs-M für Raglan-Abn), 1 U, 11/11/11/11/12/ 12 M re, 1 U, 1 M re (= Markierungs-M für Raglan-Abn), 1 U, 14/15/15/16/16/ 16 M re.
In der nächsten R alle M li, die U li verschr str.
Weiter glatt re str und dabei noch 3 x in jeder Hinr auf jeder Seite der 4 Markierungs-M jeweils 1 U arb, in der folg Rückr die U immer li verschr str (= 32 M zugenommen = 107/111/ 111/114/116/118 M).
Nun im Perlmuster str, dabei jedoch weiterhin zu beiden Seiten der Markierungs-M mit U zun und diese in den Hinr und Rückr mustergemäß re verschr oder li verschr str (siehe Abbildungen auf S. 62). Die Markierungs-M in Hinr re, in Rückr li str.

Nach 20/22/22/24/28/32 R Perlmuster wurde weitere 10/11/11/12/14/16 x zugenommen (= 80/88/88/96/112/ 128 M zugenommen = 187/199/199/ 210/228/246 M).

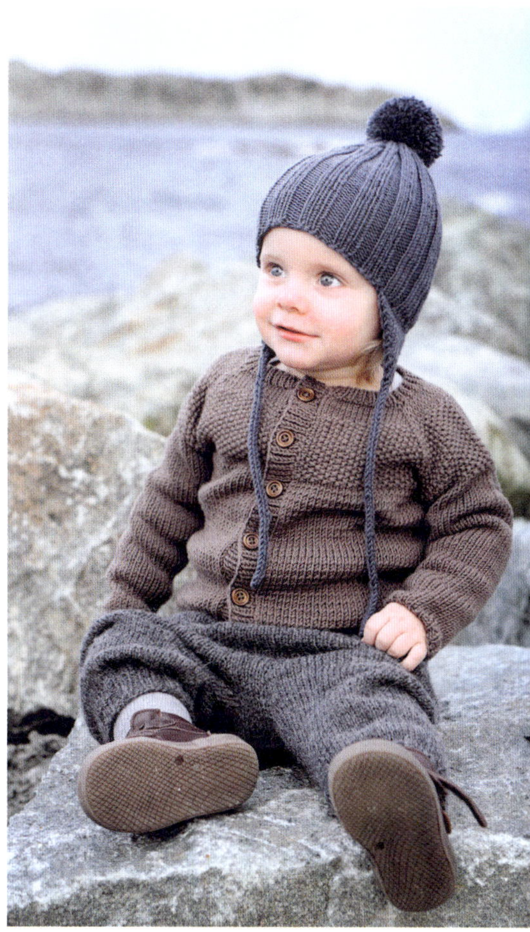

In der nächsten R die Markierungs-M abn (= 183/195/195/206/224/242 M).

Die M der Vorderteile und des Rückenteils zusammen auf eine Nd nehmen, dabei unter jedem Ärmel jeweils 4/4/4/6/6/6 M dazu anschl (= 113/121/121/132/140/150 M).

Die restl 39/41/41/43/48/52 M für jeden Ärmel jeweils auf einer Hilfsnd (evtl. Faden) stilllegen.

VORDERTEILE UND RÜCKENTEIL

18/19/21/23/25/27 cm glatt re str, dabei mit 1 Rückr li M beginnen.

Variante für Mädchen

5 R Perlmuster str, in der letzten R alle M R abk.

Für die re Knopfblende aus der re Vorderteilkante M auffassen (ca. 9 M auf 5 cm) und 7 R im Perlmuster str, dabei in der 4. R das erste Knopfloch am unteren Rand des Perlmusterfeldes, das zweite in der Mitte zwischen dem ersten Knopfloch und den Halsausschnitt und das dritte 1–2 cm vom Halsausschnitt einstr. Dazu jeweils 2 M re zusstr und 1 U arb. Dann die M abk.

Variante für Jungen

Zu Rundstricknd 3,5 mm wechseln. 8 R im Rippenmuster 1 M re, 1 M li str, in der letzten R die M abk.

Für die re Knopfblende aus der re Vorderteilkante M auffassen (ca. 9 M auf 5 cm) und 7 R im Rippenmuster str, dabei in der 4. Reihe gleichmäßig verteilt 6/6/6/7/7/7 Knopflöcher einstr. Dazu jeweils 2 M re zusstr und 1 U arb.

Dann die M abk.

Beide Varianten

Die li Knopfblenden wie die re Knopfblenden arb, jedoch ohne Knopflöcher.

ÄRMEL (2 X ARB)

Mit dem Ndspiel 4,0 mm 2/2/2/3/3/3 M anschl, dann die stillgelegten 39/41/41/43/48/52 M str und zuletzt 2/2/2/3/3/3 M dazu anschl. Den Rd-Anfang (= Mitte unter dem Ärmel) mit 1 MM kennzeichnen. 18/20/24/29/31/33 cm glatt re str, dabei alle 3,5 cm wie folgt abn:

Abnahmerunde: 1 M re, 2 M re zusstr, alle M re str bis zu den letzten 3 M, 2 M re übz zusstr (= 1 M abh, 1 M re, die abgehobene M überziehen).

Diese Abn-Rd alle 3,5 cm wdh, bis noch 29/31/31/31/34/36 M übrig sind. In der letzten Rd für Größe 6–12 Monate/18 Monate/2 Jahre/3–4 Jahre 1 M abk (nicht für die beiden größten Größen!).

Zu Nd 3,5 mm wechseln und 4/4/4/6/8/8/ Rd im Rippenmuster 1 M re, 1 M li im Wechsel str. In der letzten Rd abk.

Alle Fadenenden vernähen. Die Knöpfe annähen.

Die Jacke spannen, anfeuchten und trocknen lassen oder einfach in ein feuchtes Handtuch wickeln (siehe S. 6).

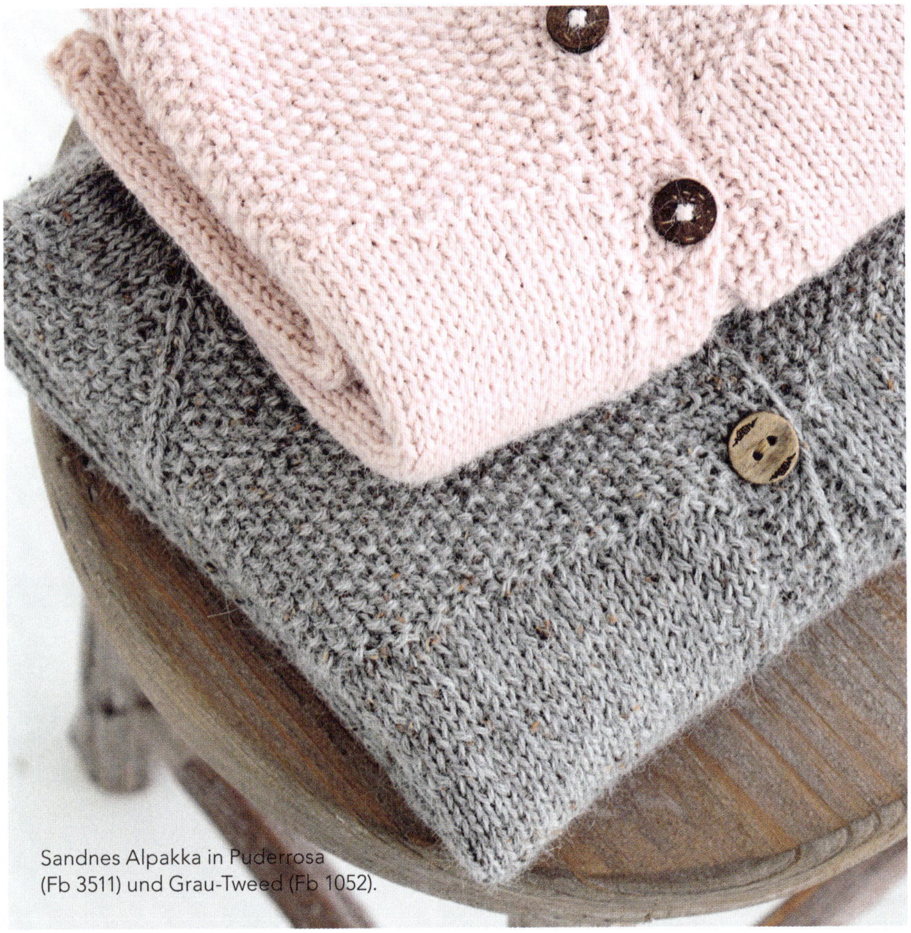

Sandnes Alpakka in Puderrosa (Fb 3511) und Grau-Tweed (Fb 1052).

Stirnband Tora, Drops Merino Extra Fine in Braun (Fb 06).

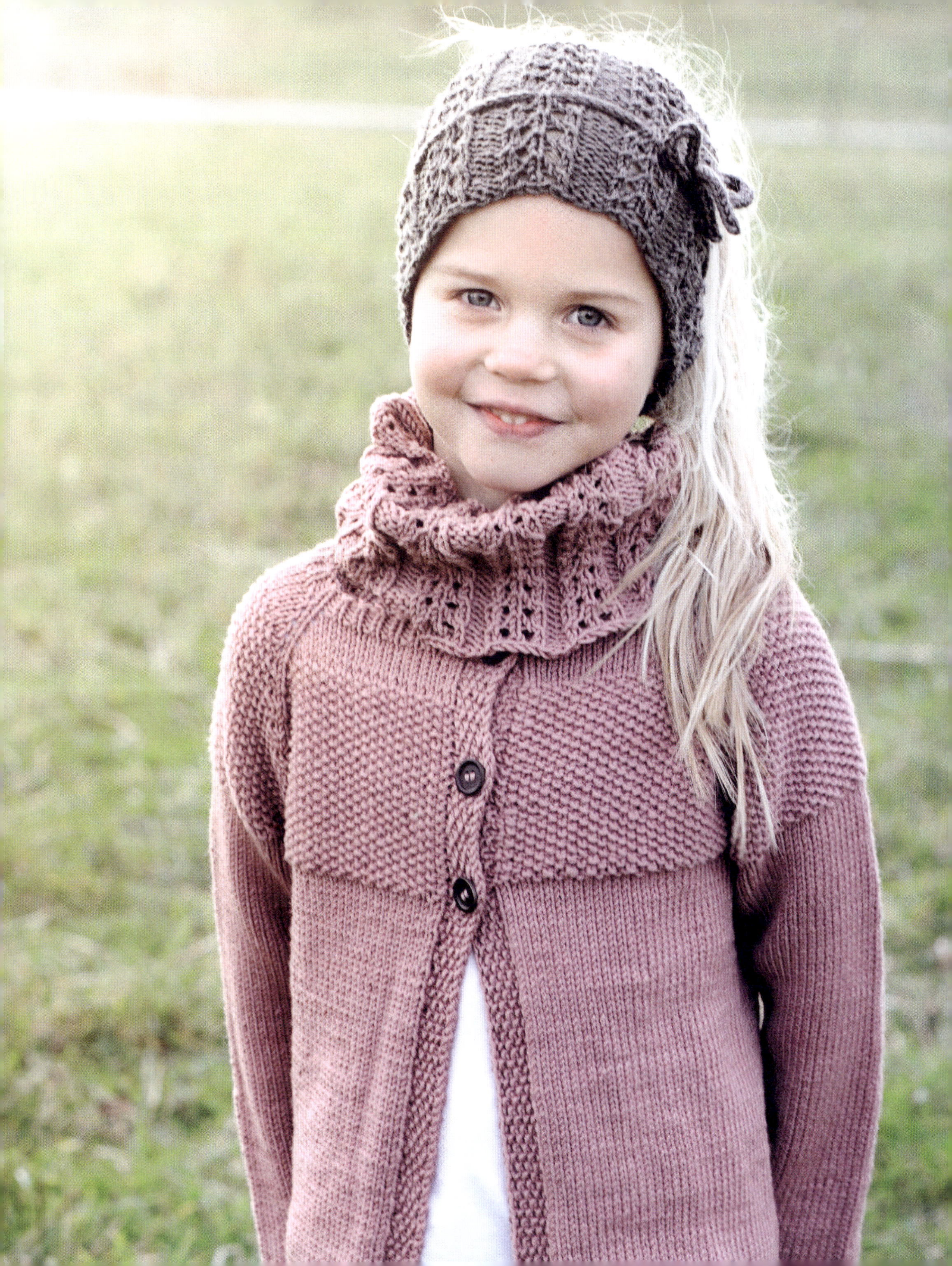

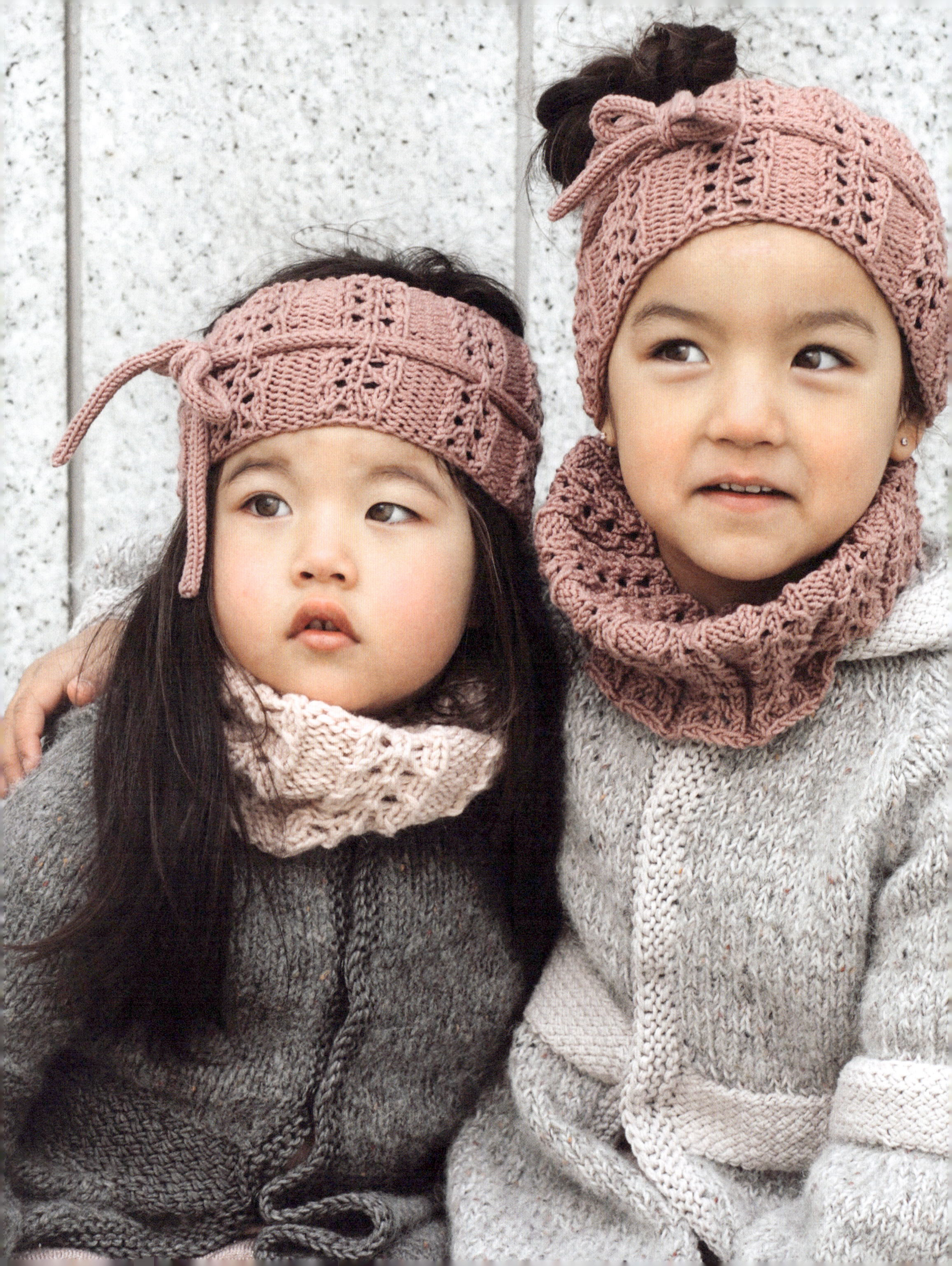

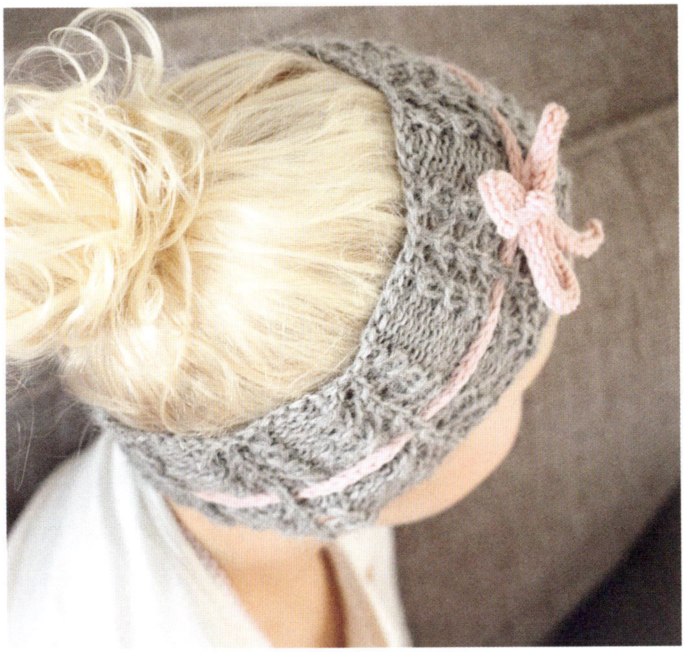

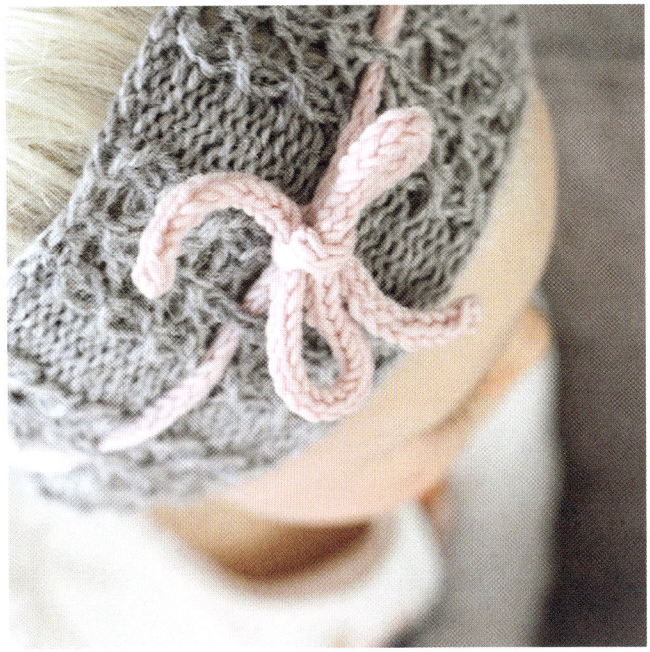

Stirnband Tora

Die Schnur des Stirnbandes ist ein einmaliges Detail, das dieses von anderen Stirnbändern unterscheidet. Das wunderschöne Lochmuster ist leicht zu stricken.

Schwierigkeitsgrad 2

GRÖSSE 1–3 Jahre/4–10 Jahre
GARN Sandnes Garn Merinoull (100 % Merinowolle, LL 105 m/50 g) in Rosa (Fb 4042), 50/50 g
NADELN Rundstricknadel 4,0 mm, 40 cm lang, Nadelspiel 4,0 mm
MASCHENPROBE 22 M mit Nd 4,0 mm glatt re = 10 cm

Mantel Tilda, S. 43

Mit der Rundstricknd 4,0 mm 72/80 M anschl und zur Rd schließen. Den Rd-Beginn mit einem MM oder einem Kontrastfaden kennzeichnen.

Nun das Lochmuster gemäß Strickschrift str. Dazu den Rapport von 8 M fortlfd wdh. Das Lochmuster (= die 1.–4. Rd der Strickschrift) 7/9 x str (= 28/36 Rd), dann noch 1 x die 1. Rd der Strickschrift arb und gleichzeitig abk.

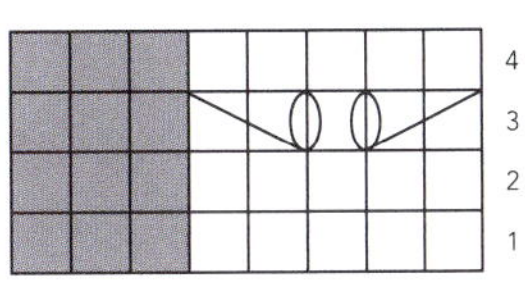

Anfang

STRICKSCHNUR

Für die Strickschnur 3 M anschl und re str. Die Arbeit nicht wenden, sondern die M an das andere Ende der Nd schieben. Den Faden auf der Rückseite der Arbeit an den Nd-Anfang holen und die 3 M wieder re str. Wdh, bis die Schnur die gewünschte Länge hat, dann die M abk.

- □ = 1 M re
- ■ = 1 M li
- = 2 M re zusstr
- = 2 M re übz zusstr (= 1 M abh, die nächste M re str, die abgehobene M überziehen)
- = 1 U zwischen 2 M

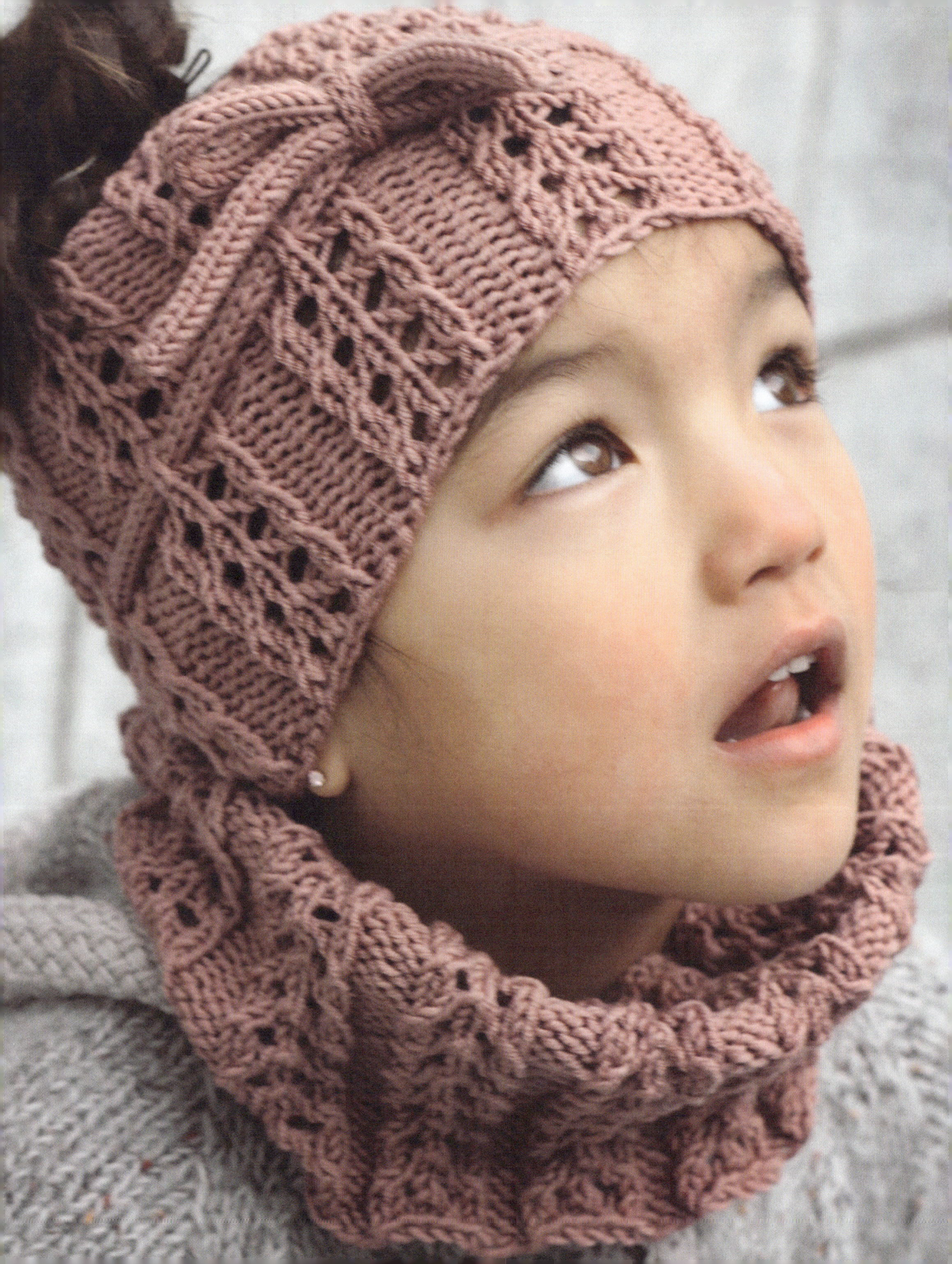

Loopschal Tora

Eine Variante des Stirnbandes. Sie können den Schlauchschal auch mit dickerem Garn stricken, dann wird er voluminöser.

Schwierigkeitsgrad 2

GRÖSSE Einheitsgröße für Kinder
GARN Sandnes Garn Merinoull (100 % Merinowolle, LL 105 m/50 g) in Rosa (Fb 4042), 100 g
NADELN Rundstricknadel 4,0 mm, 40 cm lang
MASCHENPROBE 22 M mit Nd 4,0 mm glatt re = 10 cm

Mit der Rundstricknd 4,0 mm 96 M anschl und zur Rd schließen. Den Rd-Beginn mit einem MM oder einem Kontrastfaden kennzeichnen.
Nun das Lochmuster gemäß Strickschrift (siehe S. 71) str. Dazu den Rapport von 8 M fortlfd wdh. Das Lochmuster (= die 1.–4. Rd der Strickschrift) 18 x str (= 72 Rd), dann noch 1 x die 1. Rd der Strickschrift arb und gleichzeitig locker abk.
Die Fadenenden vernähen. Den Loopschal in ein feuchtes Handtuch wickeln (siehe S. 6).

Grobstrick-Loop Tora

Eine Variante des Stirnbandes (auf dem Foto S. 70 links)

Schwierigkeitsgrad 2

GRÖSSE Einheitsgröße für Kinder
GARN Sandnes Garn Alpakka (100 % Alpaka, LL 110 m/50 g) in Puderrosa (Fb 3511), 50 g
Sandnes Garn Merinoull (100 % Merinowolle, LL 105 m/50 g) in Puderrosa (Fb 3511), 50 g
NADELN Rundstricknadel 6,5 mm, 40 cm oder 60 cm lang

Mit der Rundstricknd 6,5 mm 120 M anschl mit je 1 Faden beider Garne locker anschl und zur Rd schließen. Den Rd-Beginn mit einem MM oder einem Kontrastfaden kennzeichnen.
Nun das Lochmuster gemäß Strickschrift (siehe S. 71) str. Dazu den Rapport von 8 M fortlfd wdh. Das Lochmuster (= die 1.–4. Rd der Strickschrift) 7 x str (= 28 Rd), dann noch 1 x die 1. Rd der Strickschrift arb und gleichzeitig locker abk.
Die Fadenenden vernähen. Den Loopschal in ein feuchtes Handtuch wickeln (siehe S. 6). Er wird zum Tragen zweimal um den Hals gewickelt.

Tunika/Top Mädelchen

Ein süßes Modell für Mädchen. Es kann in der kurzen oder langen Variante (Tunika) mit oder ohne Schnur gearbeitet werden. Wir lieben es!

Schwierigkeitsgrad 3

GRÖSSE 1/2/3–4/5–6/7–8 Jahre
MASSE
Länge: für die kurze Variante 27/37/46/53/59 cm, für die lange Variante 33/44/54/60/66 cm
Oberweite: 44/50/54/60/64 cm
GARN Dale Garn Lille Lerke (53 % Merinowolle, 47 % Baumwolle, LL 142 m/50 g) in Kitt (Fb 2425), 150/150/200/200/250 g
NADELN Rundstricknadeln 3,0 mm, 40 cm und 60 cm lang, Nadelspiel 3,0 mm
ZUBEHÖR 2 Maschenraffer oder Hilfsnadeln
MASCHENPROBE 27 M mit Nd 3,0 mm glatt re = 10 cm

Mit der kürzeren Rundstricknd 3,0 mm 90/96/100/100/100 M anschl und zur Rd schließen. Den Rd-Beginn mit einem MM oder einem Kontrastfaden kennzeichnen.

8 Rd glatt re (= jede Rd re M) str. In der nächsten Rd wie folgt Markierungen für die Raglanschrägen und das Lochmuster setzen:

Nächste Runde: 14/15/16/16/16 M li str, 1 MM einhängen (Raglan), 14/15/16/16/16 M li str, 1 MM einhängen (Raglan), 1/2/2/2/2 M li str, 1 MM einhängen (Muster), 32/32/32/32/32 M li str, 1 MM einhängen (Muster), 1/2/2/2/2 M li str, 1 MM einhängen (Raglan), 14/15/16/16/16 M li str, 1 MM einhängen (Raglan), 14/15/16/16/16 M li str. (hintere Mitte).

Nun weiter glatt re str, nur zwischen den beiden MM für das Lochmuster im Lochmuster gemäß Strickschrift (siehe S. 76) arb. Dazu den Rapport von 8 M fortlfd wdh. Das Lochmuster (= die 1.–14. R der Strickschrift) fortlfd wdh. Gleichzeitig in jeder 2. Rd an jeder der vier Raglanmarkierungen wie folgt zun:

Bis 1 M vor den MM (Raglan) str, 1 M aus der darunterliegenden M zun (in die nächste M der vorvorigen Rd einstechen und diese re str, siehe Abbildung auf S. 76), dann die M der Vor-Rd re str. Ebenso mit der M nach dem MM verfahren.

Diese Zun 18/20/23/26/30 x arb (= 234/256/284/308/340 M). Noch 1/1/1/3/3 Rd ohn Zun arb, dann an jeder Raglanmarkierung wie folgt abn:

Bis 3 M vor den MM str, 2 M re zusstr, 2 M abk, 2 M re zusstr.

Die Ärmel nun auf Hilfsnd oder M-Raffer stilllegen.

VORDER- UND RÜCKENTEIL

Das Vorder- und Rückenteil zusammen auf eine Nd nehmen, dabei unter jedem Ärmel 4 M dazu anschl (= 134/146/160/172/188 M).

In folg Einteilung weiterarb: 51/57/64/70/78 M im Rippenmuster 2 M re, 2 M li im Wechsel, 32 M im Lochmuster gemäß Strickschrift, 51/57/64/70/78 M im Rippenmuster 2 M re, 2 M li im Wechsel.

Achtung: Für die Größen 1 und 2 Jahre mit 1 M re, 2 M li beginnen, weiter 2 M re, 2 M li im Wechsel bis zum Lochmuster, nach dem Lochmuster weiter 2 M re, 2 M li im Wechsel, enden mit 1 M re. Für die Größen 5 und 7 Jahre mit 1 M re, 2 M li beginnen, weiter 2 M re, 2 M li im Wechsel bis zum Lochmuster, nach dem Lochmuster beginnen mit 1 M re, 2 M li, weiter 2 M re, 2 M li im Wechsel, enden mit 1 M re.

Insgesamt 16/16/20/20/20 Rd in dieser Einteilung str. Soll die Tunika mit Schnur gearbeitet werden, dabei in der 9./9./11./11./11. Rd über das Rippenmuster verteilt 10 Löcher einstr, dazu jeweils 1 U arb und 2 M re zusstr. Anschließend 1 Rd re M statt Rippenmuster arb, über die mittleren 32 M weiter im Lochmuster und beidseitig unter jedem Ärmel 1 MM einhängen.

In der nächsten Rd beidseitig wie folgt zun: Bis 2 M vor den MM (= Ärmelmitte) str, 1 M re aus dem Querfaden zun, bis 2 M nach dem MM (= Ärmelmitte) str und ebenso 1 M zun (= 4 M zugenommen).

Diese Zun noch 5 x alle 4 cm wdh (= 158/170/184/196/212 M).

Weiter über die mittleren 32 M im Lochmuster über alle anderen glatt

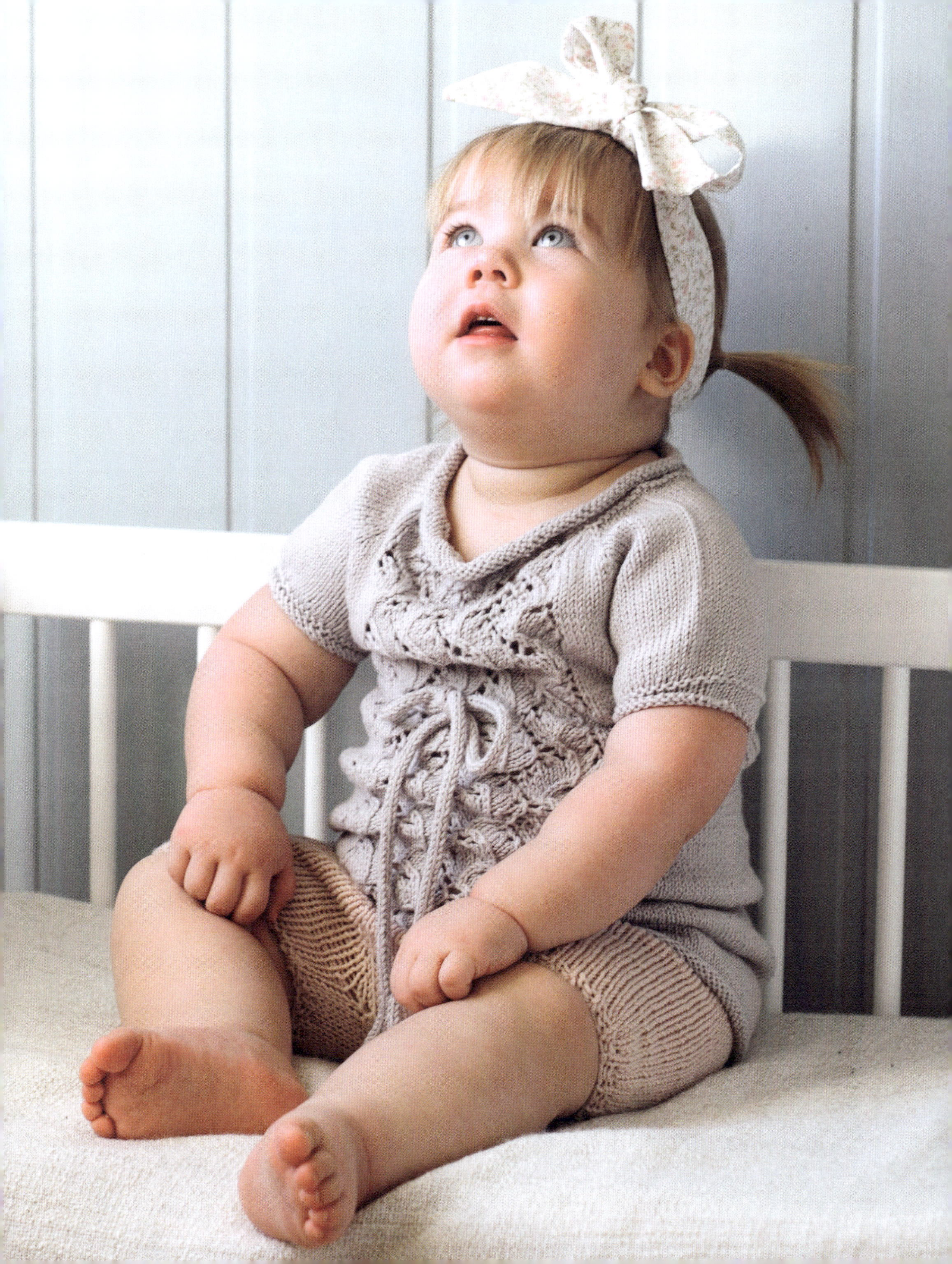

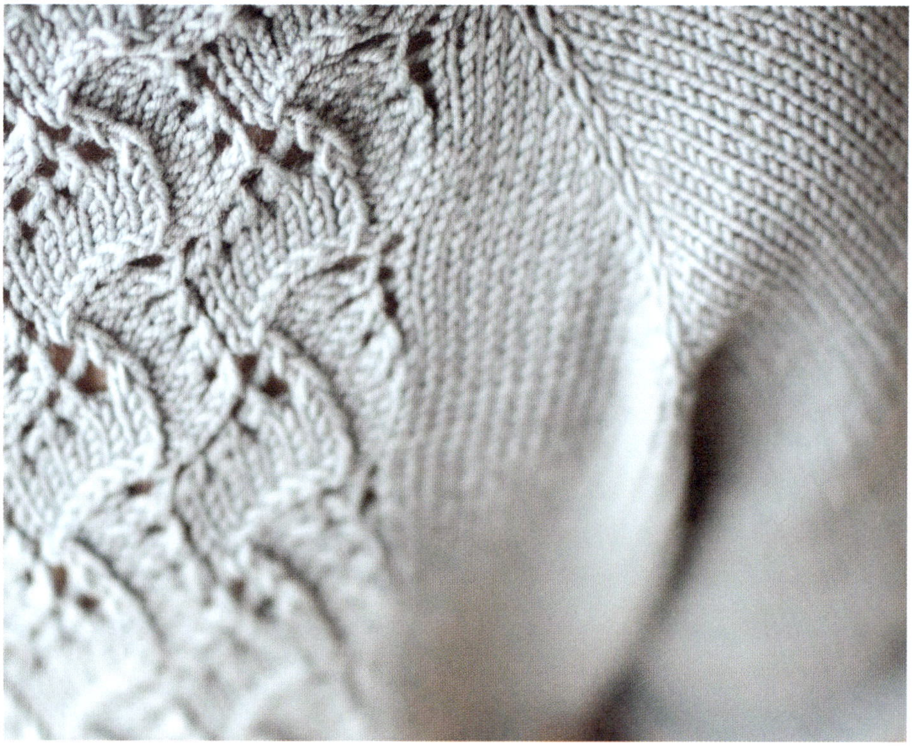

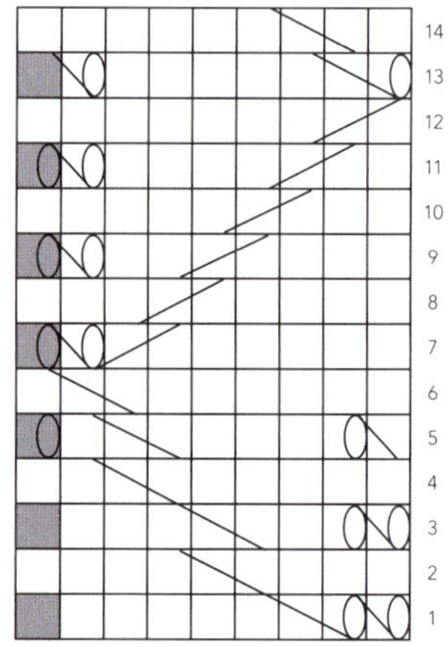

- = 1 M re
- = 1 U zwischen 2 M
- = Keine M, dient nur der besseren Übersicht
- = 1 M re verschr
- = 2 M re übz zusstr (= 1 M abh, die nächste M re str, die abgehobene M überziehen)
- = 2 M re zusstr

re arb, bis zu einer Höhe von 14/18/22/28/31 cm für die kurze Variante bzw. 20/25/30/35/38 cm für die lange Variante ab Rippenmuster. Mit einer beliebigen R oder mit dem Ende (einer 14. R) des Lochmusters abschließen.

Nächste Runde: * 6/6/6/3/6 M re, 2 M re zusstr; ab * fortlfd wdh, enden mit 1/2/0/1/4 M re.

Nun noch 1 Rd li M und 8 Rd glatt re str. Dann alle M abk.

ÄRMEL (2 X ARB)

Mit dem Ndspiel 3,0 mm unter dem Ärmel 4 M auffassen, dann die stillgelegten 50/55/62/68/76 M str und zur Rd schließen.

6/6/8/8/10 Rd glatt re str.

Nächste Runde: 17/19/23/23/25 M re, 10/10/10/13/15 x 2 M re zusstr, 13/16/19/19/21 M re.

Alle Fadenenden vernähen. Die Tunika spannen, anfeuchten und trocknen lassen oder einfach in ein feuchtes Handtuch wickeln (siehe S. 6).

STRICKSCHNUR

Für die Strickschnur 3 M anschl und re str. Die Arbeit nicht wenden, sondern die M an das andere Ende der Nd schieben. Den Faden auf der Rückseite der Arbeit an den Nd-Anfang holen und die 3 M wieder re str. Wdh, bis die Schnur die gewünschte Länge hat, dann die M abk.

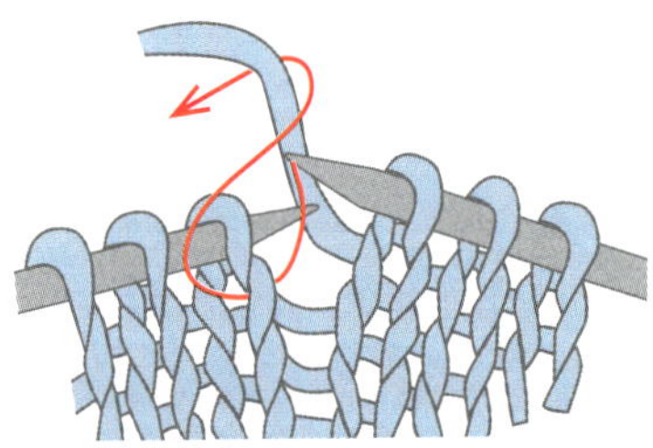

1 M aus der darunterliegenden Masche der vorvorigen Rd zun.

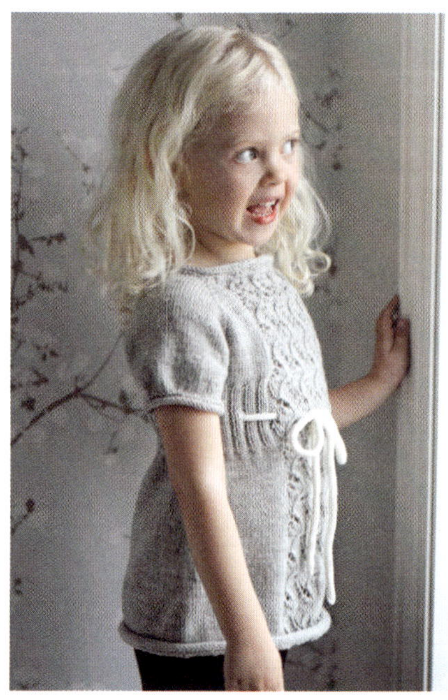

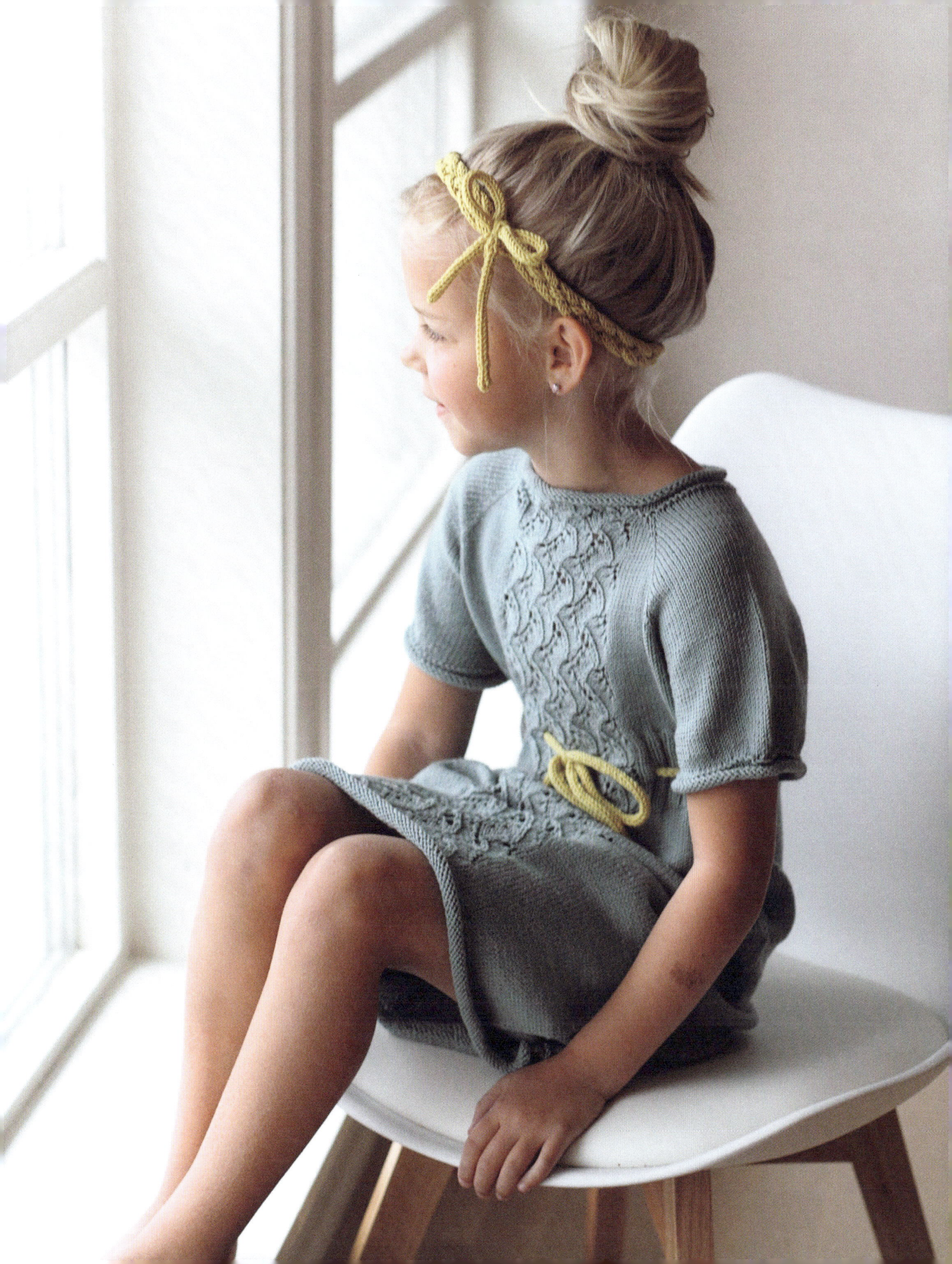

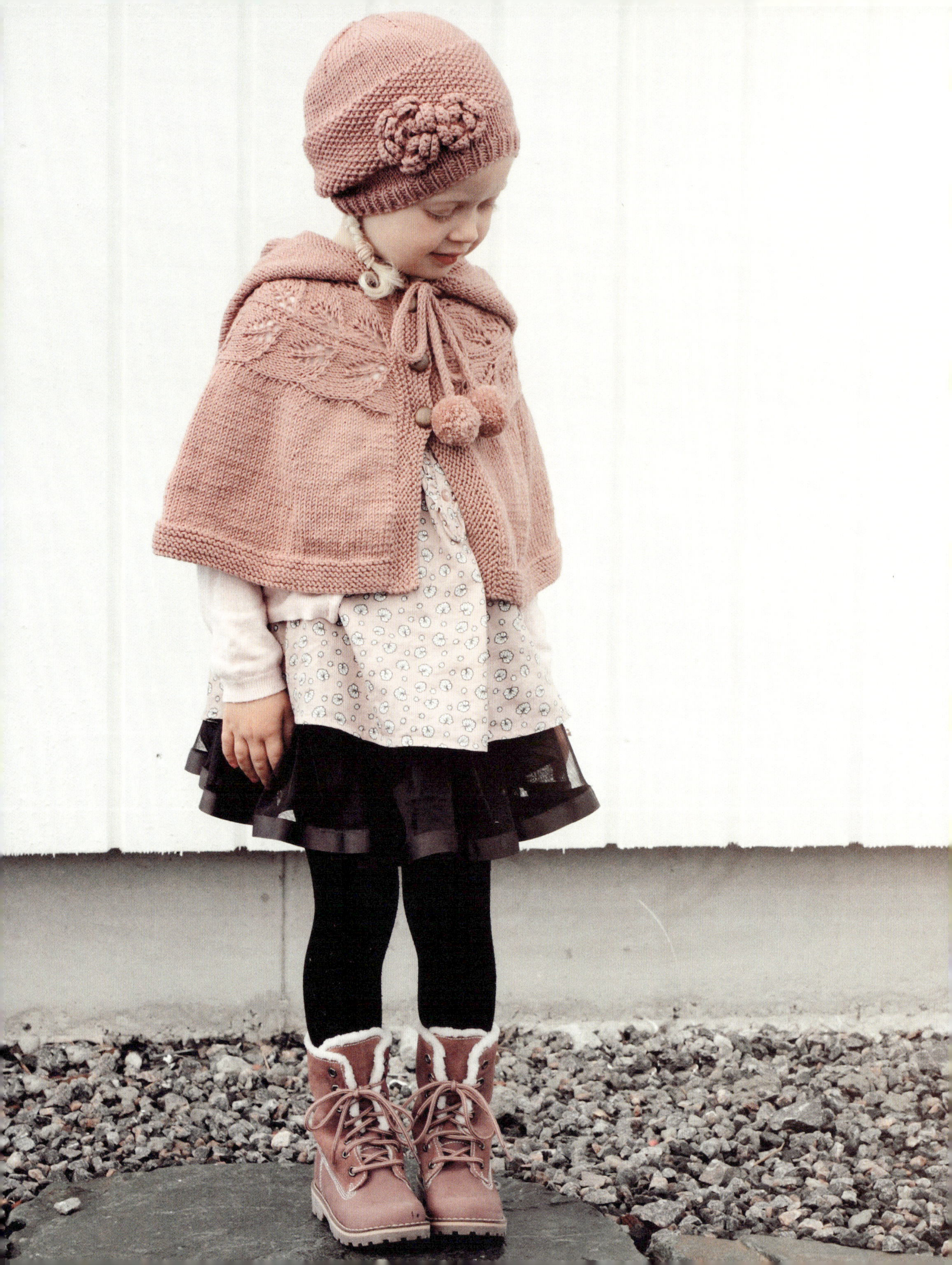

Mütze Goldmädchen

Eine Mütze, die einfach zu stricken ist. Die Arbeit geht leicht von der Hand und macht Anfängern ebenso viel Freude wie Strickprofis. Arbeiten Sie gleich mehrere Mützen in verschiedenen Farben, so passt immer eine zum Rest der Kleidung. Ein Riesenfavorit bei den größeren Mädchen!

Schwierigkeitsgrad 1

GRÖSSE 6–12 Monate/1–3 Jahre/3–6 Jahre
GARN Sandnes Garn Merinoull (100 % Merinowolle, LL 105 m/50 g) in Rosa (Fb 4042), 50/100/100 g
NADELN Rundstricknadeln 3,5 mm und 4,0 mm, 40 cm lang, Nadelspiel 4,0 mm
MASCHENPROBE 22 M mit Nd 4,0 mm glatt re = 10 cm

Mit der Rundstricknd 72/80/80 M anschl und zur Rd schließen. Den Rd-Beginn mit einem MM oder einem Kontrastfaden kennzeichnen.
2,5 cm im Rippenmuster 1 M li, 1 M re im Wechsel str. Zu Nd 4,0 mm wechseln. 2,5 cm glatt re (= jede Rd re M) str, dabei in der 1. Rd wie folgt zun:
Zunahmerunde: * 9/10/10 M re, 1 M zun; ab * 8 x wdh bis Rd-Ende (= 80/88/88 M).
Nun 4,5/5,5/6,5 cm im Perlmuster str (= 1 M re, 1 M li im Wechsel str, in jeder Rd versetzen). Dann glatt re weiterstr, bis eine Gesamthöhe von 13/14,5/16,5 cm erreicht ist.
Nun mit den Abn beginnen:
Nächste Runde: * 6 M re, 2 M re zusstr; ab * fortlfd wdh bis Rd-Ende (= 70/77/77 M).
2 Rd glatt re str.
Nächste Runde: * 5 M re, 2 M re zusstr; ab * fortlfd wdh bis Rd-Ende (= 60/66/66 M).
2 Rd glatt re str.
Nächste Runde: * 4 M re, 2 M re zusstr; ab * fortlfd wdh bis Rd-Ende (= 50/55/55 M).
2 Rd glatt re str.
Nächste Runde: * 3 M re, 2 M re zusstr; ab * fortlfd wdh bis Rd-Ende (= 40/44/44 M).
2 Rd glatt re str. Zum Ndspiel wechseln.
Nur Größe 1–3 Jahre und 3–6 Jahre
Nächste Runde: * 9 M re, 2 M re zusstr; ab * fortlfd wdh bis Rd-Ende (= –/40/40 M).
Alle Größen
Nächste Runde: * 6 M re, 2 M re zusstr; ab * fortlfd wdh bis Rd-Ende (= 35 M).

Tipp

Die Mütze passt perfekt zum Herbstcape Lilly (siehe Foto).

Nächste Runde: * 5 M re, 2 M re zusstr; ab * fortlfd wdh bis Rd-Ende (= 30 M).
Nächste Runde: * 4 M re, 2 M re zusstr; ab * fortlfd wdh bis Rd-Ende (= 25 M).
Nächste Runde: * 3 M re, 2 M re zusstr; ab * fortlfd wdh bis Rd-Ende (= 20 M).
Nächste Runde: * 2 M re, 2 M re zusstr; ab * fortlfd wdh bis Rd-Ende (= 15 M).
Nächste Runde: Fortlfd 2 M re zusstr, enden mit 1 M re (= 8 M).
Den Faden abschneiden, durch die verbleibenden M führen, fest anziehen und innen in der Mütze vernähen.
Nach Wunsch noch ein oder zwei Häkelblumen arb (siehe S. 161).

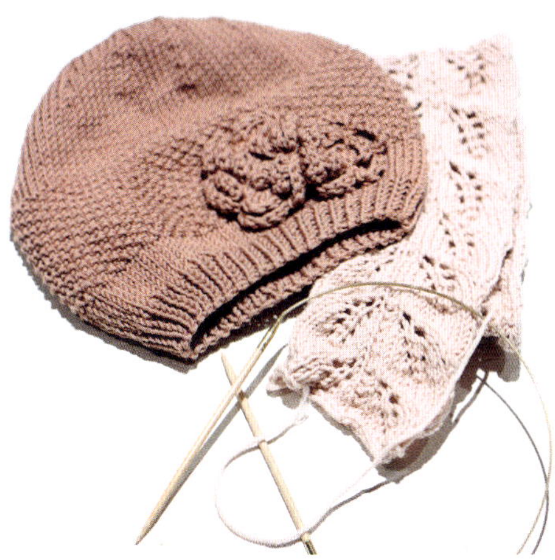

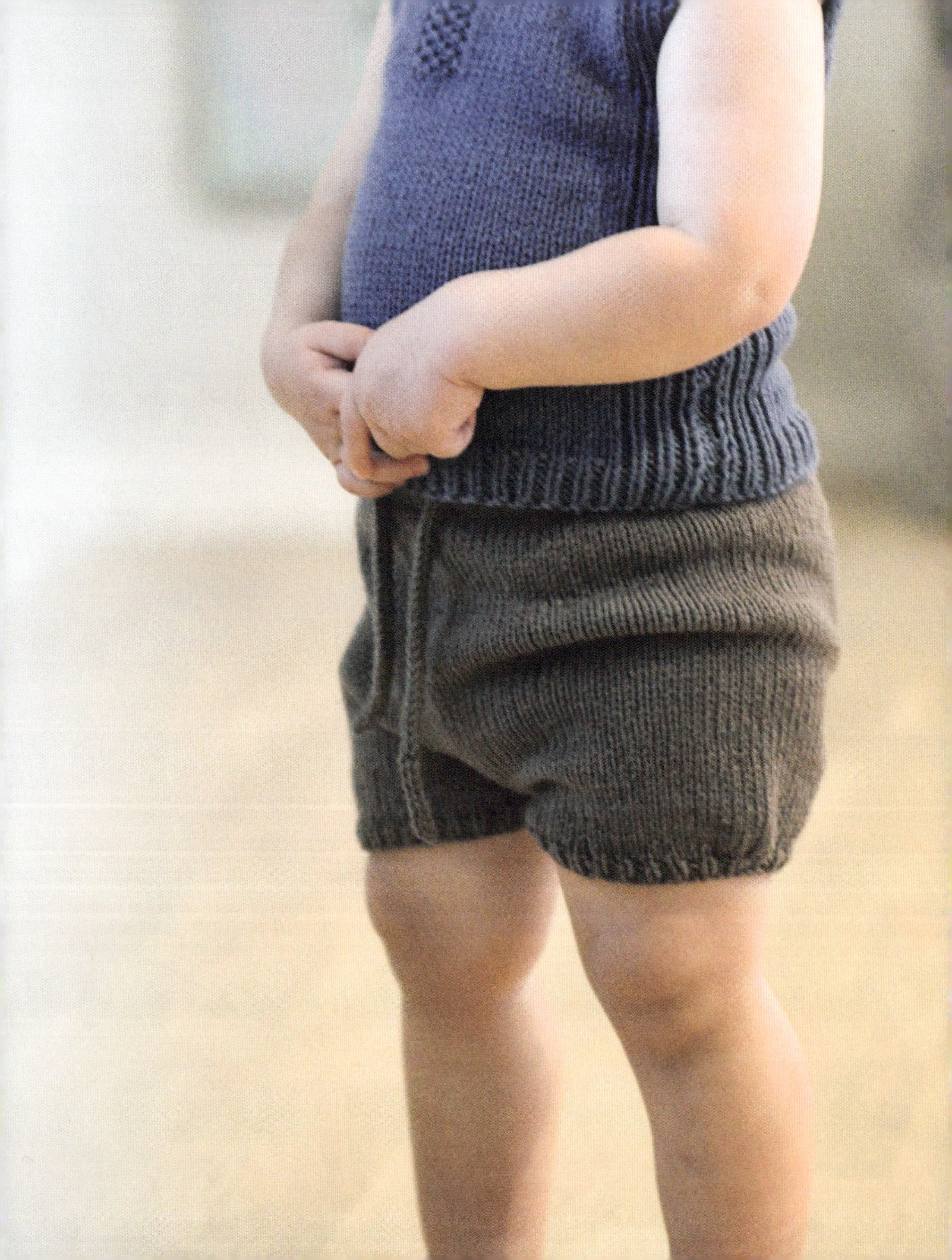

Shorts Knackpopo

Eine gestrickte Shorts können die Kinder das ganze Jahr über anziehen. Wenn es kalt ist, kann darunter eine Strumpfhose getragen werden. Sie können die Garnqualitäten variieren – das Kleidungsstück ist sowohl aus Wolle als auch aus Baumwolle gestrickt schick.

Schwierigkeitsgrad 2

GRÖSSE für 3–6 Monate/6–12 Monate/1–2 Jahre/3–4 Jahre
MASSE
Umfang: 45/52/56/60 cm
Länge: 18/19/20/21 cm (gemessen bis zum Schritt)
GARN Sandnes Garn Merinoull (100 % Merinowolle, LL 105 m/50 g) in Mittelbraun (Fb 3161), 100/100/150/150 g
NADELN Rundstricknadeln 3,0 mm und 4,0 mm, 40 cm oder 60 cm lang, Nadelspiel 4,0 mm
ZUBEHÖR 2 Maschenmarkierer, 50/60/60/65 cm Gummiband, 1–1,5 cm breit
MASCHENPROBE 22 M mit Nd 4,0 mm glatt re = 10 cm

Mit der Rundstricknd 3,0 mm 108/112/120/128 M anschl und zur Rd schließen. Den Rd-Beginn mit einem MM oder einem Kontrastfaden kennzeichnen.
9 Rd re M, 1 Rd li M und 4 Rd re M str.
Nächste Runde (Loch-Rd): 47/49/53/57 M re, 2 M re zusstr, 1 U, 10 M re, 1 U, 2 M re übz zusstr (= 1 M abh, die nächste M re str, die abgehobene M überziehen), 47/49/53/57 M re str.
5 Rd re M str. Zu Nd 4,0 mm wechseln. 1 Rd re M str.
Nun den rückwärtigen Teil etwas länger arb, dafür wie folgt str:
10 M re, wenden, 1 U, 20 M li, wenden, 1 U, re M str bis 4 M nach der letzten Wendestelle, den U und die folg M re zusstr, wenden, 1 U, li M str bis 4 M nach der letzten Wendestelle. So weiterarb, bis beidseitig 4/4/5/5 x gewendet ist.
Glatt re (= jede Rd re M) weiterstr und je 1 MM beidseits der 6 mittleren M von vorderem und rückwärtigem Hosenteil einhängen. Glatt re str, bis eine Höhe von 8/10/12/14 cm ab der Rd des Nd-Wechsels erreicht ist.
Nun 5 x in jeder 3. Rd beidseits der 6 markierten M vorn und hinten jeweils 1 M re verschr aus dem Querfaden zun (= 20 M zugenommen = 128/132/140/148 M).
In der nächsten Rd die 6 markierten M hinten und vorn abk.
Nun jedes Hosenbein einzeln beenden = 58/60/64/68 M je Bein. Die M für ein Bein auf das Ndspiel 4,0 mm nehmen und zur Rd schließen. Den Rd-Beginn mit einem MM kennzeichnen. 6 Rd glatt re str.
Nächste Runde: 21/22/24/26 M re str, 8 x 2 M re zustr, 21/22/24/26 M re str.
3 Rd im Rippenmuster 1 M re, 1 M li im Wechsel str, dabei in der letzten Rd die M abk.

Die 6 abgeketteten M vorn und hinten zwischen den Beinen mit M-Stichen zusammennähen (siehe Abbildung unten). Den Hosenbund umklappen und von li festnähen. Durch die Löcher der Loch-Rd ein Gummiband einziehen, die Bandenden überlappend aufeinandernähen.
Für die Strickschnur 3 M anschl und re str. Die Arbeit nicht wenden, sondern die M an das andere Ende der Nd schieben. Den Faden auf der Rückseite der Arbeit an den Nd-Anfang holen und die 3 M wieder re str. Wdh, bis die Schnur 64/66/68/70 cm lang ist, dann die M abk.
Nun auch die Strickschnur einziehen, die Enden durch je ein Loch der Loch-Rd hängen lassen.

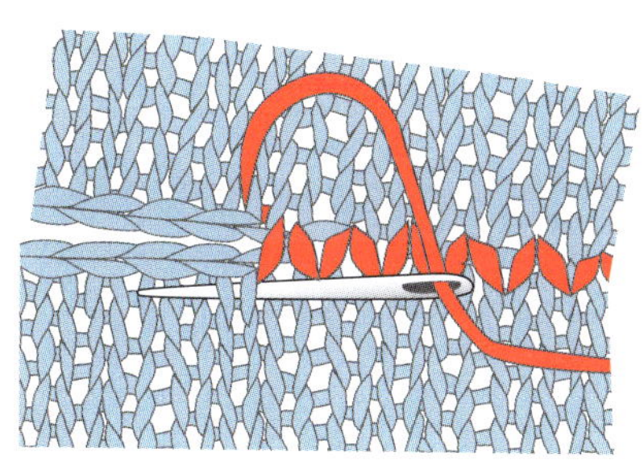

Zusammenähen mit M-Stichen

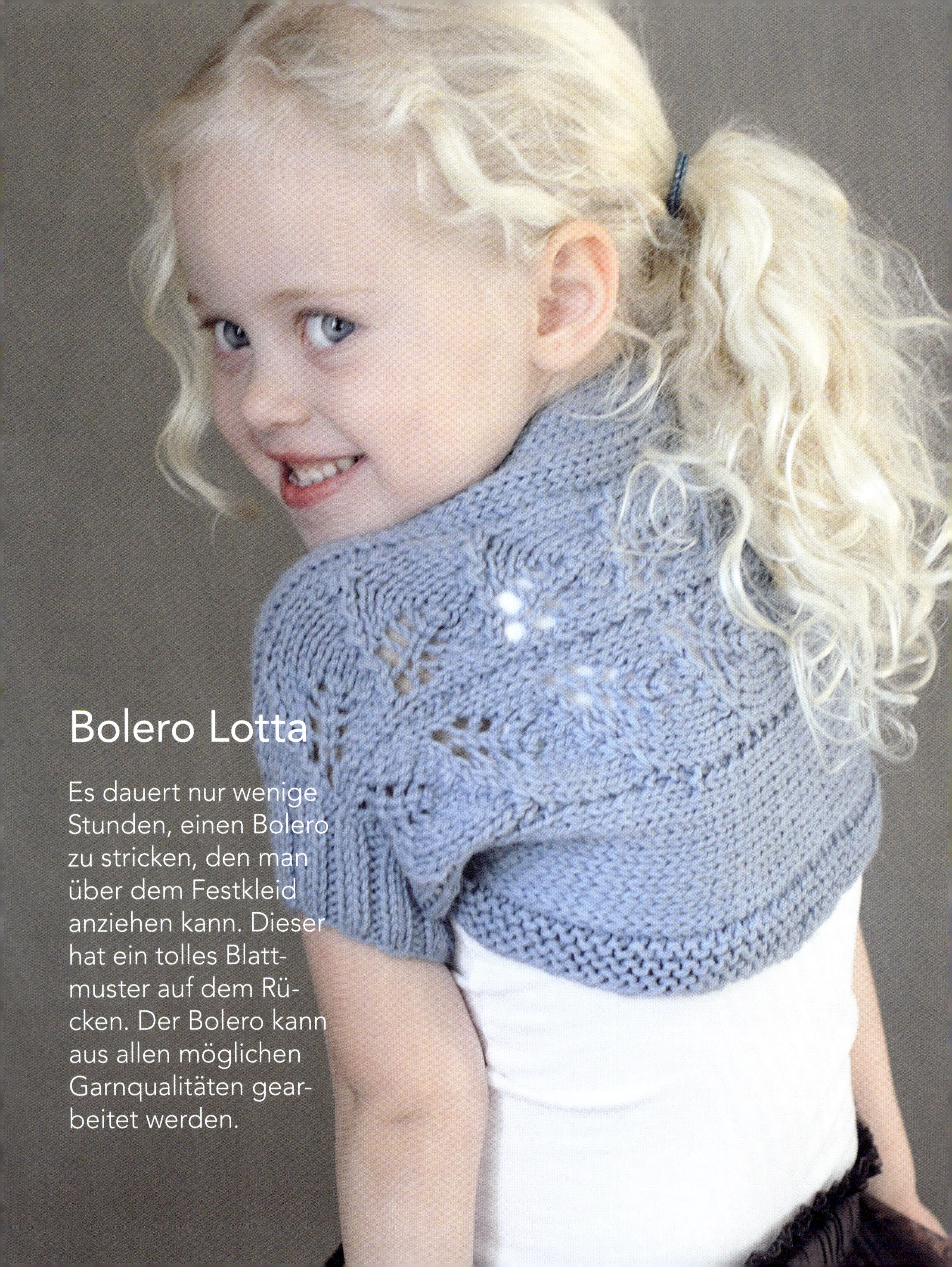

Bolero Lotta

Es dauert nur wenige Stunden, einen Bolero zu stricken, den man über dem Festkleid anziehen kann. Dieser hat ein tolles Blattmuster auf dem Rücken. Der Bolero kann aus allen möglichen Garnqualitäten gearbeitet werden.

Schwierigkeitsgrad 2

GRÖSSE für 6–18 Monate/
2–4 Jahre/5–7 Jahre
GARN Rauma Garn Mitu (50 % Alpaka, 50 % Wolle, LL 100 m/50 g) in Graublau (Fb 0512), 100/150/150 g
NADELN Rundstricknadel 5,0 mm, 60 cm lang, Nadelspiele 4,0 mm und 5,0 mm
MASCHENPROBE 22 M mit Nd 4,0 mm glatt re = 10 cm

Die Arbeit wird an einem Ärmel begonnen.
Mit dem Ndspiel 4,0 mm 40/44/48 M anschl und zur Rd schließen. Den Rd-Beginn mit einem MM oder einem Kontrastfaden kennzeichnen. 12 Rd im Rippenmuster 2 M re, 2 M li im Wechsel str. Zu Nd 5,0 wechseln und 1 Rd re M str, dabei gleichmäßig verteilt 1/5/9 M zun (= 41/49/57 M).
Ab der nächsten Rd in folg Einteilung str:
8/12/16 glatt re, 25 M im Blattmuster gemäß Strickschrift, 8/12/16 M re.
Ist das Blattmuster (= 1.–10. R der Strickschrift) 1 x gestrickt, zur Rundstricknd 5,0 mm wechseln und ab jetzt in R str:
1. Reihe: 1 M re, 1 M zun, 1 M re, 1 M zun, 6/10/14 M re str, 25 M im Blattmuster gemäß Strickschrift, 6/10/14 M re, 1 M re, 1 M zun, 1 M re, 1 M zun, 1 M re (= 45/53/61 M).
Nun weiter über die mittleren 25 M im Blattmuster, über die restl M glatt re (= in Hinr re M, in Rückr li M) str, bis die 1.–10. R des Blattmusters 6/8/10 x gearbeitet ist.
Zum Ndspiel 5,0 wechseln und die Arbeit zur Rd schließen.
Über die mittleren 25 M 1 x die 1.–10. Rd des Blattmusters str, über die restl M glatt re (= jede Rd re M) str, dabei die letzte Rd (10. R Blattmuster nach Strickschrift) wie folgt arb:
1 M re, 2 M re zusstr, 1 M re, 2 M re zusstr, 4/8/12 M re, 25 M im Blattmuster (10. R), 4/8/12 M re, 2 M re zusstr, 1 M re, 2 M re zusstr, 1 M re (= 41/49/57 M).
1 Rd re M str, dabei gleichmäßig verteilt 1/5/9 M abn (= 40/44/48 M).
Zum Ndspiel 4,0 mm wechseln und 12 Rd im Rippenmuster 2 M re, 2 M li im Wechsel str. Alle M abk.
Mit der Rundstricknd 5,0 mm aus der Innenseite des Boleros ca. 90/140/160 M auffassen und 6 Rd kraus re (= 1 Rd re M und 1 Rd li M im Wechsel) str, dann alle M abk.
Alle Fadenenden vernähen. Den Bolero spannen, anfeuchten und trocknen lassen oder einfach in ein feuchtes Handtuch wickeln (siehe S. 6).

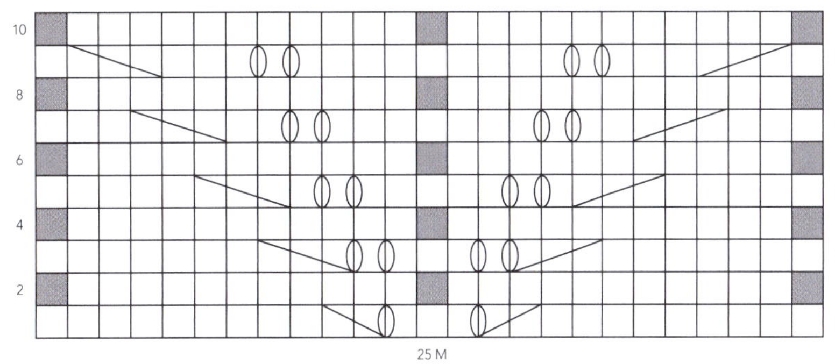

= In Rd 1 M re; in Hinr 1 M re, in Rückr 1 M li
= In Rd 1 M li; in Hinr 1 M li, in Rückr 1 M re
= 2 M re zusstr
= 2 M re übz zusstr (= 1 M abh, die nächste M re str, die abgehobene M überziehen)
= 3 M re zusstr
= 3 M re übz zusstr (= 2 M abh, die nächste M re str, die abgehobenen M überziehen)
= 1 U zwischen 2 M

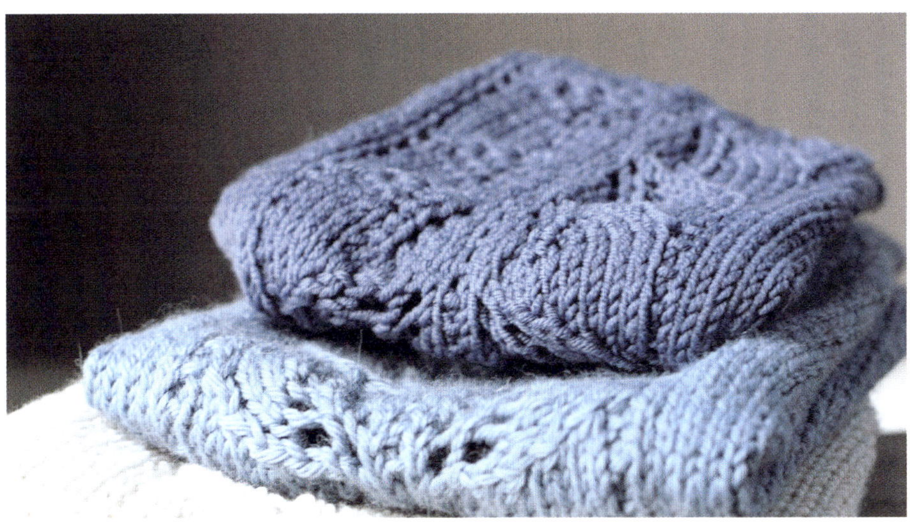

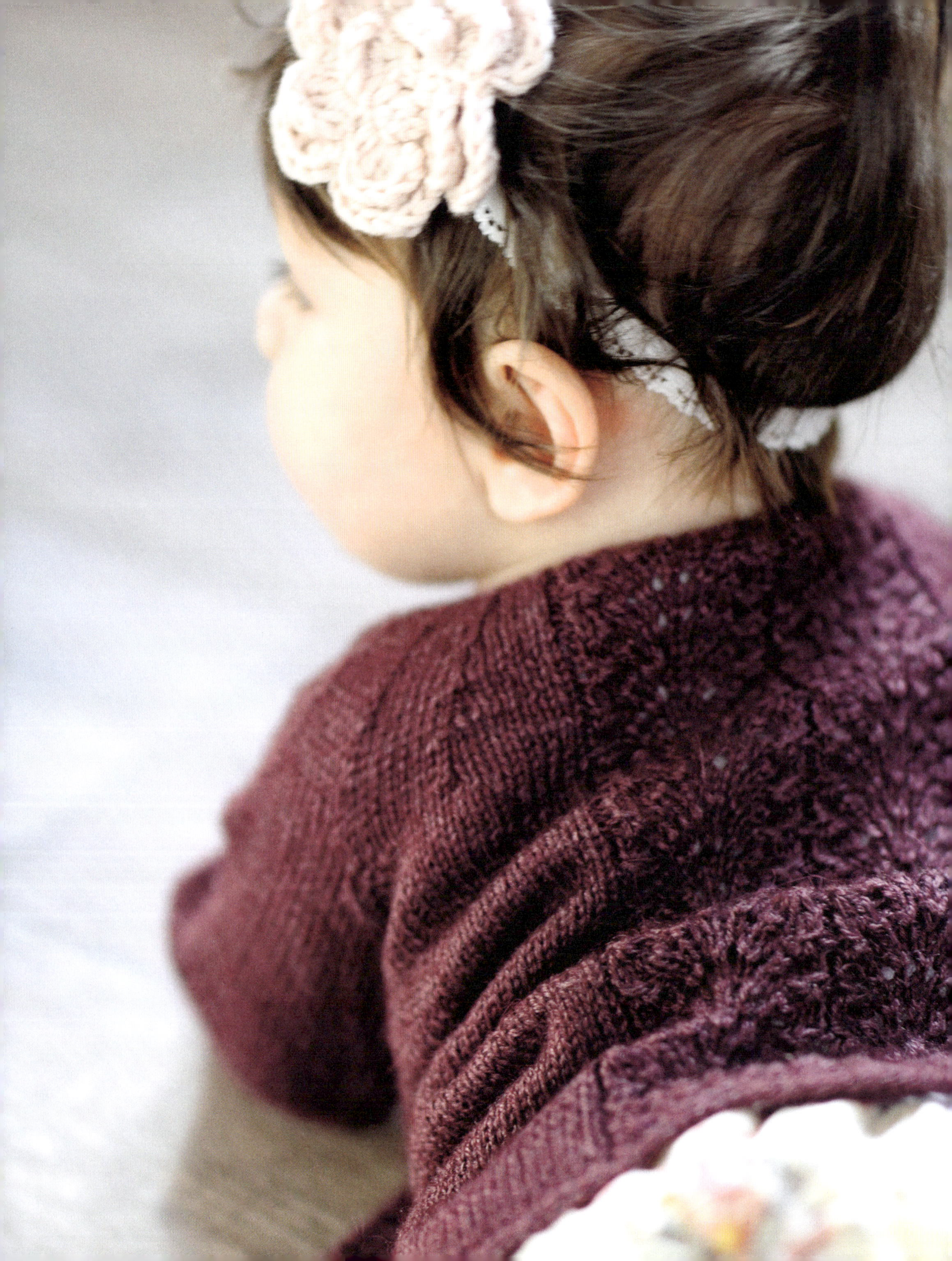

Babyjacke Schnucki

Wir haben eine edle Babyjacke aus der weichsten Seidenalpakamischung gearbeitet. Sie wird auf dünnen Nadeln gestrickt, hat ein tolles Lochmuster auf dem Rücken und einen schicken Knopf an der Vorderseite.

Schwierigkeitsgrad 2

GRÖSSE 2–4/6–10 Monate
MASSE
Oberweite: 46/50 cm
Länge: 24/28 cm
GARN Sandnes Garn Alpakka Silke (70 % Baby-Alpaka, 30 % Maulbeerseide, LL 200 m/50 g) in Lila (Fb 5063) , 100/100 g
NADELN Rundstricknadeln 3,0 mm, 60 cm lang, Nadelspiel 3,0
ZUBEHÖR 1 Knopf, 5 Maschenmarkierer
MASCHENPROBE 27 M mit Nd 3,0 mm glatt re = 10 cm

Mit der Rundstricknd 125/137 M anschl und nach jeweils 31, 17, 29, 17/34, 20, 29, 20 M je 1 MM einhängen. Der erste und der letzte MM kennzeichnen die Seiten, hier wird später für die Ärmel abgekettet.

Die beiden mittleren MM markieren Beginn und Abschluss des Lochmusters über 29 M.

In R arb, dabei die ersten 4 und die letzten 4 M in jeder R re str (= Krausre-Rand).

3 R re M str.

Im Grundmuster weiterarb wie folgt, dabei wird über die mittleren 29 M im Lochmuster gestrickt:

1. Reihe (Rückr): 4 M re, 44/50 M li, 1 M re, 13 M li, 1 M re, 13 M li, 1 M re, 44/50 M li, 4 M re.

2. Reihe (Hinr): 48/54 M re, 1 M li, 13 M re, 1 M li, 13 M re, 1 M li, 48/54 M re.

3. Reihe: 4 M re, 44/50 M li, 1 M re, 13 M li, 1 M re, 13 M li, 1 M re, 44/50 M li, 4 M re.

4. Reihe: 48/54 M re, 1 M li, 4 M re zusstr, * 1 U, 1 M re; ab * 5 x arb, 1 U, 4 M re verschr zusstr, 1 M li, 4 M re zusstr, ** 1 U, 1 M re; ab ** 5 x arb, 1 U, 4 M re verschr zusstr, 1 M li, 48/54 M re.

Die 1.–4. R fortlfd wdh, bis eine Gesamthöhe von 17/20 cm erreicht ist.

In der nächsten R (eine 1. Reihe im Grundmuster) für die Ärmel beidseitig 10 M (je 5 M auf jeder Seite des MM) abk.

Die Arbeit vorläufig beiseitelegen und erst die Ärmel str.

ÄRMEL (2 X ARB)

Mit dem Ndspiel 3,0 mm 36/36 M anschl und zur Rd schließen. Den Rd-Beginn (= untere Ärmelmitte) mit einem MM kennzeichnen.

1 Rd li M, 1 Rd re M und wieder 1 Rd li M str. Dann glatt re weiterstr, bis eine Gesamthöhe von 5 cm erreicht ist. Nun beidseitig des MM 7/8 x in jeder 4./4. Rd 1 M zun (= 50/52 M).

Wenn der Ärmel 17/19 cm lang ist, in der unteren Ärmelmitte 10 M je 5 M auf jeder Seite des MM) abk.

Die M aller Teile auf die Rundstricknd nehmen, die Ärmel dort, wo die 10 M abgekettet sind: 26/29 M für das Vorderteil, 40/42 M für den re Ärmel, 53/59 M für das Rückenteil, 40/42 M für den li Ärmel, 26/29 M für das li Vorderteil (= 185/201 M).

1 Rückr im Grundmuster (= glatt re und die mittleren 29 M im Lochmuster) str.

In der nächsten Reihe gleichmäßig verteilt 4/2 M abn (dabei jedoch nicht in den 29 M Lochmuster abn!) (= 181/199 M). Dann 1 Rückr li M str.

Nächste Reihe (Hinr): 4 M re, * 7 M re, 2 M zusstr; ab * wdh bis zum MM, 29 M im Lochmuster, ** 7 M re, 2 M re zusstr; ab ** wdh bis zu den letzten 4 M, 4 M re (= 165/181 M).

3 R im Grundmuster (= glatt re und die mittleren 29 M im Lochmuster) str.

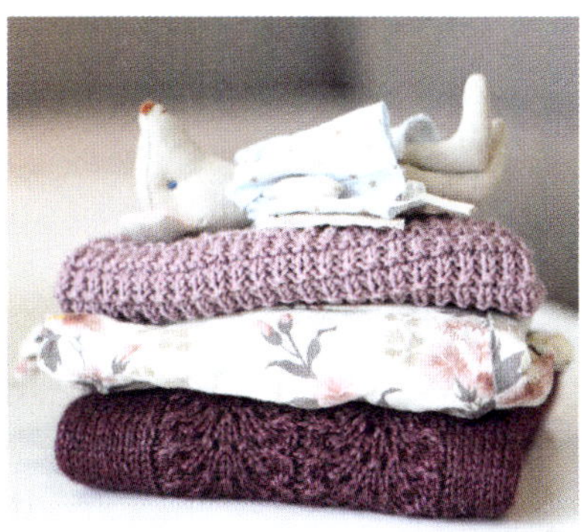

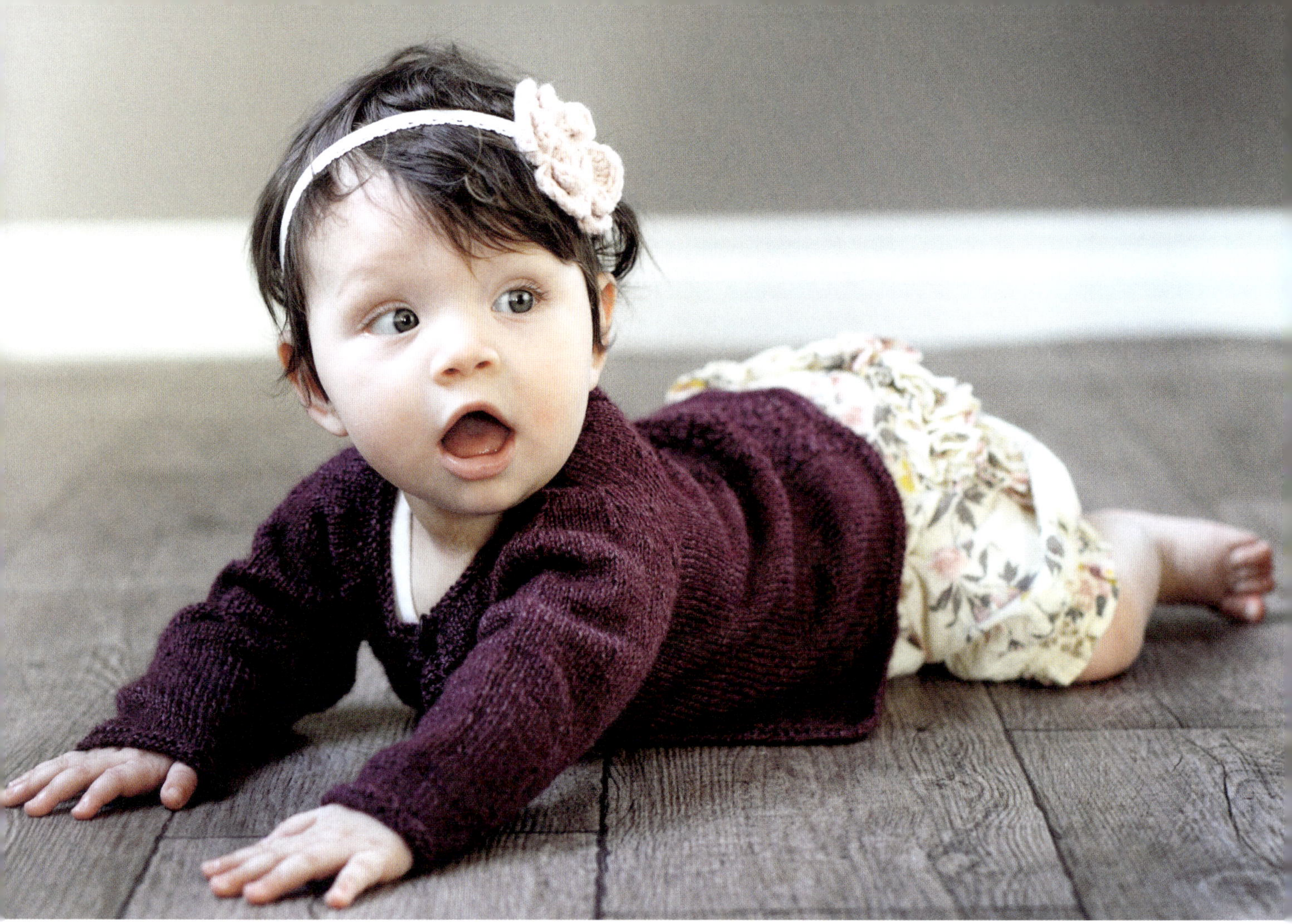

Nächste Reihe (Hinr): 4 M re, * 6 M re, 2 M zusstr; ab * wdh bis zum MM, 29 M im Lochmuster, ** 6 M re, 2 M re zusstr; ab ** wdh bis zu den letzten 4 M, 4 M re (= 149/163 M).

3 R im Grundmuster (= glatt re und die mittleren 29 M im Lochmuster) str.

Nächste Reihe (Hinr): 4 M re, * 5 M re, 2 M zusstr; ab * wdh bis zum MM, 29 M im Lochmuster, ** 5 M re, 2 M re zusstr; ab ** wdh bis zu den letzten 4 M, 4 M re (= 133/145 M).

3 R im Grundmuster (= glatt re und die mittleren 29 M im Lochmuster) str.

Nächste Reihe (Hinr): 4 M re, * 4 M re, 2 M zusstr; ab * wdh bis zum MM, 29 M im Lochmuster, ** 4 M re, 2 M re zusstr; ab ** wdh bis zu den letzten 4 M, 4 M re (= 117/127 M).

3 R im Grundmuster (= glatt re und die mittleren 29 M im Lochmuster) str.

Nächste Reihe (Hinr): 4 M re, * 3 M re, 2 M zusstr; ab * wdh bis zum MM, 29 M im Lochmuster, ** 3 M re, 2 M re zusstr; ab ** wdh bis zu den letzten 4 M, 4 M re (= 101/109 M).

3 R im Grundmuster (= glatt re und die mittleren 29 M im Lochmuster) str, dies ist die letzte Muster-Rd.

Die Arbeit sollte jetzt ca. 26/29 cm hoch sein.

Nächste Reihe: 4 M re, * 1 M re, 2 M re zusstr; ab * wdh bis zu den letzten 4 M, 4 M re.

Nächste Reihe: 4 M re, li M str bis zu den letzten 4 M, 4 M re.

Noch 3 R re M str. Dann alle M re abk.

ÖSE

Ganz oben aus der re Vorderteilkante 6 M auffassen (in einer Linie mit der Innenseite des Kraus-re-Randes) und 8 R glatt re str. In der nächsten Hinr ein Knopfloch einstr wie folgt: 2 M re, 2 M abk, 2 M re. In der nächsten Reihe über den abgeketteten M 2 M neu anschl. Mit 2 R glatt re enden, dabei in der letzten die M abk.

Ganz oben an der li Seite der Vorderteilkante einen Knopf annähen. Die Öffnungen unter den Ärmeln zunähen. Alle Fadenenden vernähen. Die Jacke in ein feuchtes Handtuch wickeln (siehe S. 6).

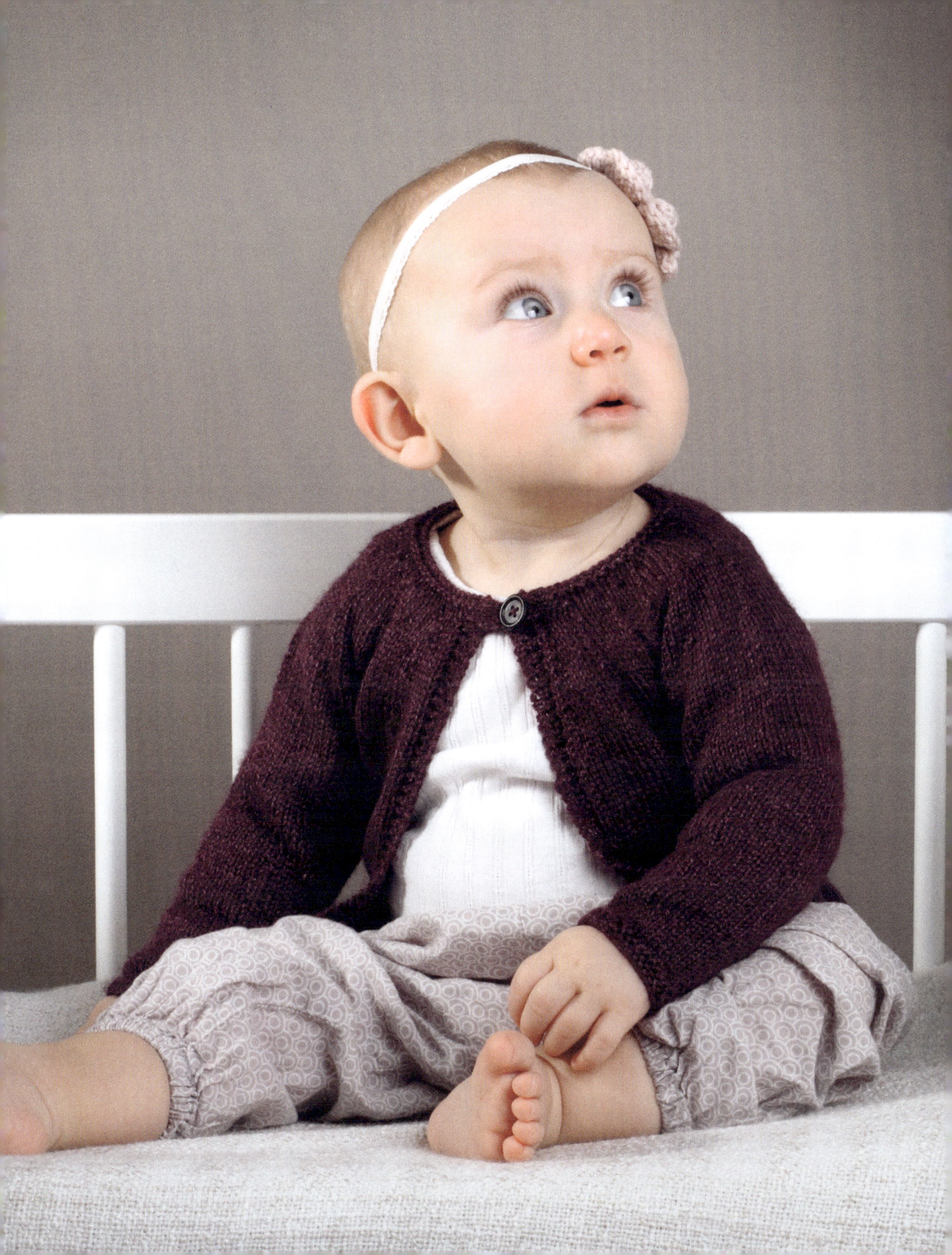

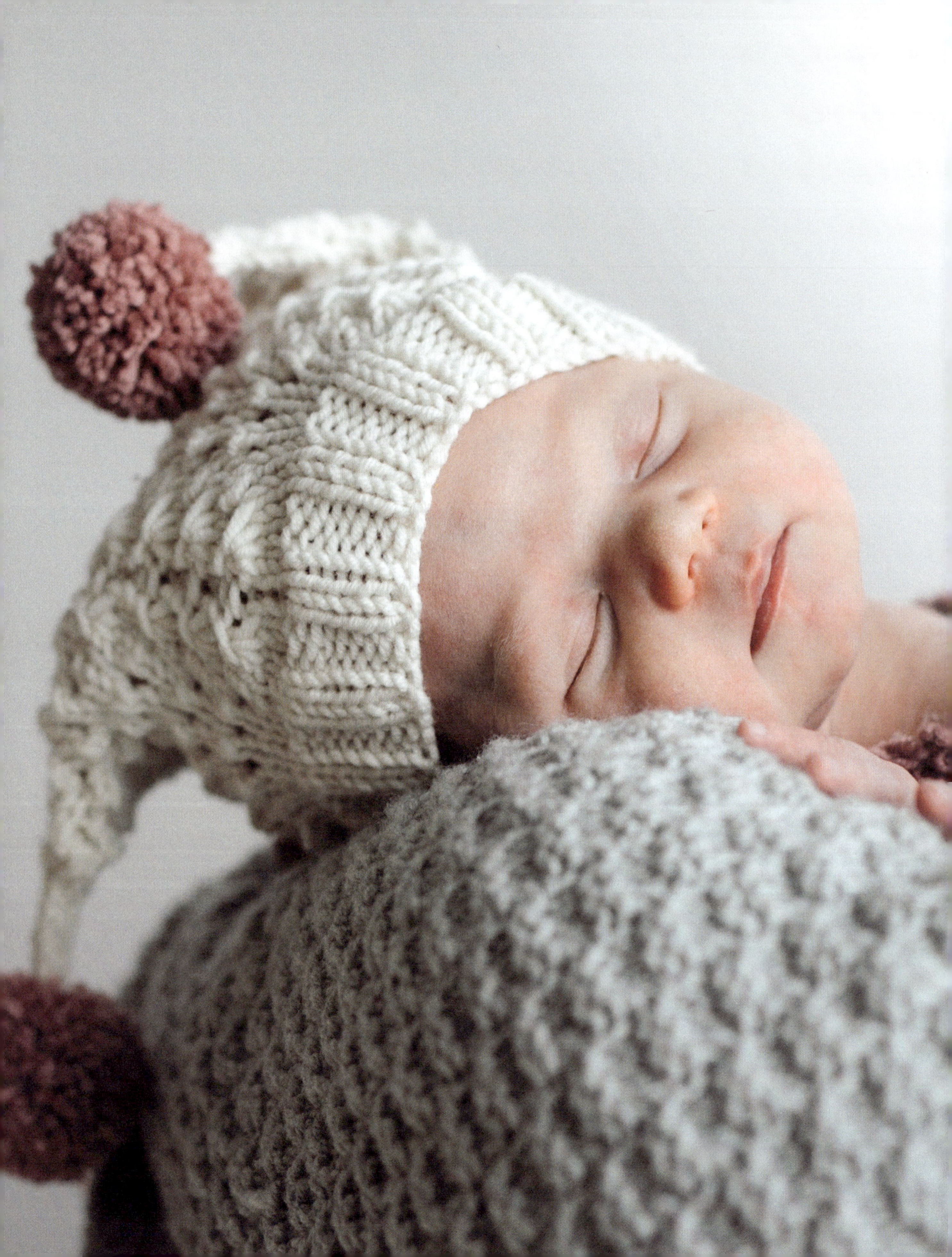

Mütze Oline

Beim Durchblättern alter Bücher mit Strickanleitungen wurden wir zu einer Mütze neuer Machart inspiriert. Das Lochmuster wirkt beeindruckend, dabei ist die Mütze so einfach zu stricken, dass Sie garantiert mehrere arbeiten.

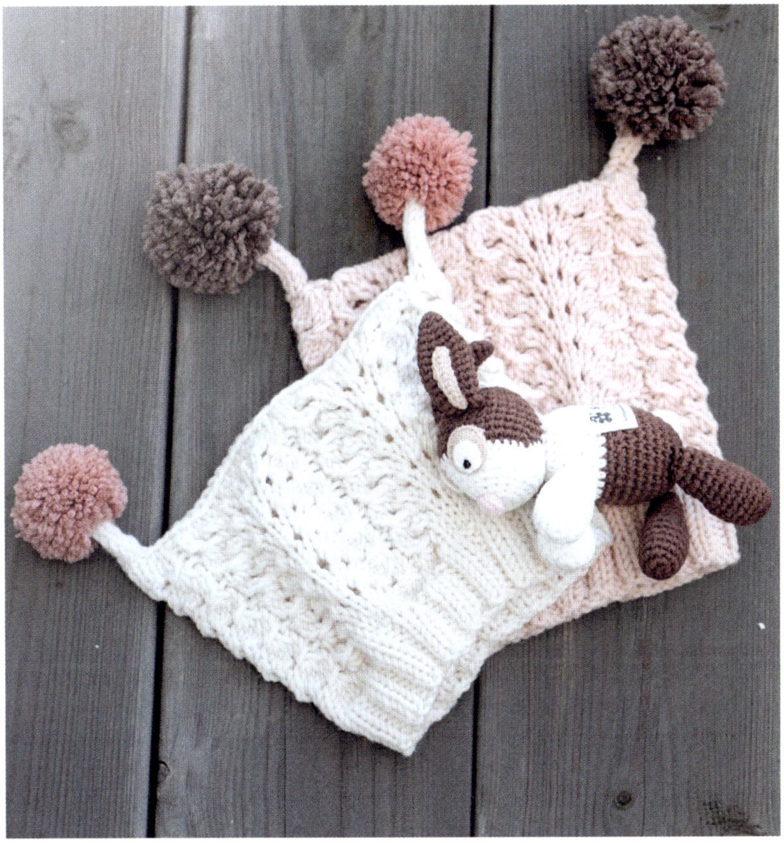

Schwierigkeitsgrad 1

GRÖSSE 0–3 Monate/3–6 Monate/1–2 Jahre/3–4 Jahre
GARN Sandnes Garn Merinoull (100 % Merinowolle, LL 105 m/50 g) in Weiß (Fb 1015), 50/50/50/100 g in Rosa (Fb 4042), 50/50/50/50 g
NADELN Rundstricknadel 4,0 mm, 40 cm lang, Nadelspiel 4,0 mm
MASCHENPROBE 22 M mit Nd 4,0 mm glatt re = 10 cm

LOCHMUSTERRAPPORT

1.–3. Runde: 1 M li, 13 M re.
4. Runde: 1 M li, 4 re zusstr, * 1 U, 1 M re; ab * 5 x arb, 1 M re, 1 U, 4 M re verschr zusstr.
Den Rapport von 14 M jeweils 5/5/6/6 x pro Rd str, die 1.–4. Rd fortlfd wdh.

Mit der Rundstricknd 4,0 mm 68/68/80/80 M anschl und zur Rd schließen. Den Rd-Beginn mit einem MM oder einem Kontrastfaden kennzeichnen.
10 Rd im Rippenmuster 2 M re, 2 M li im Wechsel str. Dann 1 Rd re M str, dabei gleichmäßig verteilt 2/2/4/4 M zun (= 70/70/84/84 M).
Nun im angegebenen Lochmuster str, dabei den Rapport von 14 M jeweils 5/5/6/6 x pro Rd str. Ist das Muster (= 1.–4. Rd) 6/9/11/13 x gearbeitet, noch 1 x die 1. Rd des Lochmusters stricken und dabei die M abk, jedoch auf beiden Seiten der Mütze behalten. Für die Mützenzipfel über diese 4 M mit zwei Spielnd re M str. Die Arbeit nicht wenden, sondern die M an das andere Ende der Nd schieben. Den Faden auf der Rückseite der Arbeit an den Nd-Anfang holen und die 4 M wieder re str. Wdh, bis 6 R gestrickt sind, dann die M abk.
Die Mütze an der Oberseite zusammennähen. Dann spannen, anfeuchten und trocknen lassen oder einfach in ein feuchtes Handtuch wickeln (siehe S. 6). Zwei Bommeln mit 3–4 cm Durchmesser anfertigen (z. B. mit einem Pomponset) und an den Mützenzipfeln befestigen. Alle Fadenenden vernähen.

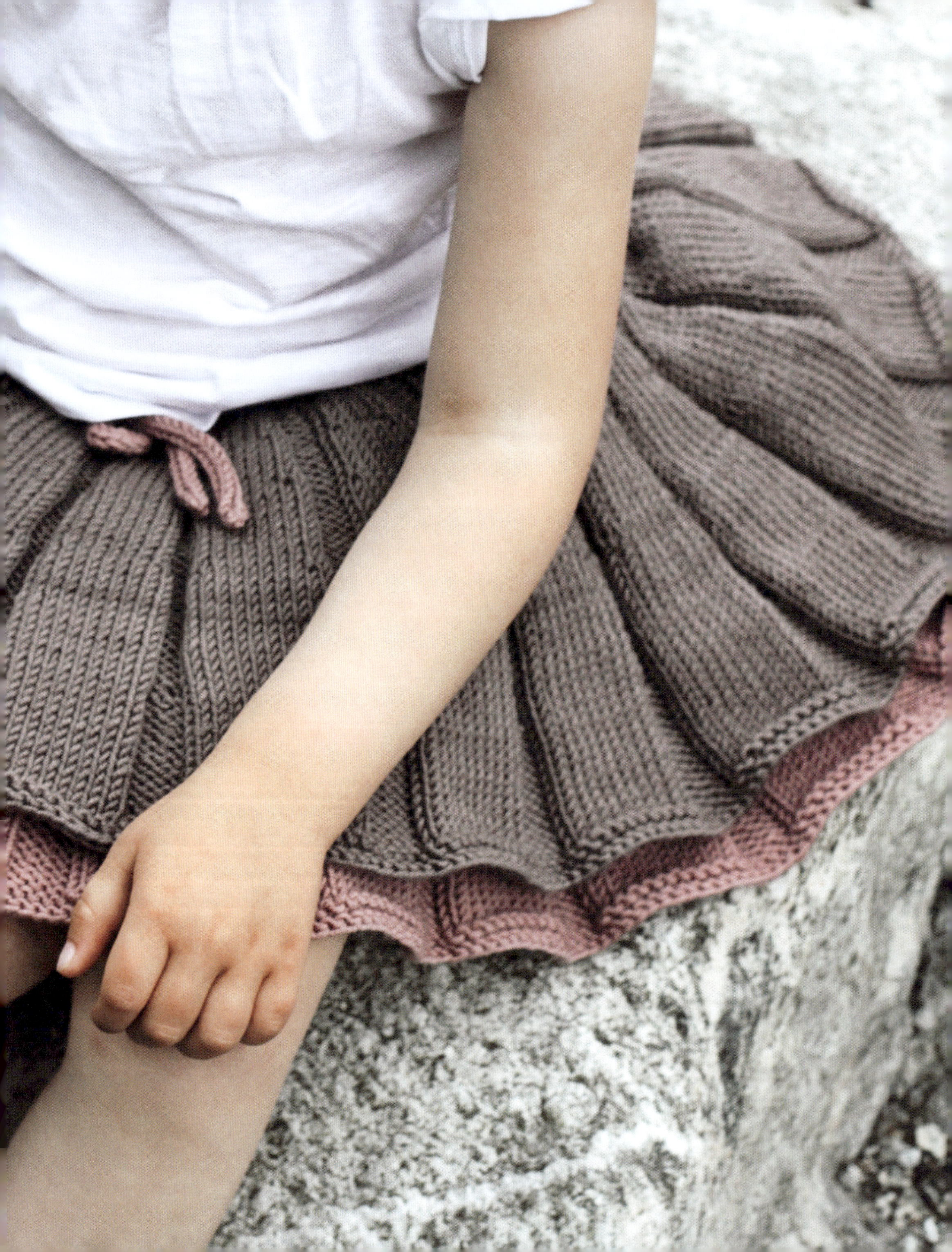

Tanzrock

Alle Prinzessinnen wollen einen Rock haben, in dem sie sich die ganze Zeit lang drehen können. Der Rock ist schön und gut tragbar. Wir haben ihn mit zwei Lagen gestrickt, aber Sie können ihn genauso gut mit nur einer Lage stricken.

Schwierigkeitsgrad 1

GRÖSSE 1–2/3–5/6–8 Jahre
MASSE
Länge: 20 (22,5) 24,5 cm
GARN Sandnes Garn Merinoull (100 % Merinowolle, LL 105 m/50 g)
Farbe A Mittelbraun (Fb 3161), 150/150/200 g
Farbe B Rosa (Fb 4042), 150/150/200 g
NADELN Rundstricknadel 3,0 mm, 40 cm lang, Rundstricknadeln 4,0 mm, 40 cm, 60 cm und 80 cm lang
MASCHENPROBE 22 M mit Nd 4,0 mm glatt re = 10 cm

Mit der Rundstricknd 3,0 mm 100/104/108 M in Fb A anschl und zur Rd schließen. Den Rd-Beginn mit einem MM oder einem Kontrastfaden kennzeichnen.

5 Rd im Rippenmuster 2 M re, 2 M li im Wechsel str.

Nächste Runde (Loch-Rd): 1 M re, * 2 M re übz zusstr (= 1 M abh, die nächste M re str, die abgehobene M überziehen), 1 U, 2 M re zusstr; ab * fortlfd wdh bis zu den letzten 3 M, 1 M re, 2 M li (= 86/79/82 M).

Weitere 5 Rd im Rippenmuster arb, dabei in der 1. Rd aus den U wie folgt je 2 M herausstr: 1 M li und 1 M li verschr aus 1 U str (= 100/104/108 M).

1 Rd re M str, dabei für Größe 3–5 Jahre 1 M zun (= 105 M) und für Größe 6–8 Jahre 2 M zun (= 110 M).

ZUNAHMEN

Zu Nd 4,0 mm wechseln.

Nächste Runde: * 2 M li, 1 re verschr aus dem Querfaden zun, 2 M li, 1 M re; ab * fortlfd wdh bis Rd-Ende (= 120/126/132 M).

In der nächsten Rd fortlfd beidseits der re M 1 M zun (Rippen = 5 M li, 3 M re) (= 160 /168/176 M).

In der nächsten Rd die äußerste M in jeder Linksrippe re str (Rippen = 3 M li, 5 M re).

In der nächsten Runde 1 M in der Linksrippe zun (Rippen = 4 M li, 5 M re) (= 180/189/198 M).

3 Rd ohne Zun str.

* In der nächsten Rd 1 M nach der 1. M in jedem Rechtsfeld und 1 M vor der letzten M in jedem Rechtsfeld zun * (Rippen = 4 M li, 7 M re) (= 220/231/242 M).

5 Rd ohne Zun str.

Von * bis * wdh (Rippen = 4 M li, 9 M re) (= 260/273/286 M).

8/9/10 Rd ohne Zun str.

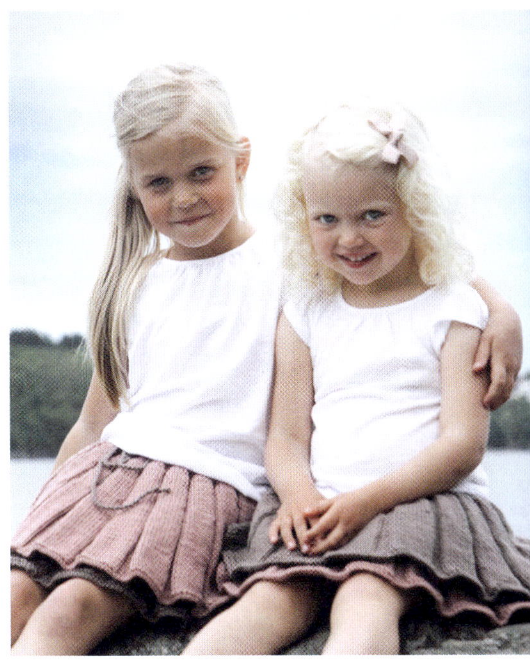

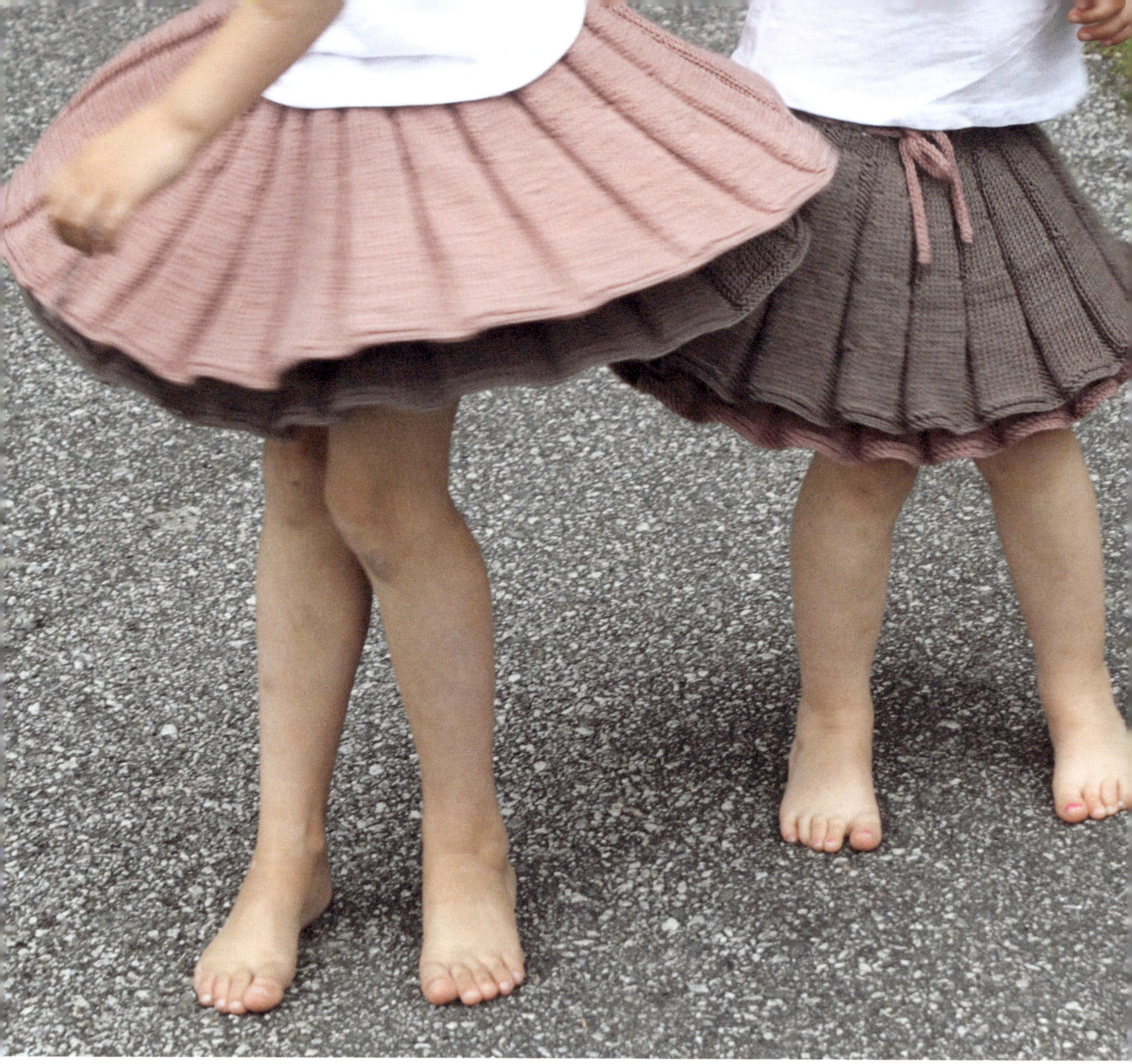

Von * bis * wdh (Rippen = 4 M li, 11 M re) (= 300/315/330 M).
10/12/12 Rd ohne Zun str.
In der nächsten Rd in jedem Linksfeld 1 M zun (Rippen = 5 M li, 11 M re) (= 320/336/352 M).
Nun im Muster weiterarb, bis zu einer Gesamthöhe von 19/21,5/23,5 cm.
1 Rd li M, 1 Rd re M und wieder 1 Rd li M str, dabei gleichzeitig alle M abk.

Den Rockteil nach hinten herunterklappen, das Bündchen jedoch auf re stehen lassen. Mit Fb A 100/105/110 M aus der Rd mit re M (erscheint auf der Rückseite li), die nach dem Rippenmuster gestrickt wurde, auffassen. Zu Fb B wechseln und wie beschrieben (ab ZUNAHMEN) die untere Rocklage str, diese jedoch 1 cm länger arb.
Die Fadenenden vernähen.

STRICKSCHNUR

Eine Strickschnur in der gewünschten Länge arb (siehe S. 76) und anschließend durch die Loch-Rd als Gürtel in den Rock einziehen.

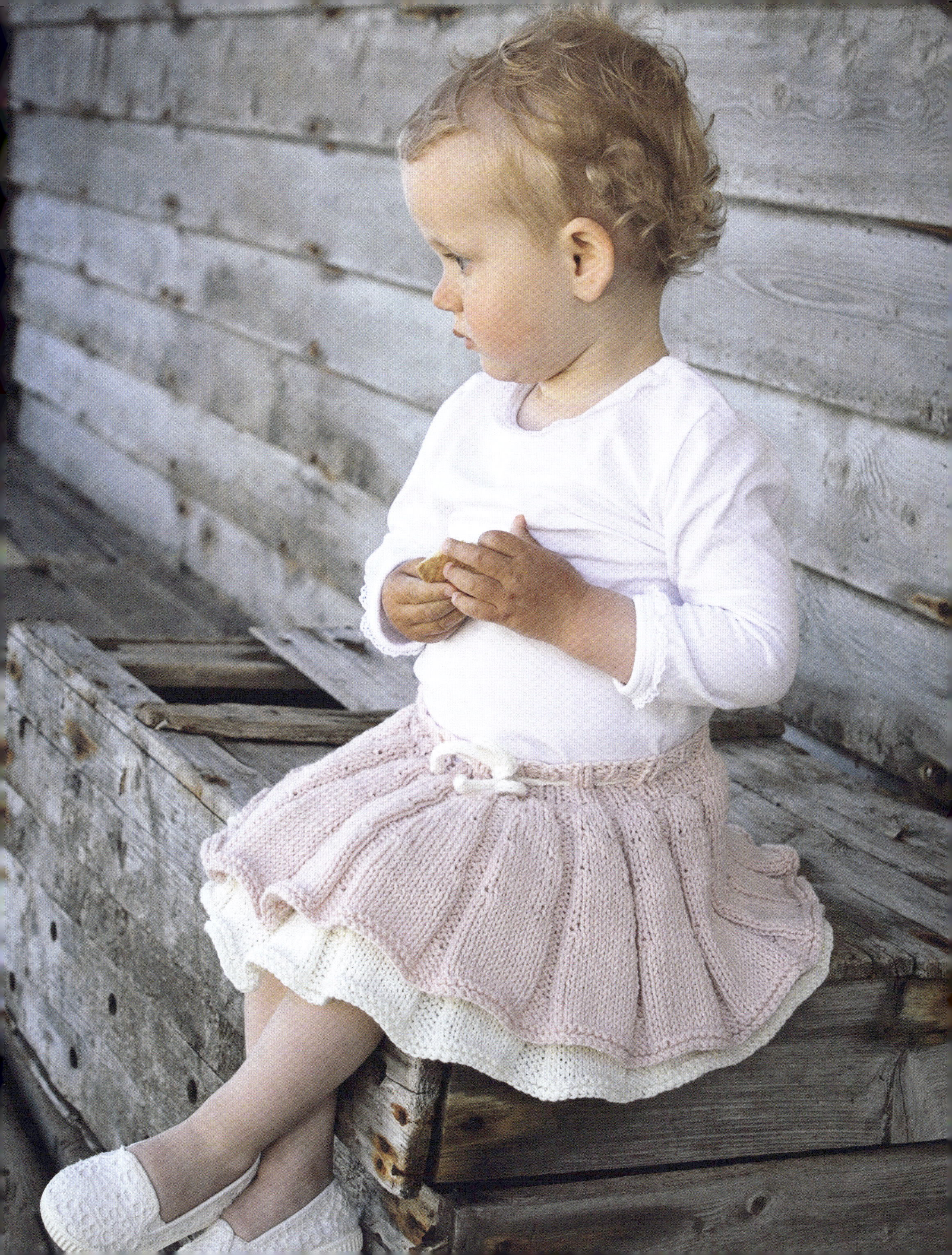

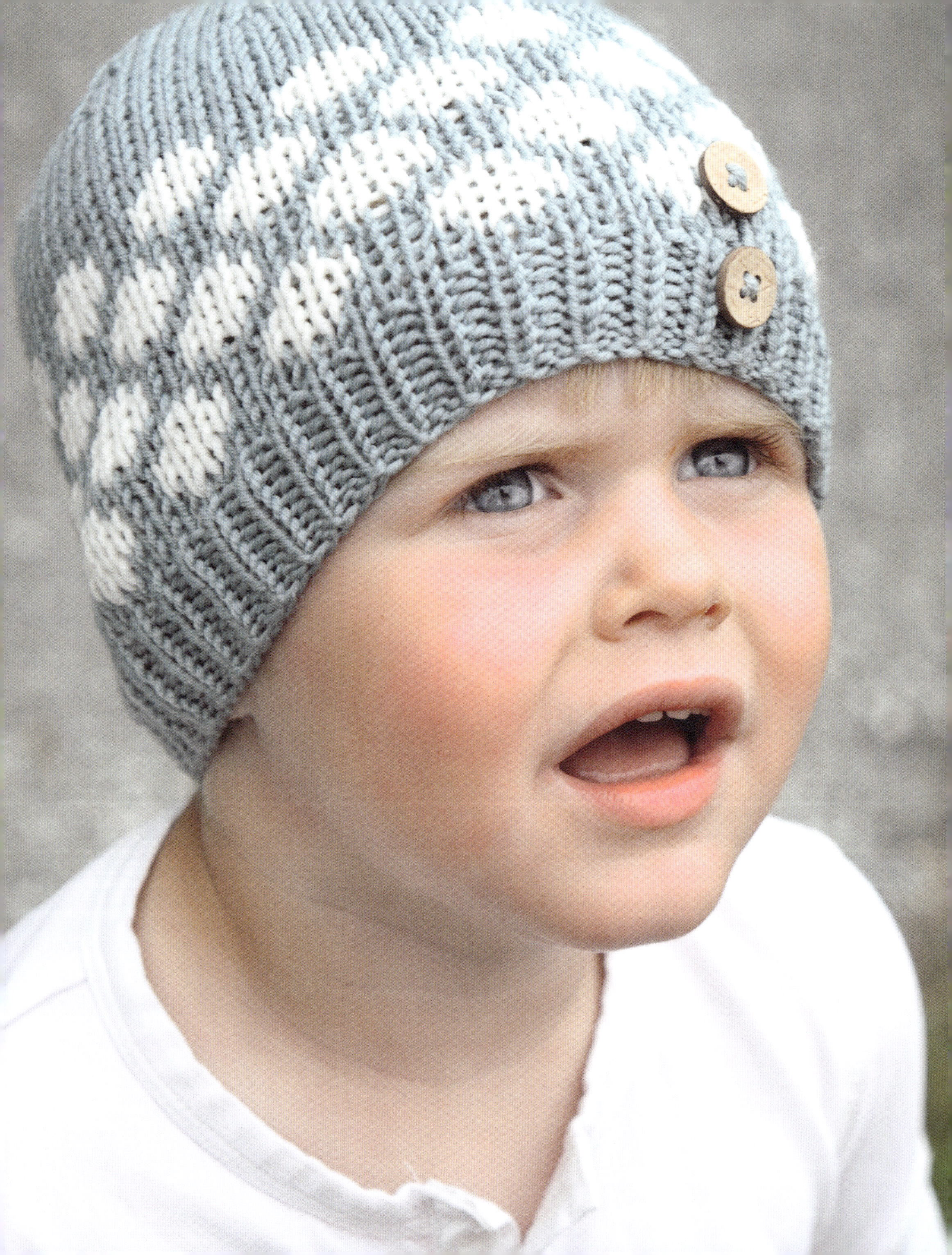

Mütze Henry

Wir wollten eine Mütze stricken, die genauso gut zu einem Jungen wie zu einem Mädchen passt. Das Ergebnis ist diese Mütze mit den schönen Punkten. Sie lässt sich prima arbeiten und kann durch neue Farbkombinationen problemlos variiert werden.

Schwierigkeitsgrad 2

GRÖSSE 6–12 Monate/ 1–2 Jahre/3–6 Jahre
GARN Sandnes Garn Merinoull (100 % Merinowolle, LL 105 m/50 g)
Farbe A Hellpetrol (Fb 7741), 50/50/50 g
Farbe B Wollweiß (Fb 1002), 50/50/50 g
NADELN Rundstricknadeln 3,5 mm und 4,0 mm, 40 cm lang, Nadelspiel 4,0 mm
ZUBEHÖR evtl. 2 Knöpfe
MASCHENPROBE 22 M mit Nd 4,0 mm glatt re = 10 cm

Mit der Rundstricknd 3,5 mm 72/80/88 M mit Fb A anschl und zur Rd schließen. Den Rd-Beginn mit einem MM oder einem Kontrastfaden kennzeichnen.

2,5 cm im Rippenmuster 1 M re, 1 M li im Wechsel str. Zu Nd 4,0 mm wechseln. 2,5 cm glatt re (= jede Rd re M) str, dabei in der 1. Rd gleichmäßig verteilt 0/4/2 M zun (= 72/84/90 M).

Glatt re in Jacquardtechnik mit Fb A und Fb B (Punkte) nach dem Zählmuster weiterstr, dabei den Rapport von 12 M 6/7/7,5 x pro Rd str (d. h. für Größe 3–6 Jahre den Rapport 7 x str und dann noch 1 x die ersten 6 M des Rapports arb). Die 1.–8. Rd des Zählmusters 2 x arb.

Dann glatt re nur mit Fb A weiterstr, bis die Mütze 12/13/16 cm hoch ist.

1 Rd re M str, dabei 2/4/2 M gleichmäßig verteilt abn (= 70/80/88 M).

ABNAHMEN

Nur Größe 1–2 Jahre und 3–6 Jahre

Nächste Runde: * 6 M re, 2 M re zusstr (= –/70/77 M).

Alle Größen

2 Rd re M ohne Abn str.

Nächste Runde: * 5 M re, 2 M re zusstr (= 60/60/66 M).

2 Rd re M ohne Abn str.

Nächste Runde: * 4 M re, 2 M re zusstr (= 50/50/55 M).

2 Rd re M ohne Abn str.

Nächste Runde: * 3 M re, 2 M re zusstr (= 40/40/44 M).

Zum Ndspiel 4,0 mm wechseln.

Nur Größe 3–6 Jahre

Nächste Runde: * 9 M re, 2 M re zusstr (= –/–/40 M).

Alle Größen

Nächste Runde: * 6 M re, 2 M re zusstr (= 35 M).

Nächste Runde: * 5 M re, 2 M re zusstr (= 30 M).

Nächste Runde: * 4 M re, 2 M re zusstr (= 25 M).

Nächste Runde: * 3 M re, 2 M re zusstr (= 20 M).

Nächste Runde: * 2 M re, 2 M re zusstr (= 15 M).

Nächste Runde: Fortlfd 2 M re zusstr, enden mit 1 M re (= 8 M).

Den Faden abschneiden, durch die verbleibenden M führen, fest anziehen und innen in der Mütze vernähen. Alle Fadenenden vernähen. Nach Wunsch zwei Knöpfe oder eine Häkelblume (siehe S. 161) annähen.

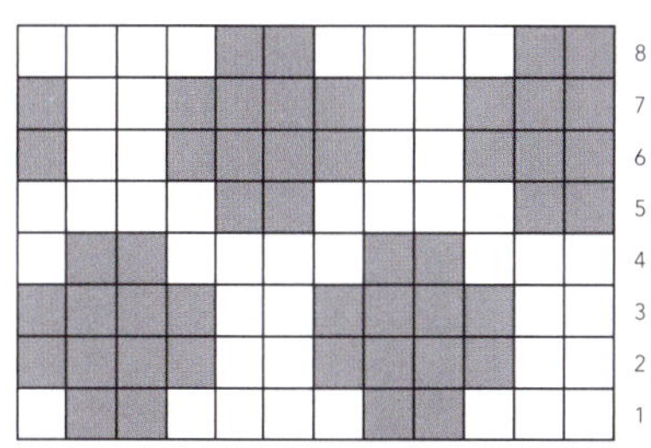

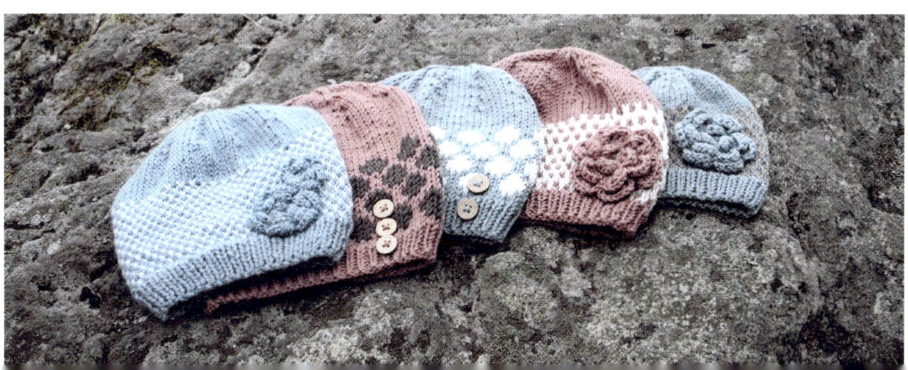

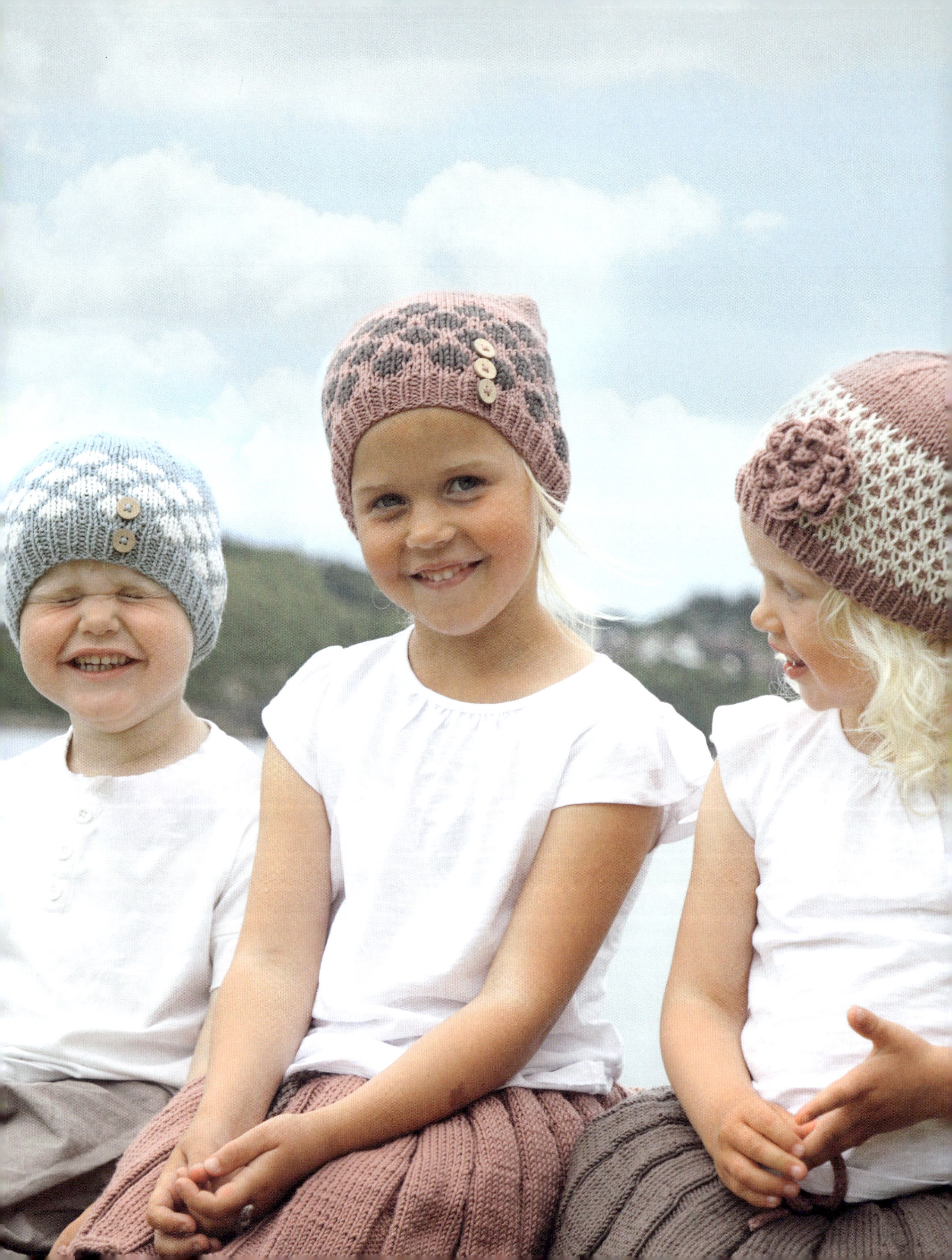

Mütze Henriette

Diese Mütze lässt sich prima stricken. Probieren Sie neue Farben und Garnqualitäten im Hebemaschenmuster aus; hier gibt es viele Möglichkeiten. Achten Sie darauf, dass Sie nicht zu fest stricken, wenn Sie mit mehreren Farben arbeiten.

Schwierigkeitsgrad 2

GRÖSSE 6–12 Monate/ 1–2 Jahre/3–6 Jahre
GARN Sandnes Garn Merinoull (100 % Merinowolle, LL 105 m/50 g)
Farbe A Rosa (Fb 4042), 50/50/50 g
Farbe B Weiß (Fb 1015), 50/50/50 g
NADELN Rundstricknadeln 3,5 mm und 4,0 mm, 40 cm lang, Nadelspiel 4,0 mm
MASCHENPROBE 22 M mit Nd 4,0 mm glatt re = 10 cm

Mit der Rundstricknd 3,5 mm 72/80/88 M mit Fb A anschl und zur Rd schließen. Den Rd-Beginn mit einem MM oder einem Kontrastfaden kennzeichnen.
2,5 cm im Rippenmuster 1 M re, 1 M li im Wechsel str. Zu Nd 4,0 mm wechseln.
Für das Hebemaschenmuster nun wie folgt str und dabei die Fb wie angegeben wechseln:

HEBEMASCHENMUSTER
1. Runde (mit Fb B): Alle M re str.
2. und 3. Runde (mit Fb A): * 1 M re, 1 M wie zum Linksstr abh mit dem Faden hinter der Arbeit; ab * fortlfd wdh bis Rd-Ende.
4. und 5. Runde (mit Fb B): Alle M re str.
6. und 7. Runde (mit Fb A): * 1 M wie zum Linksstr abh mit dem Faden hinter der Arbeit, 1 M re; ab * fortlfd wdh bis Rd-Ende.
8. Runde (mit Fb B): Alle M re str.
Die 1.–8. Rd fortlfd wdh.

Im Hebemaschenmuster arb, bis eine Gesamthöhe von 9,5/10/10 cm erreicht ist.
Zu Fb A wechseln. Glatt re str, bis eine Gesamthöhe von 12/13/16 cm erreicht ist, dabei für Größe 6–18 Monate in der 1. Rd gleichmäßig verteilt 2 M abn (= 70/80/88 M).

ABNAHMEN
Nur Größe 1–2 Jahre und 3–6 Jahre
Nächste Runde: * 6 M re, 2 M re zusstr; ab * fortlfd wdh bis Rd-Ende (= –/70/77 M).
2 Rd re M str.
Alle Größen
Nächste Runde: * 5 M re, 2 M re zusstr; ab * fortlfd wdh bis Rd-Ende (= 60/60/66 M).
2 Rd re M str.
Nächste Runde: * 4 M re, 2 M re zusstr; ab * fortlfd wdh bis Rd-Ende (= 50/50/55 M).
2 Rd re M str.
Nächste Runde: * 3 M re, 2 M re zusstr; ab * fortlfd wdh bis Rd-Ende (= 40/40/44 M).
Zum Ndspiel 4,0 mm wechseln.
Nur Größe 3–6 Jahre
Nächste Runde: * 9 M re, 2 M re zusstr; ab * fortlfd wdh bis Rd-Ende (= –/–/40 M).
Alle Größen
Nächste Runde: * 6 M re, 2 M re zusstr; ab * fortlfd wdh bis Rd-Ende (= 35 M).
Nächste Runde: * 5 M re, 2 M re zusstr; ab * fortlfd wdh bis Rd-Ende (= 30 M).
Nächste Runde: * 4 M re, 2 M re zusstr; ab * fortlfd wdh bis Rd-Ende (= 25 M).
Nächste Runde: * 3 M re, 2 M re zusstr; ab * fortlfd wdh bis Rd-Ende (= 20 M).
Nächste Runde: * 2 M re, 2 M re zusstr; ab * fortlfd wdh bis Rd-Ende (= 15 M).
Nächste Runde: Fortlfd 2 M re zusstr, enden mit 1 M re (= 8 M).
Den Faden abschneiden, durch die verbleibenden M führen, fest anziehen und innen in der Mütze vernähen. Alle Fadenenden vernähen. Nach Wunsch eine Häkelblume (siehe S. 161) annähen.

Stirnband Henry

Eine Variante der Mütze Henry. Ein schnelles Projekt, das in vielen verschiedenen Farbkombinationen gearbeitet werden kann.

Schwierigkeitsgrad 2

GRÖSSE 6–12 Monate/1–2 Jahre/3–6 Jahre
GARN Sandnes Garn Merinoull (100 % Merinowolle, LL 105 m/50 g)
Farbe A Hellpetrol (Fb 7741), 50/50/50 g
Farbe B Wollweiß (Fb 1002), 50/50/50 g
NADELN Rundstricknadeln 3,5 mm und 4,0 mm, 40 cm lang
ZUBEHÖR evtl. 2 Knöpfe
MASCHENPROBE 22 M mit Nd 4,0 mm glatt re = 10 cm

Mit der Rundstricknd 3,5 mm 72/80/88 M mit Fb A anschl und zur Rd schließen. Den Rd-Beginn mit einem MM oder einem Kontrastfaden kennzeichnen.
2,5 cm im Rippenmuster 1 M re, 1 M li im Wechsel str. Zu Nd 4,0 mm wechseln. 2,5 cm glatt re (= jede Rd re M) str, dabei in der 1. Rd gleichmäßig verteilt 0/4/2 M zun (= 72/84/90 M).
Glatt re in Jacquardtechnik mit Fb A und Fb B (Punkte) nach dem Zählmuster (siehe S. 95) weiterstr, dabei den Rapport von 12 M 6/7/7,5 x pro Rd str (d. h. für Größe 3–6 Jahre den Rapport 7 x str und dann noch 1 x die ersten 6 M des Rapports arb). Die 1.–8. Rd des Zählmusters 2 x arb.
Anschl nur mit Fb A 2,5 cm im Rippenmuster 1 M re, 1 M li im Wechsel str. Dann alle M abk.
Alle Fadenenden vernähen. Nach Wunsch zwei Knöpfe oder eine Häkelblume (siehe S. 161) annähen.

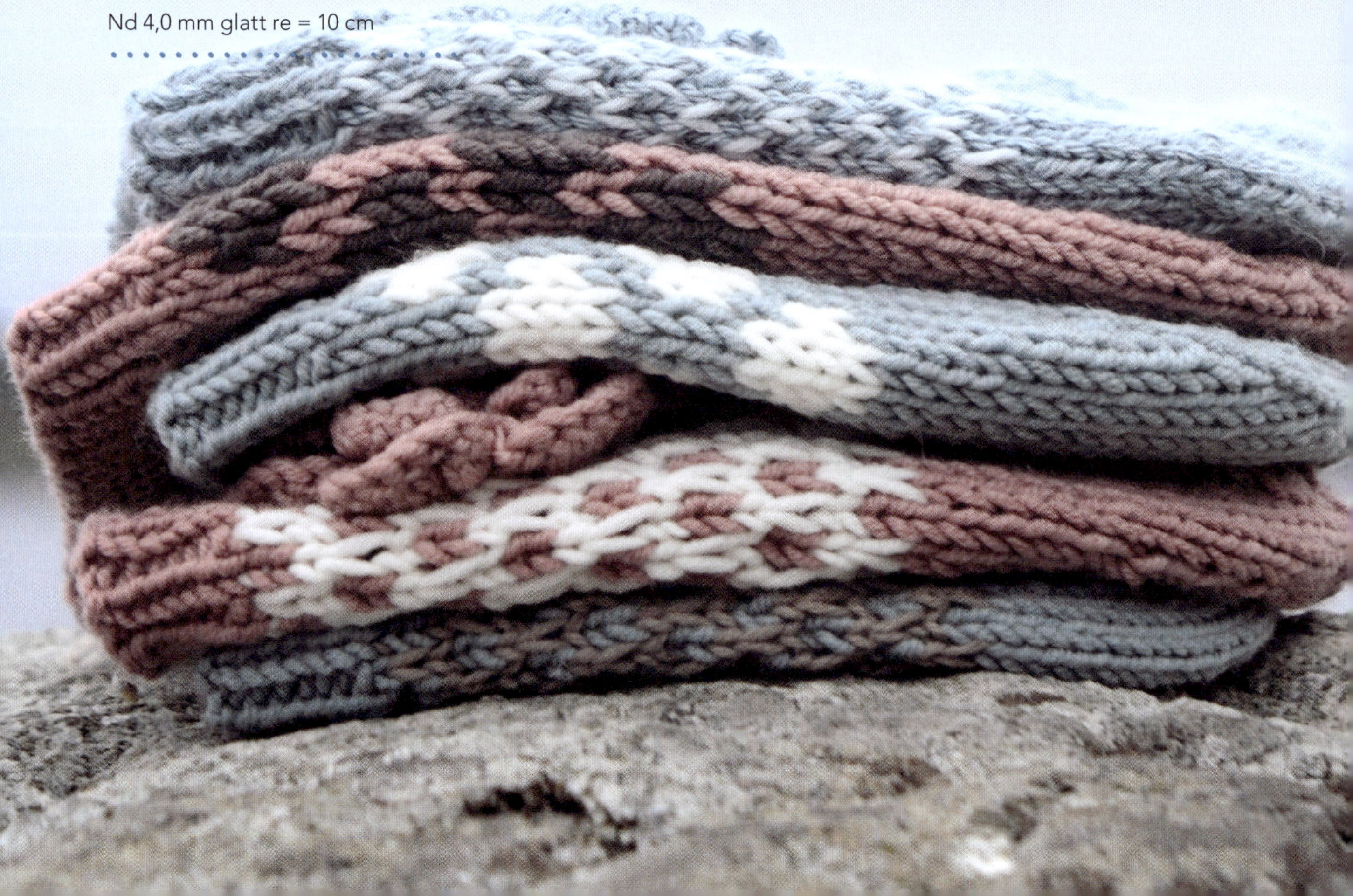

Stirnband Henriette

Eine Variante der Mütze Henriette – mit demselben schicken Hebemaschenmuster.

Schwierigkeitsgrad 2

GRÖSSE 6–12 Monate/ 1–2 Jahre/3–6 Jahre
GARN Sandnes Garn Merinoull (100 % Merinowolle, LL 105 m/50 g)
Farbe A Rosa (Fb 4042), 50/50/50 g
Farbe B Weiß (Fb 1015), 50/50/50 g
GARNALTERNATIVEN
Farbe A Drops Merino Extra Fine in Grau (Fb 04)
Farbe B Sandnes Garn Merinoull in Puderrosa (Fb 3511)
NADELN Rundstricknadeln 3,5 mm und 4,0 mm, 40 cm lang
MASCHENPROBE 22 M mit Nd 4,0 mm glatt re = 10 cm

Mit der Rundstricknd 3,5 mm 72/80/88 M mit Fb A anschl und zur Rd schließen. Den Rd-Beginn mit einem MM oder einem Kontrastfaden kennzeichnen.

2,5 cm im Rippenmuster 1 M re, 1 M li im Wechsel str. Zu Nd 4,0 mm wechseln.

Für das Hebemaschenmuster nun wie folgt str und dabei die Fb wie angegeben wechseln:

HEBEMASCHENMUSTER

1. Runde (mit Fb B): Alle M re str.
2. und 3. Runde (mit Fb A): * 1 M re, 1 M wie zum Linksstr abh mit dem Faden hinter der Arbeit; ab * fortlfd wdh bis Rd-Ende.
4. und 5. Runde (mit Fb B): Alle M re str.
6. und 7. Runde (mit Fb A): * 1 M wie zum Linksstr abh mit dem Faden hinter der Arbeit, 1 M re; ab * fortlfd wdh bis Rd-Ende.
8. Runde (mit Fb B): Alle M re str.
Die 1.–8. Rd fortlfd wdh.

Im Hebemaschenmuster arb, bis eine Gesamthöhe von 9,5/10/10 cm erreicht ist.

Zu Fb A und Rundstricknd 3,5 wechseln. 2,5 cm im Rippenmuster 1, M re, 1 M li im Wechsel str. Dann alle M locker abk.

Alle Fadenenden vernähen. Nach Wunsch eine Häkelblume (siehe S. 161) anfertigen und annähen.

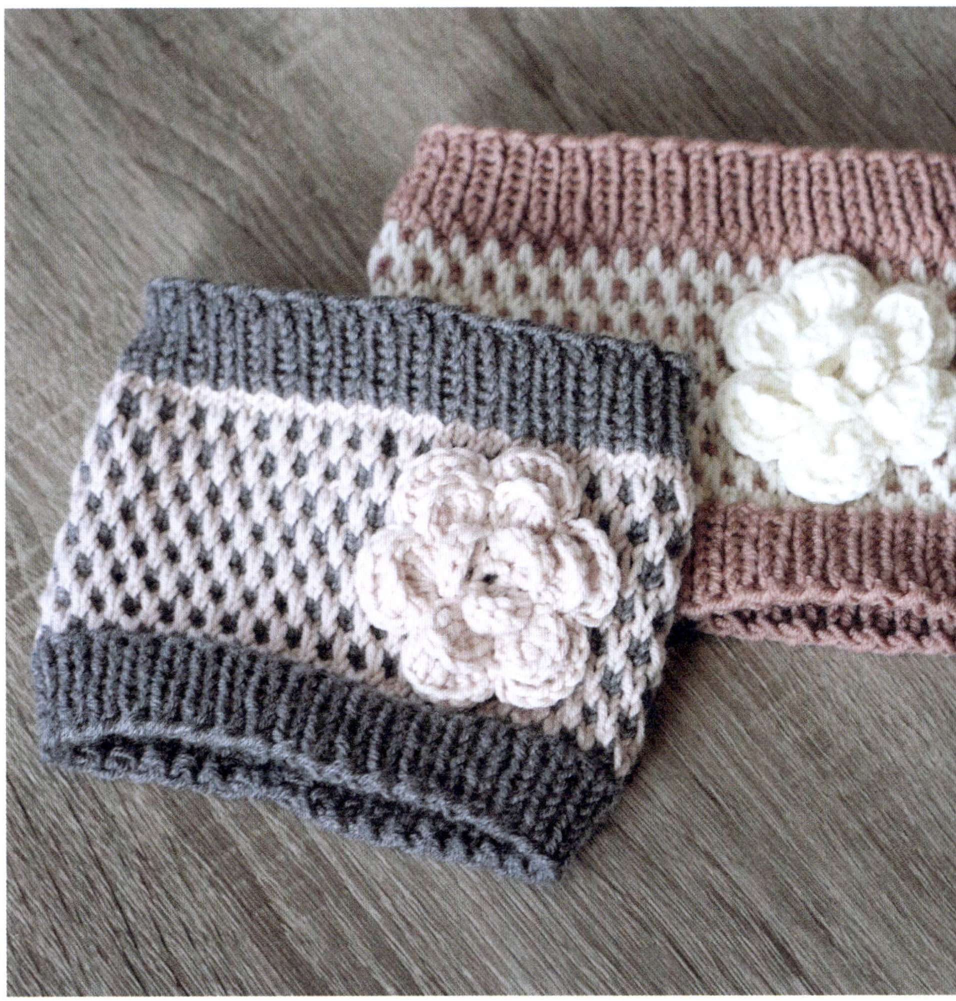

Sommertop Aurora

Ein herrlich leichtes Sommertop mit einem tollen Blattmuster. Auch im Sommer passt ein selbst gestricktes Kleidungsstück immer.

Schwierigkeitsgrad 2

GRÖSSE 6–12 Monate/ 1–2 Jahre/3–4 Jahre
MASSE
Länge: 24,5/29,5/35,5 cm
Oberweite: 50/52/54 cm
GARN Dale Garn Lille Lerke (53 % Merinowolle, 47 % Baumwolle, LL 142 m/50 g) in Gletscherblau (Fb 6621), 100/100/100 g
NADELN Rundstricknadeln 3,0 mm, 40 cm, 60 cm und 80 cm lang, Nadelspiel 3,0 mm, 1 Hilfsnadel
ZUBEHÖR 6 Maschenmarkierer
MASCHENPROBE 27 M mit Nd 3,0 mm glatt re = 10 cm

Mit der Rundstricknd 3,0 mm 127/135/143 M anschl und zur Rd schließen. Den Rd-Beginn mit einem MM oder einem Kontrastfaden kennzeichnen. 1 Rd li M, 1 Rd re M und 1 Rd li M str. Dabei in der 1. Rd wie folgt MM einhängen: nach 32/34/36 M (1. Seitenmarkierung), nach 19/21/23 M (Beginn Blattmuster), nach 25/25/25/ M (Ende Blattmuster), nach 19/21/23 M (2. Seitenmarkierung) und nach 32/34/36 M (hintere Mitte).
Nun über die mittleren 25 M im Blattmuster gemäß Strickschrift, über die restl M glatt re (= jede Rd re) str.

Ist das Blattmuster (= 1.–10. R der Strickschrift) 6/7/9 x gestrickt, beidseitig 6 M abk: jeweils 3 M vor und nach den beiden Seitenmarkierungen.
Nun Rückenteil (= 58/62/64 M) und Vorderteil (= 57/61/65 M) jeweils getrennt beenden.

RÜCKENTEIL

Glatt re (= in Hinr re M, in Rückr li M) str. Dabei 7/8/10 x in jeder 2. R wie folgt abn:

Nächste Reihe (Hinr; Abn-R): 1 M re, 2 M re übz zusstr (= 1 M abh, die nächste M re str, die abgehobene M überziehen), re M str bis zu den letzten 3 M, 2 M re zusstr, 1 M re.
Nach der 7./8./10. Abn-R bleiben 44/46/44 M.

Nur Größe 6–12 Monate und 1–2 Jahre
Diese Abn noch 1/2 x in jeder 4. Rd arb (= 42/42/– M).

Nur Größe 3–4 Jahre
Diese Abn noch 1 x in der folg 6. R arb (= –/–/42 M).

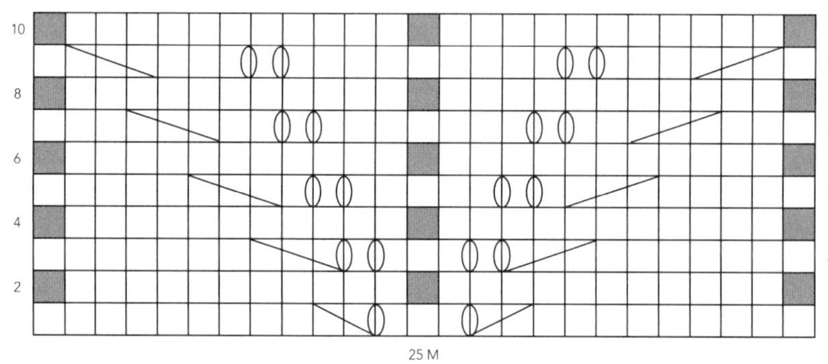

- ☐ = In Rd 1 M re; in Hinr 1 M re, in Rückr 1 M li
- ■ = In Rd 1 M li; in Hinr 1 M li, in Rückr 1 M re
- = 2 M re zusstr
- = 2 M re übz zusstr (= 1 M abh, die nächste M re str, die abgehobene M überziehen)
- = 3 M re zusstr
- = 3 M re übz zusstr (= 2 M abh, die nächste M re str, die abgehobenen M überziehen)
- = 1 U zwischen 2 M

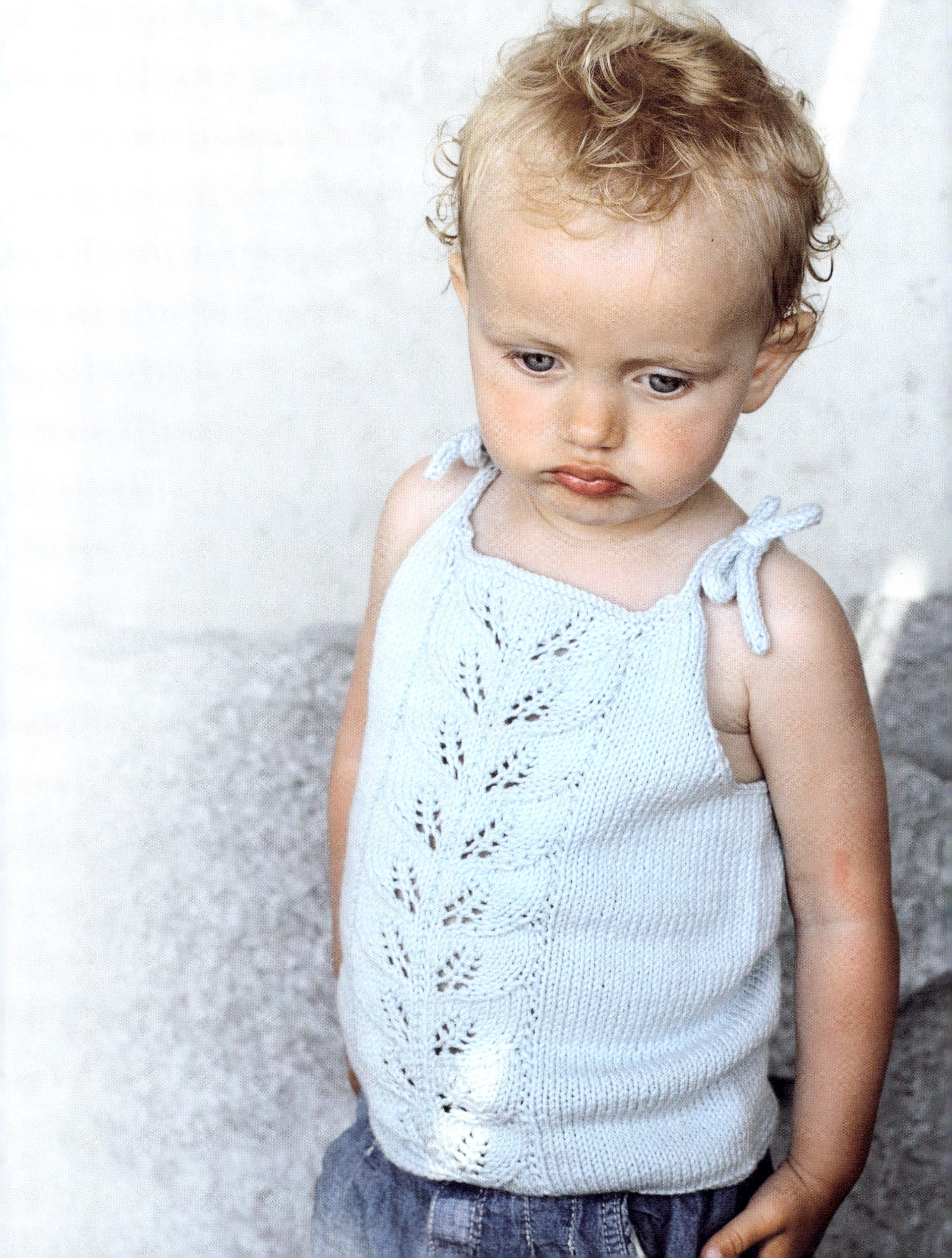

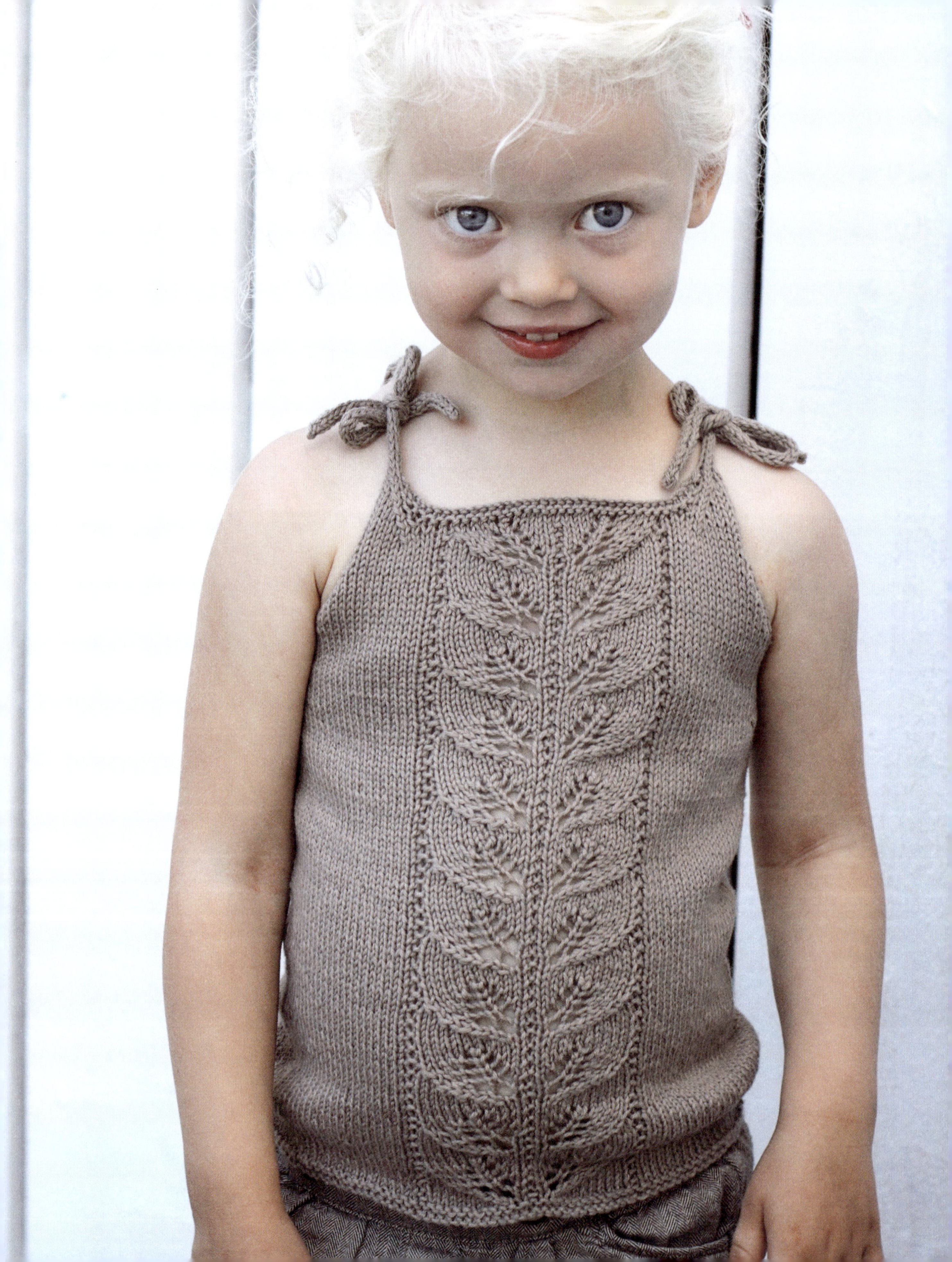

TRÄGER

Nun für den Halsausschnitt und die Träger wie folgt arb:

32/32/34 M re str, dann diese M auf einer Hilfsnd stilllegen.

Über die restl 10 M der R den ersten Träger glatt re str, dabei 4 x in jeder 2. R auf der Seite des Halsausschnitts wie folgt abn:

Nächste Reihe (Hinr): 1 M re, 2 M re übz zusstr, die restl M re str.

Nach der 4. Abn bleiben 6 M.

* **Nächste Reihe (Hinr):** 1 M re, 2 M re übz zusstr, 2 M re zusstr, 1 M re (= 4 M). Die Arbeit nicht wenden, sondern die 4 M an das andere Ende der Nd schieben. Den Faden auf der Rückseite der Arbeit an den Nd-Anfang holen und die 4 M wieder re str. Wdh, bis die Schnur 20 cm lang ist. Den Faden durch die verbleibenden M führen und fest anziehen.

Für den zweiten Träger über die ersten 10 M der stillgelegten 32/32/34 M wie glatt re str und auf der Seite des Halsausschnitts wie folgt abn:

Nächste Reihe (Hinr): 7 M re, 2 M re zusstr, 1 M re str (= 9 M). Die restl 22 M stilllegen.

Die Abn noch 3 x in jeder 2. R auf der Seite des Halsausschnitts wdh (= 6 M). Nun wie ab * für den ersten Träger beschrieben weiterarb und mit der Schnur enden.

Jeweils 4 M beidseitig der verbliebenen 22 M aus den Trägern auffassen und 2 R kraus re (= in jeder R re M) str. In der nächsten Rückr die M re abk.

VORDERTEIL

Glatt re bzw. über die mittleren 25 M im Blattmuster gemäß Strickschrift str. Dabei 5/7/8 x in jeder 2. R wie folgt abn:

Nächste Reihe (Hinr; Abn-R): 1 M re, 2 M re übz zusstr (= 1 M abh, die nächste M re str, die abgehobene M überziehen), mustergemäß str bis zu den letzten 3 M, 2 M re zusstr, 1 M re. Nach der 5./7./8. Abn-R bleiben 47/47/49 M.

Anschließend diese Abn noch 1/1/0 x in jeder 4. R wdh (= 45/45/49 M).

Nur Größe 3–4 Jahre

2 R mustergemäß ohne Abn str.

Alle Größen

In der nächsten Hinr die ersten 35/35/39 M stilllegen und über die letzten 10 M wie beim Rückenteil angegeben den ersten Träger arb. Dann den zweiten Träger über die letzten 10 M wie beim Rückenteil angegeben arb, die restl 25/25/29 M werden dazu wieder stillgelegt.

Jeweils 4 M beidseitig der verbliebenen 25/25/29 M aus den Trägern auffassen und 2 R kraus re (= in jeder R re M) str. In der nächsten Rückr die M re abk.

Alle Fadenenden vernähen. Das Top spannen, anfeuchten und trocknen lassen oder einfach in ein feuchtes Handtuch wickeln (siehe S. 6).

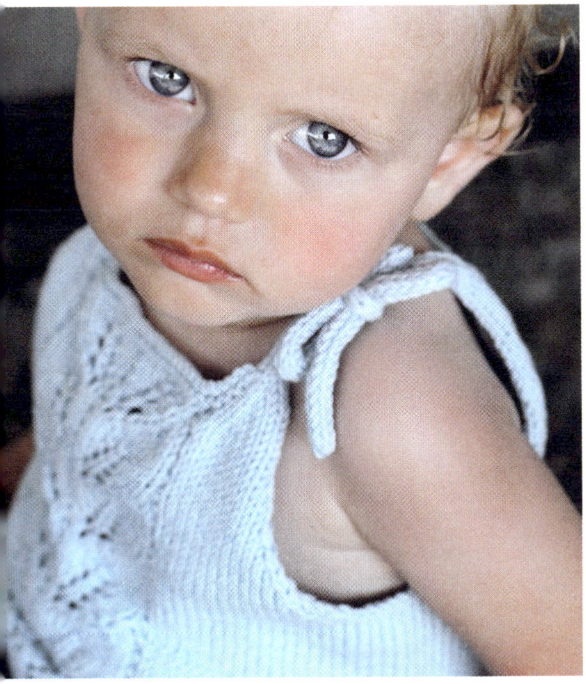

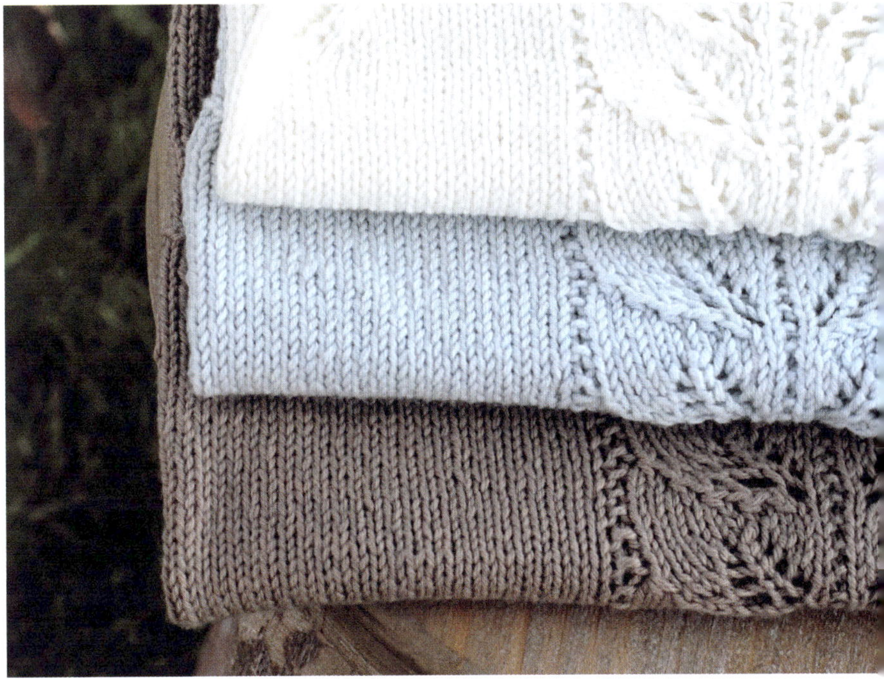

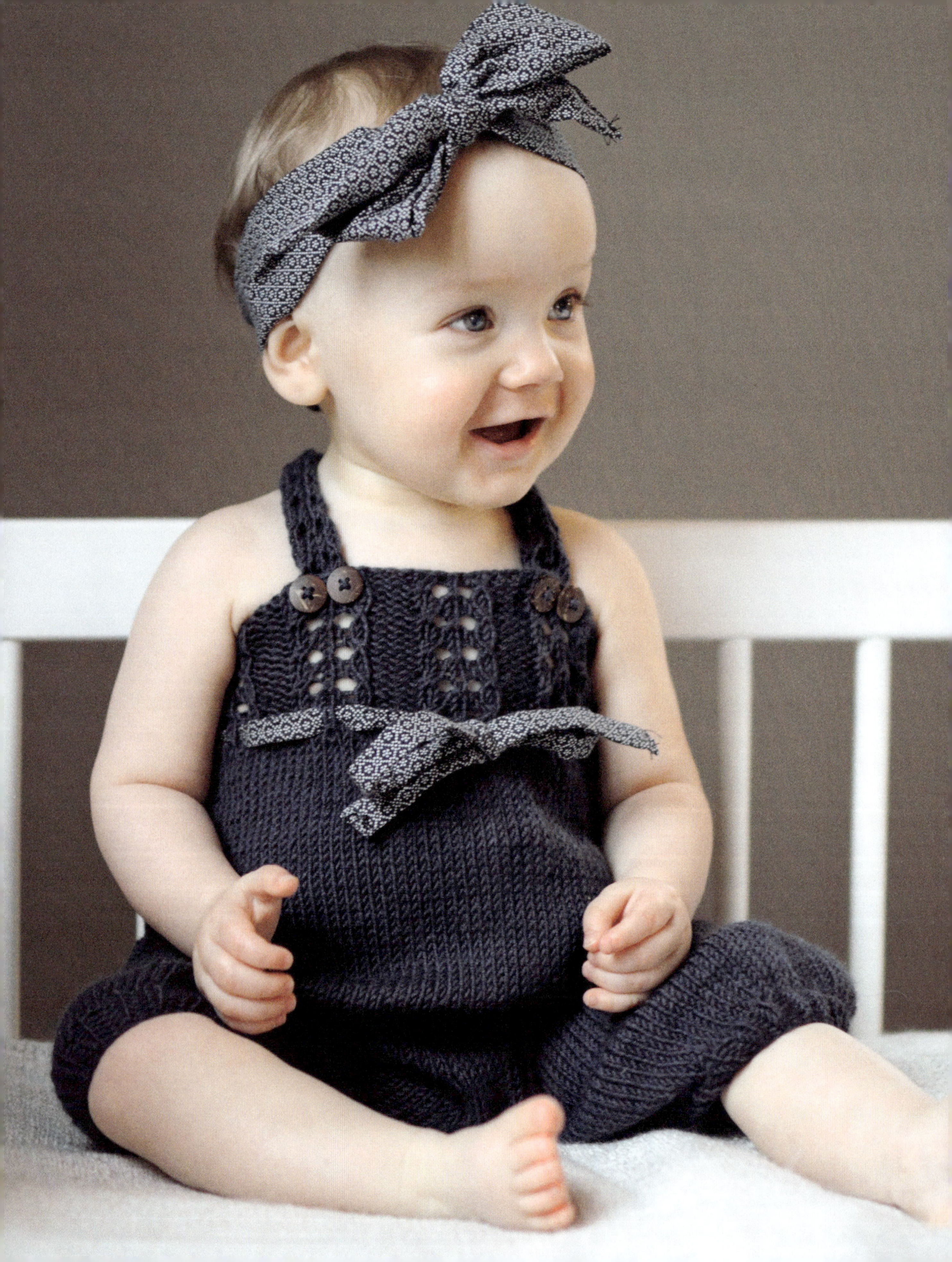

Hosenanzug Wonneproppen

Ein Hosenanzug für den kleinen Wonneproppen in der Familie. Er lässt sich gut tragen und man kann problemlos damit krabbeln – er ist aber trotzdem genauso schmuck wie ein festliches Kleid.

Schwierigkeitsgrad 2

GRÖSSE für Neugeborenes/3 Monate/6 Monate/1/2/3/4 Jahre
MASSE
Oberweite: 36/36/46/49/56/56/62 cm
Länge: 23/27/30/37/41/44/47 cm (gemessen zwischen der Oberkante des Lätzchens und dem Schritt)
GARN Debbie Bliss Baby Cashmerino (55 % Wolle, 33 % Polyacryl, 12 % Kaschmir, LL 125 m/50 g) in Indigoblau (Fb 207), 150/150/150/200/250/250/300 g
NADELN Rundstricknadel 4,0 mm, 40 cm lang, Nadelspiel 4,0 mm
ZUBEHÖR 4 Knöpfe, 4 Maschenmarkierer
MASCHENPROBE 22 M mit Nd 4,0 mm glatt re = 10 cm

Mit Rundstricknd 4,0 mm 72/72/80/80/96/96/104 M anschl und zur Rd schließen. Nun das Lochmuster gemäß Strickschrift A str. Dazu den Rapport von 8 M fortlfd wdh. Ist das Lochmuster (= die 1.–4. R der Strickschrift) 4/5/5/5/6/7/7 x gestrickt (= 16/20/20/20/24/28/28 Rd), glatt re (= jede Rd re M) str und wie folgt zun:

Nur Größe Neugeborenes
Nächste Runde: * 3 M re, aus der nächsten M 2 M herausstr (= 1 M re, 1 M re verschr); ab * fortlfd wdh bis Rd-Ende.

Nur Größe 3 Monate und 6 Monate
Nächste Runde: * 2 M re, aus der nächsten M 2 M herausstr (= 1 M re, 1 M re verschr); ab * fortlfd, enden mit 0/2 M re.

Nur Größen 1, 2, 3 und 4 Jahre
Nächste Runde: * 1 M re, aus der nächsten M 2 M herausstr (= 1 M re, 1 M re verschr); ab * fortlfd wdh bis Rd-Ende.

Alle Größen
Nach der Zun-Rd sind 90/96/106/120/144/144/156 M auf der Nd.
1 Rd re M str.

Nun wie folgt MM einhängen:
Nur Größe Neugeborenes
Nächste Runde: 3 M re, 1 MM (hintere Mitte), 22 M re, 1 MM (Seitenmarkierung), 46 M re, 1 MM (Seitenmarkierung), 19 M re.
Dann 3 M re str, ab jetzt liegt der Rd-Beginn in der hinteren Mitte (1. MM).

Nur Größe 3 Monate
Nächste Runde: 3 M re, 1 MM (hintere Mitte), 24 M re, 1 MM (Seitenmarkierung), 48 M re, 1 MM (Seitenmarkierung), 21 M re.
Dann 3 M re str, ab jetzt liegt der Rd-Beginn in der hinteren Mitte (1. MM).

Nur Größe 6 Monate
Nächste Runde: 3 M re, 1 MM (hintere Mitte), 27 M re, 1 MM (Seitenmarkierung), 53 M re, 1 MM (Seitenmarkierung), 23 M re.
Dann 3 M re str, ab jetzt liegt der Rd-Beginn in der hinteren Mitte (1. MM).

Nur Größe 1 Jahr
Nächste Runde: 3 M re, 1 MM (hintere Mitte), 30 M re, 1 MM (Seitenmarkierung-

Strickschrift A

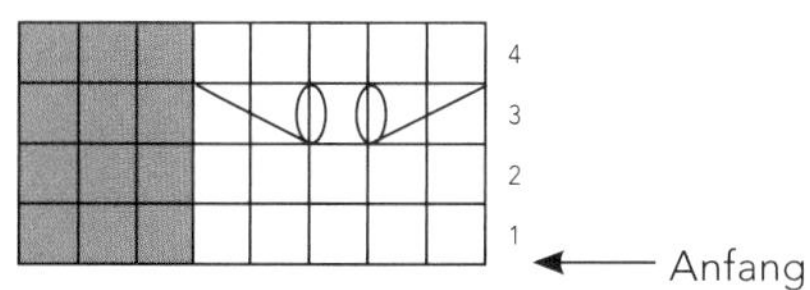

Strickschrift B

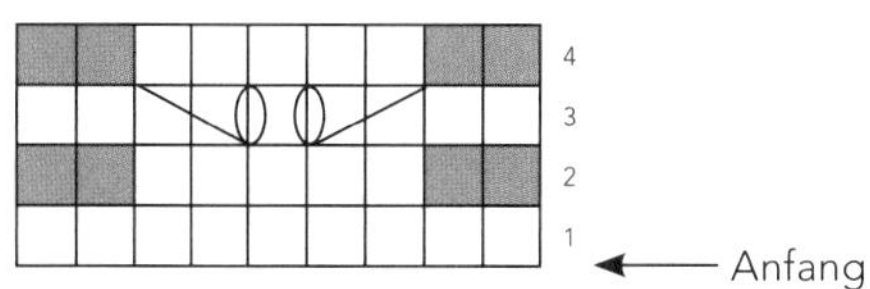

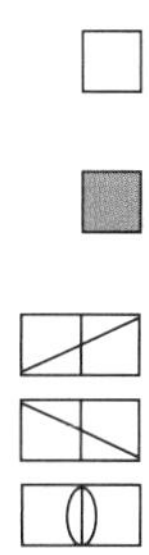

= In Rd 1 M re; in Hinr 1 M re, in Rückr 1 M li
= In Rd 1 M li; in Hinr 1 M li, in Rückr 1 M re
= 2 M re zusstr
= 2 M re übz zusstr
= 1 U zwischen 2 M

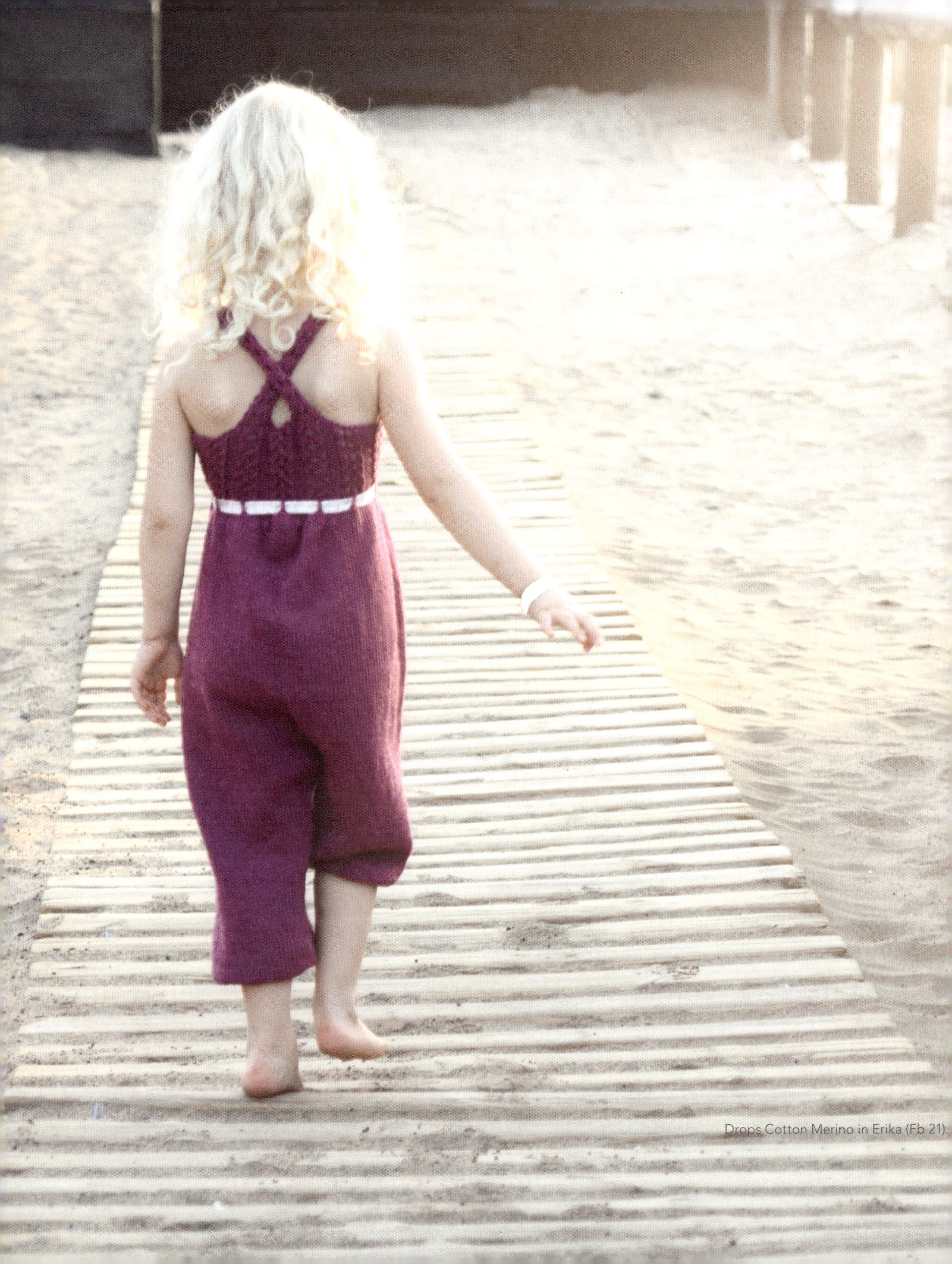

Drops Cotton Merino in Erika (Fb 21).

kierung), 60 M re, 1 MM (Seitenmarkierung), 27 M re.
Dann 3 M re str, ab jetzt liegt der Rd-Beginn in der hinteren Mitte (1. MM).

Nur Größe 2 Jahre und 3 Jahre

Nächste Runde: 34 M re, 1 MM (Seitenmarkierung), 72 M re, 1 MM (Seitenmarkierung), 36 M re, 1 MM (hintere Mitte, neuer Rd-Beginn); die verbleibenden 2 M werden dem Rd-Beginn zugerechnet.

Nur Größe 4 Jahre

Nächste Runde: 3 M re, 1 MM (hintere Mitte), 38 M re, 1 MM (Seitenmarkierung), 76 M re, 1 MM (Seitenmarkierung), 35 M re.
Dann 3 M re str, ab jetzt liegt der Rd-Beginn in der hinteren Mitte (1. MM).

Alle Größen

Nun das rückwärtige Teil der Hose mit verlängerten R glatt re (= in Hinr re M, in Rückr li M) str, dafür jeweils mit der Wendetechnik (w&w) von S. 43 wenden:
6 M re, w&w, 12 M li, w&w, 16 M re, w&w, 20 M li, w&w, 24 M re, w&w, 28 M li, w&w (für Größen 3 Jahre und 4 Jahre wie folgt weiterarb: 32 M re, w&w, 36 M li, w&w), die Runde über re.
Nun 1 Rd re M über alle M str, dabei nur für Größe Neugeborenes über das rückwärtige Teil verteilt 2 M zun.
Glatt re str und M re verschr aus dem Querfaden zun wie folgt:

Nächste Runde (Zun-Rd): Bis 1 M vor die 1. Seitenmarkierung str, 1 M zun, bis 1 M nach der Markierung str, 1 M zun, bis zur 2. Seitenmarkierung str, 1 M zun, bis 1 M nach der Markierung str, 1 M zun.
Diese Zun 3/5/5/5/5/5/5 x alle 2 cm arb (= 104/116/126/140/164/164/172 M).
Glatt re weiterstr. Ist das Glatt-re-Gestrick auf der Vorderseite 12/14/18/22/25/26/28 cm hoch, beidseits der mittleren 8 M vorn und hinten je 1 MM einhängen.
Nun 4/6/6/6/6/6/6 x in jeder 3. Rd beidseits der mittleren 8 M je 1 M zun (= 120/140/150/164/188/188/196 M).
2 Rd re M str, dabei in der 2. Rd vorn und hinten die mittleren 8 M abk.

HOSENBEINE

An der Verbindung 1 MM einhängen und die Beine einzeln glatt re in Rd beenden.
Nach 3 cm wie folgt abn:
Die 3 M vor dem MM str, 2 M re zusstr, die 1. M nach dem MM str, 2 M re übz zusstr (= 1 M abh, die nächsten 2 M re zusstr, die abgehobene M überziehen).
Diese Abn 0/2/2/2/2/2/4 x alle 3 cm wdh (= 50/56/61/68/80/80/90 M).
Glatt re weiterstr, bis das Bein 7/10/10/12/15/20/25 cm lang ist, dabei nur für Größe 6 Monate in der letzten Rd 1 M abn.

Nur Größe Neugeborenes und 4 Jahre:

Nächste Runde: Fortlfd 2 M re zusstr bis zu den letzten 2 M, enden mit 2 M re.

Nur Größe 6 Monate, 1, 2, 3 Jahre

Nächste Runde: Fortlfd 2 M re zusstr bis Rd-Ende.

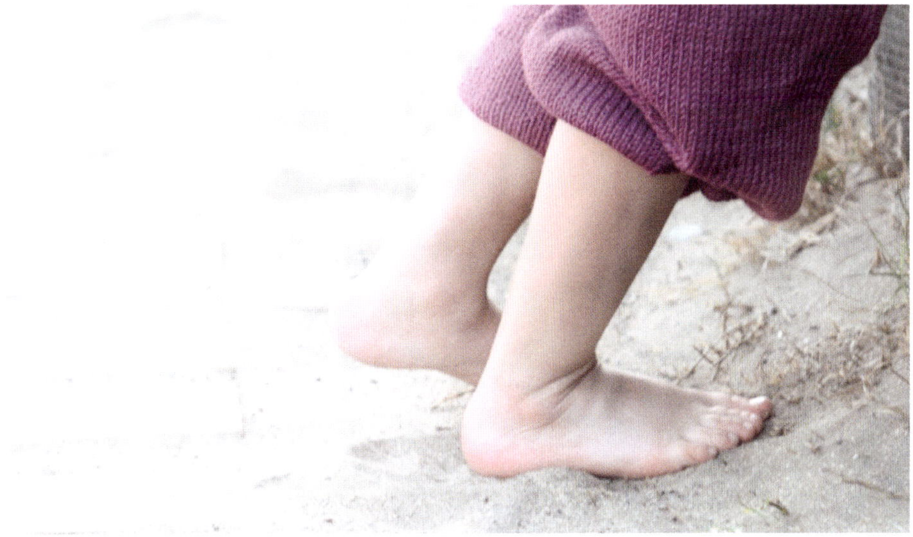

Nur Größe 3 Monate

Nächste Runde: * 13 x 2 M re zusstr, 2 M re; ab * 2 x arb.

Alle Größen

Nach der Abn-Rd bleiben 26/30/30/34/40/40/46 M.
Mit der Rundstricknd 3,5 mm 5 Rd im Rippenmuster 1 M re, 1 M li im Wechsel str, in der letzten Rd die M abk.

TRÄGER (2 X ARB)

Hinten an der Hose von re 9 M für einen Träger auffassen. Zwischen den Trägern einen Abstand von 7/7/7/7/15/15/7 M lassen. Das Muster muss entsprechend passen! Im Lochmuster über die 9 M gemäß Strickschrift B arb, dabei mit 1 Rückr beginnen. Das Lochmuster (= die 1.–4. R der Strickschrift) 9/11/12/12/13/14/15 x arb.

Die 8 M zwischen den Beinen vorn und hinten mit M-Stichen zusammennähen (siehe Abbildung auf S. 81). Alle Fadenenden vernähen, an den Enden der beiden Träger jeweils einen Knopf annähen. Den Anzug spannen, anfeuchten und trocknen lassen oder einfach in ein feuchtes Handtuch wickeln (siehe S. 6).

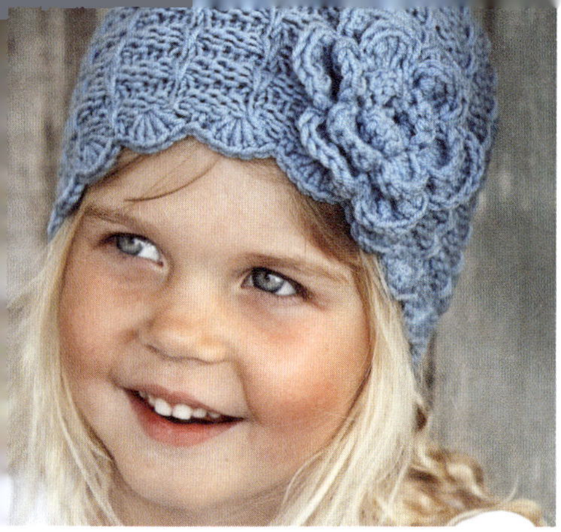

Mütze Schnuffeline

Eine sommerliche Mütze mit süßen gehäkelten Details. Aus einer Baumwollmischung gestrickt ist sie perfekt für wärmere Tage.

Schwierigkeitsgrad 2

GRÖSSE für 6–12 Monate/ 1–3 Jahre/3–6 Jahre
GARN Drops Merino Extra Fine (100 % Merinowolle, LL 105 m/50 g) in Hellgraublau (Fb 19), 50/50/100 g
NADELN Rundstricknadel 4,0 mm, 40 cm lang, Nadelspiel 4,0 mm, Häkelnadel 4,0 mm
MASCHENPROBE 22 M mit Nd 4,0 mm glatt re = 10 cm

Mit der Rundstricknd 4,0 mm 72/80/80 M anschl und zur Rd schließen. Den Rd-Beginn mit einem MM oder einem Kontrastfaden kennzeichnen.
Im Hebemaschenmuster wie folgt arb.

HEBEMASCHENMUSTER

1.–3. Runde: * 3 M li, 1 M wie zum Linksstr abh mit dem Faden hinter der Arbeit; ab * fortlfd wdh bis Rd-Ende.
4. und 5. Runde: Alle M re str.
Diese 5 Rd fortlfd wdh, bis eine Gesamthöhe von 9/11/13 cm erreicht ist.

ABNAHMEN

Weiter im Hebemaschenmuster str, dabei in der nächsten 5. Muster-Rd (= 2. Rd mit re M) wie folgt abn:
Nächste Runde: 1 M re, 2 M re zusstr, * 6 M re, 2 M re zusstr; ab fortlfd wdh, enden mit 5 M re (= 63/70/70 M).
Nächste Runde: * 2 M li, 1 M wie zum Linksstr abh mit dem Faden hinter der Arbeit, 3 M li, 1 M wie zum Linksstr abh mit dem Faden hinter der Arbeit; ab * fortlfd wdh bis Rd-Ende.
Diese Rd noch 2 x wdh.
1 Rd re M str.
Nächste Runde: 4 M re, 2 M re zusstr, * 5 M re, 2 M re zusstr; ab * fortlfd wdh, enden mit 1 M re (= 54/60/60 M).
Nächste Runde: * 2 M li, 1 M wie zum Linksstr abh; ab * fortlfd wdh bis Rd-Ende.
Diese Rd noch 2 x wdh.
1 Rd re M str.
Nächste Runde: 2 M re zusstr, * 4 M re, 2 M re zusstr; ab * fortlfd wdh, enden mit 4 M re (= 45/50/50 M).
Nächste Runde: * 1 M li, 1 M wie zum Linksstr abh, 2 M li, 1 M wie zum Linksstr abh; ab * fortlfd wdh bis Rd-Ende.
Diese Rd noch 2 x wdh.
1 Rd re M str.
Nächste Runde: 2 M re, 2 M re zusstr, * 3 M re, 2 M re zusstr; ab * fortlfd wdh bis Rd-Ende, enden mit 1 M re (= 36/40/40 M).
Nächste Runde: * 1 M li, 1 M wie zum Linksstr abh; ab * fortlfd wdh bis Rd-Ende.
Diese Rd noch 2 x wdh.

Nur Größe 6–12 Monate
In den nächsten 2 Rd fortlfd 2 M re zusstr (= 9/–/– M).
Den Faden abschneiden, durch die verbleibenden M führen, fest anziehen und innen in der Mütze vernähen.

Nur Größe 1–3 Jahre und 3–6 Jahre
1 Rd re M str.
Nächste Runde: * 1 M re, 2 M re zusstr; ab * fortlfd wdh, enden mit 1 M re (= 27/27 M).
Nächste Runde: Fortlfd 2 M re zusstr, enden mit 1 M re (= 14/14 M).
Nächste Runde: Fortlfd 2 M re zusstr (= 7/7 M).
Den Faden abschneiden, durch die verbleibenden M führen, fest anziehen und innen in der Mütze vernähen.

MUSCHELKANTE

Mit Häkelnd 4,0 mm mit 1 fM am Mützenrand anschlingen, * 1 M überspringen, 5 Stb in die nächste M, 1 M überspringen, 1 fM in die nächste M; ab * wdh, bis der Rand 1 x rundum behäkelt ist.

HÄKELBLUME

Eine oder zwei Blumen häkeln (siehe S. 161) und an die Mütze nähen.

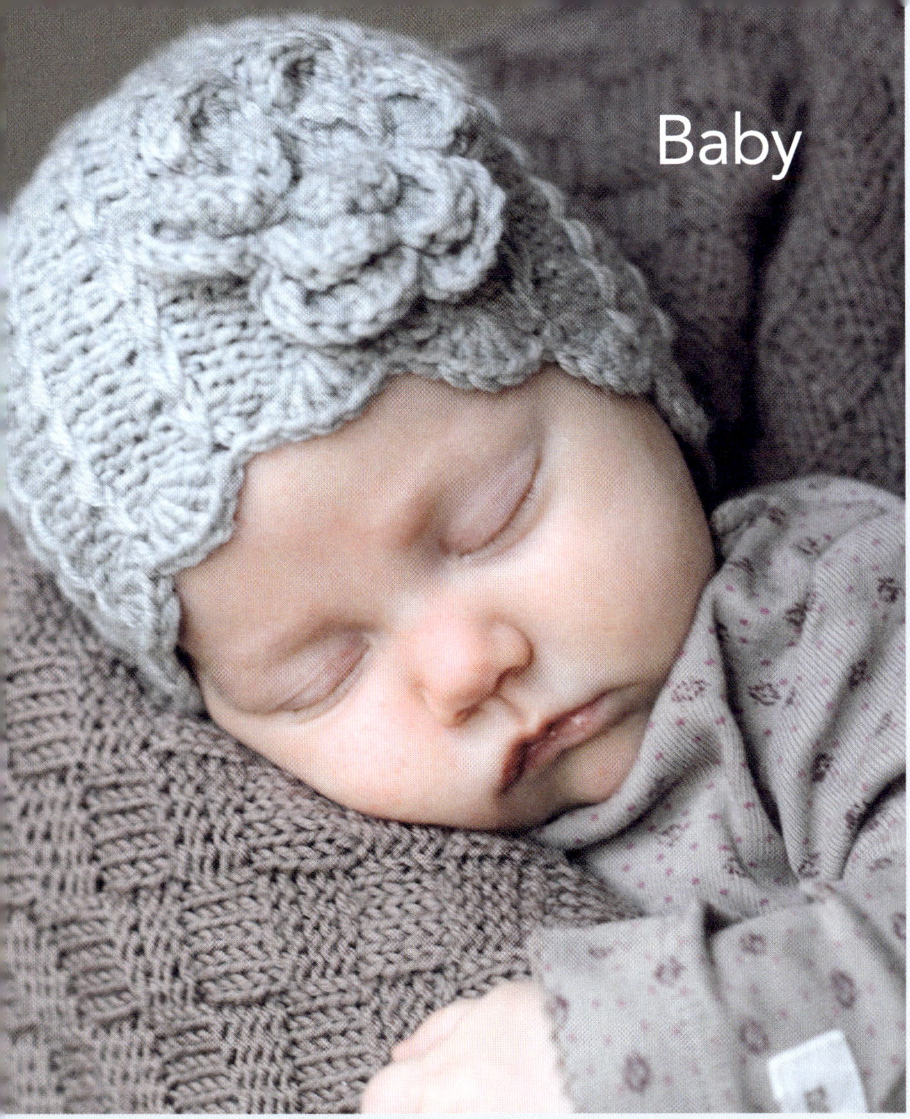

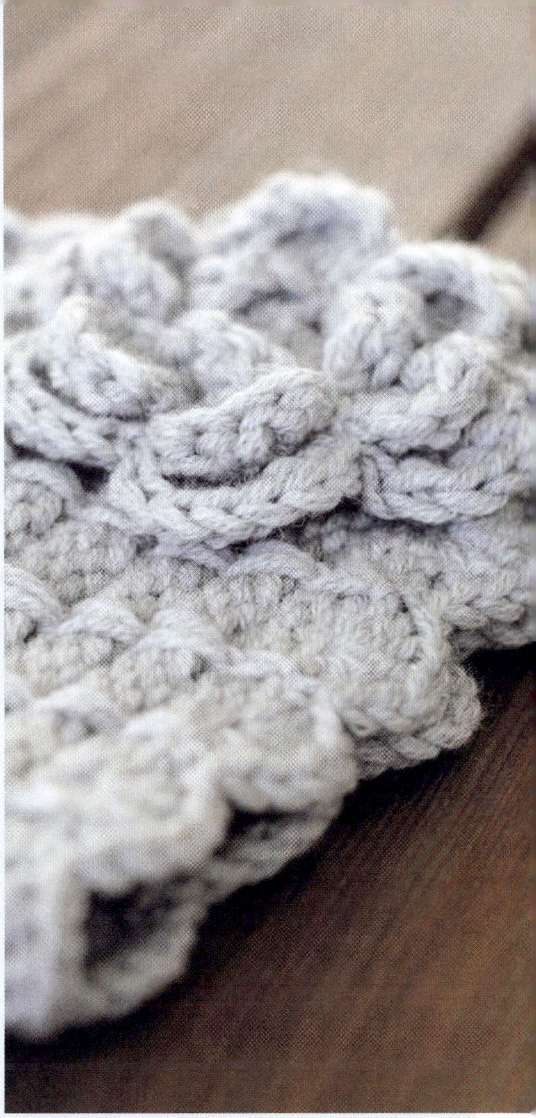

Schwierigkeitsgrad 2

GRÖSSE für 0–2 Monate
GARN Drops Merino Extra Fine (100 % Merinowolle, LL 105 m/50 g) in Grau (Fb 04), 50 g
NADELN Rundstricknadel 4,0 mm, 40 cm lang, Nadelspiel 4,0 mm, Häkelnadel 4,0 mm
MASCHENPROBE 22 M mit Nd 4,0 mm glatt re = 10 cm

Mit der Rundstricknd 4,0 mm 64 M anschl und zur Rd schließen. Im Hebemaschenmuster wie auf S. 108 beschrieben arb. Das Muster 7 x arb (= 35 Rd).

ABNAHMEN

Nun weiter im Hebemaschenmuster str, dabei in jeder 5. Muster-Rd (= 2. Rd mit re M) wie folgt abn:

1. Abnahmerunde: 1 M re, 2 M re zusstr, * 6 M re, 2 M re zusstr, 2 M re, 2 M re zusstr; ab * 5 x wdh, enden mit 1 M re (= 53 M).

2. Abnahmerunde: 3 M re, 2 M re zusstr, * 8 M re, 2 M re zusstr; ab * 4 x wdh, enden mit 8 M re (= 48 M).

3. Abnahmerunde: * 2 M re zusstr, 4 M re; ab * fortlfd wdh, enden mit 4 M re (= 40 M).

4. Abnahmerunde: * 1 M re, 2 M re zusstr; ab * fortlfd wdh, enden mit 1 M re (= 27 M).

Nächste Runde: Fortlfd 2 M re zusstr, enden mit 1 M re (= 14 M).

Hier endet das Hebemaschenmuster.

Den Faden abschneiden, durch die verbleibenden M führen, fest anziehen und innen in der Mütze vernähen. Eine Muschelkante wie auf S. 108 beschrieben arb. Eine oder zwei Blumen häkeln (siehe S. 161) und an die Mütze nähen.

Spielhöschen Goldkind

Ein tolles Kleidungsstück für ein Baby. Stricken Sie noch die Jacke Goldjunge oder Goldmädchen (siehe S. 66–69) dazu und Sie haben ein perfektes Geschenk zur Geburt!

Schwierigkeitsgrad 2

GRÖSSE für 0–3/3–6/6–12/12–18 Monate
MASSE
Oberweite: 40/40/46/52 cm
Länge: 30/33/37/39 cm (gemessen zwischen der Oberkante des Lätzchens und dem Schritt)
GARN Drops Merino Extra Fine (100 % Merinowolle, LL 105 m/50 g) in Graublau (Fb 23), 100/100/150/150 g
NADELN Rundstricknadel 4,0 mm, 40 cm lang, Nadelspiel 3,5 mm
ZUBEHÖR Maschenraffer oder Hilfsnadel, 3 Maschenmarkierer
MASCHENPROBE 22 M mit Nd 4,0 mm glatt re = 10 cm

PERLMUSTER

1 M re, 1 M li im Wechsel str. Die M in jeder R versetzen.
Es wird mit den Trägern begonnen.

TRÄGER

Für den ersten Träger mit der Rundstricknd 4,0 mm 6/6/8/8 M anschl und 17/19/22/23 cm im Perlmuster str. Dann die M auf einem M-Raffer oder einer Hilfsnd stilllegen.

Den zweiten Träger ebenso arb, dann die M jedoch nicht stilllegen, sondern 1 R im Perlmuster str, 16/18/20/20 M dazu anschl, dannüber die stillgelegten M des ersten Trägers im Perlmuster str (= 28/30/36/36 M).

VORDERTEIL

Nun 8/8/10/10 R im Perlmuster str.
Dann in folg Einteilung weiterarb: 6/6/8/8 M im Perlmuster, 16/18/20/20 M glatt re, 6/6/8/8 M im Perlmuster.
Ist eine Höhe von 6/7/8/8 cm ab glatt re erreicht, mit 1 Rückr enden. Den Faden abschneiden. Die Arbeit beiseitelegen.

HOSENTEIL

Mit der Rundstricknd 4,0 mm 24/27/30/31 M anschl, dann die M des Vorderteils mit auf die Nd str, anschließend noch 24/27/30/31/ M dazu anschlagen (= 76/84/96/98 M). Die Arbeit zur Rd schließen. Den Rd-Beginn mit einem MM oder einem Kontrastfaden kennzeichnen. 9/9/11/11 Rd im Rippenmuster 1 M re, 1 M li im Wechsel str, dabei in der 5./5./6./6. Rd eine Loch-Rd arb wie folgt:

Nur Größe 0–3 und 3–6 Monate
Lochrunde: 2 M re zusstr, 1 U, * 1 M re, 1 M li, 2 M re zusstr, 1 U *; von * bis * 8/9 x arb, 1 M re, 1 M li, 1 M re, von * bis * 9/10 x arb, 1 M r, 1 M li.

Nur Größe 6–12 Monate
Lochrunde: 1 M re, 2 M re zusstr, 1 U, * 1 M li, 1 M re, 2 M re zusstr, 1 U; ab * 23 x arb, 1 M li.

Nur Größe 12–18 Monate
Lochrunde: 1 M re, 2 M re zusstr, 1 U, * 1 M li, 1 M re, 2 M re zusstr, 1 U *; von * bis * 11 x arb, 1 M li, 1 M re, 1 M li, 1 M re, 1 M li, 1 M re, von * bis * 11 x arb, 1 M li.

Alle Größen
Glatt re (= jede Rd re M) str, dabei in der 1. Rd wie folgt M re verschr aus dem Querfaden zun:
Nächste Runde: * 5 M re, 1 M zun; ab * wdh, bis noch 1/4/1/3 M in der Rd übrig sind, dann 1 M re, 1 M zun/4 M re/1 M re, 1 M zun/2 M re, 1 M zun (= 92/100/116/118 M).
Nun 10 M re str, wenden, 1 U arb, 20 M li str, wenden, 1 U, re M str bis 4 M nach der letzten Wendestelle, den U mit der nächsten M zusstr. Wenden, 1 U, li M str bis 4 M nach der lezten Wendestelle, weiter wie beschrieben, bis auf jeder Seite 3/3/4/4 x gewendet wurde.

Glatt re weiterstr, bis 12/14/16/19 cm ab glatt re erreicht sind.
Nun beidseits der mittleren 6 M vorn und hinten je 1 MM einhängen.
Nun 4/4/5/5 x in jeder 3. Rd beidseits der mittleren 6 M 1 M zun (= 108/116/136/138 M).

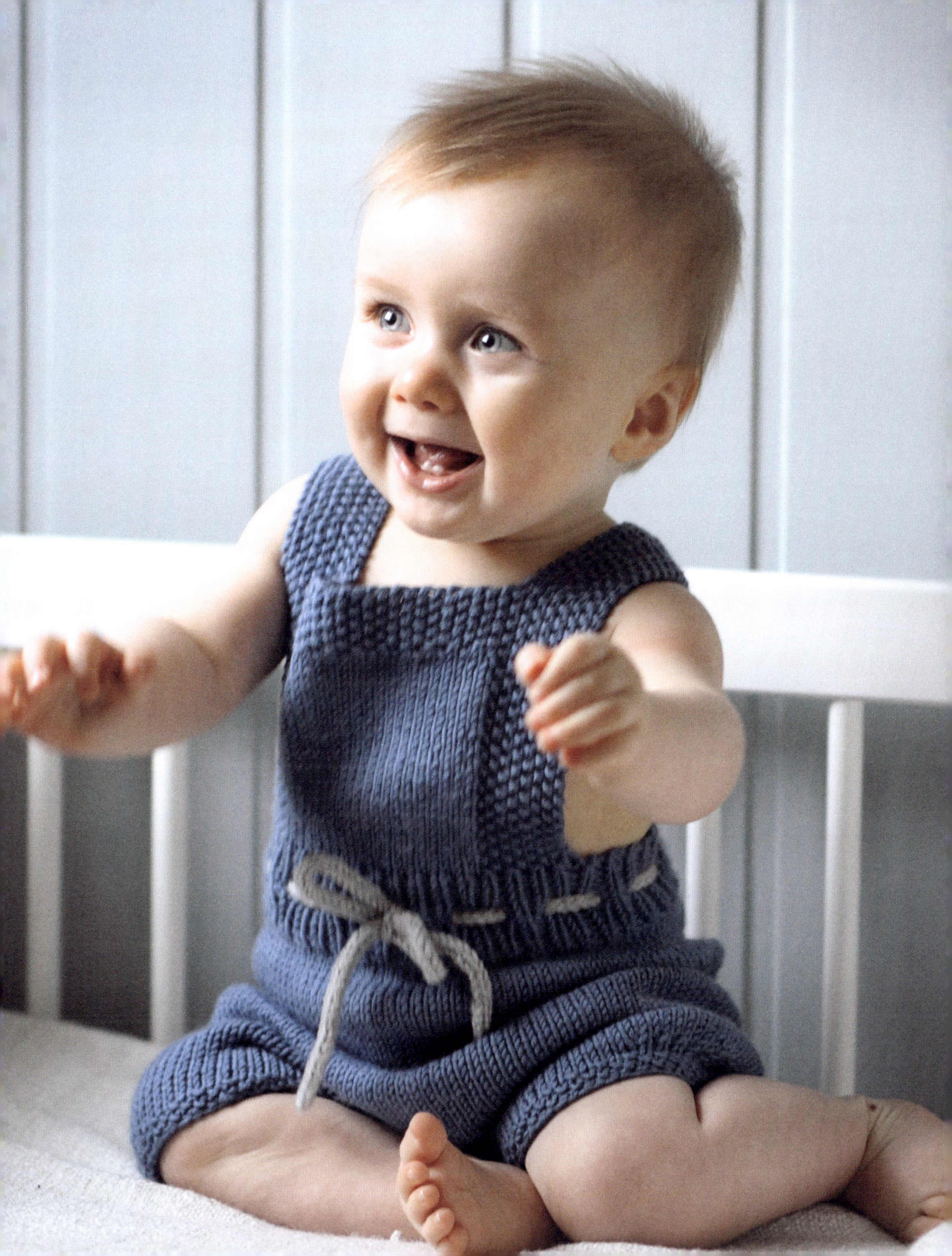

In der nächsten Rd vorn und hinten die mittleren 6 M abk (= 96/104/124/126 M).

HOSENBEINE

Die Beine einzeln in Rd beenden (= 48/52/62/63 M). 1 Rd re M str.
Nächste Runde: 16/18/23/23 M re, 8 x 2 M re zusstr, 16/18/23/24 M re (= 40/44/44/55 M).
1 Runde re M str, dabei nur für Größe 12–18 Monate mit 1 M re, 2 M re zusstr beginnen. Zu Nd 3,5 mm wechseln und 3 Rd im Perlmuster arb. In der nächsten Rd mustergemäß abk.

Die Träger auf dem Rücken kreuzen und mit ca. 7 M Abstand voneinander hinten am Rippenmuster festnähen.

STRICKSCHNUR

In einer Kontrast-Fb eine Strickschnur in der gewünschten Länge arb (siehe S. 76) und anschließend durch die Loch-Rd als Gürtel einziehen.

Die 6 M zwischen den Beinen vorn und hinten mit M-Stichen zusammennähen (siehe Abbildung auf S. 81). Alle Fadenenden vernähen, an den Enden der beiden Träger jeweils einen Knopf annähen. Den Anzug in ein feuchtes Handtuch wickeln (siehe S. 6).

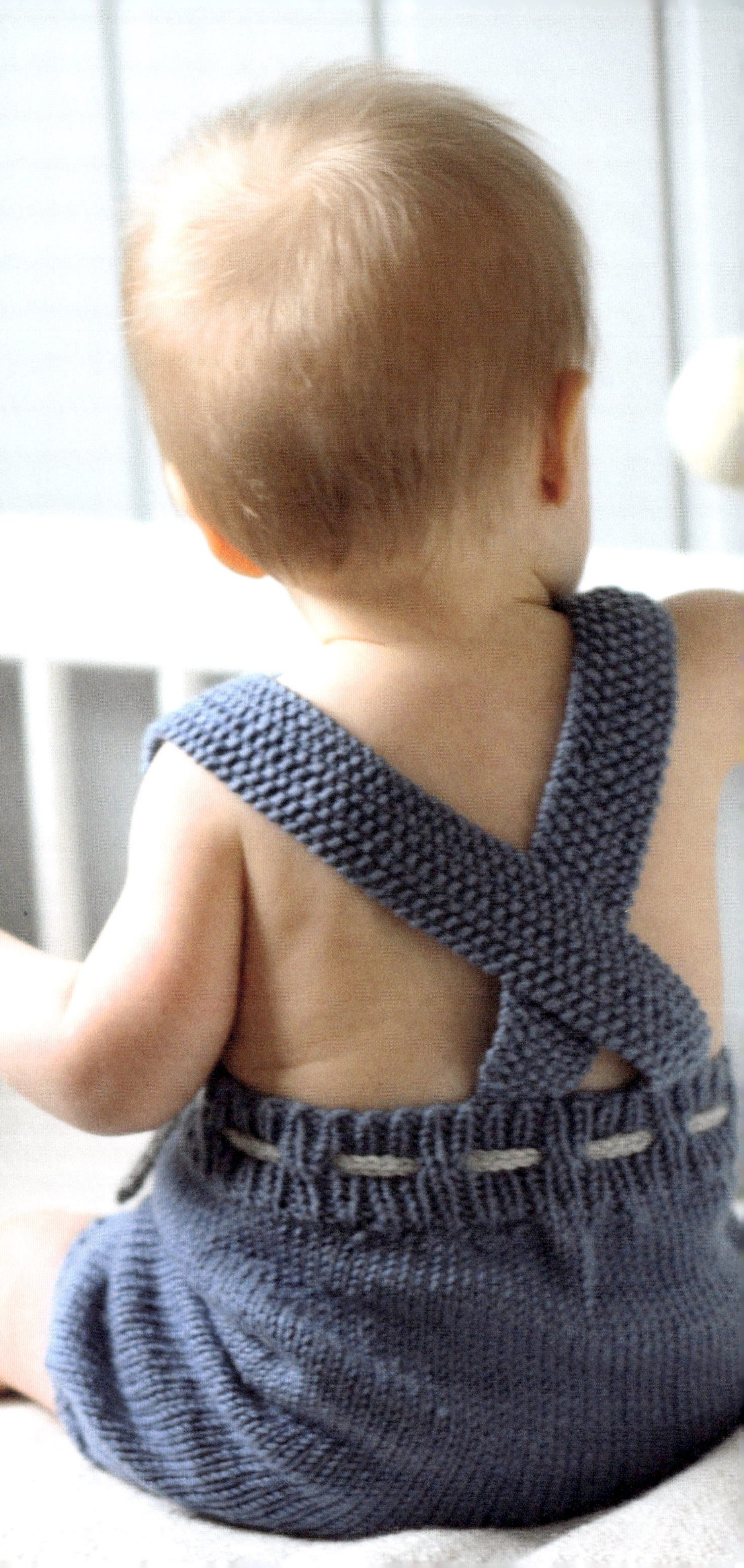

Pilotenmütze

Dies ist eine Mütze, die jeder kennt und liebt. Die Pilotenmütze gibt es in allen Größen, und sie sieht bei einem neugeborenen Baby genauso süß aus, wie sie bei einem Schuljungen cool wirkt.

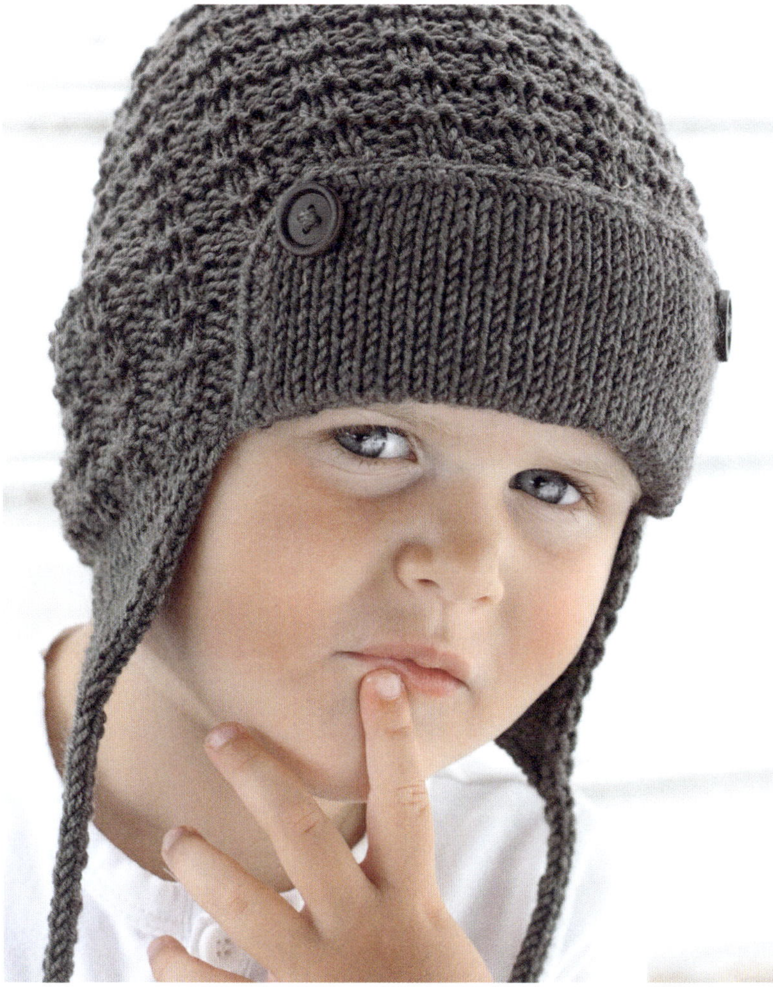

Schwierigkeitsgrad 2

GRÖSSE für 6–12 Monate/ 1–3 Jahre/3–6 Jahre
GARN Drops Merino Extra Fine (100 % Merinowolle, LL 105 m/50 g) in Braun (Fb 06), 50/100/100 g
NADELN Rundstricknadel 4,0 mm, 40 cm lang, Nadelspiel 4,0 mm, Häkelnadel 4,0 mm
ZUBEHÖR 2 Knöpfe
MASCHENPROBE 22 M mit Nd 4,0 mm glatt re = 10 cm

Mit der Rundstricknd 4,0 mm 72/80/80 M anschl und zur Rd schließen.
Für das Grundmuster * 2 Rd im Rippenmuster 2 M re, 2 M li im Wechsel, 1 Rd re M, 1 Rd li M str; ab * fortlfd wdh.
Ist das Grundmuster 10/11/12 x gestrickt, mit den Abn beginnen. Diese werden jeweils in einer 3. Muster-Rd wie folgt gearbeitet (das Muster verschiebt sich dabei):
Hinweis: Für Größe 6–12 Monate erst mit der 2. Abnahme-Rd beginnen!
1. Abnahmerunde: * 8 M re, 2 M re zusstr; ab * fortlfd wdh bis Rd-Ende (= –/72/72 M).
2. Abnahmerunde: * 7 M re, 2 M re zusstr; ab * fortlfd wdh bis Rd-Ende (= 64 M).
3. Abnahmerunde: * 6 M re, 2 M re zusstr; ab * fortlfd wdh bis Rd-Ende (= 56 M).
4. Abnahmerunde: 2 M re zusstr, * 3 M re, 2 M re zusstr; ab * 10 x arb, 2 M re, 2 M re zusstr (= 44 M).
5. Abnahmerunde: * 1 M re, 2 M re zusstr; ab fortlfd wdh, enden mit 2 M re (= 30 M).
1 Runde li M str. Damit ist das Grundmuster abgeschlossen.
6. Abnahmerunde: Fortlfd 2 M re zusstr (= 15 M).
1 Rd re M str.
7. Abnahmerunde: Fortlfd 2 M re zusstr, enden mit 1 M re (= 8 M).
Den Faden abschneiden, durch die verbleibenden M führen, fest anziehen und innen in der Mütze vernähen.

MÜTZENBLENDE

Von li vorn an der Mütze 26/28/30 M auffassen und 1 R li M str.

Glatt re (= in Hinr re M, in Rückr li M) str, dabei in der 10./12./14. R wie folgt str und abn:

Abnahmereihe: 1 M re, 2 M re übz zusstr (= 1 M abh, 1 M re, die abgehobene M überziehen), re M str bis zu den letzten 3 M, 2 M re zusstr, 1 M re.

1 Rd li M str. Die Abn-R noch 1 x arb, dann alle M re abk.

Die Blende rundum mit fM behäkeln.

Die Blende nach oben klappen und an der Mütze festnähen. An den Ecken je einen Knopf annähen.

OHRENKLAPPEN (2 X ARB)

Die Ohrenklappen schließen nach vorn mit der Blende ab. Aus der Mützenkante von re 16/18/19 M auffassen und 1 R li M, 1 R re, 1 R li M str. Dann in jeder 2. R (= Hinr) wie folgt abn: 1 M re, 2 M re übz zusstr, re M str bis zu den letzten 3 M, 2 M re zusstr, 1 M re.

Wenn noch 3 M übrig sind, eine 20/22/22 cm lange Strickschnur arb (siehe S. 76).

Pilotenmütze Baby

Schwierigkeitsgrad 2

GRÖSSE für 0–3 Monate
GARN Viking Merino Superfine (100 % Merinowolle, LL 105 m/50 g) in Graublau (Fb 627), 50 g
NADELN Rundstricknadel 4,0 mm, 40 cm lang, Nadelspiel 4,0 mm, Häkelnadel 4,0 mm
ZUBEHÖR 2 Knöpfe
MASCHENPROBE 22 M mit Nd 4,0 mm glatt re = 10 cm

Mit der Rundstricknd 4,0 mm 68 M anschl und zur Rd schließen.

Für das Grundmuster * 2 Rd im Rippenmuster 2 M re, 2 M li im Wechsel, 1 Rd re M, 1 Rd li M str; ab * fortlfd wdh.

Ist das Grundmuster 8 x gestrickt, mit den Abn beginnen. Diese werden jeweils in einer 3. Muster-Rd wie folgt gearbeitet:

1. Abnahmerunde: * 4 M re, 2 M re zusstr; ab * 11 x arb, 2 M re zusstr (= 56 M).

2. Abnahmerunde: * 2 M re, 2 M re zusstr; ab * 12 x arb, 2 x 2 M re zusstr (= 40 M).

3. Abnahmerunde: * 2 M re, 2 M re zusstr; ab * 8 x arb, 8 M re (= 32 M).

4. Abnahmerunde: * 1 M re, 2 M re zusstr; ab * 10 x arb, 2 M re (= 22 M).

Damit ist das Grundmuster abgeschlossen.

1 Rd li M str, dabei verteilt 1 M abn (= 20 M).

1 Rd im Rippenmuster 2 M re, 2 M li im Wechsel str.

Nächste Runde: Fortlfd 2 M re zusstr (= 10 M).

Den Faden abschneiden, durch die verbleibenden M führen, fest anziehen und innen in der Mütze vernähen.

MÜTZENBLENDE

Von li vorn an der Mütze 24 M auffassen und 1 R li M str.

5 R glatt re (= in Hinr re M, in Rückr li M) str.

6. Reihe (Hinr; Abn-R): 1 M re, 2 M re übz zusstr (= 1 M abh, 1 M re, die abgehobene M überziehen), re M str bis zu den letzten 3 M, 2 M re zusstr, 1 M re.

1 Rd li M str. Die 6. R (= Abn-R) noch 1 x arb, dann alle M re abk.

Die Blende rundum mit fM behäkeln.

Die Blende nach oben klappen und an der Mütze festnähen. An den Ecken je einen Knopf annähen.

OHRENKLAPPEN (2 X ARB)

Die Ohrenklappen schließen nach vorn mit der Blende ab.

Aus der Mützenkante von re 14 M auffassen und 1 R li M, 1 R re M, 1 R li M str. Dann in jeder 2. R (= Hinr) wie folgt abn: 1 M re, 2 M re übz zusstr, re M str bis zu den letzten 3 M, 2 M re zusstr, 1 M re.

Wenn noch 3 M übrig sind, eine 18 cm lange Strickschnur arb (siehe S. 76).

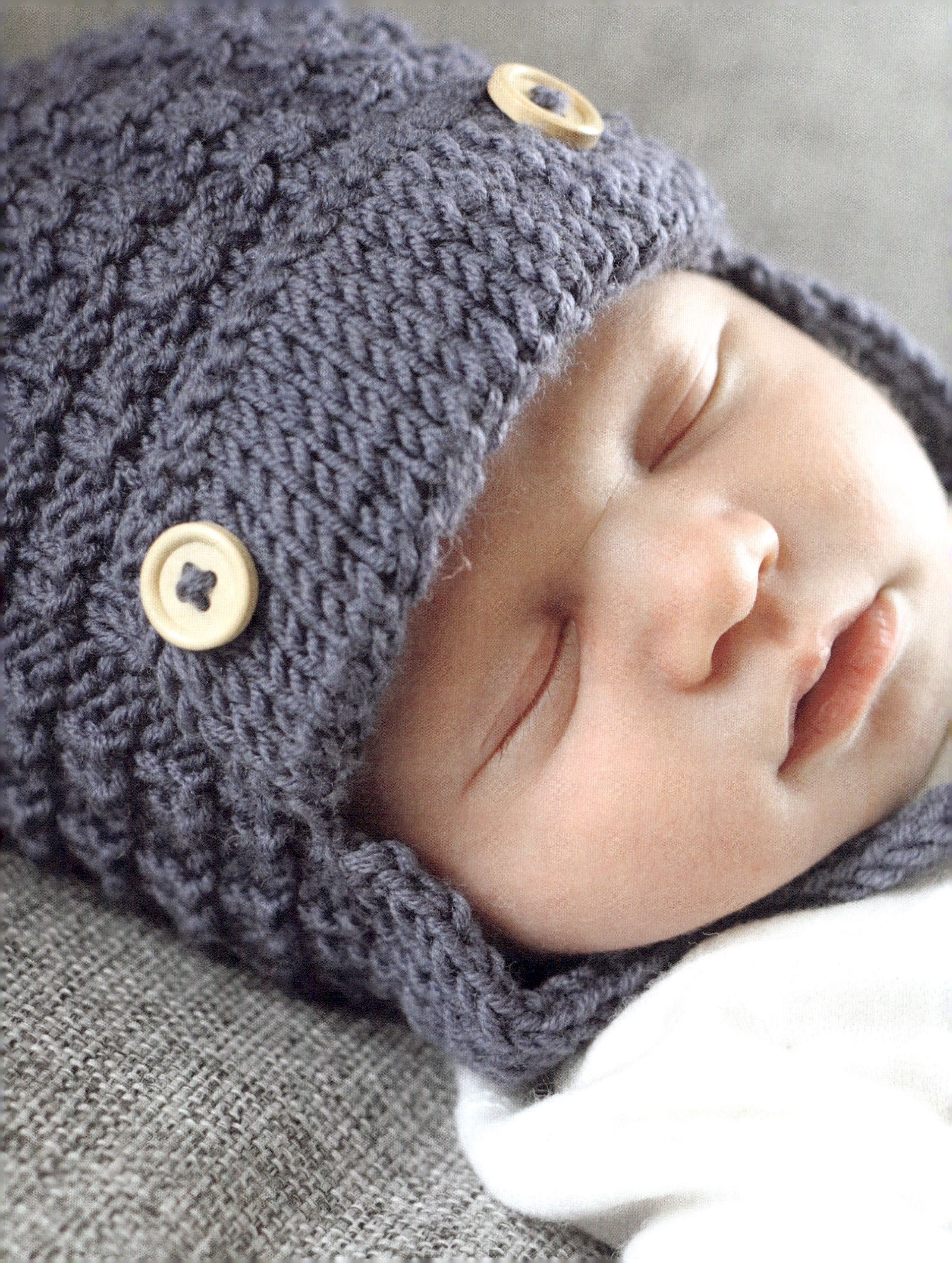

Sommerkleid Andrine

Ein einfaches Sommerkleid, das zu jedem Anlass passt. Dieses sieht perfekt zusammen mit dem Stirnband Tora aus, denn beide Kleidungsstücke haben dasselbe Muster (siehe S. 71). Aus reinem Wollgarn gestrickt ist es ein wunderschöner Winterträgerrock.

Schwierigkeitsgrad 2

GRÖSSE für 1/2/4/6 Jahre
MASSE
Oberweite: 44/50/56/62 cm
Länge: 28/34/43/50 cm (vom unteren Rand bis zum oberen Rand des Lätzchens)
GARN Sandnes Garn Merinoull (100 % Merinowolle, LL 105 m/50 g) in Mittelbraun (Fb 3161), 150/200/250/300 g und ein Rest in Puderrosa (Fb 3511) für die Strickschnur
NADELN Rundstricknadeln 4,0 mm, 40 cm und 60 cm lang, Nadelspiel 4,0 mm
ZUBEHÖR 2 Maschenmarkierer, 4 Knöpfe
MASCHENPROBE 22 M mit Nd 4,0 mm glatt re = 10 cm

1 Krausrippe = 1 Rd re M, 1 Rd li M im Wechsel.

Das Kleid wird in Rd von unten nach oben gestrickt.
Mit dem Ndspiel 4,0 mm 144/160/176/192 M in Mittelbraun anschl und zur Rd schließen. 3 Krausrippen (= 6 Rd) str, dabei in der 1. Rd die Seiten mit 2 MM kennzeichnen.
11 Rd glatt re str.
In der nächsten Runde jeweils 1 M vor und 1 M nach jeder Markierung abn (= 4 M abgenommen = 140/156/172/188 M).
Diese Abn noch 6/8/10/12 x in jeder 6./6./7./8. Rd wdh (= 116/124/132/140 M).
Glatt re weiterstr, bis zu einer Gesamthöhe von 21/25/32/38 cm.
In der nächsten Runde gleichmäßig verteilt 36/28/20/12 M abn (= 80/96/112/128 M).
Nun das Lochmuster gemäß Strickschrift A str. Dazu den Rapport von

Strickschrift A

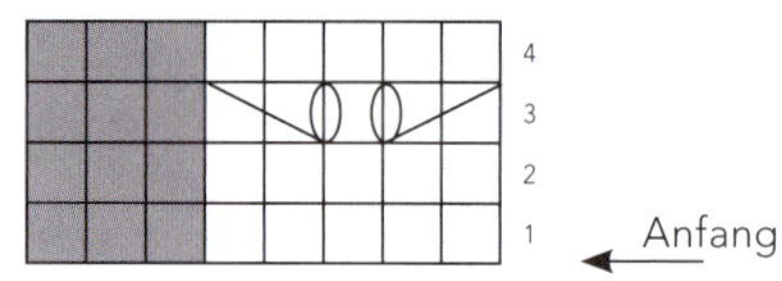

Strickschrift B

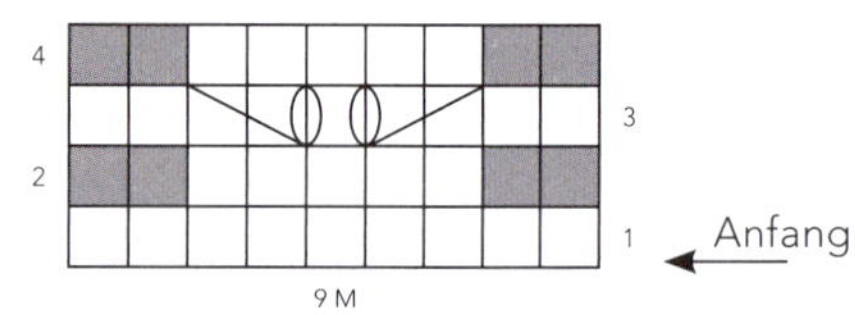

= In Rd 1 M re; in Hinr 1 M re, in Rückr 1 M li

= In Rd 1 M li; in Hinr 1 M li, in Rückr 1 M re

= 2 M re zusstr

= 2 M re übz zusstr (= 1 M abh, 1 M re, die abgehobene M überziehen)

= 1 U zwischen 2 M

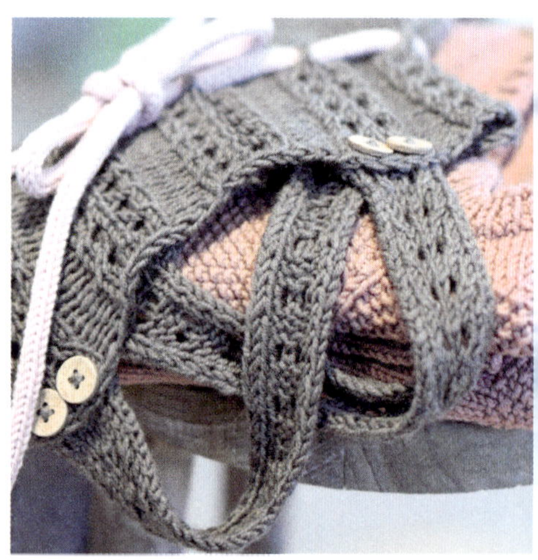

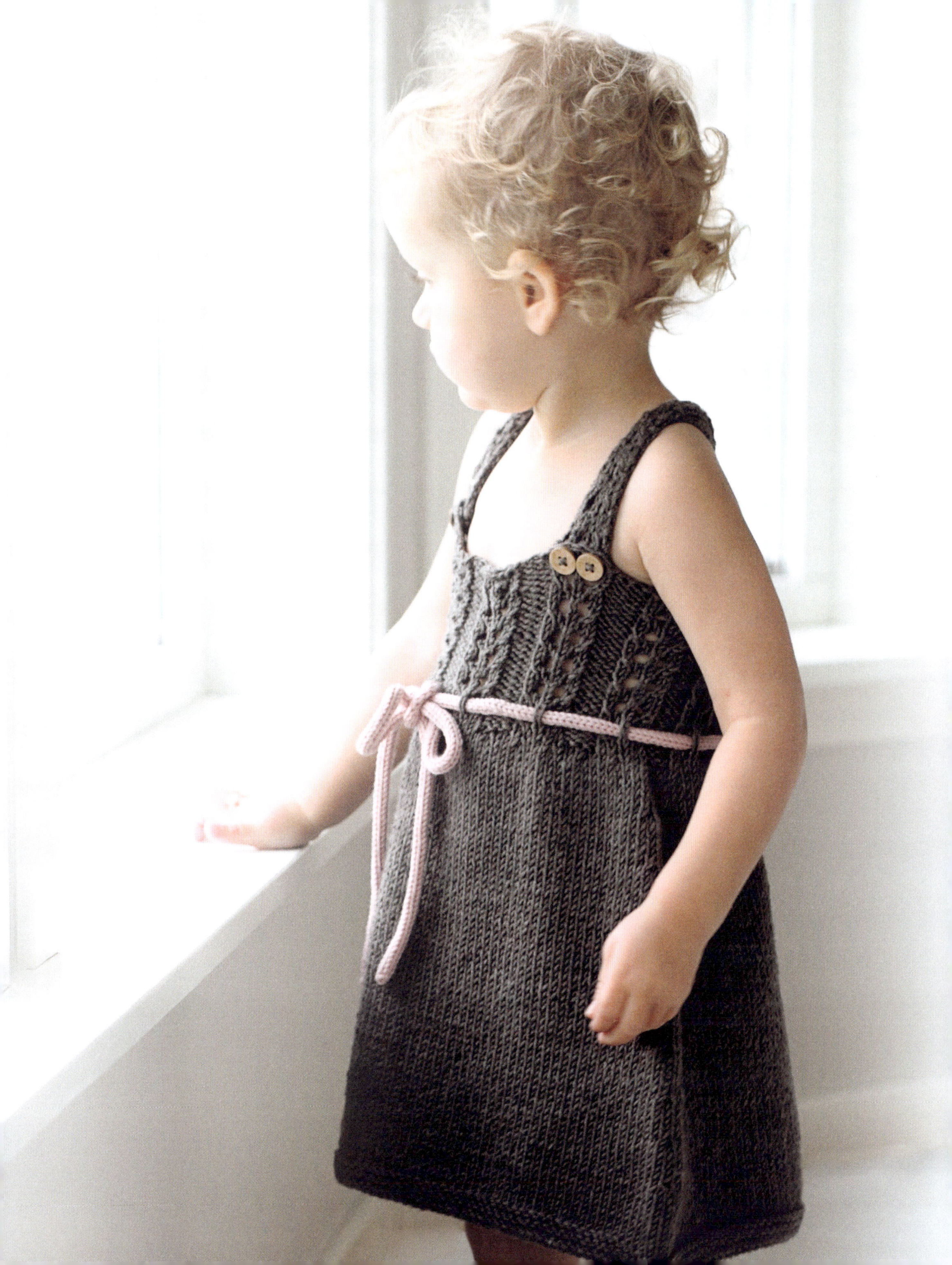

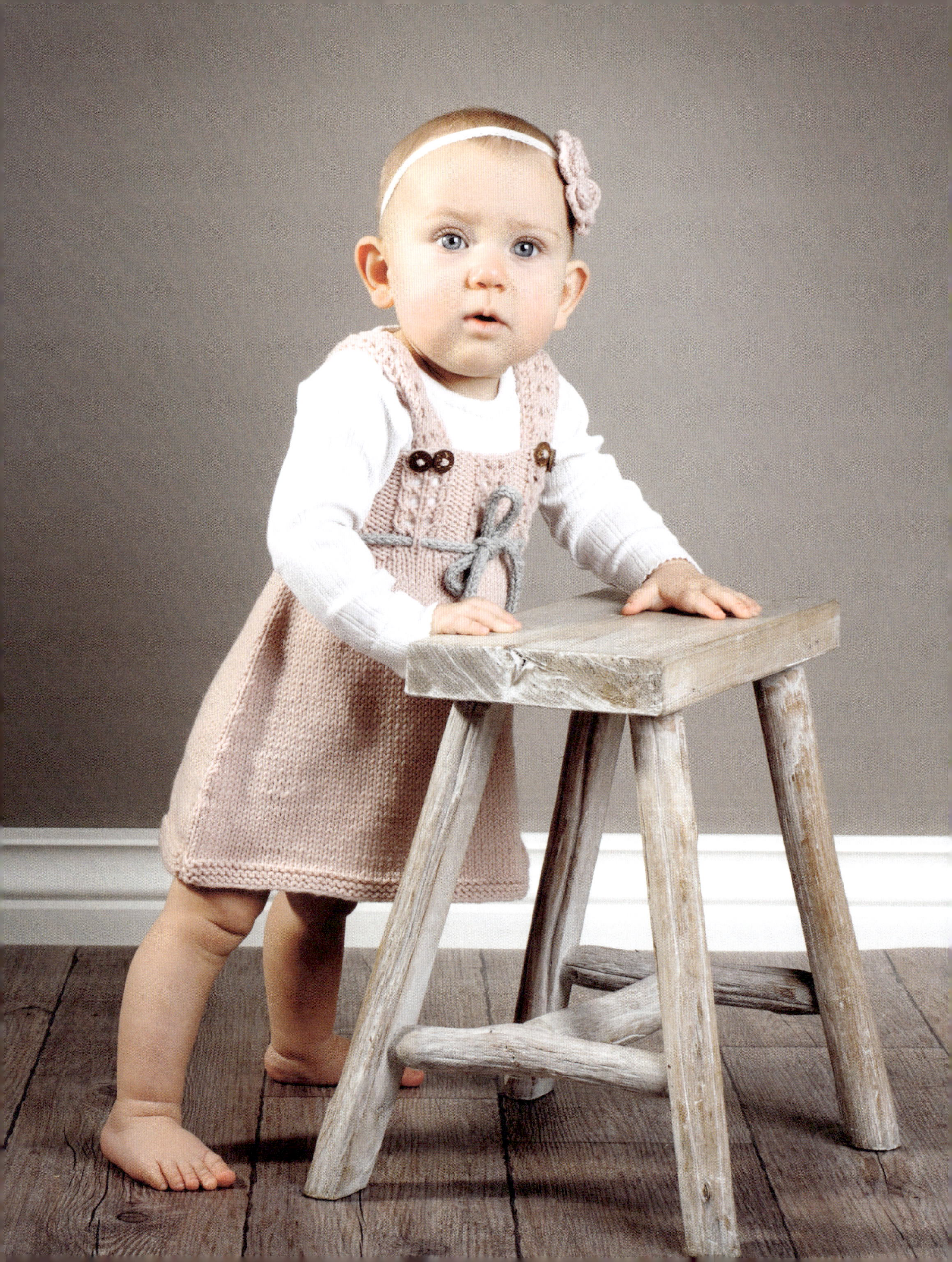

8 M 10/12/14/16 x pro Rd str. Die 1.–4. Rd der Strickschrift A 5/6/8/10 x arb (= 20/24/32/40 Rd).
Mustergemäß abk, dabei jedoch beim 2./2./3./3. Rapport 9 M auf einer Nd stilllegen, weiter abk und beim 4./5./5./6. Rapport 9 M stilllegen. Achten Sie darauf, dass der Musterrapport dazwischen passt, daraus werden die Träger gearbeitet.

TRÄGER (2 X ARB)

Im Lochmuster über die stillgelegten 9 M gemäß Strickschrift B arb. Die 1.–4. R der Strickschrift B 12/13/15/16 x str.

STRICKSCHNUR

In Puderrosa eine Strickschnur in der gewünschten Länge arb (siehe S. 76) und anschließend durch die unterste Loch-Rd des Lochmusters als Gürtel einziehen.

Alle Fadenenden vernähen, an den Enden der beiden Träger jeweils einen Knopf annähen. Das Kleid spannen, anfeuchten und trocknen lassen oder einfach in ein feuchtes Handtuch wickeln (siehe S. 6).

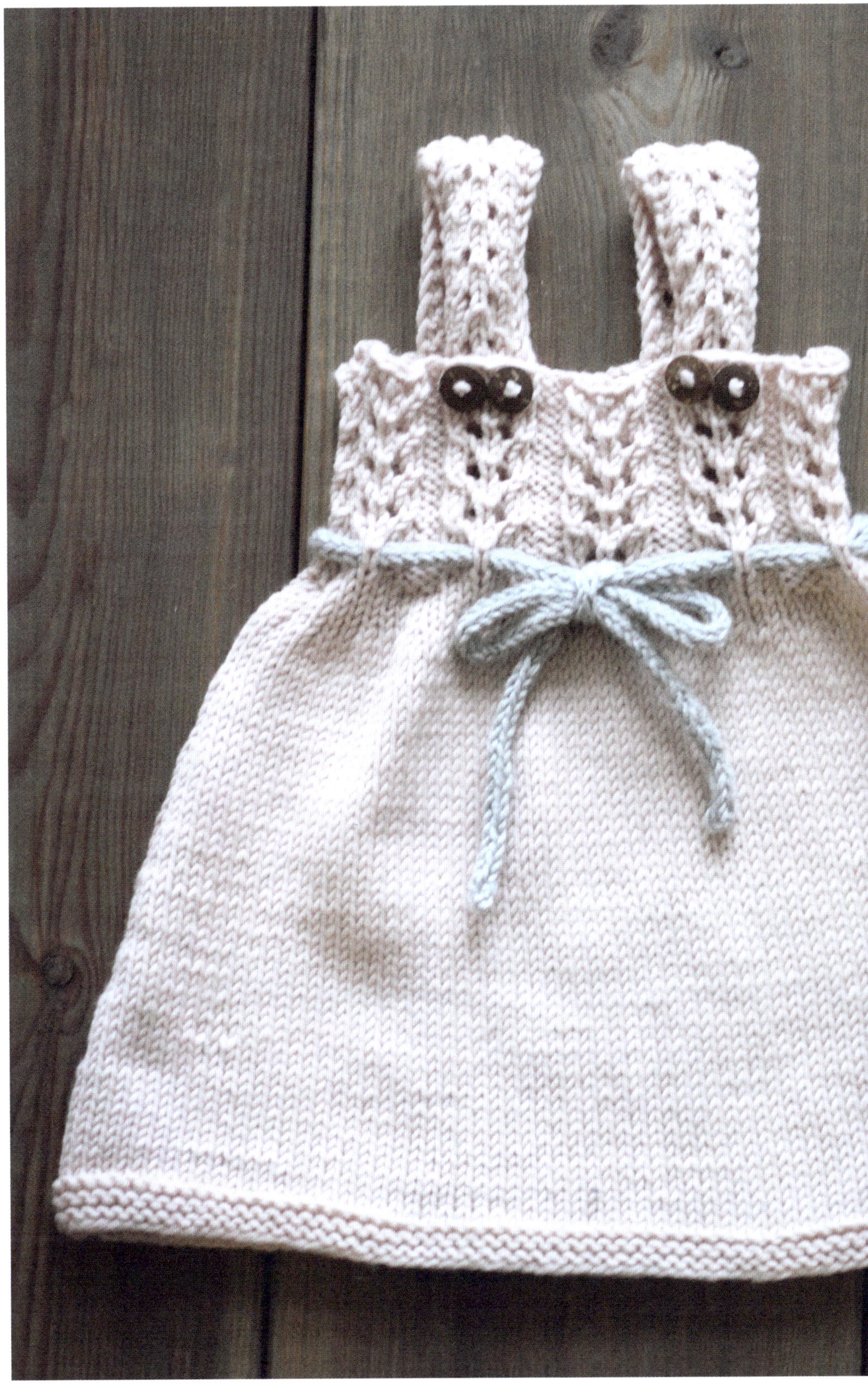

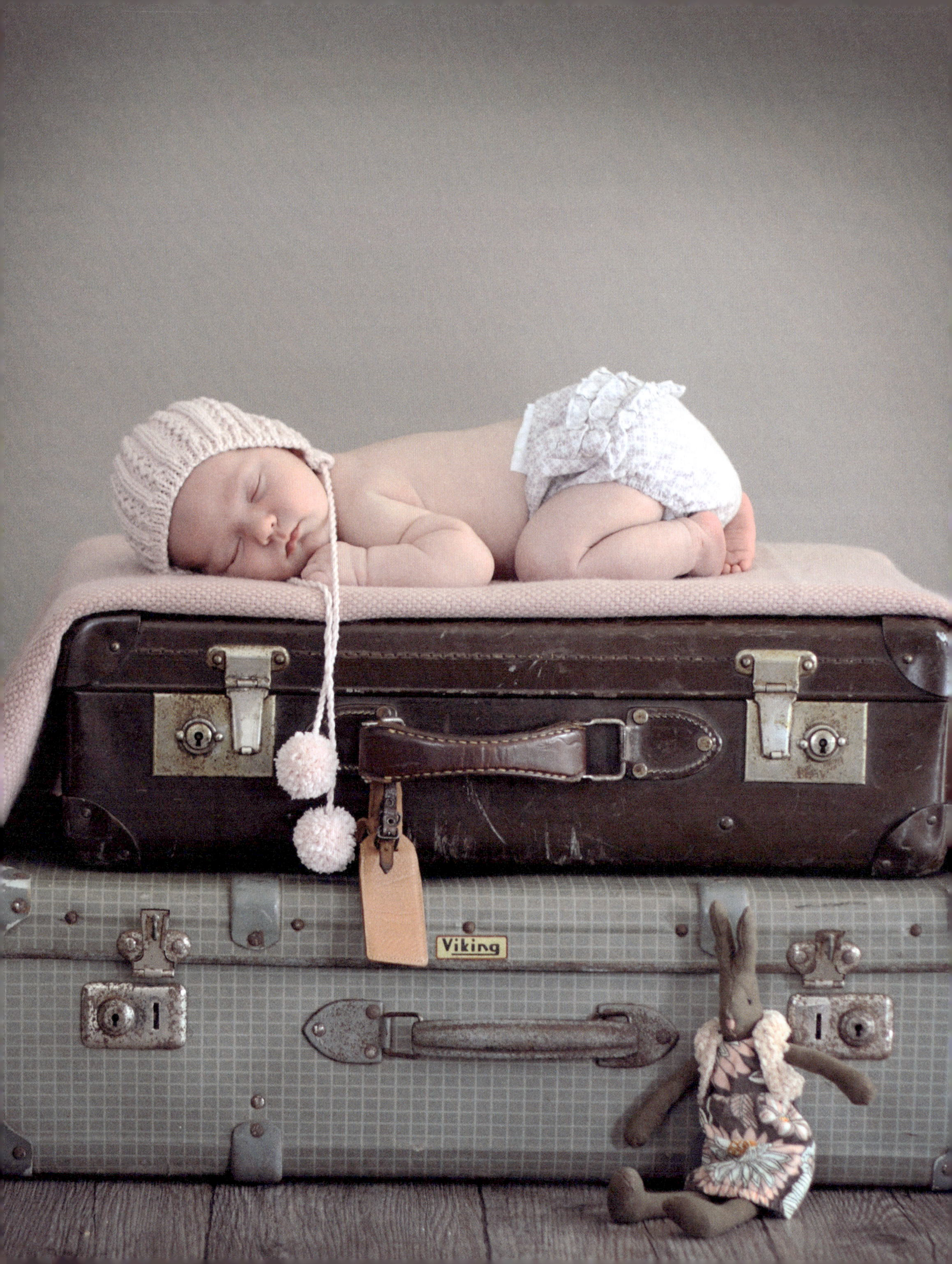
Viking

Mütze Alida

Inspiriert von Omas alten Strickmustern haben wir die Mütze Alida entworfen. Es ist eine süße Haube mit guter Passform, dazu gibt es einen praktischen Steckschal (siehe nächste Seite) mit schönen Details.

Schwierigkeitsgrad 2

GRÖSSE für 0–3 Monate/
3–6 Monate/6–12 Monate/1–2 Jahre
GARN Dale Garn Lerke (53 % Merinowolle, 47 % ägyptische Baumwolle, LL 115 m/50 g) in Perlrosa (Fb 3811), 50/50/50/100 g
NADELN Rundstricknadel 3,0 mm, 40 cm lang, Nadelspiel 3,0 mm
MASCHENPROBE 24 M mit Nd 3,0 mm glatt re = 10 cm

Mit der Rundstricknd 3,0 mm 73/81/81/89 M anschl und 4 R im Rippenmuster 1 M re, 1 M li im Wechsel str. Nun mit dem Lochrippenmuster beginnen, dabei in der 1. R 1 M abn (= 72/80/80/88 M).

LOCHRIPPENMUSTER

1. Reihe: 1 M re, * 2 M li, 2 M re zusstr, 1 U, 2 M li, 2 M re; ab * 8/9/9/10 x arb, 2 M li, 2 M re zusstr, 1 U, 2 M li, 1 M re.
2. Reihe: 1 M li, * 2 M re, 2 M li; ab * 17/19/19/21 x arb, 2 M re, 1 M li.
3. Reihe: 1 M re, * 2 M li, 1 U, 2 M re übz zusstr (= 1 M abh, 1 M re, die abgehobene M überziehen), 2 M li, 2 M re; ab * 8/9/9/10 x arb, 2 M li, 1 U, 2 M re übz zusstr, 2 M li, 1 M re.
4. Reihe: Wie die 2. R str.
Die 1.–4. R fortlfd wdh.

Wenn das Muster zum 8./10./12./14. Mal gestrickt wird, am Ende der 1. Muster-R nicht wenden, sondern die Arbeit zur Rd schließen. Den Rd-Beginn mit einem MM kennzeichnen. In Rd im Muster weiterstr. Dabei die 2. und 4. Rd wie folgt arb:
1 M re, * 2 M li, 2 M re; ab 17/19/19/21 x arb, 2 M li, 1 M re.
Wenn das Muster zum 9./11./13./15. Mal gestrickt wird, mit den Abn beginnen, sie werden wie folgt in jeder 2. R gearbeitet (dabei zählen die 1 M am Rd-Anfang und die 3 M am Rd-Ende nicht zum Rippenmuster):
1. Abnahme: 1 M in jeder 2. Linksrippe abn.
2. Abnahme: In jeder Linksrippe, in der zuletzt nicht abgenommen wurde, 1 M abn.
3. Abnahme: In jeder Rechtssrippe 1 M abn.
Nur Größe 0–3 Monate
4. Abnahme: Die 2 li M am Rd-Ende abn, dazu die 3 M re übz zusstr (= 1 M abh, die nächsten 2 M re zusstr, die abgehobene M überziehen).
Die 5. Abn überspringen, mit der 6. Abn (siehe unten) fortfahren.
Nur Größe 3–6 Monate, 6–12 Monate und 1–2 Jahre
4. Abnahme: 1 M in jeder 2. Linksrippe abn.
5. Abnahme: In jeder Linksrippe, in der zuletzt nicht abgenommen wurde, 1 M abn (= die restl li M abn).
Alle Größen
Das Muster ist beendet.
6. Abnahme: 1 M re, 2 M re zusstr; ab * fortlfd wdh bis Rd-Ende.
7. Abnahme: Fortlfd 2 M re zusstr.
Den Faden abschneiden, durch die verbleibenden M führen, fest anziehen und innen in der Mütze vernähen.

Für den Tunnel (Kordeldurchzug) aus der Halskante ca. 40/45/52/64 M auffassen und 10 R glatt re (= in Hinr re M, in Rückr li M) str, in der letzten R alle M abk.
Den Rand umklappen und festnähen. Eine Kordel drehen oder flechten und durch den Tunnel ziehen.
Nach Wunsch zwei Bommeln anfertigen (z. B. mit einem Pomponset) und an den Schnurenden befestigen. Alle Fadenenden vernähen.

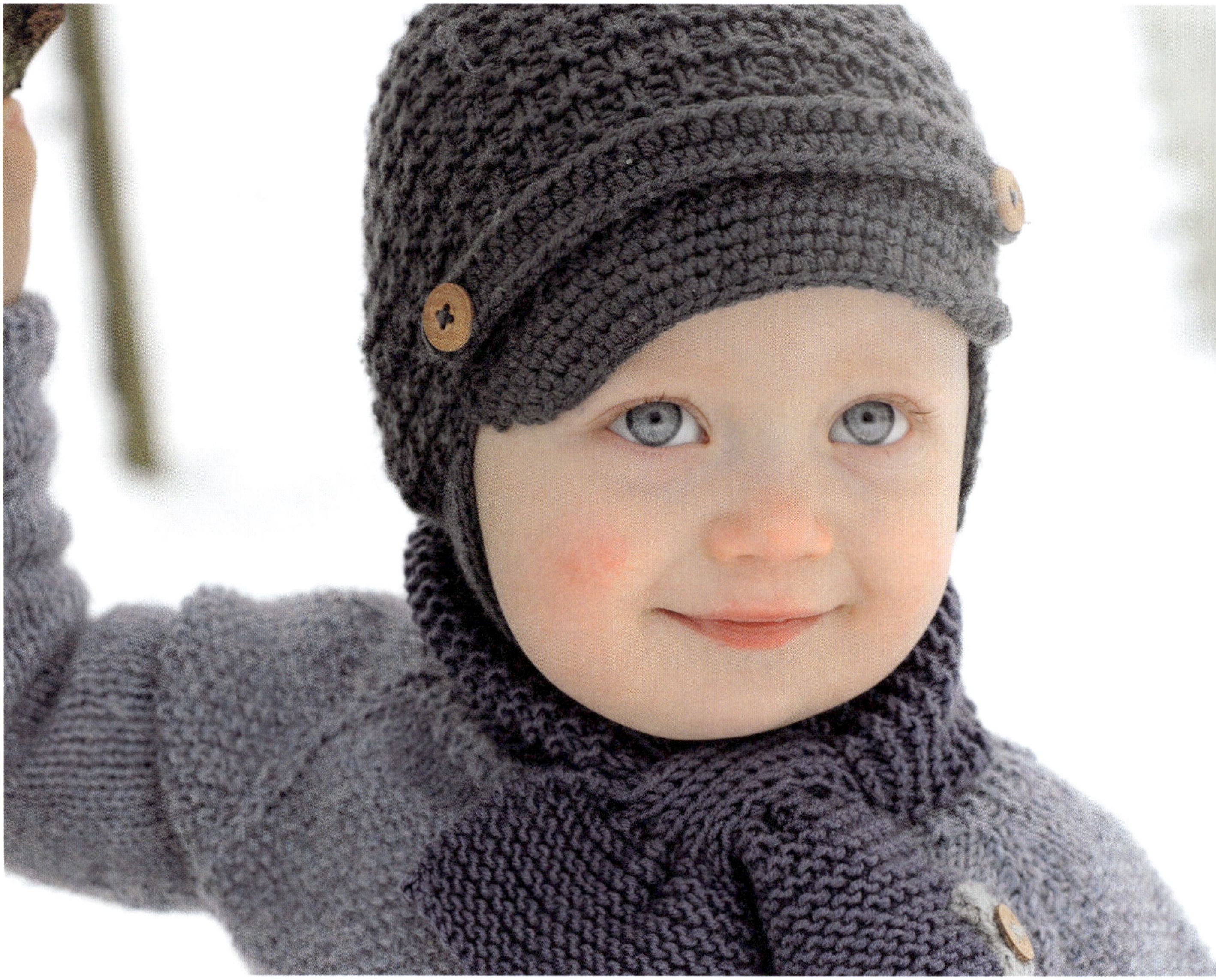
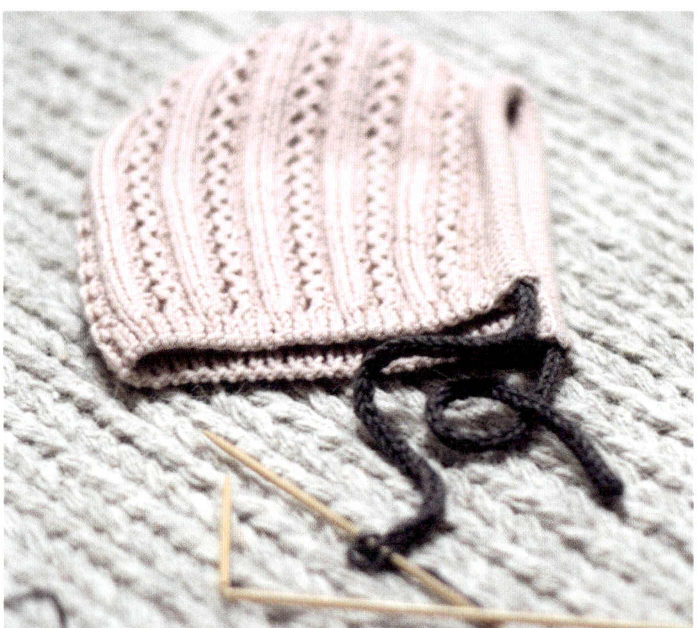
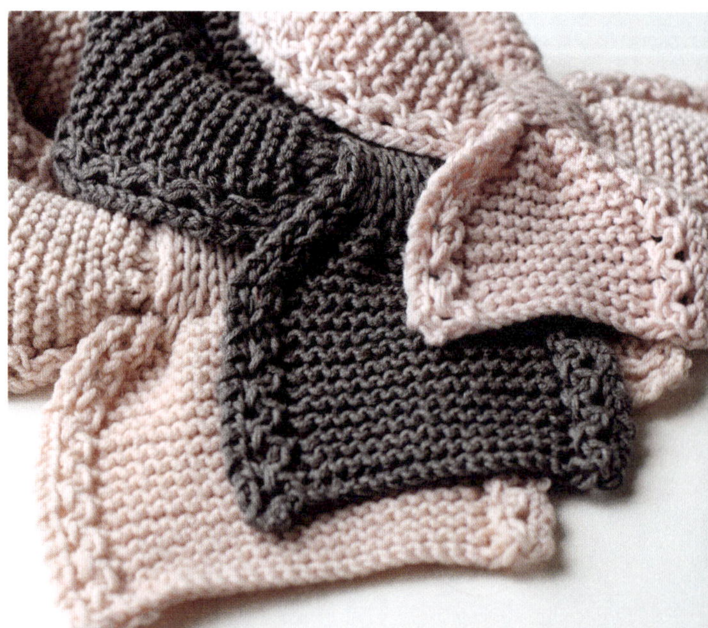

Steckschal Alida

Schwierigkeitsgrad 2

GRÖSSE für 0–3 Monate/
3–18 Monate/1–4 Jahre
GARN Dale Garn Lerke (53 % Merinowolle, 47 % ägyptische Baumwolle, LL 115 m/50 g) in Perlrosa (Fb 3811), 50/50/50/100 g
NADELN Nadelspiel 4,0 mm
MASCHENPROBE 22 M mit Nd 4,0 mm glatt re = 10 cm

Mit zwei Spielnd 4,0 mm 20 (25) 30 M anschl und wie folgt im Muster mit Lochrand str:

MUSTER MIT LOCHRAND

1. Reihe: 1 M re, 1 M li, 2 M re zusstr, 1 U, 1 M li, 10/15/20 M re, 1 M li, 2 M re zusstr, 1 U, 1 M li, 1 M re.
2. Reihe: 1 M li, 1 M re, 2 M li, 12/17/22 M re, 2 M li, 1 M re, 1 M li.
3. Reihe: 1 M re, 1 M li, 1 U, 2 M re übz zusstr (= 1 M re abh, 1 M re, die abgehobene M überziehen), 1 M li, 10/15/20 M re, 1 M li, 1 U, 2 M re übz zusstr, 1 M li, 1 M re.
4. Reihe: Wie die 2. R str.
Die 1.–4. R fortlfd wdh.

Das Muster (= 1.–4. R) 6/8/9 x arb.
* Nun jede 2. M auf eine weitere Spielnd str und über diese beiden Nd einzeln 6/8/10 R im Rippenmuster 1 M re, 1 M li im Wechsel str. Nun die M wieder zusammenfügen, dafür jeweils 1 M des vorderen Teils und 1 M des hinteren Teils abwechselnd auf eine Nd nehmen.
Wiederholen Sie dies, bis alle M wieder auf einer Nd sind *.
Das Muster mit Lochrand (= 1.–4. R) 16/21/24 x str.
Dann von * bis * wdh.
Das Muster mit Lochrand (= 1.–4. R) 6/8/9 x str, in der letzten R die M mustergemäß abk.
Die Fadenenden vernähen. Den Schal in ein feuchtes Handtuch wickeln (siehe S. 6).

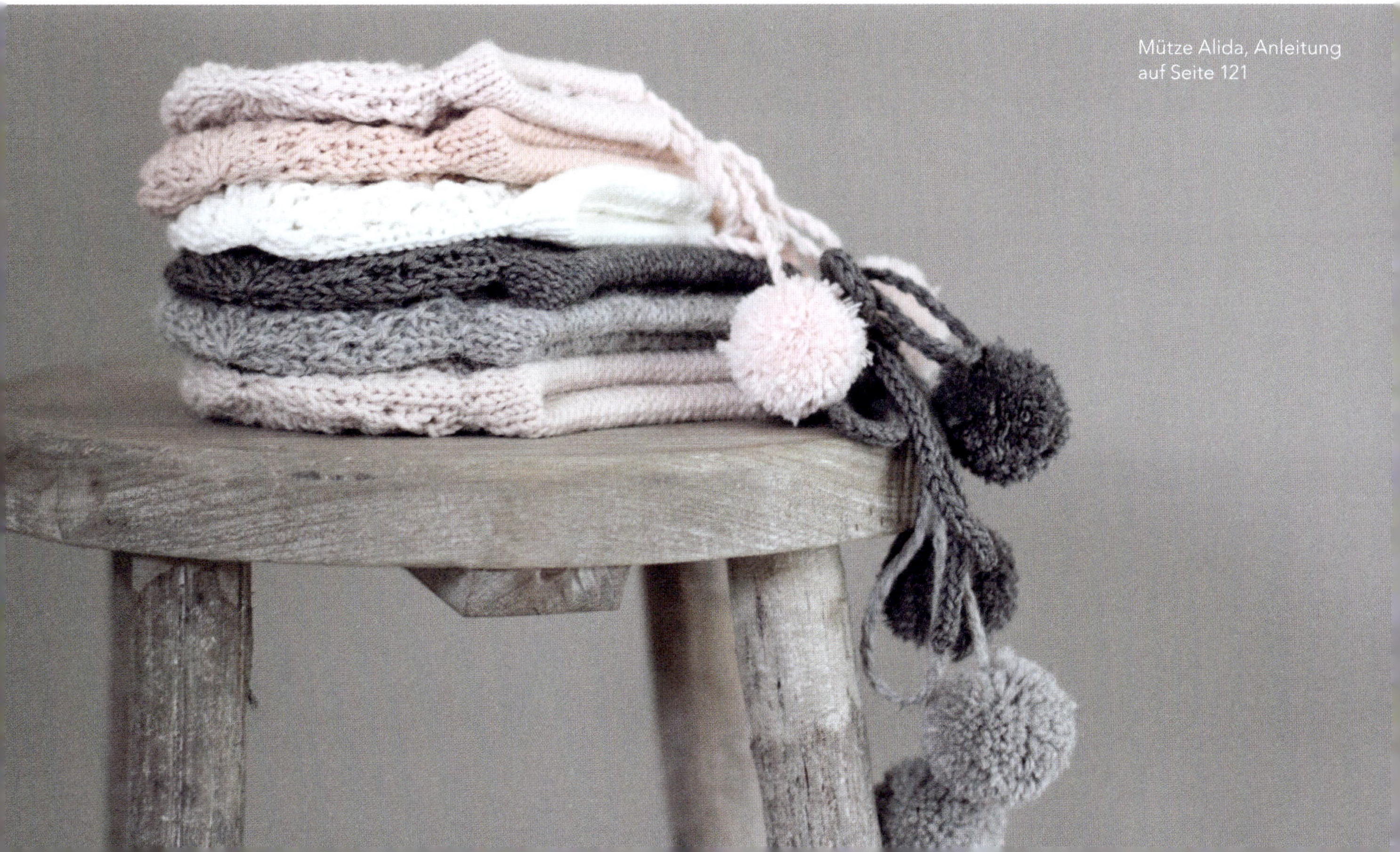

Mütze Alida, Anleitung auf Seite 121

Herbstcape Lilly

Märchenhaft, süß und praktisch. Es wärmt über einem festlichen Kleid und es hält viele Jahre lang, viel länger als eine Jacke. Unsere Mädchen lieben ihre Capes. Eine von ihnen, drei Jahre alt, sagte sogar: »Ich bin Rosakäppchen!«

Schwierigkeitsgrad 2

GRÖSSE für 6–18 Monate/ 2–3 Jahre/3–5 Jahre/5–10 Jahre
GARN Sandnes Garn Merinoull (100 % Merinowolle, LL 105 m/50 g) in Rosa (Fb 4042), 250/250/300/300 g
NADELN Rundstricknadeln 4,0 mm, 60 und 80 cm lang, Nadelspiel 4,0 mm
MASCHENPROBE 22 M mit Nd 4,0 mm glatt re = 10 cm

Mit zwei Spielnd 28 M anschl und das Lochmuster gemäß Strickschrift str. Die 1.–23. R der Strickschrift 1 x str, dann die 12.–23. R 11/12/13/14 x wdh (= 155/167/179/191 R). Dann alle M abk.

UNTERER TEIL CAPE

Mit der Rundstricknd 4,0 mm aus dem unteren Rand des Lochmusterstreifens 156/167/180/189 M auffassen.
3 R glatt re (= in Hinr re M, in Rückr li M) str, dabei mit 1 Rückr beginnen.
Nächste Reihe (Hinr; Zun-R): * 19/21/ 23/24 M re, 1 M zun; * ab 7 x arb, 23/ 20/19/21 M re (= 163/174/187/196 M).
7/9/11/11 R glatt re str.
Nächste Reihe (Hinr; Zun-R): * 20/22/ 24/25 M re, 1 M zun; ab * 7 x arb, 23/20/19/21 M re (= 170/181/194/ 203 M).
7/9/11/13 R glatt re str.
Nächste Reihe (Hinr; Zun-R): * 21/23/ 25/26 M re, 1 M zun; ab * 7 x arb, 23/ 20/19/21 M re (= 177/188/201/210 M).

Nur Größe 2–3 Jahre, 3–5 Jahre und 5–10 Jahre
0/9/11/13 R glatt re str.
Nächste Reihe (Hinr; Zun-R): * 0/24/ 26/27 M re, 1 M zun; ab * 7 x arb, 0/ 20/19/21 M re (= 177/195/208/217 M).

Alle Größen
11 R kraus re (= in jeder R re M) str, dabei in der letzten R (= Rückr) abk.

KAPUZE

Mit der Rundstricknd 4,0 mm aus dem oberen Rand des Musterstreifens 52/59/63/67 M auffassen.
5 R glatt re str, dabei für Größe 3–5 Jahre und 5–10 Jahre in der 4. R gleichmäßig verteilt 4/8 M abn (= 52/ 59/59/59 M).
In der nächsten R (= Hinr) wie folgt die Löcher für den Schnurdurchzug str:
Nur 6–18 Monate
Lochreihe: 2 M re, * 2 M re zusstr, 1 U, 3 M re; ab * 9 x arb, 2 M re zusstr, 1 U, 3 M re.

Nur Größe 2–3 Jahre, 3–5 Jahre und 5–10 Jahre
Lochreihe: 1 M re, * 2 M re zusstr, 1 U, 4 M re; ab * 9 x arb, 2 M re zusstr, 1 U, 2 M re.

Alle Größen
3 R glatt re str, dabei für Größe 6–18 Monate in der 2. R 1 M zun (= 53/59/ 59/59 M).

ZUNAHMEN FÜR DIE KAPUZE

Nächste Reihe (Zun-R): 3/6/6/6 M re, 1 M zun, 6 M re, 1 M zun, * 3 M re, 1 M zun; ab * 5 x arb, 2 M re, 1 M zun, 1 M re, 1 M zun, 2 M re, ** 1 M zun, 3 M re; ab ** 5 x arb, 1 M zun, 6 M re, 1 M zun, 3/6/6/6 M re (= 69/75/75/75 M).
3 R glatt re str.
Nächste Reihe (Zun-R): 10 M re, 1 M zun, 7/10/10/10 M re, 1 M zun, 5 M re, 1 M zun, * 3 M re, 1 M zun; ab * 4 x arb, 1 M re, ** 1 M zun, 3 M re; ab ** 4 x arb, 1 M zun, 5 M re, 1 M zun, 7/10/10/10 M re, 1 M zun, 10 M re (= 83/89/89/89 M).
1 R li M str.
Nächste Reihe (Zun-R): 11 M re, 1 M zun, 8/11/11/11 M re, 1 M zun, 6 M re, 1 M zun, * 4 M re, 1 M zun; ab * 4 x arb, 1 M re, ** 1 M zun, 4 M re; ab ** 4 x arb, 1 M zun, 6 M re, 1 M zun, 8/11/11/11 M re, 1 M zun, 11 M re (= 97/103/103/103 M).
1 R li M str.

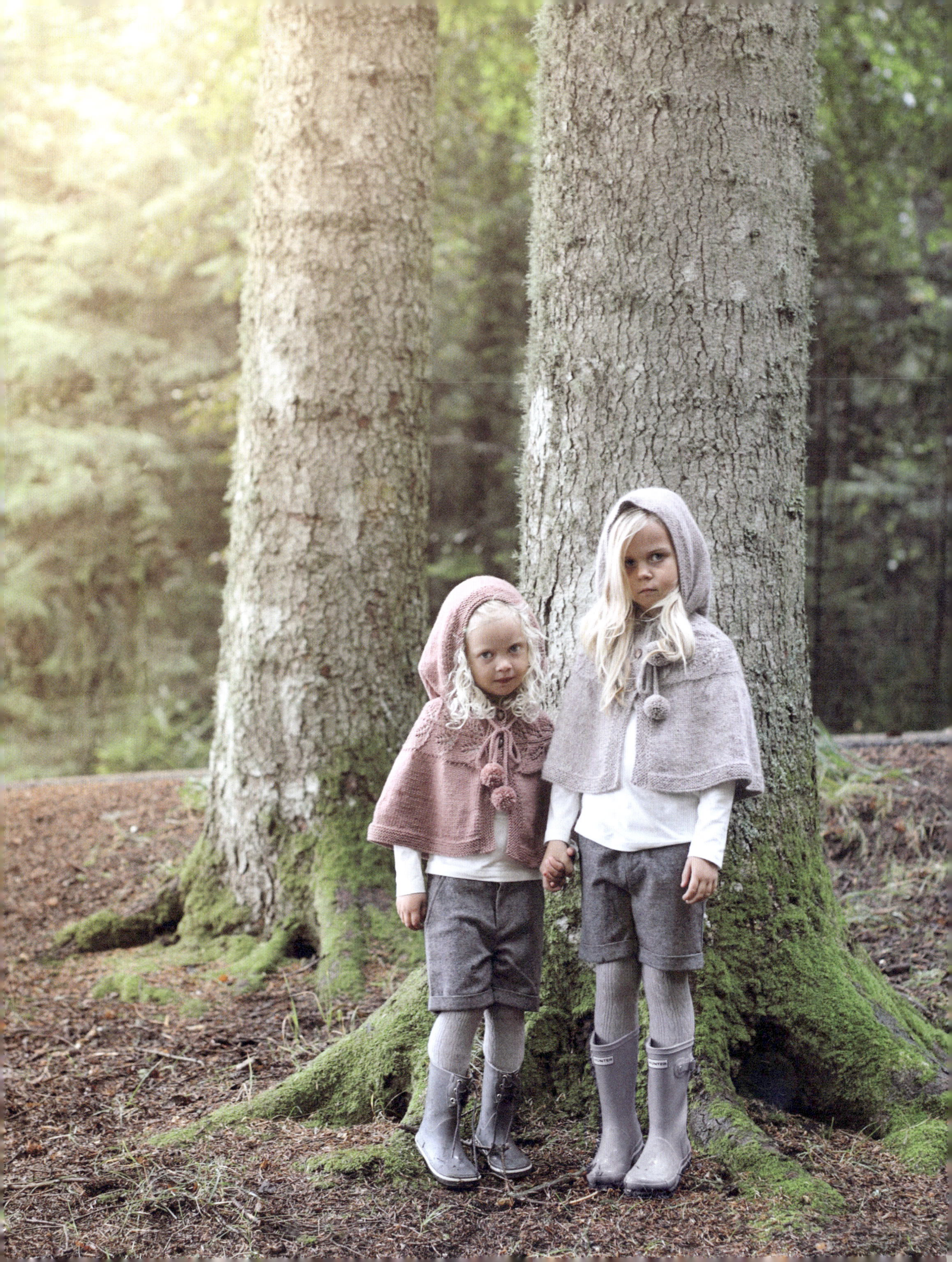

Nächste Reihe (Zun-R): 21/24/24/24 M re, 1 M zun, 7 M re, 1 M zun, * 5 M re, 1 M zun; ab * 4 x arb, 1 M re, ** 1 M zun, 5 M re; ab ** 4 x arb, 1 M zun, 7 M re, 1 M zun, 21/24/24/24 M re (= 109/115/115/115 M).

Nur Größe 2–3 Jahre, 3–5 Jahre und 5–10 Jahre
1 R li M str.
Nächste Reihe (Zun-R): 25 M re, 1 M zun, 8 M re, 1 M zun, * 6 M re, 1 M zun; ab * 4 x arb, 1 M re, ** 1 M zun, 6 M re; ab ** 4 x arb, 1 M zun, 8 M re, 1 M zun, 25 M re (= 109/127/127/127 M).

Alle Größen
Glatt re str, dabei in Größe 2–3 Jahre, 3–5 Jahre und 5–10 Jahre in der 10. R jeweils beidseits der Mittel-M 1 M zun (= 109/129/129/129 M).
Glatt re weiterarb, bis die Kapuze ab Loch-R 26/28/30/32 cm hoch ist.

Die Kapuze so falten, dass die li Seite außen liegt, und die Kante verbinden. Dafür jeweils 1 M der einen Nd und 1 M der anderen Nd zusstr und gleichzeitig abk.

KNOPFBLENDEN UND KAPUZENRAND

Für Knopfblenden und Kapuzenrand wie folgt M auffassen: ca. 45/54/57/60 M aus der re Capekante bis nach oben zur Loch-R, ca. 77/82/88/94 M aus dem Kapuzenrand und ca. 45/54/57/60 M aus der li Capekante bis nach unten zum Rand. 12 R kraus re str, dabei in der 6. R vor dem Musterstreifen auf der re Seite drei Knopflöcher wie folgt einstr:
Re M str bis zum Musterstreifen, 2 M re zusstr, 2 U, 8 M re, 2 M re zusstr, 2 U, 8 M re, 2 M re zusstr, 2 U, re M str bis R-Ende.

In der nächsten R jeweils den 1. U re str, den 2. U fallen lassen.
In der nächsten Rückr die M abk.
Alle Fadenenden vernähen. Die Knöpfe annähen.

STRICKSCHNUR

Eine Strickschnur in der gewünschten Länge arb (siehe S. 76) und durch die Loch-R ziehen.
Nach Wunsch zwei Bommeln anfertigen (z. B. mit einem Pomponset) und an den Schnurenden befestigen.

Tipp

Wenden, ohne dass Löcher entstehen? Das klappt mit der richtigen Wendetechnik (w&w = wickeln und wenden). Diese finden Sie auf S. 43 erklärt.

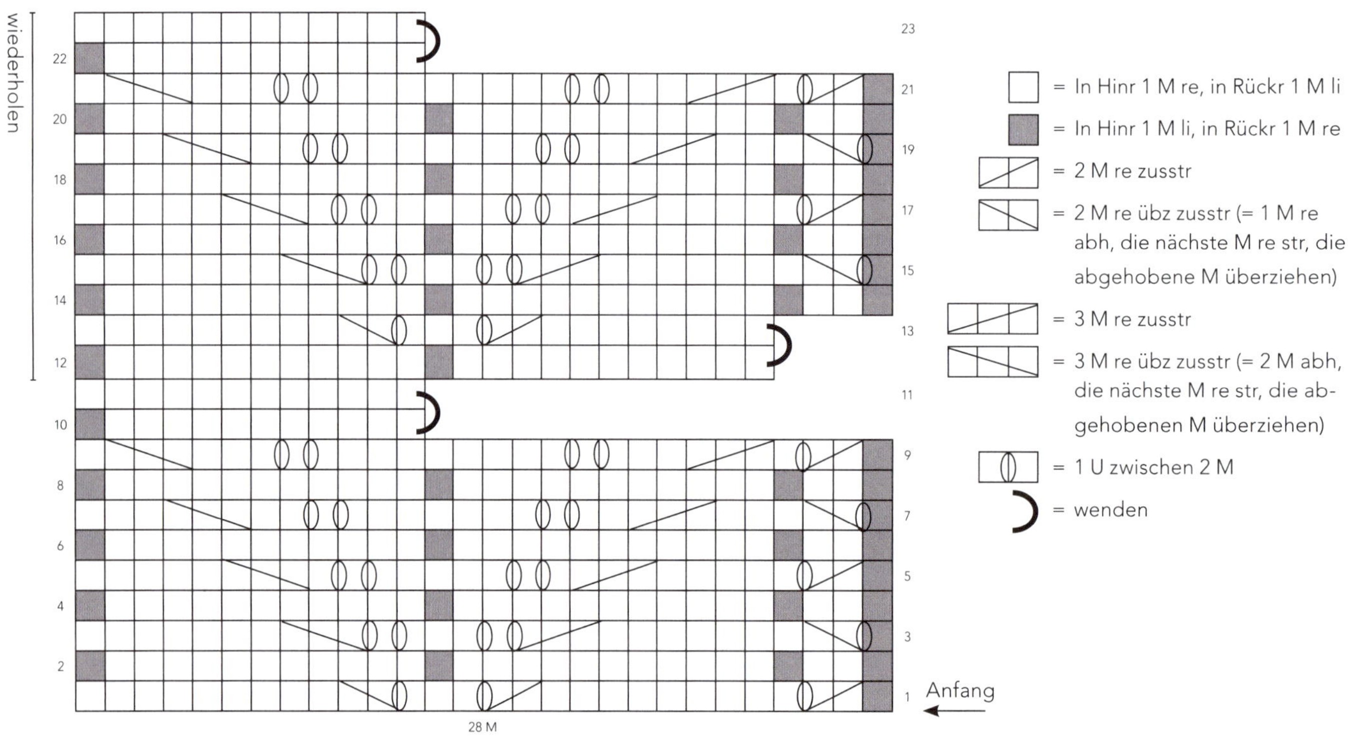

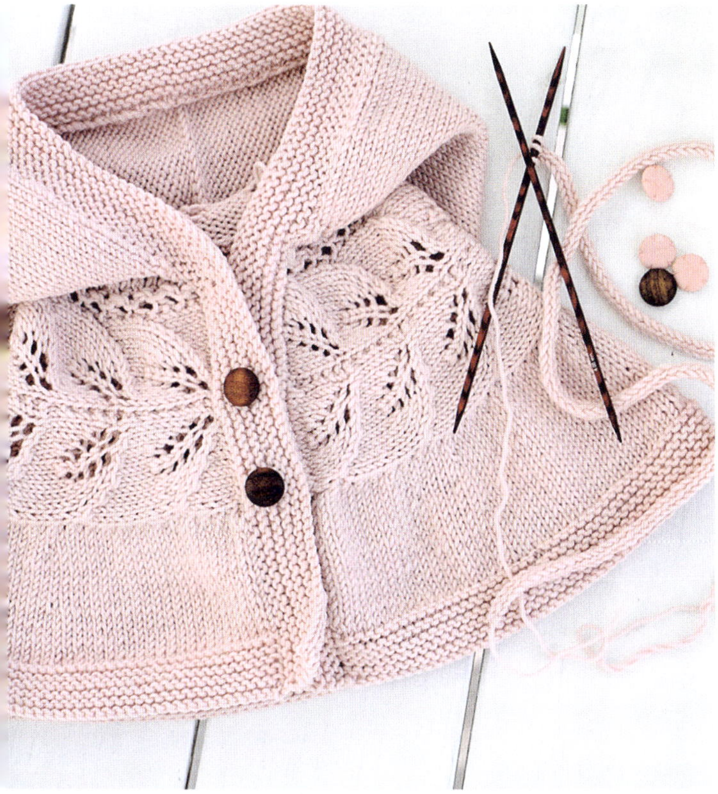

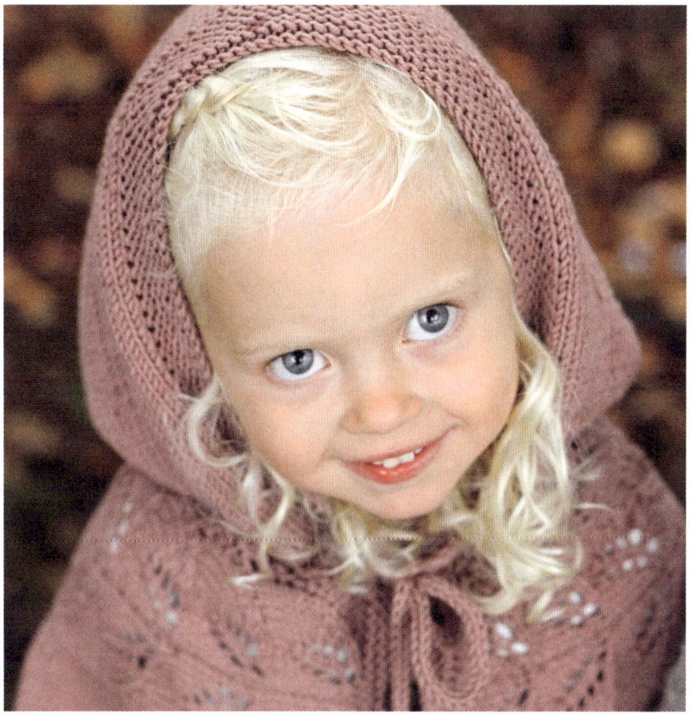

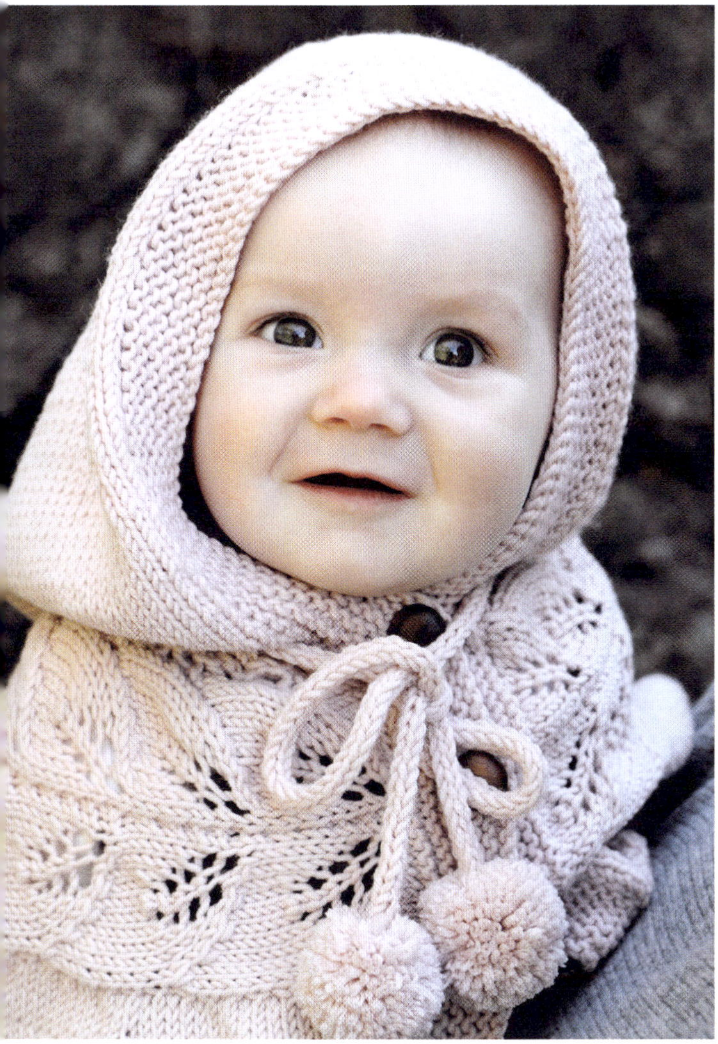

»Schau nur,
wie hübsch ich bin.
Ich bin Rosakäppchen!«

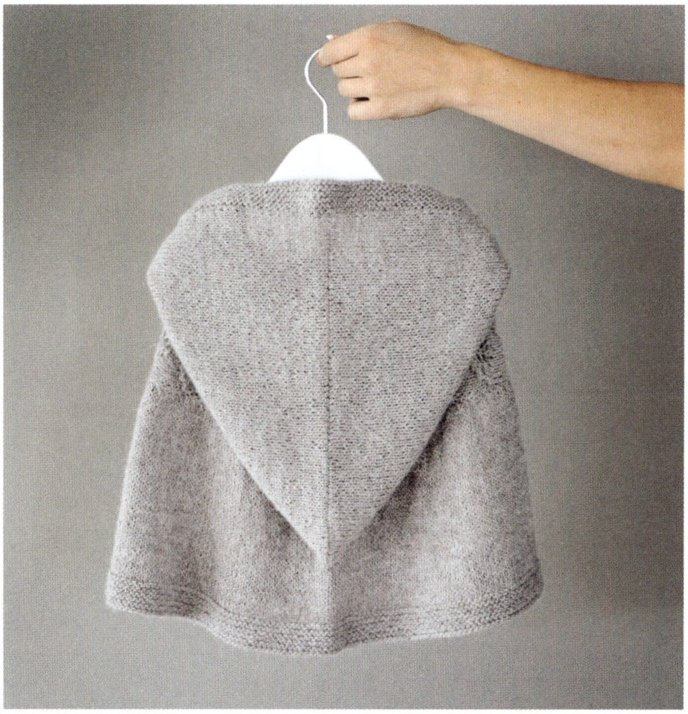

Zickzackrock

Ein superbequemer Rock, der sich schnell stricken lässt. Arbeiten Sie eine warme Winterausgabe aus Wolle (da können Sie eine Wollstrumpfhose unterziehen) – und eine Sommerausgabe aus einem Mischgarn.

Schwierigkeitsgrad 2

GRÖSSE XS/S/M/L/XL
MASSE
Länge: 41,5/42,5/44,5/46,5/48,5 cm
Breite: 22–32/24–34/26–36/28–38/33–43 cm
GARN Drops Merino Extra Fine (100 % Merinowolle, LL 105 m/50 g) in Dunkelgrau (Fb 03), 200/200/250/250/300 g
NADELN Rundstricknadeln 3,5 mm und 4,0 mm, 60 cm lang
ZUBEHÖR 4 Maschenmarkierer
MASCHENPROBE 22 M mit Nd 4,0 mm glatt re = 10 cm

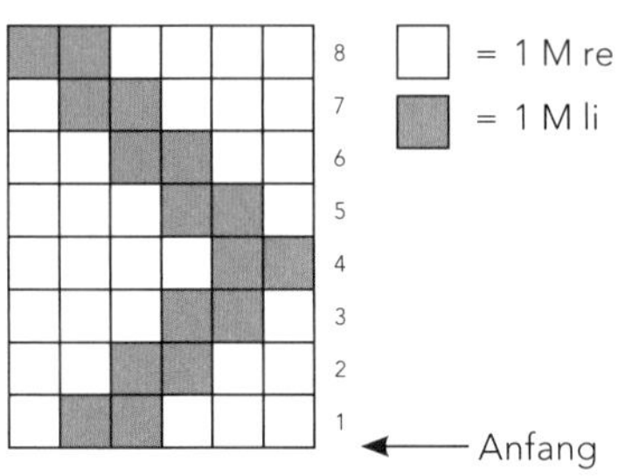

1 Krausrippe = 1 Rd re M, 1 Rd li M im Wechsel.

Mit der Rundstricknd 3,5 mm 120/126/132/144/156 M anschl und zur Rd schließen.
5 cm im Rippenmuster 1 M re, 1 M li im Wechsel str.
Zu Nd 4,0 mm wechseln und wie folgt str:
1 MM einhängen, 6/3/6/6/6 M re str, 1 MM einhängen, 54/60/60/66/72 M im Zickzackmuster gemäß Strickschrift str, 1 MM einhängen, 6/3/6/6/6 M re, 1 MM einhängen, 54/60/60/66/72 M im Zickzackmuster.
Nun in folg Einteilung weiterarb: Über die mittleren 54/60/60/66/72 M vorn und hinten jeweils im Zickzackmuster gemäß Strickschrift arb (den Rapport von 6 M pro Musterfeld 9 x arb, die 1.–8. Rd des Musters fortlfd wdh), über die restl M Krausrippen str.
Gleichzeitig nach 7 Krausrippen (= 14 Rd) in beiden Krausrippenstreifen in einer Rd mit re M beidseiteig (= 1 M nach der 1. M und 1 M nach der letzten M) jeweils 1 M re verschr aus dem Querfaden zun (= 4 M. zugenommen = 124/130/136/148/160 M).
Diese Zun noch 3 x nach jeweils 3 Krausrippen (= 6 Rd) wdh (= 136/142/148/160/172 M).
Diese Zun noch 1 x nach 5 Krausrippen (= 10 Rd) wdh (= 140/146/152/164/176 M).
Diese Zun noch 1 x nach 12/12/14/16/18 Krausrippen (= 24/24/28/32/36 Rd) wdh (= 144/150/156/168/180 M).
Mustergemäß ohne Zun weiterstr, bis eine Gesamthöhe von 41/41/43/45/47 cm erreicht ist. Zu Nd 3,5 mm wechseln und mit 4 Rd im Rippenmuster 1 M re, 1 M li im Wechsel schließen, dabei in der 4. Rd mustergemäß abk.
Alle Fadenenden vernähen. Den Rock spannen, anfeuchten und trocknen lassen oder einfach in ein feuchtes Handtuch wickeln (siehe S. 6).

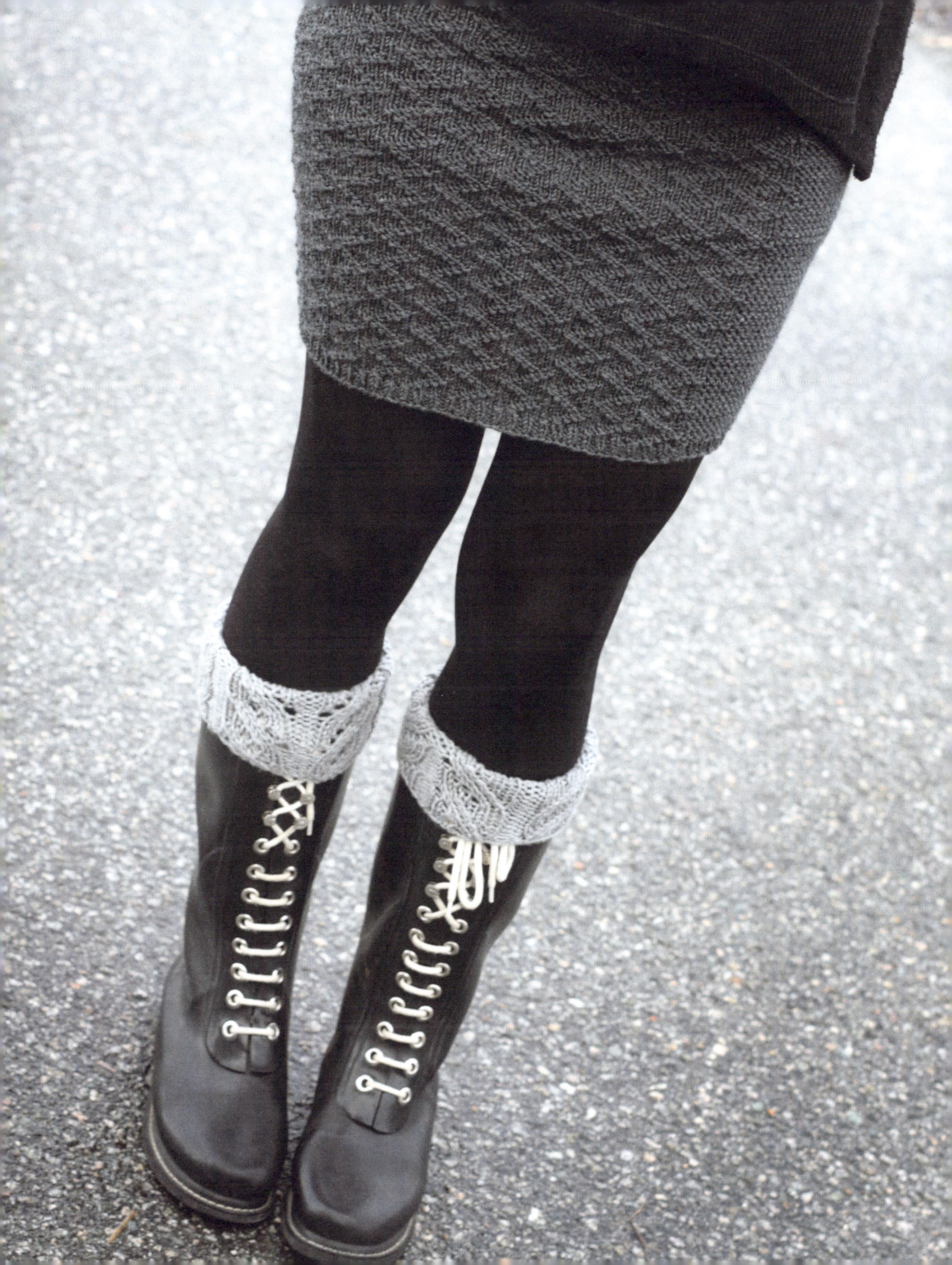

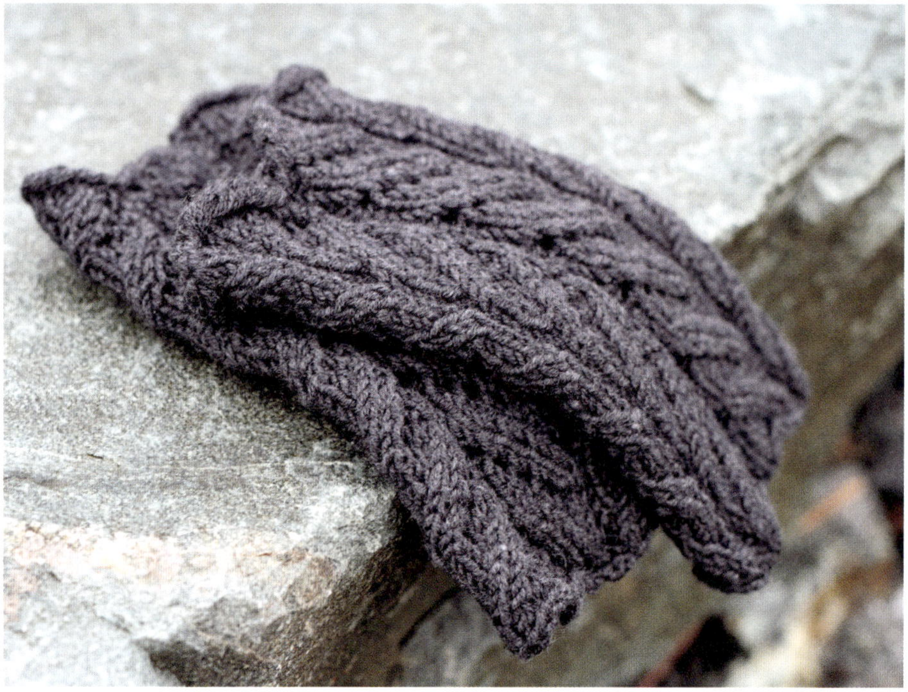

Stiefelstulpen Westwind

Wir aus Westnorwegen sind daran gewöhnt, unsere Stiefel immer in Reichweite zu haben. Diese können mit schicken Stiefelstulpen geschmückt werden – dadurch werden sie gleichzeitig warm und gemütlich.

Schwierigkeitsgrad 2

GRÖSSE Einheitsgröße für Erwachsene
GARN Drops Big Merino (100 % Merinowolle, LL 75 m/50 g) in Mokka (Fb 05) oder Grau (Fb 02), 100 g
NADELN Nadelspiel 5,0 mm
MASCHENPROBE 17 M mit Nd 5,0 mm glatt re = 10 cm

Mit dem Ndspiel 5,0 mm 48 M anschl, zur Rd schließen. Den Rd-Beginn mit einem MM oder einem Kontrastfaden kennzeichnen. Nun das Lochrippenmuster gemäß Strickschrift str. Dazu den Rapport von 16 M 3 x pro Rd str, die 1.–8. Rd insgesamt 7 x arb (= 56 Rd). Alle M abk.
Die zweite Stulpe genauso arb.

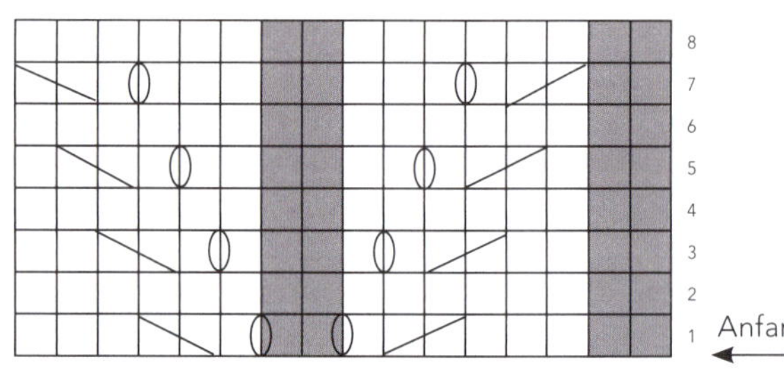

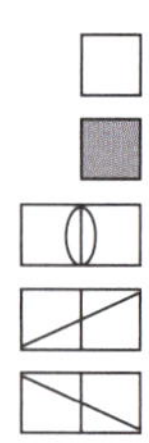

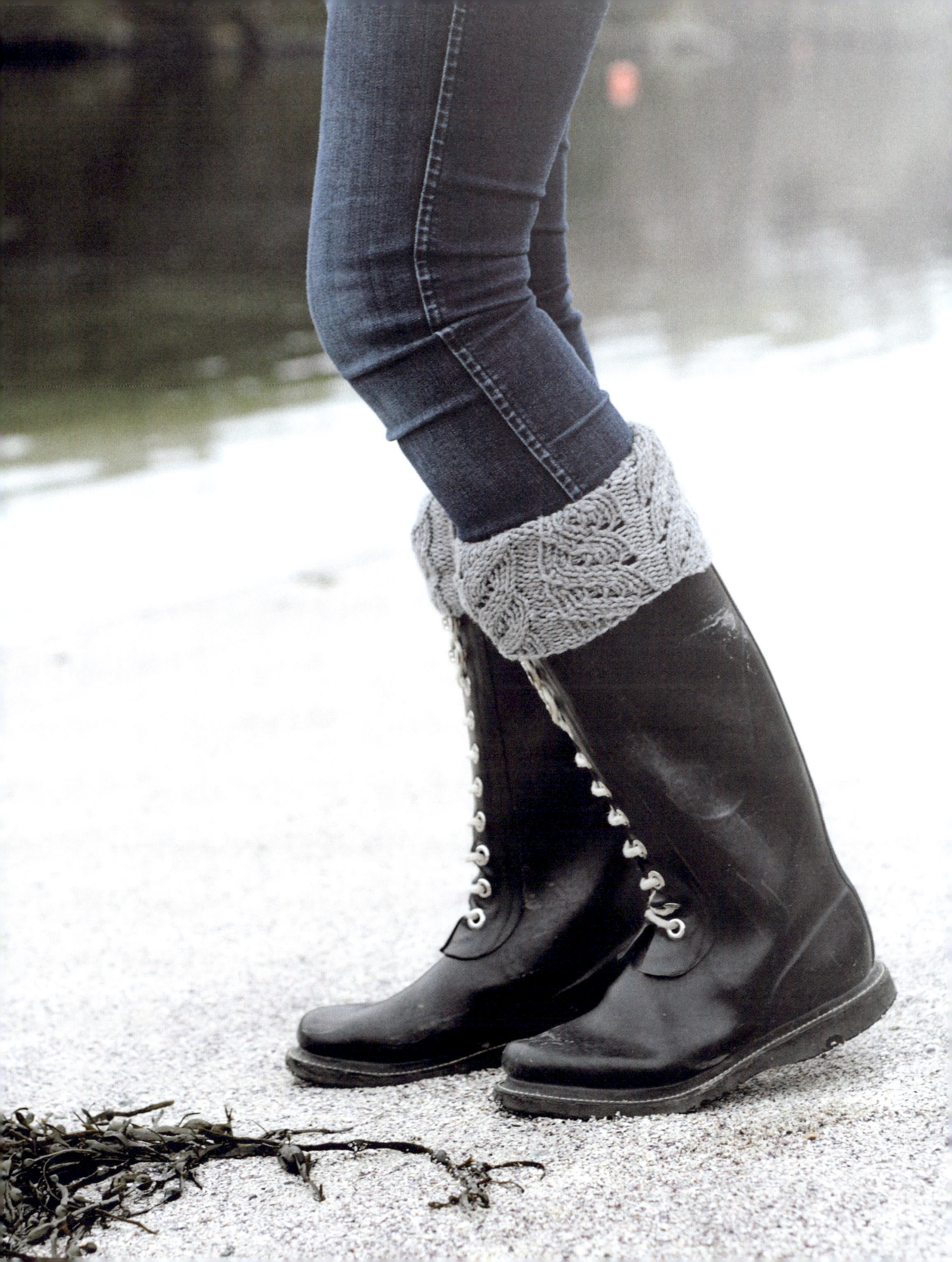

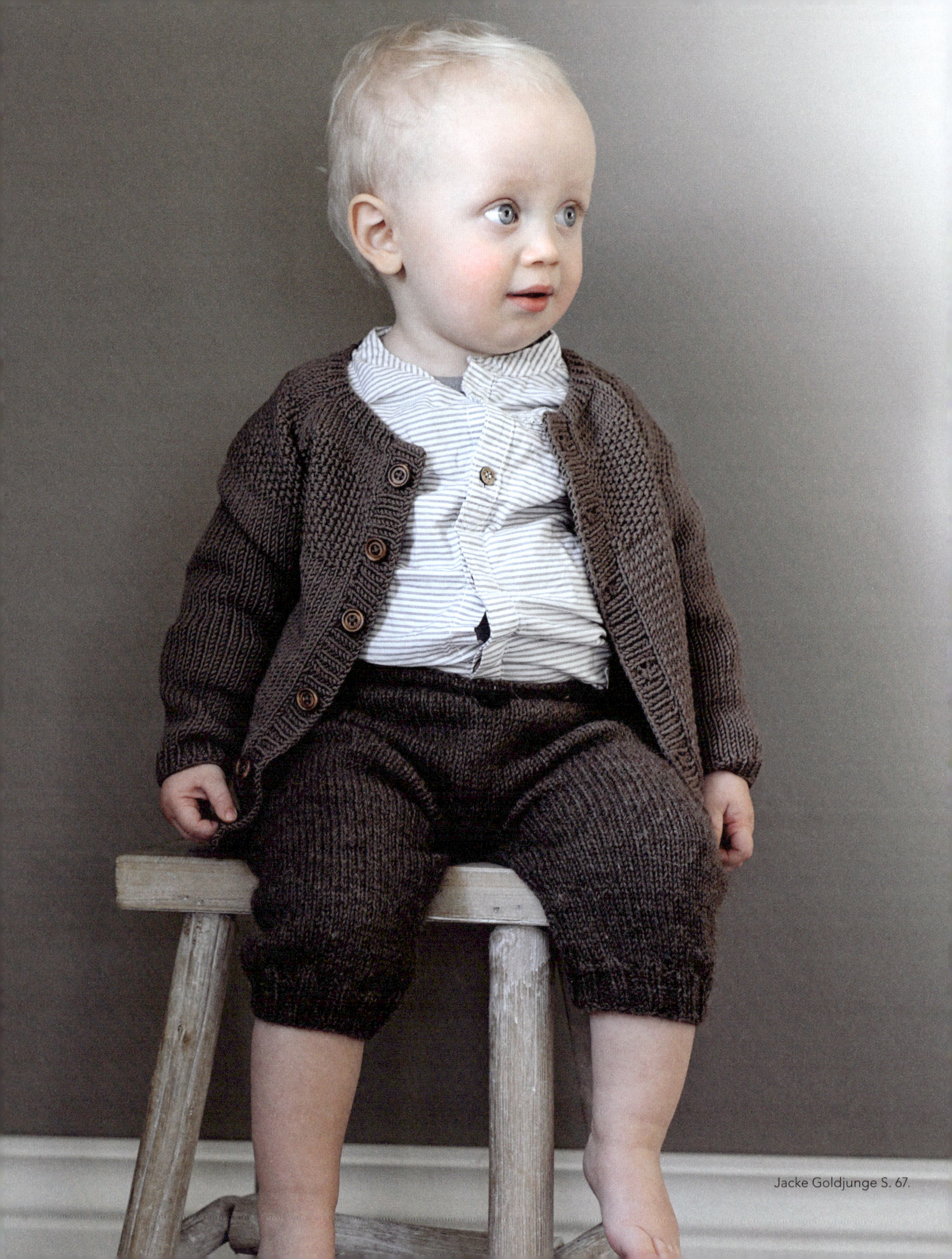

Jacke Goldjunge S. 67.

Pilotenhose

Hier haben wir eine festliche Kniehose. Sie lässt sich aus allen möglichen Garnarten stricken. Wer möchte, arbeitet sie mit langen Hosenbeinen, dann erhält man eine warme Hose, die das Kind gut unter dem Winteroverall tragen kann.

Schwierigkeitsgrad 2

GRÖSSE für 6–12 Monate/ 1–2 Jahre/3–4 Jahre/5–6 Jahre/ 7–8 Jahre
MASSE
Länge: 34/39/43/47/50 cm
Hüftbreite (vor Einziehen des Hosengummis: ca. 26/28/30/32/34 cm
GARN Du Store Alpakka Sterk (40 % Alpaka, 40 % Merinowolle, 20 % Nylon, LL, 137 m/50 g) in Dunkelbraun (Fb 810), 150 (150) 200 (200) 250 g
NADELN Rundstricknadeln 3,0 mm und 4,0 mm, 40 cm lang, Nadelspiel 3,5 mm und 4,0 mm
ZUBEHÖR 55/60/65/65/70 cm Gummiband, 1–1,5 cm breit, 3 Knöpfe
MASCHENPROBE 22 M mit Nd 4,0 mm glatt re = 10 cm

Mit der Rundstricknd 3,0 mm 112/120/128/136/144 M anschl und zur Rd schließen. Den Rd-Beginn mit einem MM oder einem Kontrastfaden kennzeichnen.
9 Rd re M, 1 Rd li M und 4 Rd re M str. Zu Nd 4,0 mm wechseln. 1 Rd re M str.
Nun den rückwärtigen Teil etwas länger arb, dafür wie folgt str:
10 M re, wenden, 1 U, 20 M li, wenden, 1 U, re M str bis 4 M nach der letzten Wendestelle, den U und die folg M re zusstr, wenden, 1 U, li M str bis 4 M nach der letzten Wendestelle. So weiterarb, bis beidseitig 4/5/5/6/6 x gewendet ist.

Glatt re (= jede Rd re M) weiterstr und je 1 MM beidseits der 6 mittleren M von vorderem und rückwärtigem Hosenteil einhängen. Glatt re str, bis eine Höhe von 10/12/14/16/18 cm ab der Rd des Nd-Wechsels erreicht ist.
Nun 5 x in jeder 3. Rd beidseits der 6 markierten M vorn und hinten jeweils 1 M re verschr aus dem Querfaden zun (= 20 M zugenommen = 132/140/148/156/164 M).
In der nächsten Rd die 6 markierten M hinten und vorn abk (= 120/128/136/144/152 M).
Nun jedes Hosenbein einzeln beenden = 60/64/68/72/76 M je Bein.
Die M für ein Bein auf das Ndspiel 4,0 mm nehmen und und zur Rd schließen. Den Rd-Beginn mit einem MM kennzeichnen. 3 cm glatt re str.
Dann wie folgt abn:
Nächste Runde (Abn-Rd): 1 M re, 2 M re zusstr, re M str bis zu den letzten 3 M, 2 M re übz zusstr (= 1 M re abh, die nächste M re str, die abgehobene M überziehen), 1 M re.
Diese Abn noch 2/3/3/4/4 x alle 3 cm wdh (= 54/56/60/62/66 M).
Glatt re ohne Abn weiterstr, bis eine Höhe von 31/36/40/44/47 cm ab der li gestrickten Rd erreicht ist.
In der nächsten Rd gleichmäßig verteilt 10/12/12/10/14 M abn.
Zum Ndspiel 3,5 mm wechseln. 3 cm im Rippenmuster 1 M re, 1 M li im Wechsel str. Alle M abk.
Die 6 abgeketteten M vorn und hinten zwischen den Beinen mit M-Stichen zusammennähen (siehe Abbildung auf S. 81). Den Hosenbund umklappen und von li festnähen, dabei zunächst noch eine Öffnung von 3 cm lassen. Ein breites Gummiband einziehen, die Bandenden überlappend aufeinandernähen, dann die Öffnung schließen.
Vorn in Hosenmitte drei Knöpfe annähen.
Die Fadenenden vernähen. Die Hose spannen, anfeuchten und trocknen lassen oder einfach in ein feuchtes Handtuch wickeln (siehe S. 6).

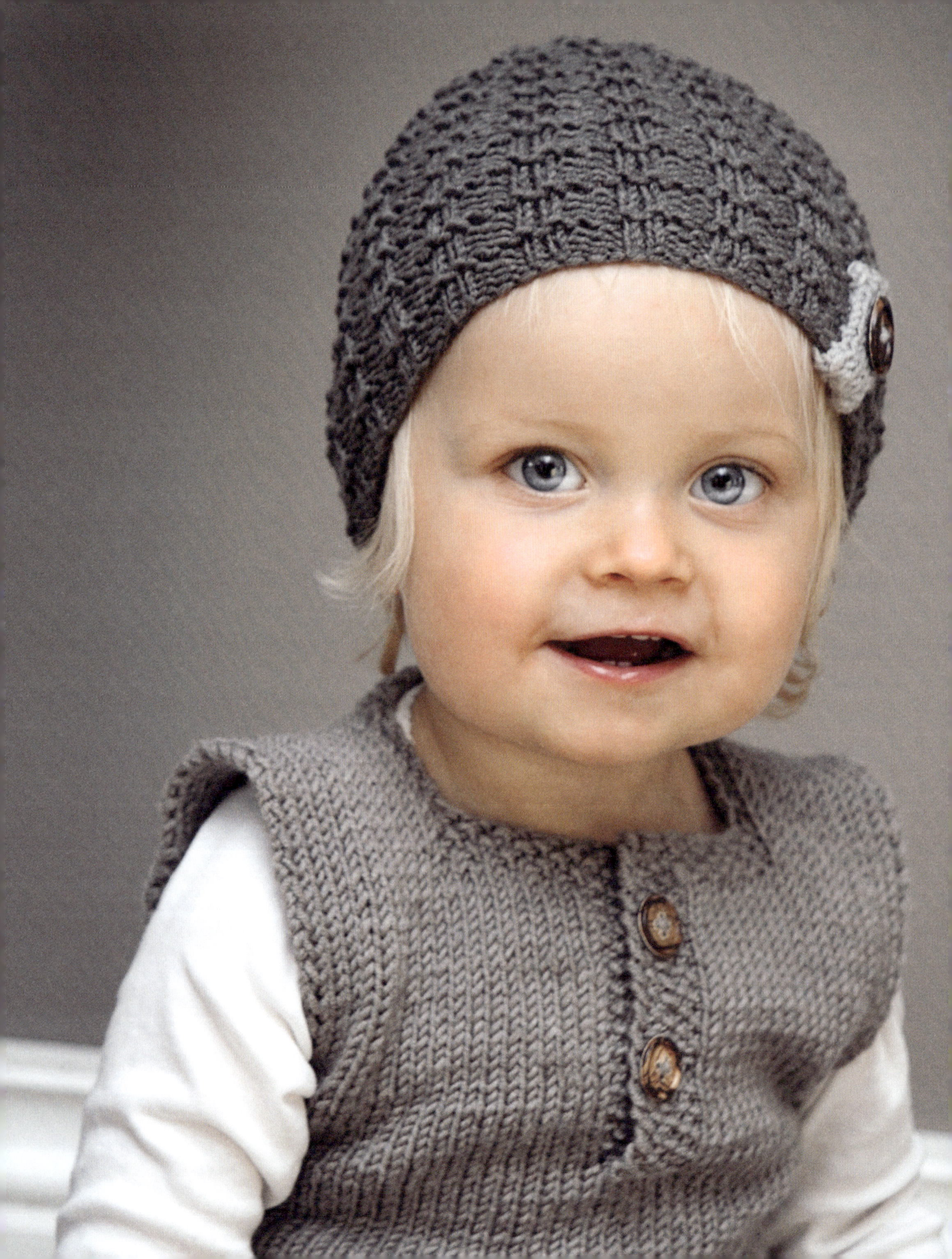

Großvaterpullunder

Durch Kindheitserinnerungen angeregt, haben wir einen nostalgischen und bequemen Pullunder entwickelt. Er sorgt für gute Bewegungsfreiheit. Der Pullunder wird in einem Stück gestrickt und dann an den Seiten zusammengenäht.

Schwierigkeitsgrad 1

GRÖSSE für 3–6 Monate/6–12 Monate/1–2 Jahre/3–4 Jahre/5–6 Jahre
MASSE
Länge: 23/26/30/36/42 cm
Oberweite: 38/42/48/52/56 cm
GARN Drops Merino Extra Fine (100 % Merinowolle, LL 105 m/50 g) in Hellbraun (Fb 07), 100/100/150/150/200 g
NADELN Rundstricknadel 4,0 mm, 40 oder 60 cm lang
ZUBEHÖR 2 Knöpfe
MASCHENPROBE 22 M mit Nd 4,0 mm glatt re = 10 cm

PERLMUSTER
1 M re, 1 M li im Wechsel str. Die M in jeder R versetzen.

VORDERTEIL
Mit der Rundstricknd 4,0 mm 47/49/53/59/67 M anschl.
2,5 cm im Rippenmuster 1 M re, 1 M li im Wechsel str, dabei mit 1 M re beginnen und enden.
Nun in folg Einteilung weiterstr: über die ersten und letzten 5/5/7/7/9 M im Rippenmuster, über die restl M glatt re (= in Hinr re M, in Rückr li M).
In dieser Einteilung str, bis eine Gesamthöhe von 12/14/18/24/28 cm erreicht ist.
In der nächsten Rd in der angegebenen Einteilung bis zur 21./22./24./27./31. M str, 5 M im Perlmuster str. Wenden, 5 M im Perlmuster, die restl M gemäß Einteilung str.
Auf diese Weise diese Seite (die M der anderen Seite zunächst stilllegen) einzeln bis zur Schulter arb, dabei nach 3,5/3,5/4/4/4,5 cm im Perlmuster das erste Knopfloch und nach 7/7/7,5/7,5/8 cm im Perlmuster das zweite Knopfloch jeweils wie folgt einstr:
In der Hinr die 2. und 3. M im Perlmuster abk, in der folg Rückr wieder 2 M dazu anschl.

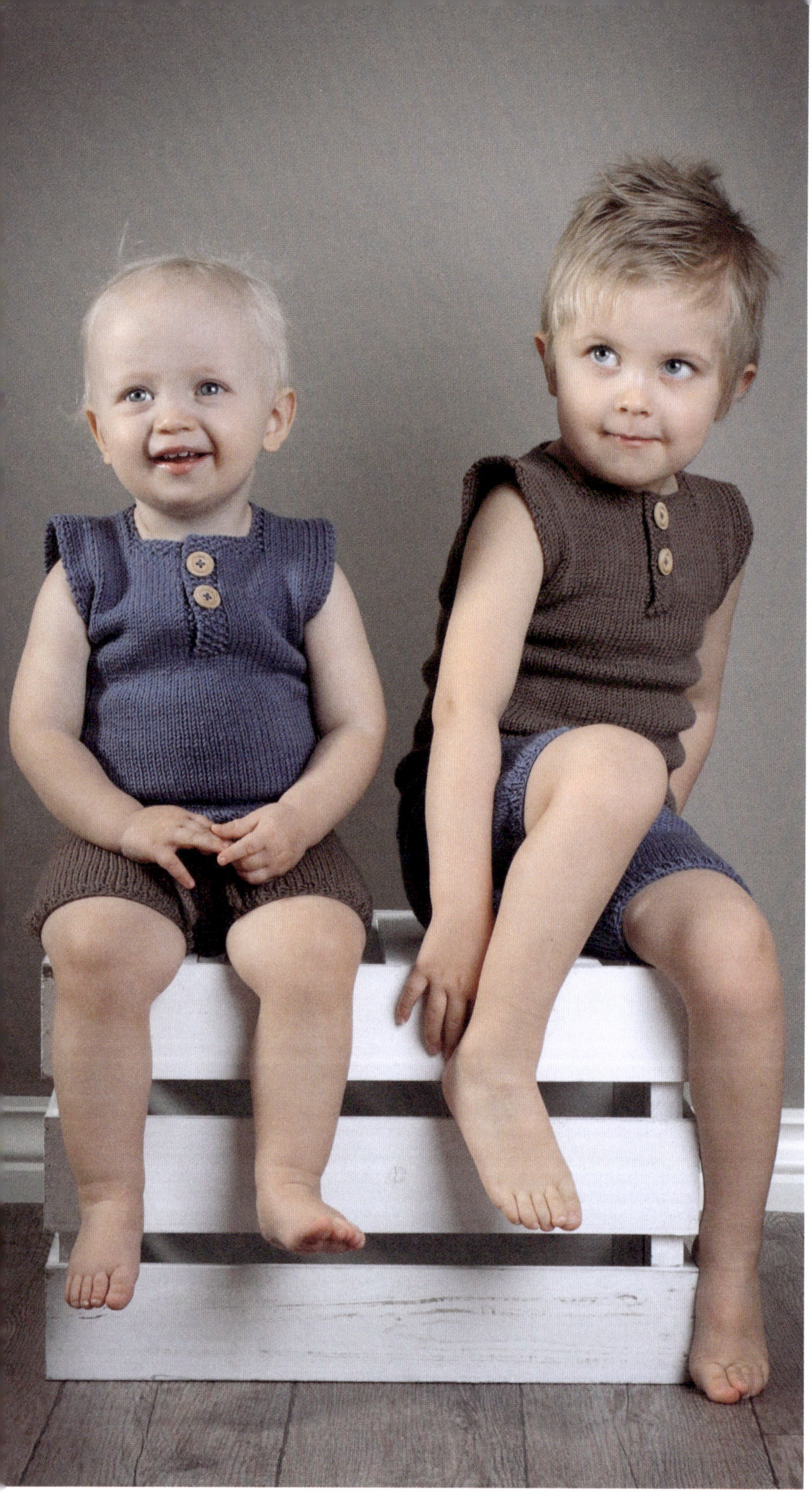

Sind 8,5/8,5/9/9/9,5 cm im Perlmuster gestrickt, das Perlmuster erweitern, also über weitere 14/14/14/16/16 M im Perlmuster str.
4 R in dieser Einteilung str, dabei jedoch für den Halsausschnitt in der 4. R die 12/12/12/14/14 M auf der Seite des Halsausschnitts abk.
8 R in der Einteilung str (außen im Rippenmuster, auf der Seite des Halsausschnitts 2 M im Perlmuster, über die M dazwischen glatt re).
Nun über die stilllgelegten M die andere Seite gegengleich und ohne Knopflöcher arb.

RÜCKENTEIL

Nun die M der einen Seite str, 19/19/19/23/23 M dazu anschl, dann die M der anderen Seite str. Über die dazu angeschlagenen M zusätzlich zu den je 2 M beidseits des Halsauschnittes im Perlmuster (= 23/23/23/27/27 M), über die restl M in der Einteilung weiterstr. Nach 4 R Perlmuster auch über diese 23/23/23/27/27 M M glatt re str. Über die äußeren M wird weiter im Rippenmuster gearbeitet.
Nun das Rückenteil ebenso hoch str wie das Vorderteil – einschließlich zuletzt 2,5 cm im Rippenmuster 1 M re, 1 M li im Wechsel über alle M. Dann die M abk.

Den Pullunder an den Seiten zusammennähen, dabei aber jeweils eine Öffnung von ca. 9/10/11/11/12 cm für die Arme lassen. Die Knopfblende ohne Löcher ganz unten an der Rückseite der Knopflochblende (mit den Löchern) festnähen. Die Knöpfe annähen.
Den Pullunder spannen, anfeuchten und trocknen lassen oder einfach in ein feuchtes Handtuch wickeln (siehe S. 6).

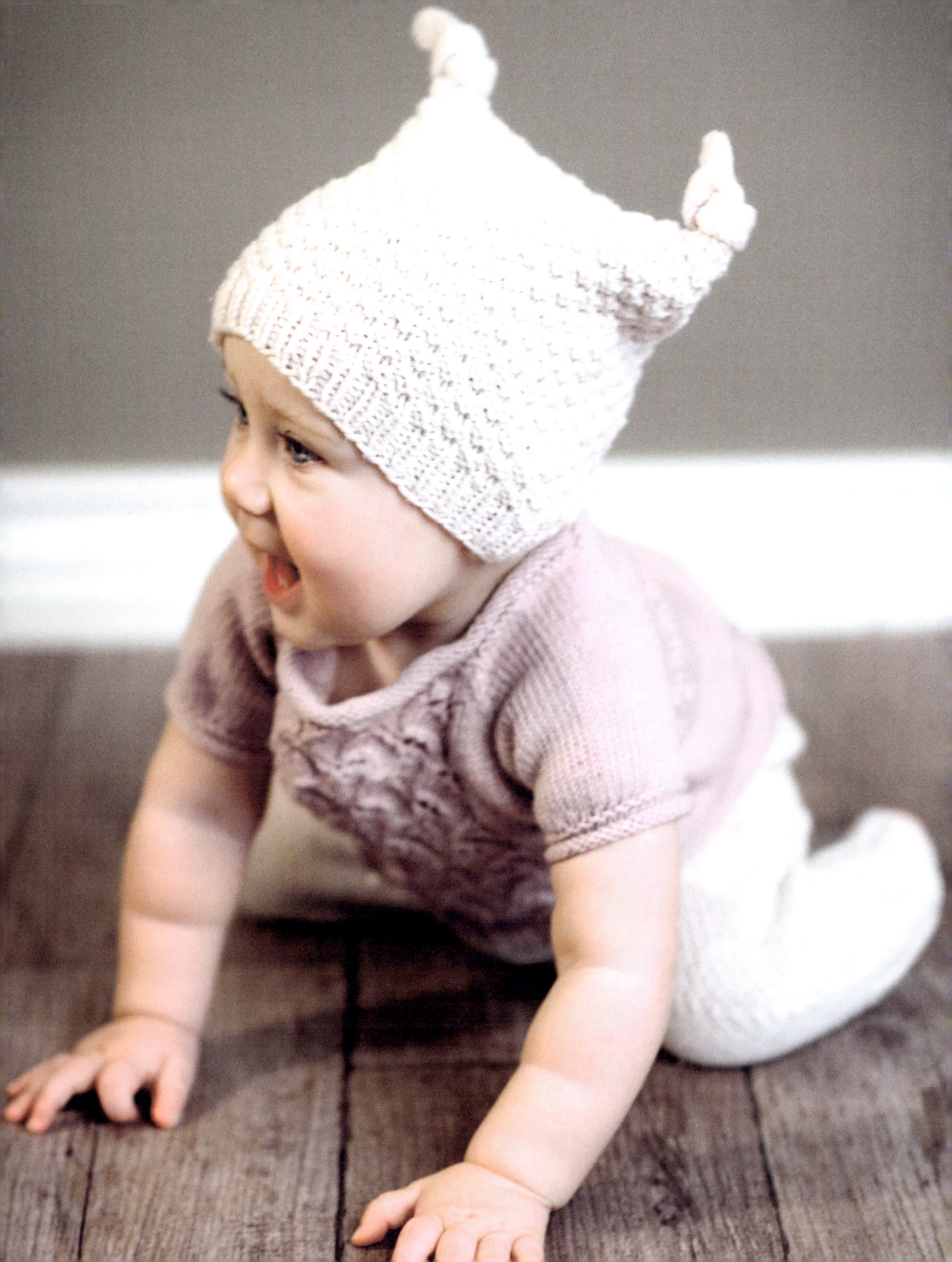

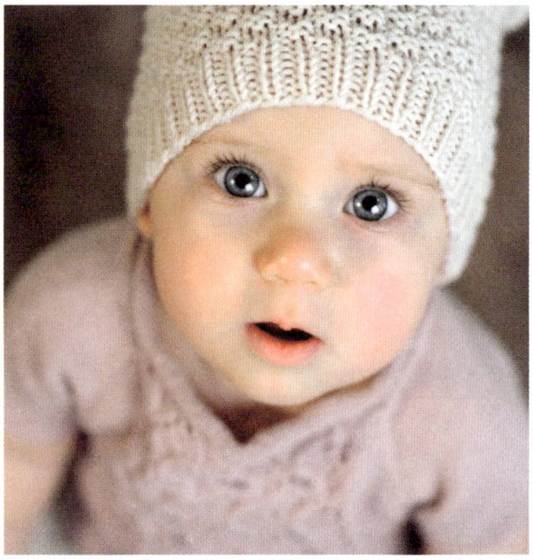

Knötchenmütze

Hier haben wir eine lustige und süße Mütze für die Kleinsten. Sie wird im großen Perlmuster gestrickt und hat zwei Zipfel mit Knoten.

Schwierigkeitsgrad 1

GRÖSSE für 2–4 Monate/ 6–18 Monate/2–3 Jahre
GARN Sandnes Garn Merinoull (100 % Merinowolle, LL 105 m/50 g) in Weiß (Fb 1015), 50/100/100 g
NADELN Rundstricknadeln 4,0 mm, 40 cm lang, Nadelspiel 4,0 mm
MASCHENPROBE 22 M mit Nd 4,0 mm glatt re = 10 cm

GROSSES PERLMUSTER

1. und 2. Runde: 2 M re, 2 M li im Wechsel str.
3. und 4. Runde: 2 M li, 2 M re im Wechsel str.
Die 1.–4. Rd fortlfd wdh.

Mit der Rundstricknd 4,0 mm 72/80/80 M anschl und zur Rd schließen.
2,5 cm im Rippenmuster 1 M re, 1 M li im Wechsel str.
Anschließend 12/14/17 cm im großen Perlmuster str.
Nächste Runde: 14/16/16 M abk, 8 M re str, 28/32/32 M abk, 8 M re str, 14/16/16 M abk.
Über die jeweils 8 M getrennt in Rd 12 cm glatt re (= in jeder Rd re M) str. Den Faden abschneiden, durch die verbleibenden M führen, fest anziehen und innen in der Mütze vernähen.

Die abgeketteten je 28/32/32 M vorn und hinten zusammennähen.
Alle Fadenenden vernähen. Die Mütze in ein feuchtes Handtuch wickeln (siehe S. 6).

Tunika Mädelchen, S. 74.
Herzhose, S. 140.

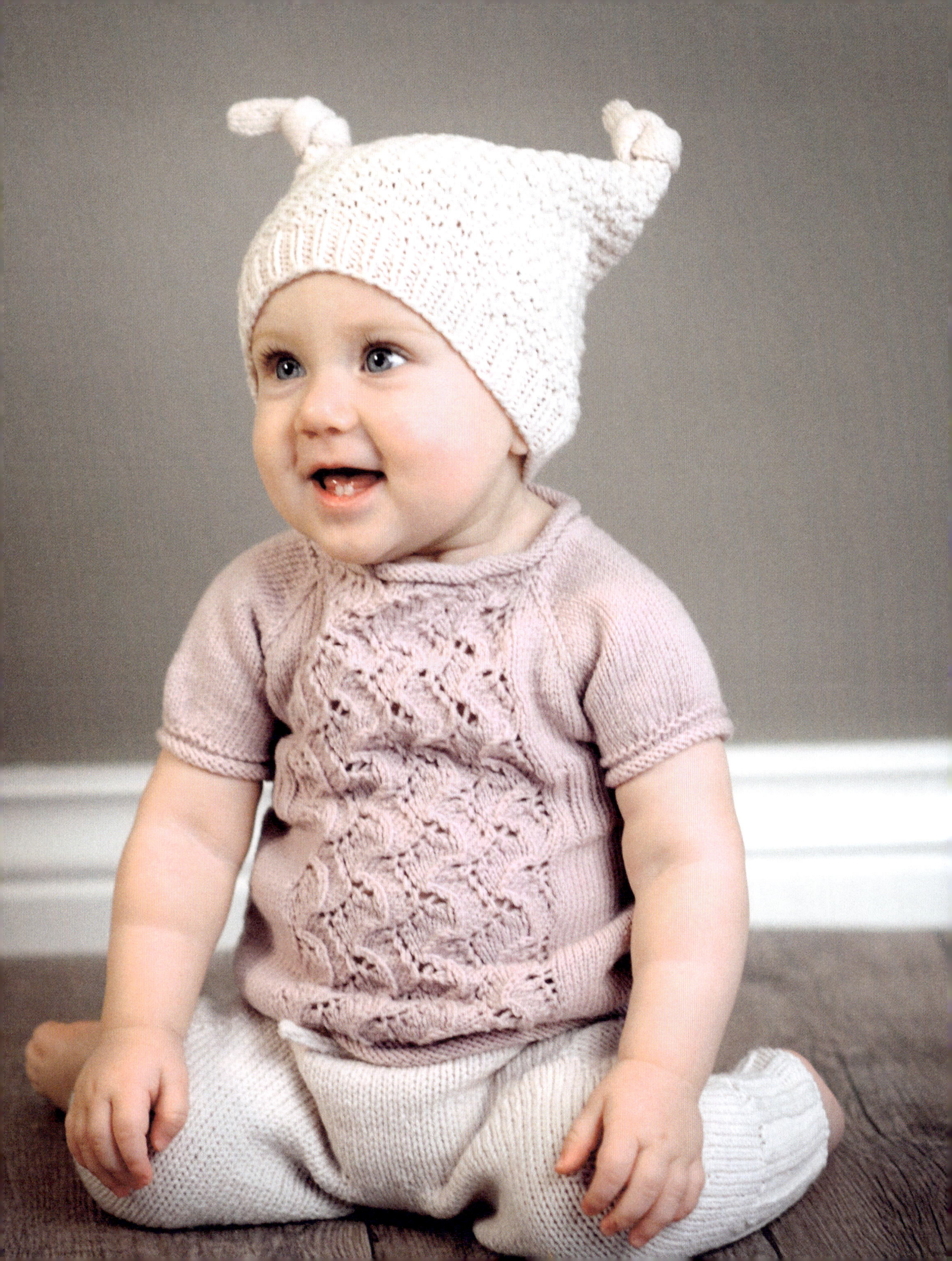

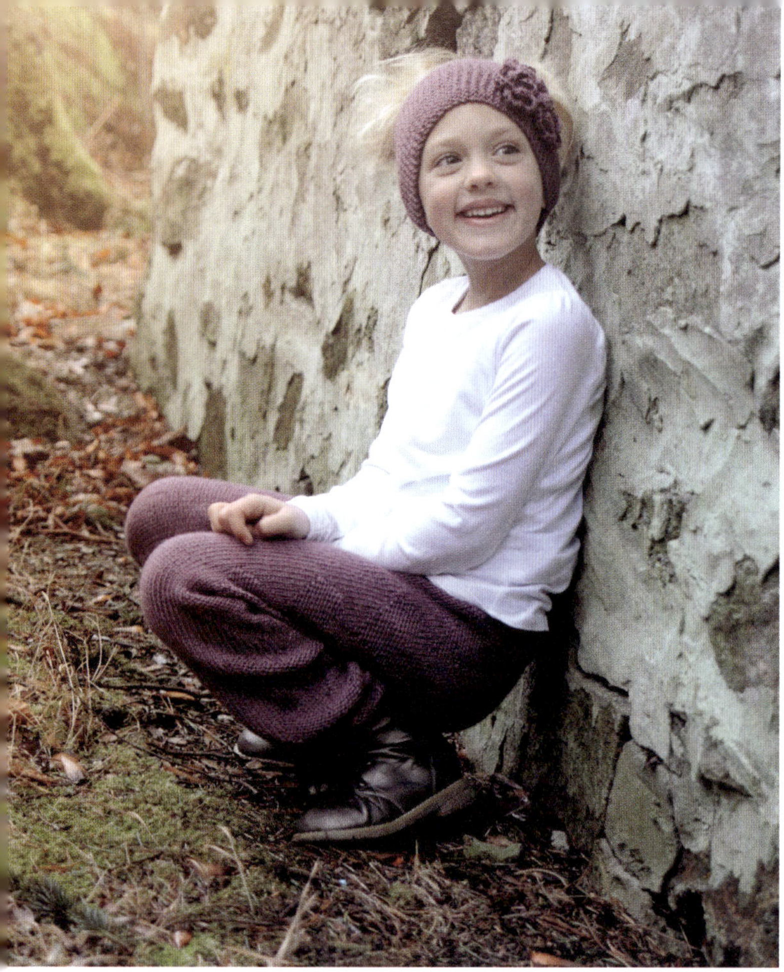

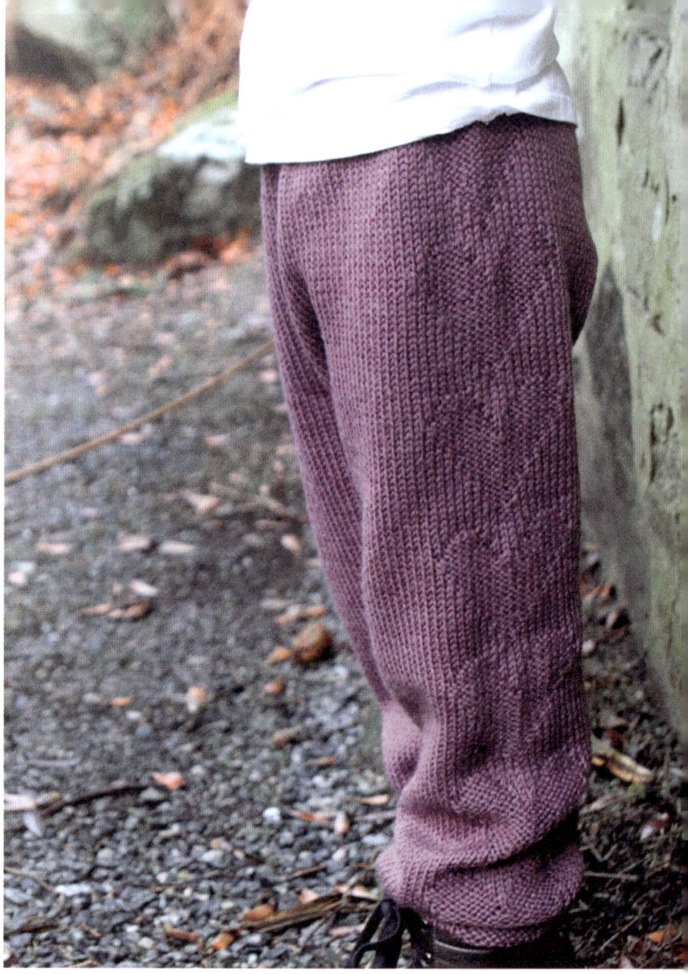

Herzhose

Hier haben wir eine gute und warme Hose, die zu fast allem passt. Die Herzen an den Seiten sind ein tolles Schmuckelement, und mit dem Rippenmuster an den Beinabschlüssen passt die Hose problemlos in Stiefel. Krempeln Sie das Rippenmuster am Anfang nach oben – und dann immer weiter nach unten, je weiter das Kind wächst.

Schwierigkeitsgrad 2

GRÖSSE für 6–12 Monate/ 1–2/3–4/5–6/7–8 Jahre

MASSE

Länge: 36/44/56/63/74 cm

Hüftbreite (vor Einziehen des Hosengummis): ca. 26/28/30/32/34 cm

GARN Sandnes Garn Smart (100 % Wolle, LL 100 m/50 g) in Heidelila (Fb 4853), 150/200/250/300/350 g

NADELN Rundstricknadeln 3,0 mm und 4,0 mm, 40 cm oder 60 cm lang, Nadelspiele 3,5 mm und 4,0 mm

ZUBEHÖR 4 Maschenmarkierer

MASCHENPROBE 22 M mit Nd 4,0 mm glatt re = 10 cm

Es wird am Hosenbund begonnen.
Mit der Rundstricknd 3,0 mm 112/120/128/136/144 M anschl und zur Rd schließen. Den Rd-Beginn mit einem MM oder einem Kontrastfaden kennzeichnen.

9 Rd re M, 1 Rd li M und 4 Rd re M str.

Nächste Runde (Loch-Rd): 49/53/57/61/65 M re, 2 M re zusstr, 1 U, 10 M re, 1 U, 2 M re übz zusstr (= 1 M abh, die nächste M re str, die abgehobene M überziehen), 49/53/57/61/65 M re str.
5 Rd re M str.

Zu Nd 4,0 mm wechseln. 1 Rd re M str und dabei MM einhängen wie folgt:
19/21/23/25/27 M re, 1 MM einhängen, 17 M re, 1 MM einhängen, 40/44/48/52/56 re, 1 MM einhängen, 17 M re, 1 MM einhängen, 19/21/23/25/27 M re.

Über die 17 M an den beiden Seiten der Hose die Herzen gemäß Strickschrift einstr. Dazu die 21 R der Strickschrift fortlfd wdh. Über alle anderen M glatt re (= in jeder Rd re M) str.

Zugleich den rückwärtigen Teil der Hose etwas länger arb, dafür wie folgt str:
10 M re, wenden, 1 U, 20 M li, wenden, 1 U, re M str bis 4 M nach der letzten Wendestelle, den U und die folg M re zusstr, wenden, 1 U, li M str bis 4 M nach der letzten Wendestelle. So weiterarb, bis beidseitig 4/5/5/6/6 x gewendet ist.

Glatt re (bzw. mustergemäß beidseitig über die 17 M) weiterstr und je 1 MM beidseits der 6 mittleren M von vorderem und rückwärtigem Hosenteil einhängen.

Mustergemäß str, bis eine Höhe von 10/12/14/16/18 cm ab der Rd des Nd-Wechsels erreicht ist.

Nun 5 x in jeder 3. Rd beidseits der 6 markierten M vorn und hinten jeweils 1 M re verschr aus dem Querfaden zun (= 20 M zugenommen = 132/140/148/156/164 M).

In der nächsten Rd die 6 markierten M hinten und vorn abk.

Nun jedes Hosenbein (= 60/64/68/72/76 M) einzeln beenden. Die letzte M li str (oder diese M mit einem MM kennzeichen = Markierungs-M).

Nächste Runde: 21/23/25/27/29 M re, 1 MM einhängen, 17 M re, 1 MM einhängen, 22/24/26/28/30 re. Über die 17 M zwischen den MM das Herz gemäß Strickschrift arb. Die restl M werden glatt re gestrickt.

3 cm glatt re str.

In der nächsten Rd 1 M vor und 1 M nach der Markierungs-M abn (= 2 M abgenommen = 58/62/66/70/74 M).

Diese Abn noch 4/4/5/5/6 x alle 3 cm wdh (= 50/54/56/60/62 M).

Glatt re ohne Abn weiterstr, bis 3/4/6/7/8 komplette Herzen gestrickt sind und eine Höhe von 28/36/59/57/66 cm ab der li gestrickten Rd erreicht ist.

In der nächsten Rd gleichmäßig verteilt 10/10/12/12/12 M abn (= 40/44/44/48/48 M).

Zum Ndspiel 3,5 mm wechseln. 8/8/6/6/8 cm im Rippenmuster 2 M re, 2 M li im Wechsel str. Alle M abk.

Die 6 abgeketteten M vorn und hinten zwischen den Beinen mit M-Stichen zusammennähen (siehe Abbildung auf S. 81). Den Hosenbund umklappen und von li festnähen, dabei zunächst noch eine Öffnung von 3 cm lassen. Ein breites Gummiband einziehen, die Bandenden überlappend aufeinandernähen, dann die Öffnung schließen.

Für die Strickschnur 3 M anschl und re str. Die Arbeit nicht wenden, sondern die M an das andere Ende der

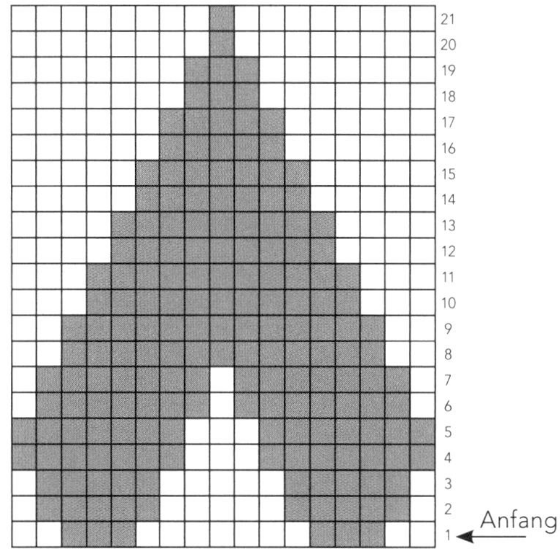

□ = 1 M re

■ = 1 M li

Nd schieben. Den Faden auf der Rückseite der Arbeit an den Nd-Anfang holen und die 3 M wieder re str. Wdh, bis die Schnur ca. 66/68/70/72/74 cm lang ist, dann die M abk.

Nun auch die Strickschnur einziehen, die Enden durch je ein Loch der Loch-Rd hängen lassen

Alle Fadenenden vernähen. Die Hose in ein feuchtes Handtuch wickeln (siehe S. 6).

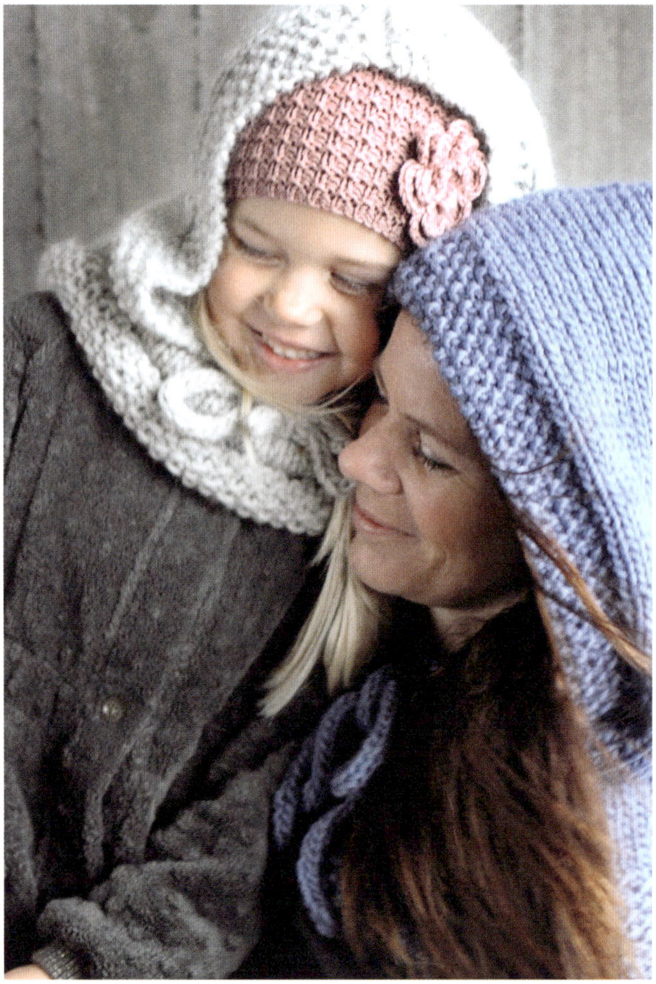

Kapuzenkragen

Dieses Stück lässt sich superschnell stricken – mit dickem Garn und dicken Nadeln. Der Kapuzenkragen kann für große und kleine Damen gearbeitet werden. Eine schöne, kuschelige Kopfbedeckung.

Schwierigkeitsgrad 1

GRÖSSE für Baby/Kind/Erwachsene
GARN Sandnes Easy (100 % Wolle, LL 51 m/50 g) in Hellgrau meliert (Fb 1032), 200/250/300 g
NADELN Rundstricknadeln 9,0 mm und 8,0 mm, 60 cm lang, Nadelspiel 8,0 mm
MASCHENPROBE 12 M mit Nd 8,0 mm glatt re = 10 cm

PERLMUSTER

1 M re, 1 li im Wechsel str. Die M in jeder R versetzen.

KRAGEN

Mit der Rundstricknd 9,0 mm 61/71/81 M anschl und zur Rd schließen. Den Rd-Beginn mit einem MM oder einem Kontrastfaden kennzeichnen.
10/12/14 Rd im Perlmuster str.
Dann 10/12/14 Rd glatt re (= in jeder Rd re M) str.
Zu Nd 8,0 mm wechseln und 2 Rd re M str.
Nächste Runde (Abn-Rd): * 14/12/11 M re, 2 M re zusstr; ab * 3/4/5 x arb, 11/13/14 M re, 2 M re zusstr (= 57/66/75 M).
1 Rd re M str.
Nächste Runde (Abn-Rd): * 4 M re, 2 M re zusstr; ab * 9/10/12 x arb, 3/6/3 M re (= 48/56/63 M).
Nächste Runde (Loch-Rd): 3 M re, 1 U, 2 M re zusstr, * 6/5/6 M re, 1 U, 2 M re zusstr; ab * 5/7/7 x arb, 3/2/2 M re.
1 Rd re M str.

KAPUZE

Den Faden abschneiden und in der vorderen Mitte neu beginnen.
Wie folgt in R str:
1. Reihe (Hinr): 6 M im Perlmuster, 36/44/51 M re, 6 M im Perlmuster.
2. Reihe (Rückr): 6 M im Perlmuster, 36/44/51 M li, 6 M im Perlmuster.
Die 1. und 2. R fortlfd wdh, bis die Kapuze 27/35/47 cm hoch ist.
Die Kapuze so falten, dass die li Seite außen liegt, und die Kante verbinden. Dafür jeweils 1 M der einen Nd und 1 M der anderen Nd zusstr und gleichzeitig abk, bis noch 10 M auf der Nd sind. Nun die Kapuze wieder auf re drehen und über diese 10 M 16 cm glatt re (= in Hinr re M, in Rückr li M) str. Dann den Faden durch die M führen und fest zusammenziehen. Einen Knoten ins Ende binden. (Alternativ in der Erwachsenengröße den Knoten weglassen und schon alle M beim Zusstr abk.)

STRICKSCHNUR

Eine Strickschnur in 90/110/130 cm Länge arb (siehe S. 76) und durch die Loch-Rd ziehen.

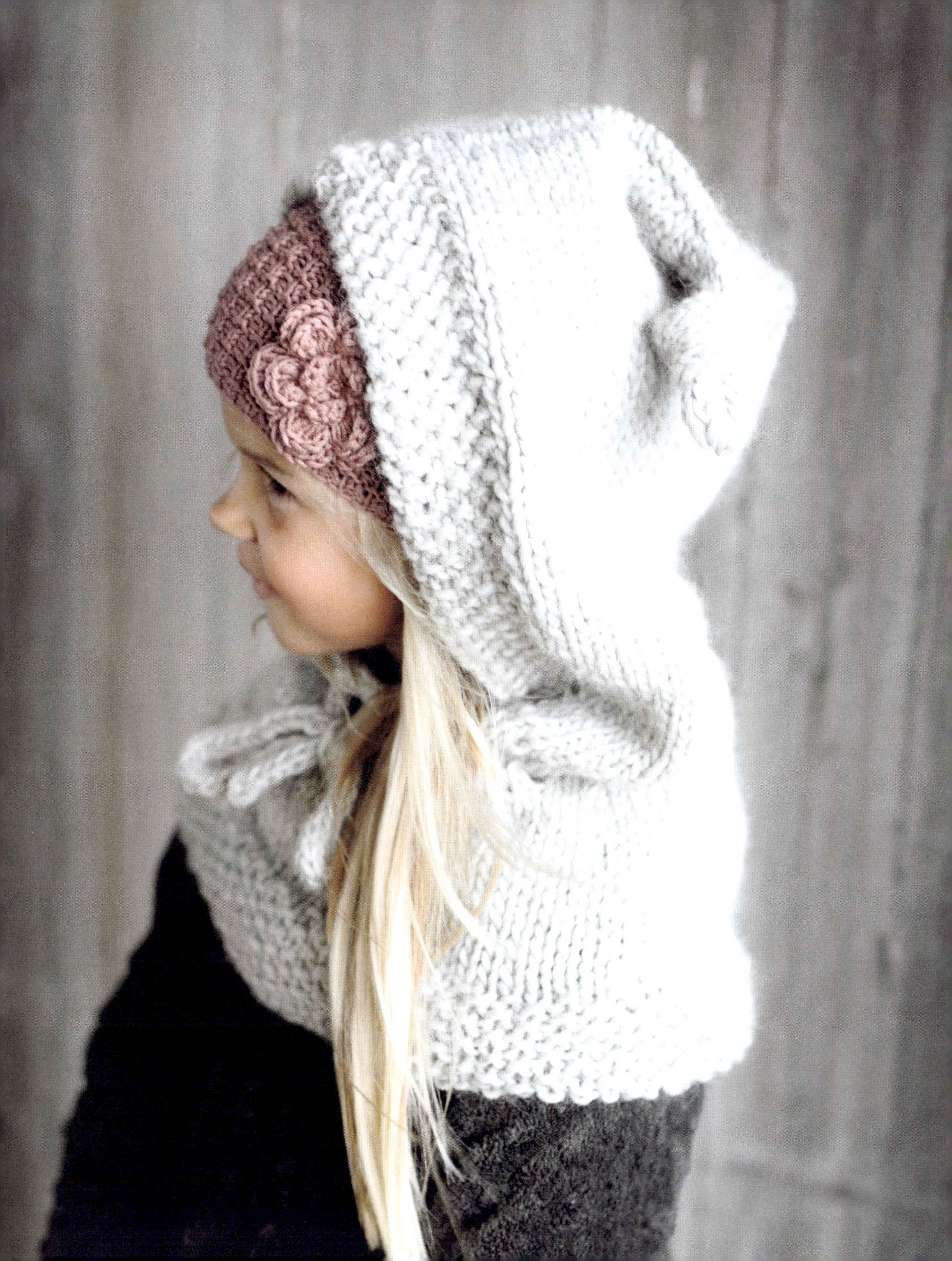

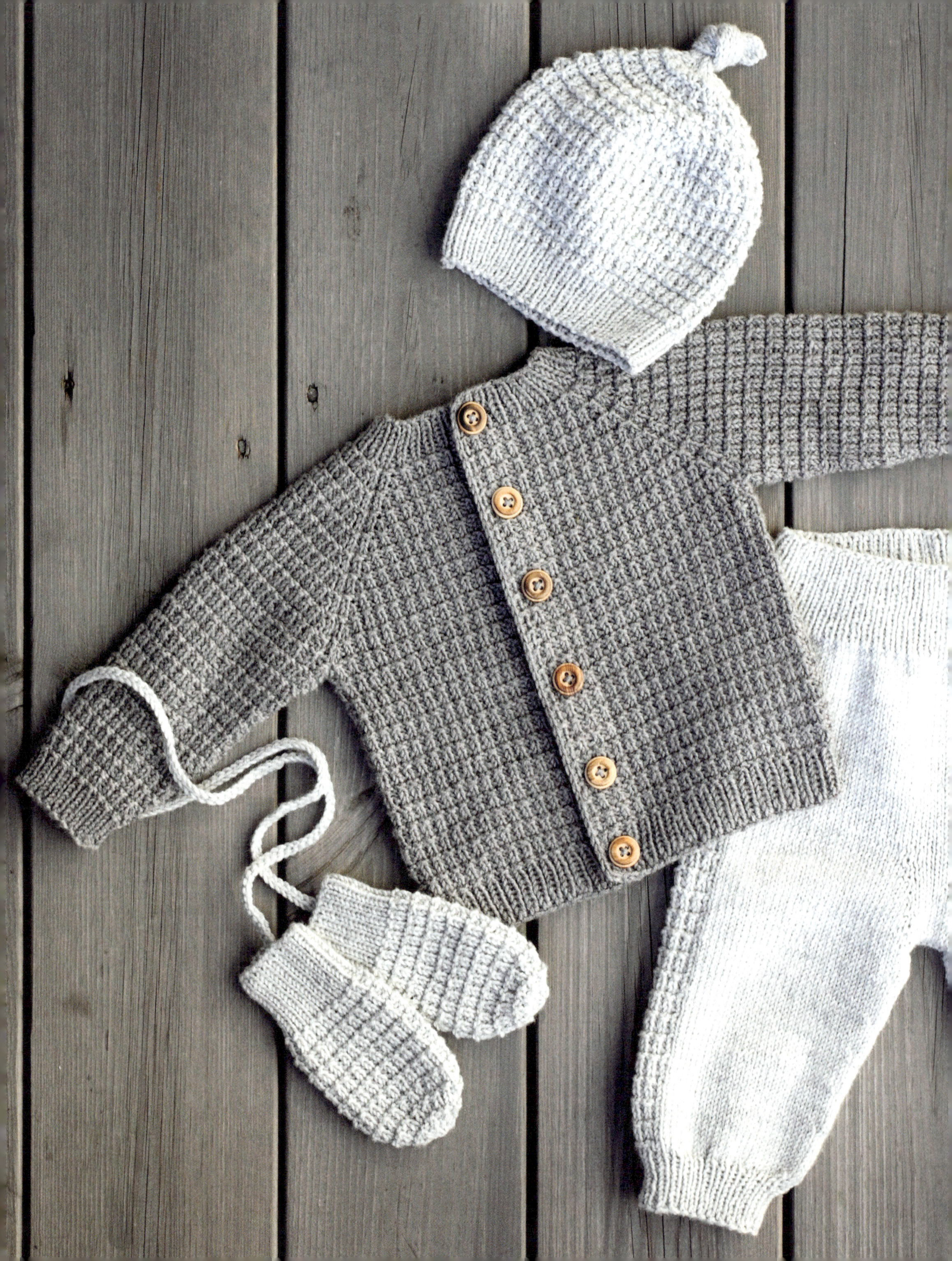

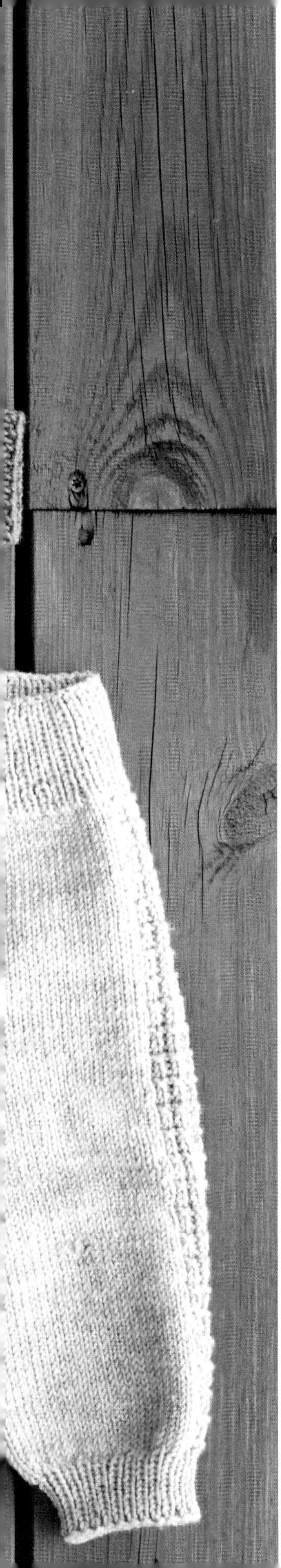

Jacke Süßer Fratz

Wir von Klompelompe haben eine Ausfahrgarnitur für Babys entworfen. Süß und niedlich – so, wie eine Ausfahrgarnitur sein soll, sie passt sowohl für kleine Jungen als auch für kleine Mädchen. Jacke und Hose können bis zur Größe für 2 Jahre gestrickt werden.

Schwierigkeitsgrad 2

GRÖSSE für 0–3 Monate/6–12 Monate/18–24 Monate
MASSE
Länge: 25/29/36 cm
Oberweite: 48/54/62 cm
GARN Drops Baby Merino (100 % Merinowolle, LL 175 m/50 g) in Grau (Fb 19), 150/150/200 g
NADELN Rundstricknadel 3,0 mm, 60 cm lang, Nadelspiel 3,0 mm, Häkelnadel 3,0 mm, 2 Hilfsnadeln
MASCHENPROBE 27 M mit Nd 3,0 mm glatt re = 10 cm

Die Jacke wird in R von oben nach unten gestrickt.
Mit der Rundstricknd 3,0 mm 78/84/88 M anschl.
Im Rippenmuster 1 M re, 1 M li im Wechsel str, die 1. R ist eine Rückr. In der 4. R ein Knopfloch wie folgt einstr: 3 M im Rippenmuster str, 2 M abk, die restl M im Rippenmuster str bis R-Ende.
In der nächsten R über den abgeketteten M 2 M dazu anschl.
Nach 7 R Rippenmuster mit dem Grundmuster beginnen und gleichzeitig die Raglanschrägen arb. Vor dem Stricken bitte zuerst die folg Abschnitte lesen:

GRUNDMUSTER

1. Reihe (Hinr)/Runde: Alle M re str.
2. Reihe (Rückr)/Runde: Alle M re str.
3. Reihe/Runde: 1 M re, 1 M li im Wechsel.
4. Reihe/Runde: 1 M re, 1 M li im Wechsel; es werden re M über re M und li M über li M gestrickt.
Die 1.–4. R/Rd fortlfd wdh.

RAGLANMASCHEN (MARKIERUNGSMASCHEN)

1. Reihe (Hinr): 3 M re.
2. Reihe (Rückr): 3 M re.
3. Reihe: 1 M re, 1 M li, 1 M re.
4. Reihe: 1 M li, 1 M re, 1 M li.

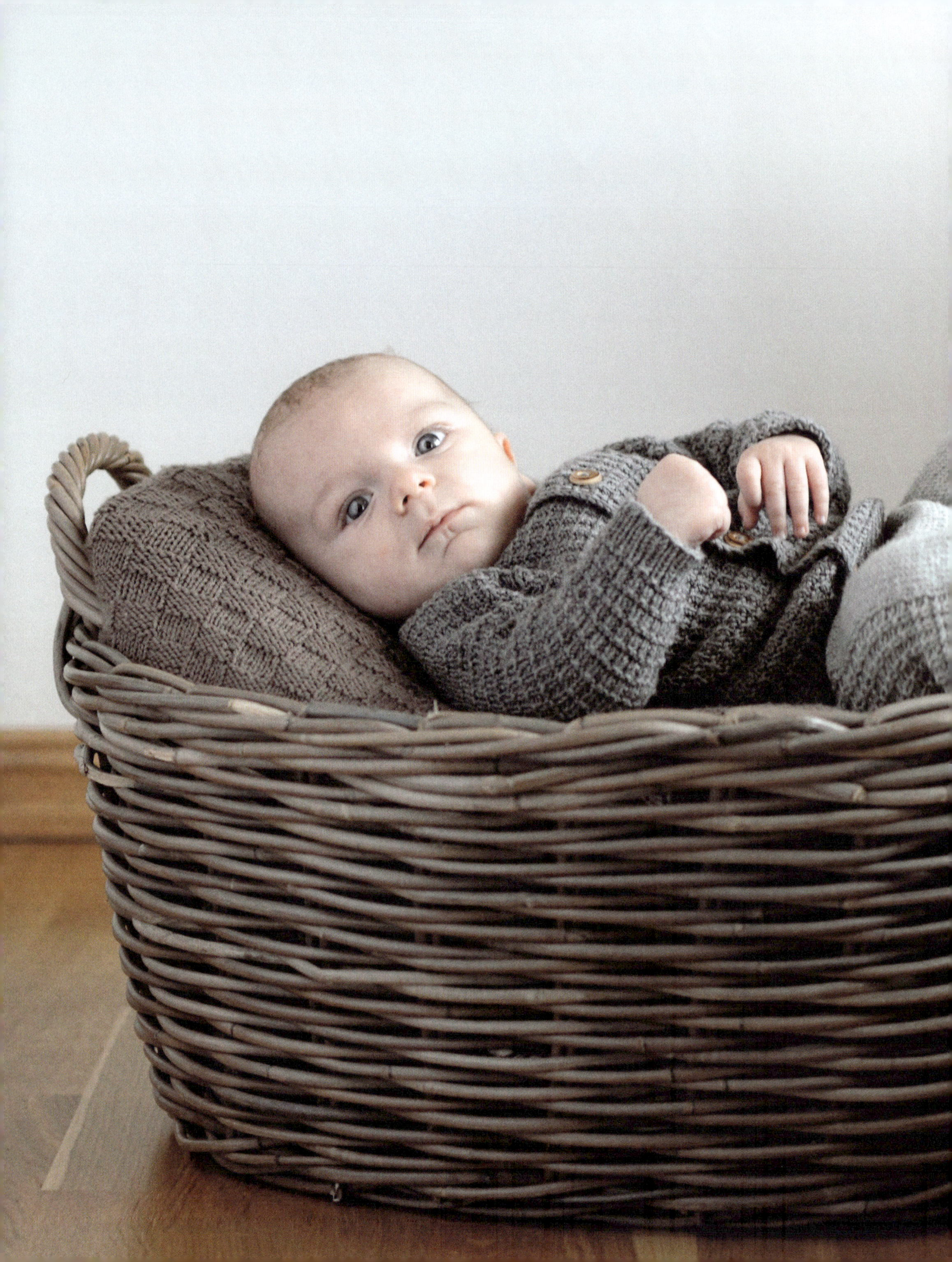

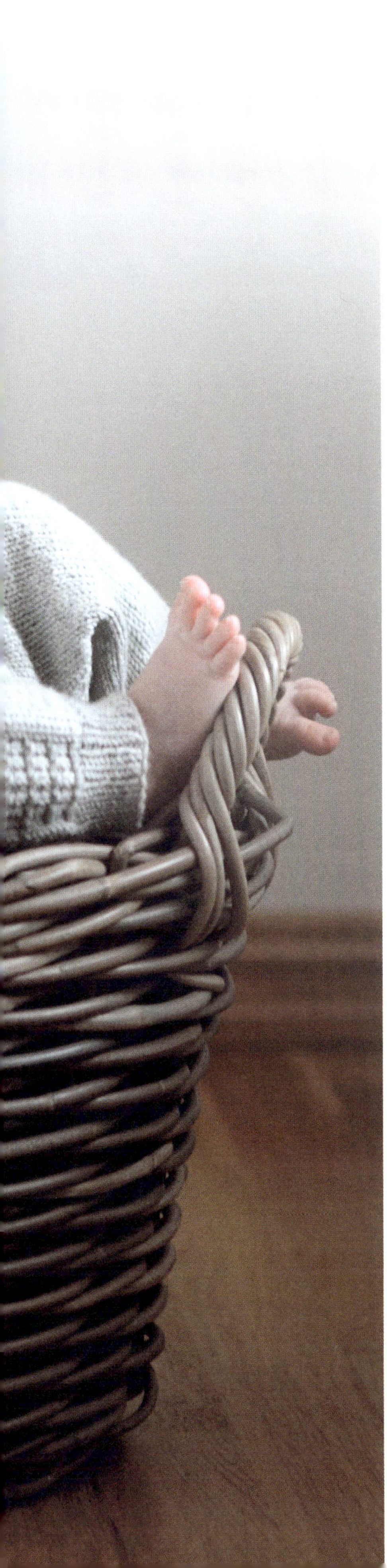

Mit dem Grundmuster beginnen (= 1. R = re M) und für die Raglanschrägen wie folgt zun:

1. Reihe (Zun-R): 14/16/16 M re (= li Vorderteil), 1 U, 3 M re (= Raglan-/Markierungs-M), 1 U, 9/9/10 M re (= li Ärmel), 1 U, 3 M re (= Raglan-/Markierungs-M), 1 U, 20/22/24 M re (= Rückenteil), 1 U, 3 M re (= Raglan-/Markierungs-M), 1 U, 9/9/10 M re (= re Ärmel), 1 U, 3 M re (= Raglan-/Markierungs-M), 1 U, 14/16/16 M re (= re Vorderteil).

Mustergemäß weiterarb, dabei in der 2. Muster-R die U re verschr str, in der 4. Muster-R die U mustergemäß re oder li verschr str (siehe Abbildung auf S. 62).

Hinweis: In der 3. Muster-R muss die 1. M nach den U in jedem Musterfeld (NICHT die Markierungs-M) li gestrickt werden, damit das Muster weiterhin stimmt.

Nach ca. 4,5/5,5/6,5 cm ab dem ersten Knopfloch ein weiteres ebenso arb.

Insgesamt sechs Knopflöcher mit jeweils ca. 4,5/5,5/6,5 cm Abstand einstr.

Mit den Zun für die Raglanschrägen fortfahren. Dafür in jeder Hinr (= 1. und 3. Muster-R) beidseits der Markierungs-M 1 U arb, bis insgesamt 18/22/25 Zun (inklusive der 1. Zun) gearbeitet sind (= 222/260/288 M).

Nun mustergemäß ohn Zun weiterstr, dabei in der nächsten Hinr die mittleren Markierungs-M abn (= 218/256/284 M).

Die jeweils 47/55/62 M für die Ärmel auf Hilfsnd stilllegen.

VORDER- UND RÜCKENTEIL

Vorder- und Rückenteil nun zusammen beenden. Unter den Ärmeln jeweils 4 M dazu anschl (= 132/154/168 M).

Mustergemäß str, bis eine Gesamthöhe von ca. 22/27/33 cm erreicht ist. Mit einer 2. Muster-R enden.

Mit 2,5 cm Rippenmuster schließen (dabei wird das letzte Knopfloch eingestrickt). Die M abk.

ÄRMEL (2 X ARB)

Mit der Rundstricknd 3,0 mm 2 M anschl, dann die stillgelegten 39/41/41/43/47/52 M str und zuletzt 2 M dazu anschl. Den Rd-Anfang (= Mitte unter dem Ärmel) mit 1 MM kennzeichnen. Zum Ndspiel 3,0 mm wechseln und im Grundmuster in Rd str, dabei alle 2 cm vor und nach dem MM jeweils 2 M abn, bis noch 39/41/42 M übrig sind. Mustergemäß weiterstr, bis der Ärmel 14/18/24 cm lang ist, dabei in der letzten Rd für Größe 0–3 Monate und 6–12 Monate 1 M abn.

Mit 2 cm im Rippenmuster 1 M re, M li im Wechsel schließen.

Alle Fadenenden vernähen. Die Öffnungen unter den Ärmeln schließen. Die Vorderteilkanten mit fM behäkeln. Die Knöpfe annähen.

Die Jacke spannen, anfeuchten und trocknen lassen.

Hose Süßer Fratz

Schwierigkeitsgrad 2

GRÖSSE für 0–3/6/12/18–24 Monate
MASSE
Hüftbreite: 40/43/36/49 cm
Länge: 34/42/48/52 cm
GARN Drops Baby Merino
(100 % Merinowolle, LL 175 m/50 g)
in Hellgrau (Fb 22),
100/100/150/150 g
NADELN Rundstricknadeln 2,5 mm und 3,0 mm, 40 cm lang, Nadelspiele 2,5 mm und 3,0 mm
MASCHENPROBE 27 M mit Nd 3,0 mm glatt re = 10 cm

MUSTERSTREIFEN
Über 13 M.
1. und 2. Runde: 1 M li, 1 M re im Wechsel, enden mit 1 M li.
3. Runde: 13 M re.
4. Runde: 13 M li.
Die 1.–4. Rd fortlfd wdh.

Mit der Rundstricknd 2,5 mm 134/142/150/154 M anschl und zur Rd schließen.
5/5/6/6 cm im Rippenmuster 1 M re, 1 M li im Wechsel str.
Zu Nd 3,0 mm wechseln.
1 Rd re M str.
Nun das rückwärtige Teil der Hose mit verlängerten R glatt re (= in Hinr re M, in Rückr li M) str, dafür jeweils mit der Wendetechnik (w&w) von S. 43 wenden:
10 M re, w&w, 20 M li, w&w, 25 M re, w&w, 30 M li, w&w, 35 M re, w&w, 40 M li, w&w, 45 M re, w&w, 50 M li, w&w.
Die nächste Rd wie folgt str und dabei MM einhängen:
1 MM einhängen (= hintere Mitte), 27/29/31/32 M re, 1 MM einhängen, 13 M li (= Musterstreifen), 1 MM einhängen, 54/58/62/64 M re, 1 MM einhängen, M li (= Musterstreifen), 1 MM einhängen, 27/29/31/32 M re.
Nun glatt re (= in jeder Rd re M) str, nur über die seitlichen je 13 M die Musterstreifen arb.
Wenn eine Gesamthöhe von 15/17/19/22 cm erreicht ist, je 1 MM beidseits der 6 mittleren M von vorderem und rückwärtigem Hosenteil einhängen.
Nun 6 x in jeder 3. Rd beidseits der 6 markierten M vorn und hinten jeweils 1 M re verschr aus dem Querfaden zun (= 24 M zugenommen = 158/166/174/178 M).
In der nächsten Rd die 6 markierten M hinten und vorn abk.
Nun jedes Hosenbein einzeln beenden.

HOSENBEIN (2 X ARB)
Die M für ein Bein auf das Ndspiel 3,0 mm nehmen (= 73/77/81/83 M) und glatt re str, über die seitlichen je 14 M die Musterstreifen arb.
Nach 1/2/3/4 cm wie folgt abn:
Nächste Runde (Abn-Rd): 1 M re, 2 M re zusstr, bis zu den letzten 3 M str, 2 M re übz zusstr (= 1 M abh, 1 M re, die abgehobene M überziehen), 1 M re (= 71/75/79/81 M).

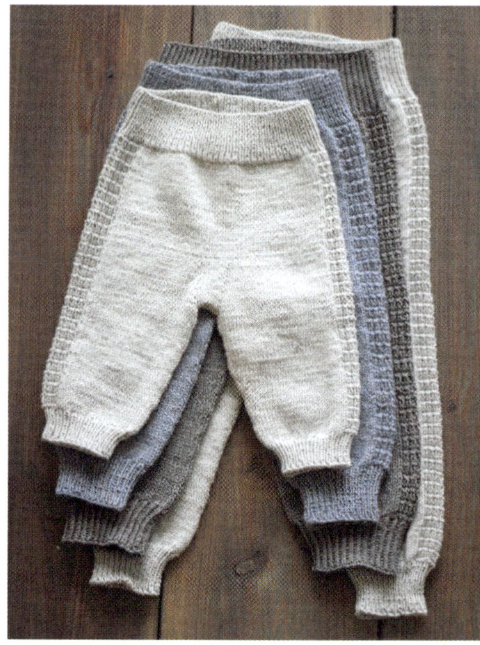

Diese Abn noch 5/6/7/7 x alle 2 cm wdh (= 61/63/65/67 M).
Ohne Abn weiterstr, bis das Hosenbein ca. 14/17/20/23 cm lang ist, dabei mit einer 4. Muster-Rd enden. Der Musterstreifen wird nicht mehr weitergestrickt.
1 Rd re M str, dabei gleichmäßig verteilt 11/13/13/15 M abn (= 50/50/52/52 M).
Zum Ndspiel 2,5 mm wechseln und 4,5 cm im Rippenmuster 1 M re, 1 M li im Wechsel str. Die M abk.

Die 6 abgeketteten M vorn und hinten zwischen den Beinen mit M-Stichen zusammennähen (siehe Abbildung auf S. 81).
Alle Fadenenden vernähen. Die Hose spannen, anfeuchten und trocknen lassen oder einfach in ein feuchtes Handtuch wickeln (siehe S. 6).

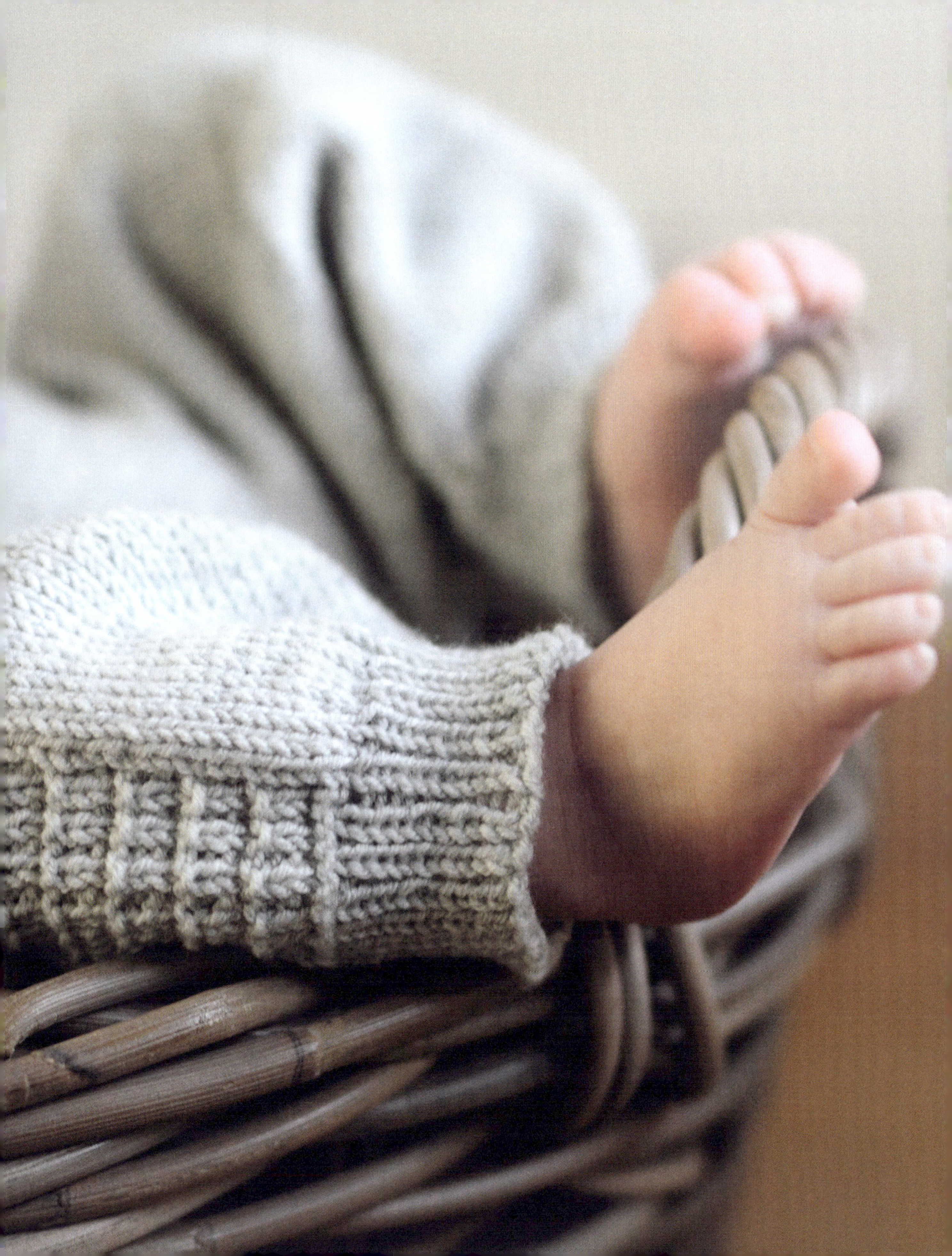

Mütze Süßer Fratz

Es gibt sicher kaum etwas Schöneres, als mit einem wunderbaren, kleinen, neugeborenen Menschlein aus dem Krankenhaus nach Hause zu kommen. Die erste Mütze für das Baby muss einfach und bequem sein. Stricken Sie auch noch ein Paar Handschuhe dazu, die die niedlichen kleinen Hände bei der ersten Ausfahrt wärmen.

Schwierigkeitsgrad 1

GRÖSSE für 0–1/1–3/3–6 Monate
GARN Dale Garn Lille Lerke
(53 % Merinowolle, 47 % Baumwolle, LL 142 m/50 g) in Perlrosa (Fb 3811), 50/50/50 g
NADELN Rundstricknadeln 2,5 mm und 3,0 mm, 40 cm lang, Nadelspiel 3,0 mm
MASCHENPROBE 27 M mit Nd 3,0 mm glatt re = 10 cm

GRUNDMUSTER

1. Runde: 1 M re, 1 M li im Wechsel.
2. Runde: 1 M re, 1 M li im Wechsel; es werden re M über re M und li M über li M gestrickt.
3. Runde: Alle M re M str.
4. Runde: Alle M li str.
Die 1.–4. Rd fortlfd wdh.

Mit der Rundstricknd 3,0 mm 80/90/94 M anschl und zur Rd schließen. Den Rd-Beginn mit einem MM oder einem Kontrastfaden kennzeichnen.
3 cm im Rippenmuster 1 M re, 1 M li im Wechsel str.
Zu Nd 3,0 mm wechseln. 1 Rd li M str. Im Grundmuster str, dabei jeweils in einer 3. Muster-Rd (= re M) wie folgt abn.

Nur Größe 3–6 Monate

Wenn das Muster zum 9. Mal gestrickt wird, gleichmäßig verteilt 4 M abn (= –/–/90 M).

Nur Größe 1–3 Monate und 3–6 Monate

Wenn das Muster zum 9./10. Mal gestrickt wird, wie folgt abn: * 7 M re, 2 re zusstr; ab * fortlfd wdh bis Rd-Ende (= –/80/80 M).

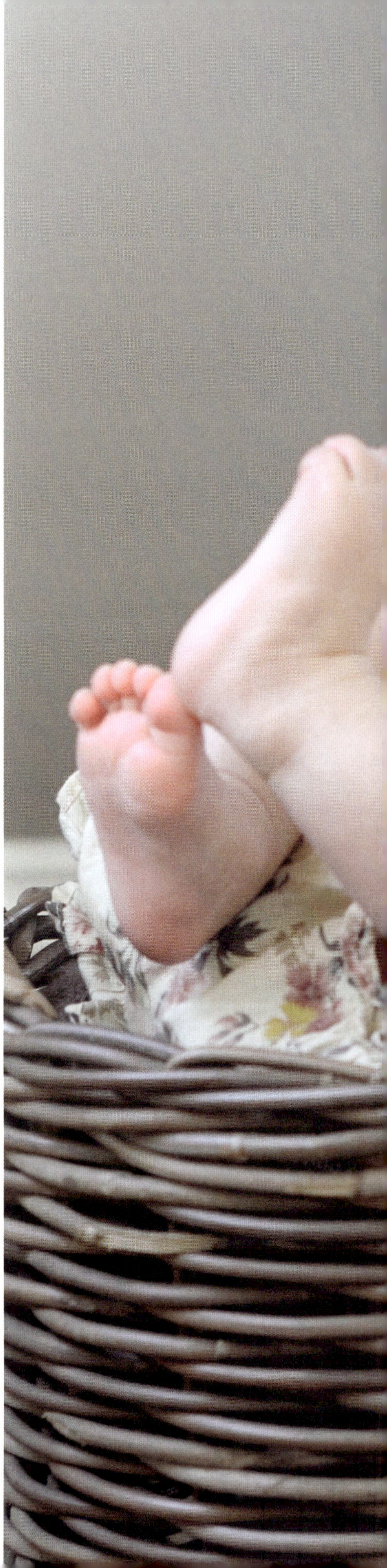

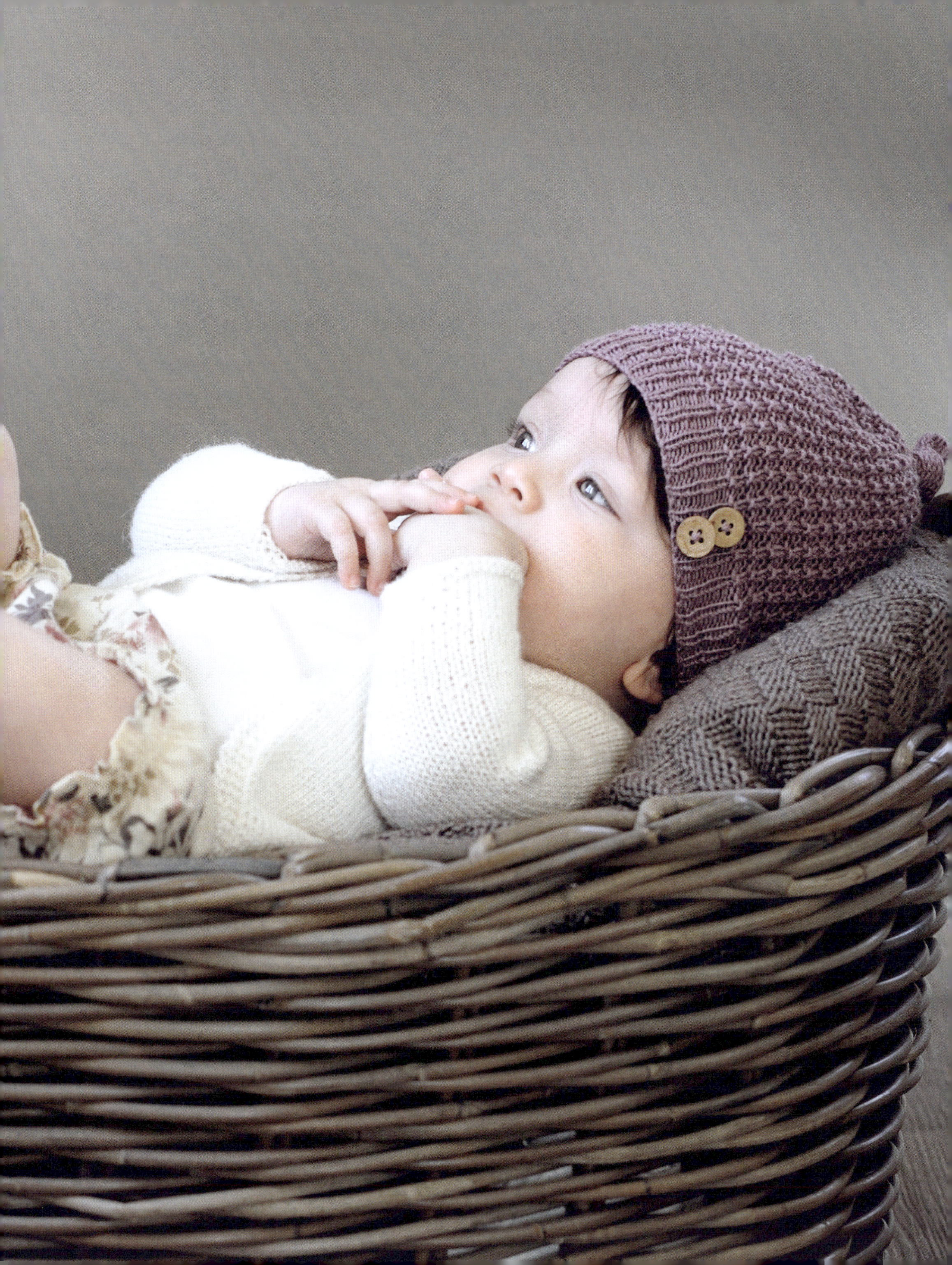

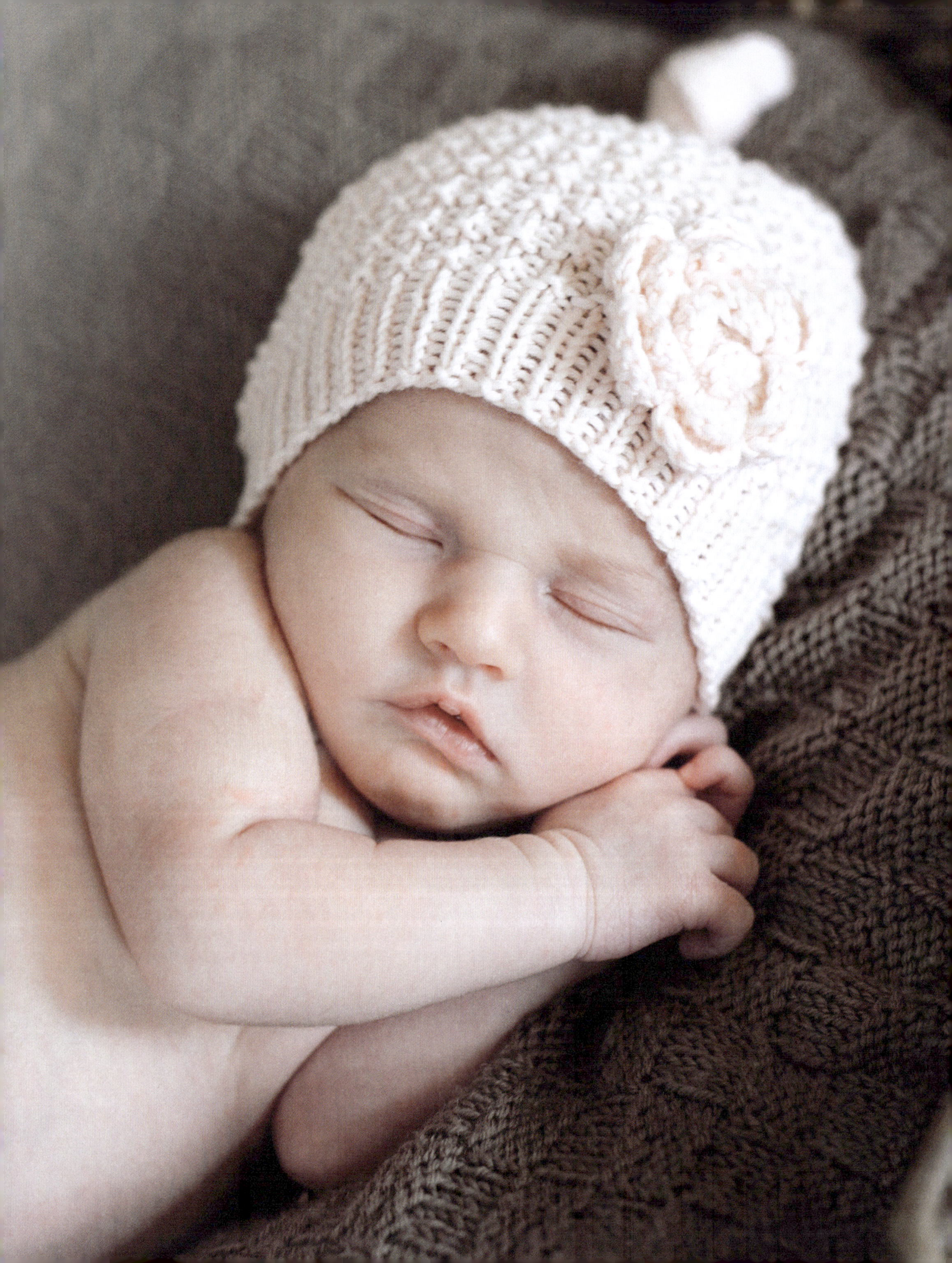

Alle Größen
Wenn das Grundmuster (= 1.–4. Rd) das 7./10./11. Mal gestrickt wird, wie folgt abn:

1. Abnahmerunde: * 6 M re, 2 M re zusstr; ab * fortlfd wdh bis Rd-Ende (= 70 M).

2. Abnahmerunde: * 5 M re, 2 M re zusstr; ab * fortlfd wdh bis Rd-Ende (= 60 M).

3. Abnahmerunde: * 4 M re, 2 M re zusstr; ab * fortlfd wdh bis Rd-Ende (= 50 M).

4. Abnahmerunde: * 2 M re, 2 M re zusstr; ab * fortlfd wdh, enden mit 2 M re (= 38 M) .

5. Abnahmerunde: * 1 M re, 2 M re zusstr; ab * fortlfd wdh, enden mit 2 M re (= 26 M).

6. Abnahmerunde: Fortlfd 2 M re zusstr (= 13 M). Damit ist das Muster abgeschlossen.
1 Rd re M str.

Nächste Runde: * 1 M re, 2 M re zusstr; ab * fortlfd wdh bis Rd-Ende, enden mit 1 M re (= 9 M).

Über die letzten 9 M 10 cm glatt re str. Dann den Faden durch die M führen und fest zusammenziehen. Einen Knoten ins Ende binden.
Alle Fadenenden vernähen. Die Mütze einfach in ein feuchtes Handtuch wickeln (siehe S. 6).
Nach Wunsch die Mütze mit ein oder zwei Knöpfen oder einer Häkelblume (siehe S. 162) schmücken.

Handschuhe Süßer Fratz

Schwierigkeitsgrad 1

GRÖSSE für 0–3/3–6 Monate
GARN Dale Garn Lille Lerke (53 % Merinowolle, 47 % Baumwolle, LL 142 m/50 g) in Perlrosa (Fb 3811), 50/50 g
NADELN Nadelspiele 2,5 mm und 3,0 mm
MASCHENPROBE 27 M mit Nd 3,0 mm glatt re = 10 cm

GRUNDMUSTER

1. Runde: 1 M re, 1 M li im Wechsel.
2. Runde: 1 M re, 1 M li im Wechsel; es werden re M über re M und li M über li M gestrickt.
3. Runde: Alle M re str.
4. Runde: Alle M li str.
Die 1.–4. Rd fortlfd wdh.

HANDSCHUH (2 X ARB)

Mit dem Ndspiel 2,5 mm 40 M anschl und zur Rd schließen.
4 cm im Rippenmuster 1 M re, 1 M li im Wechsel str.
Zu Nd 3,0 mm wechseln. 1 Rd li M str. Im Grundmuster str.
Wenn das Muster zum 6./7. Mal gestrickt wird, mit den Abn beginnen. Diese werden jeweils in einer 3. Muster-Rd wie folgt gearbeitet:

1. Abnahmerunde: * 2 M re, 2 M re zusstr; ab * fortlfd wdh bis Rd-Ende (= 30 M).

2. Abnahmerunde: * 1 M re, 2 M re zusstr; ab * fortlfd wdh bis Rd-Ende (= 20 M).

3. Abnahmerunde: Fortlfd 2 M re zusstr (= 10 M). Damit ist das Muster abgeschlossen.
1 Rd re M str.
Den Faden abschneiden, durch die verbleibenden M führen, fest anziehen und innen vernähen.

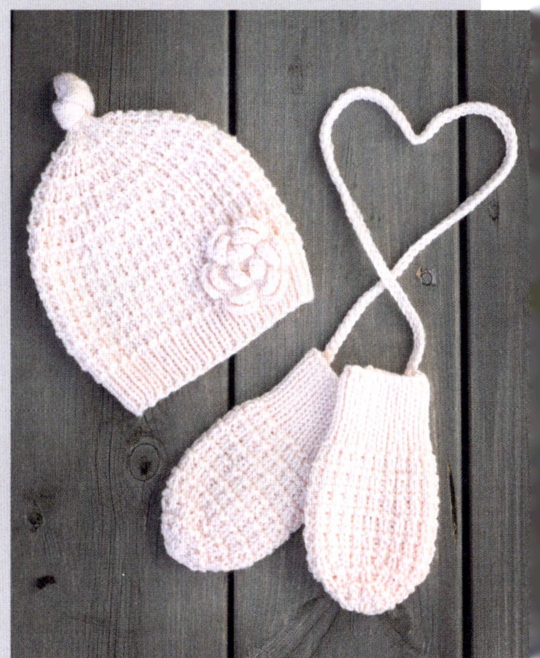

Mütze Klompe

Ausgehend von der Mütze Frechdachs haben wir auch eine für Mama entworfen. Wir haben ein paar Knöpfe aufgenäht, aber Sie stattdessen auch eine Häkelblume anbringen.

Schwierigkeitsgrad 1

GRÖSSE Einheitsgröße für Erwachsene
GARN Drops Merino Extra Fine (100 % Merinowolle, LL 105 m/50 g) in Hellgrau (Fb 05), 100 g
NADELN Rundstricknadel 4,0 mm, 40 cm lang
MASCHENPROBE 22 M mit Nd 4,0 mm glatt re = 10 cm

GRUNDMUSTER

1. Runde: 1 M re, 1 M li im Wechsel.
2. Runde: 1 M re, 1 M li im Wechsel; es werden re M über re M und li M über li M gestrickt.
3. Runde: Alle M str.
4. Runde: Alle M li M str.
Die 1.–4. Rd fortlfd wdh.

Mit der Rundstricknd 4,0 mm 88 M anschl und zur Rd schließen.
4 cm im Rippenmuster 1 M re, 1 M li im Wechsel str.
Nächste Runde (Zun-Rd): * 4 M re, 1 M re verschr aus dem Querfaden zun; ab * fortlfd wdh bis Rd-Ende (= 22 M zugenommen = 110 M).
1 Rd li M str.
Im Grundmuster str.
Wenn das Muster zum 12. Mal gestrickt wird, mit den Abn beginnen. Diese werden jeweils in der 3. Muster-Rd wie folgt gearbeitet:
1. Abnahmerunde: * 8 M re, 2 M re zusstr; ab * 10 x arb, 6 M re, 2 x 2 M re zusstr (= 98 M).
2. Abnahmerunde: * 7 M re, 2 M re zusstr; ab * 10 x arb, 8 M re (= 88 M).
3. Abnahmerunde: * 6 M re, 2 M re zusstr; ab * 10 x arb, 2 M re, 2 x 2 M re zusstr, 2 M re (= 76 M).
4. Abnahmerunde: * 3 M re, 2 M re zusstr; ab * 14 x arb, 2 M re, 2 x 2 M re zusstr (= 60 M).
5. Abnahmerunde: * 4 M re, 2 M re zusstr; ab * fortlfd wdh bis Rd-Ende (= 50 M).
6. Abnahmerunde: * 3 M re, 2 M re zusstr; ab * fortlfd wdh bis Rd-Ende (= 40 M).
7. Abnahmerunde: * 2 M re, 2 M re zusstr; ab * fortlfd wdh bis Rd-Ende (= 30 M).
8. Abnahmerunde: * 1 M re, 2 M re zusstr; ab * fortlfd wdh bis Rd-Ende (= 20 M). Damit ist das Muster abgeschlossen.
Nächste Runde: Fortlfd 2 M re zusstr (= 10 M).
Den Faden abschneiden, durch die verbleibenden M führen, fest anziehen und innen in der Mütze vernähen.
Alle Fadenenden vernähen. Die Mütze einfach in ein feuchtes Handtuch wickeln (siehe S. 6).
Nach Wunsch die Mütze mit ein oder zwei Knöpfen oder einer Häkelblume (siehe S. 161) schmücken.

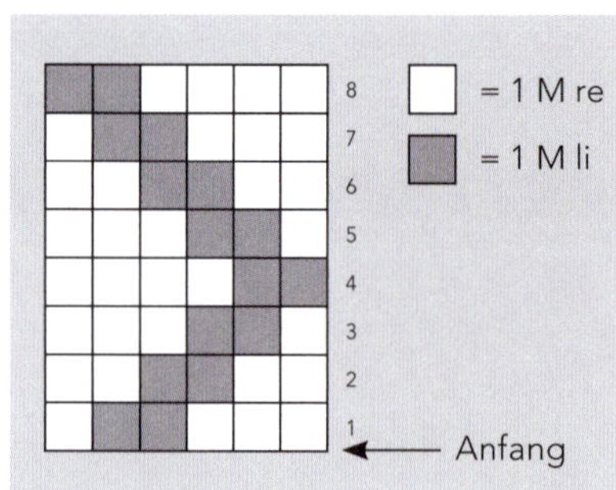

Zickzackloop

Ein stilreiner Loopschal! In Kombination mit den Zickzackhandschuhen und einer Klompe-Mütze haben Sie ein wunderbares Geschenk für eine Freundin.

Schwierigkeitsgrad 1

GRÖSSE Einheitsgröße für Erwachsene
GARN Drops Merino Extra Fine (100 % Merinowolle, LL 105 m/50 g) in Graublau (Fb 23), 250 g
NADELN Rundstricknadel 4,5 mm, 60 cm oder 80 cm lang
MASCHENPROBE 20 M mit Nd 4,5 mm glatt re = 10 cm

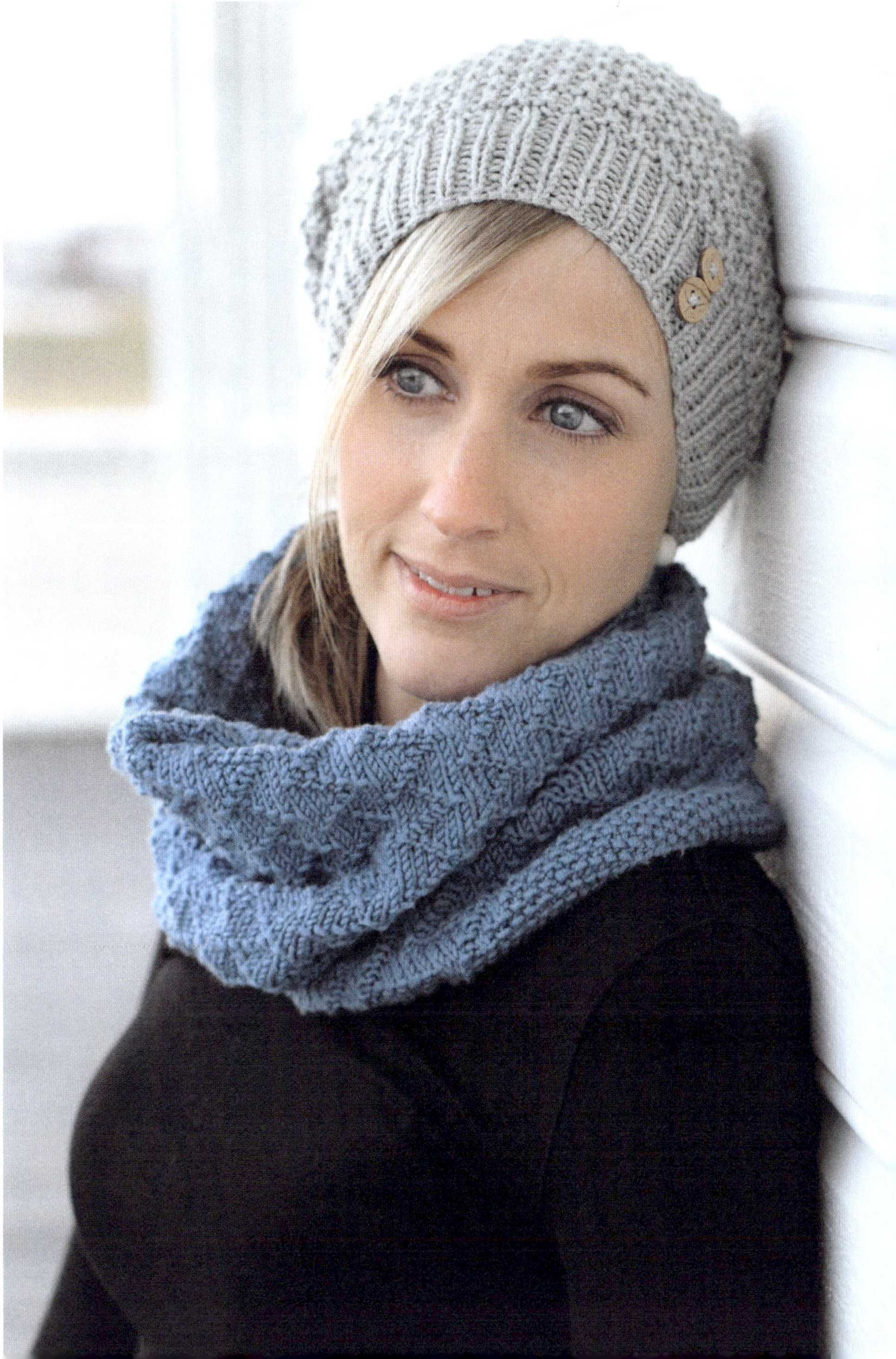

Mit der Rundstricknd 4,5 mm 132 M anschl und zur Rd schließen. 10 Rd im Perlmuster str 1 M re, 1 M li im Wechsel str, die M in jeder Rd versetzen.
Dann das Zickzackmuster gemäß Strickschrift str. Dabei den Rapport von 6 M pro Rd 22 x str, die 1.–8. Rd fortlfd wdh. Nach 42 cm mit einer 8. Muster-Rd enden.
10 Rd im Perlmuster str 1 M re, 1 M li im Wechsel str, die M in jeder Rd versetzen. In der letzten Rd die M mustergemäß abk.

Zickzackhandschuhe

Diese Handschuhe sind ein perfektes Geschenk für eine frischgebackene Mama, die ihren Kinderwagen schieben wird. Gute, warme Fäustlinge mit einem Zickzackmuster.

Schwierigkeitsgrad 2

GRÖSSE XS–S/M–L
GARN Rauma Garn Puno Alpakka (68% Baby-Alpaka, 10 % Merinowolle, 22 % Polyamid, LL 110 m/50 g) in Hellgrau meliert (Fb 1311), 100/100 g
NADELN Nadelspiele 5,0 mm und 5,5 mm
ZUBEHÖR Maschenmarkierer
MASCHENPROBE 14 M mit Nd 5,0 mm glatt re = 10 cm

Mit dem Ndspiel 5,0 mm 30/34 M anschl und zur Rd schließen. Für das Bündchen 5 cm im Rippenmuster 1 M re verschr, 1 M li im Wechsel str. Zu Ndspiel 5,5 mm wechseln.

Nächste Runde: 1/3 M re, 12 M im Zickzackmuster gemäß Strickschrift (2 x den Rapport von 6 M), 17/19 M re. (Evtl. jeweils 1 MM beidseits des Zickzackmusters einhängen.)

Nun in dieser Einteilung 13 cm str: über die 12 M im Zickzackmuster, dabei die 1.–8. Rd des Musters fortlfd wdh, über die restl M glatt re (= in jeder Rd re) str.

In der nächsten Runde für die Daumenöffnung wie folgt arb:

Rechter Handschuh: 1/3 M re, 12 M im Zickzackmuster, 2 M re, 5/6 M mit einem anderen Faden (Hilfsfaden) str, auf die li Nd zurückheben und mit dem normalen Faden str, die verbleibenden 10/11 M re.

Linker Handschuh: 1/3 M re, 12 M im Zackzackmuster, 12/13 M re, 5/6 M mit einem anderen Faden (Hilfsfaden) str, auf die li Nd zurückheben und mit dem normalen Faden str.

In der oben angegebenen Einteilung weiterstr, bis zu einer Gesamthöhe von 23/25 cm.

Nun in die beiden seitlichen M jeweils 1 MM einhängen (= Markierungs-M), dazwischen liegen jeweils 15/17 M.

Wie folgt abn:

Nächste Runde (Abn-Rd): Jeweils vor den Markierungs-M 2 M re zusstr, jeweils nach dem Markierungs-M 2 M re übz zusstr (= 1 M abh, 1 M re, die abgehobene M überziehen) (= 4 M abgenommen).

Diese Abn insgesamt 5/6 x in jeder Rd arb (= 10/10 M).

In der nächsten Rd wie folgt str und dabei gleichzeitig abk:

2 M re zusstr, 1 M re, 1 M abh, 1 M re, die abgehobene M überziehen, 2 M re zusstr, 1 M re, 1 M abh, 1 M abh, 1 M re, die abgehobene M überziehen.

DAUMEN

Mit zwei Spielnd 5,0 mm auf beiden Seiten des Hilfsfadens M auffassen: 5/6 M auf der Unterseite und 5/6 M auf der Oberseite. Den Hilfsfaden entfernen, die 10/12 M auf drei Spielnd 3,5 mm verteilen, zur Rd schließen und glatt re str. Nach 7/8 cm Daumenhöhe in der nächsten Rd fortlfd 2 M re zusstr (= 5/6 M). Den Faden abschneiden, durch die verbleibenden M führen und fest anziehen.

Alle Fadenenden vernähen. Die Spitzen zusammennähen. Die kleinen Löcher auf beiden Seiten des Daumens zunähen.

Den Handschuh spannen, anfeuchten und trocknen lassen.

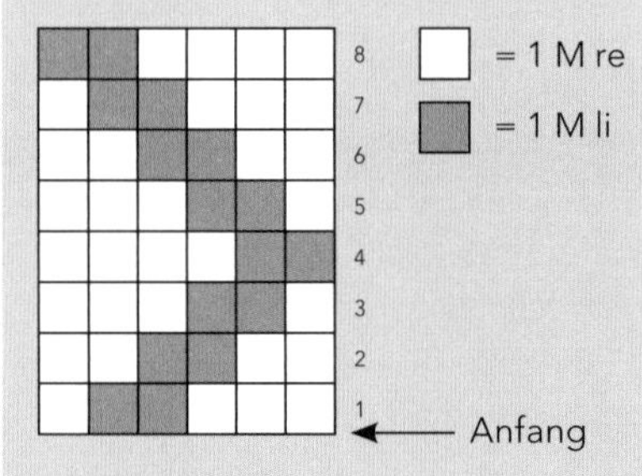

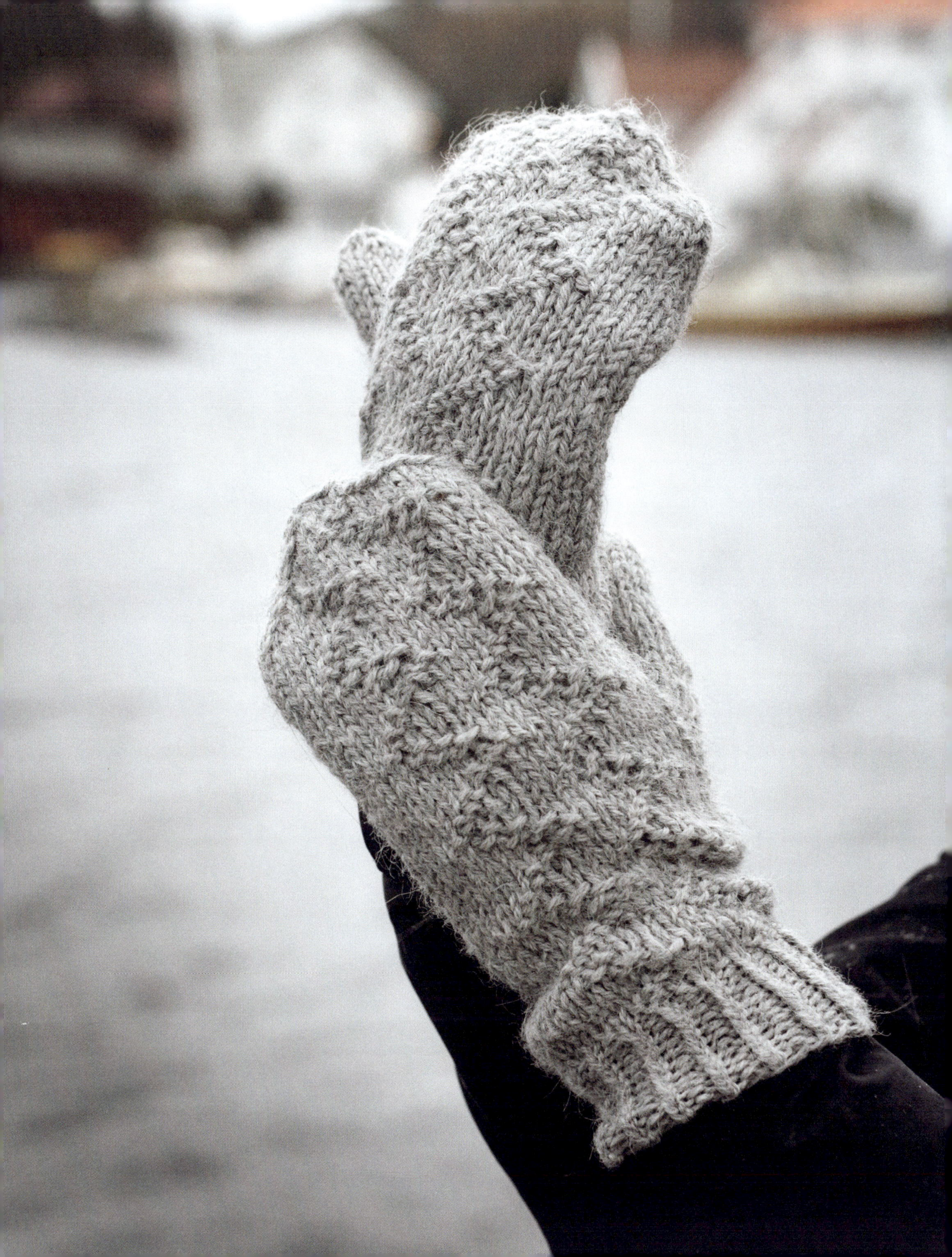

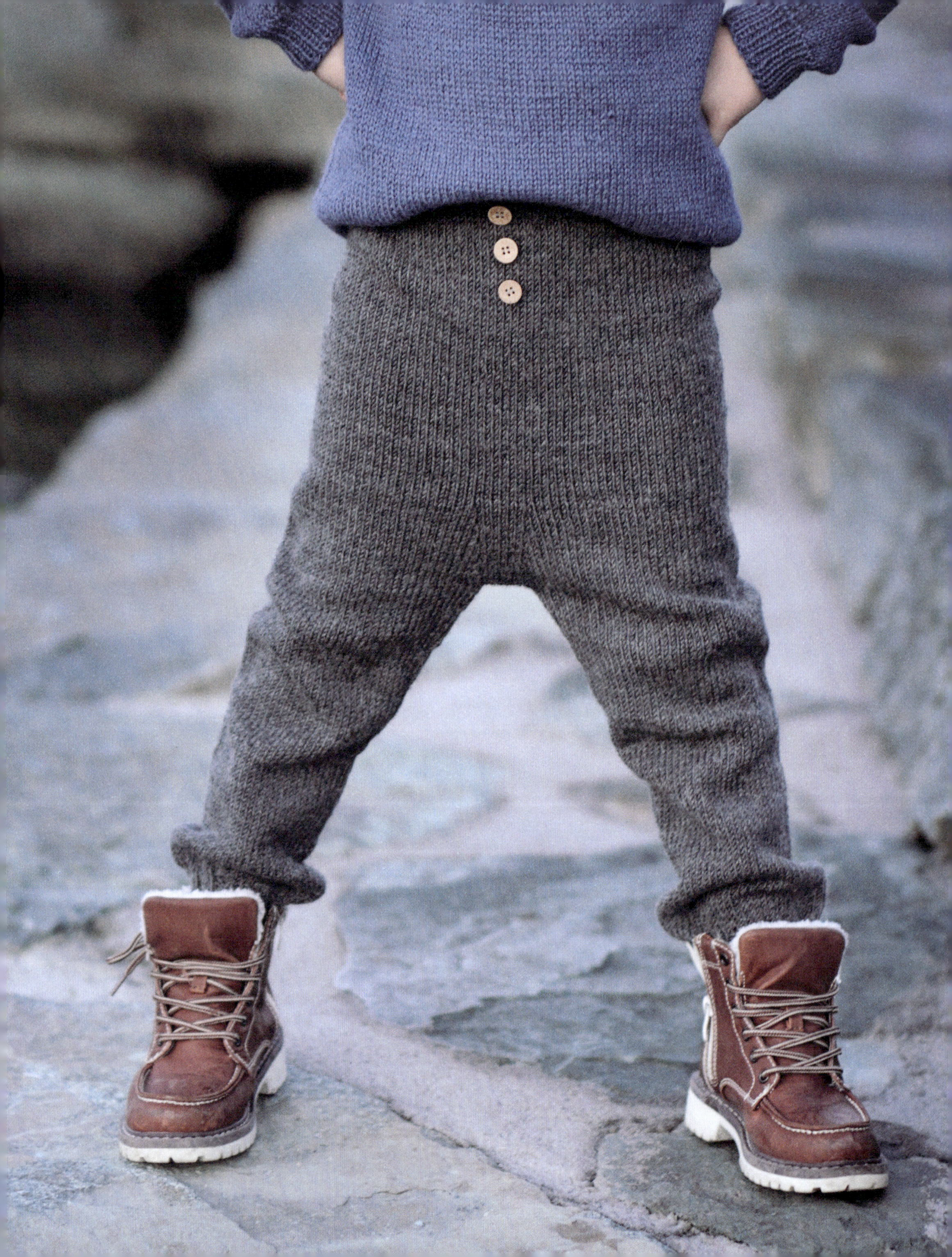

Hose Rabauke

Hier haben wir eine coole Hose für kleine Rabauken. Wir wollten eine Hose entwerfen, die sich weich und gut auf der Haut anfühlt, aber zugleich eine robuste Optik hat. Die Hose ist genauso geworden, wie wir sie uns gewünscht haben. Sie kann aus Baumwollgarn gestrickt werden; wenn sie aus Wolle gearbeitet wird, ist sie auch noch praktisch und warm.

Schwierigkeitsgrad 2

GRÖSSE für 6–12 Monate/1–2/3–4/5–6/7–8 Jahre
MASSE
Länge: 36/44/56/63/74 cm
Hüftbreite (vor Einziehen des Hosengummis): ca. 26/28/30/32/34 cm
GARN Viking Merino Superfine (100 % Merinowolle, LL 105 m/50 g) in Dunkelgrau (Fb 615), 200/200/250/300/300 g
NADELN Rundstricknadeln 3,0 mm und 4,0 mm, 40 cm lang, Nadelspiele 3, 5 mm und 4,0 mm
ZUBEHÖR 3 Knöpfe
MASCHENPROBE 22 M mit Nd 4,0 mm glatt re = 10 cm

Mit der Rundstricknd 3,0 mm 112/120/128/136/144 M anschl und zur Rd schließen. Den Rd-Beginn mit einem MM oder einem Kontrastfaden kennzeichnen.
9 Rd re M, 1 Rd li M und 9 Rd re M str.
Zu Nd 4,0 mm wechseln. 1 Rd re M str.
Nun den rückwärtigen Teil etwas länger arb, dafür wie folgt str:
10 M re, wenden, 1 U, 20 M li, wenden, 1 U, re M str bis 4 M nach der letzten Wendestelle, den U und die folg M re zusstr, wenden, 1 U, li M str bis 4 M nach der letzten Wendestelle. So weiterarb, bis beidseitig 4/5/5/6/6 x gewendet ist.
Glatt re (= jede Rd re M) weiterstr und je 1 MM beidseits der 6 mittleren M von vorderem und rückwärtigem Hosenteil einhängen. Glatt re str, bis eine Höhe von 16/18/20/22/24 cm ab der Rd des Nd-Wechsels erreicht ist.
Nun 5 x in jeder 3. Rd beidseits der 6 markierten M vorn und hinten jeweils 1 M re verschr aus dem Querfaden zun (= 20 M zugenommen = 132/140/148/156/164 M).
In der nächsten Rd die 6 markierten M hinten und vorn abk.
Nun jedes Hosenbein einzeln beenden = 60/64/68/72/76M je Bein.

HOSENBEIN (2 X ARB)

Nun jedes Hosenbein einzeln beenden. Die letzte M li str (oder diese M mit einem MM kennzeichen = Markierungs-M).
3 cm glatt re str.
In der nächsten Rd 1 M vor und 1 M nach der Markierungs-M abn.
Diese Abn noch 3/3/4/4/5 x alle 3 cm wdh (= 52/56/58/62/64 M).
Glatt re ohne Abn weiterstr, bis eine Höhe von 33/41/53/62/71 cm ab der li gestrickten Rd erreicht ist.
In der nächsten Rd gleichmäßig verteilt 12/12/14/14/15 abn (= 40/44/44/48/49 M).
Zum Ndspiel 3,5 mm wechseln. 3 cm im Rippenmuster 2 M re, 2 M li im Wechsel str. Alle M abk.

Die 6 abgeketteten M vorn und hinten zwischen den Beinen mit M-Stichen zusammennähen (siehe Abbildung auf S. 81). Den Hosenbund umklappen und von li festnähen, dabei zunächst noch eine Öffnung von 3 cm lassen. Ein breites Gummiband einziehen, die Bandenden überlappend aufeinandernähen, dann die Öffnung schließen.
Alle Fadenenden vernähen. In der vorderen Mitte drei Knöpfe annähen. Die Hose in ein feuchtes Handtuch wickeln (siehe S. 6).

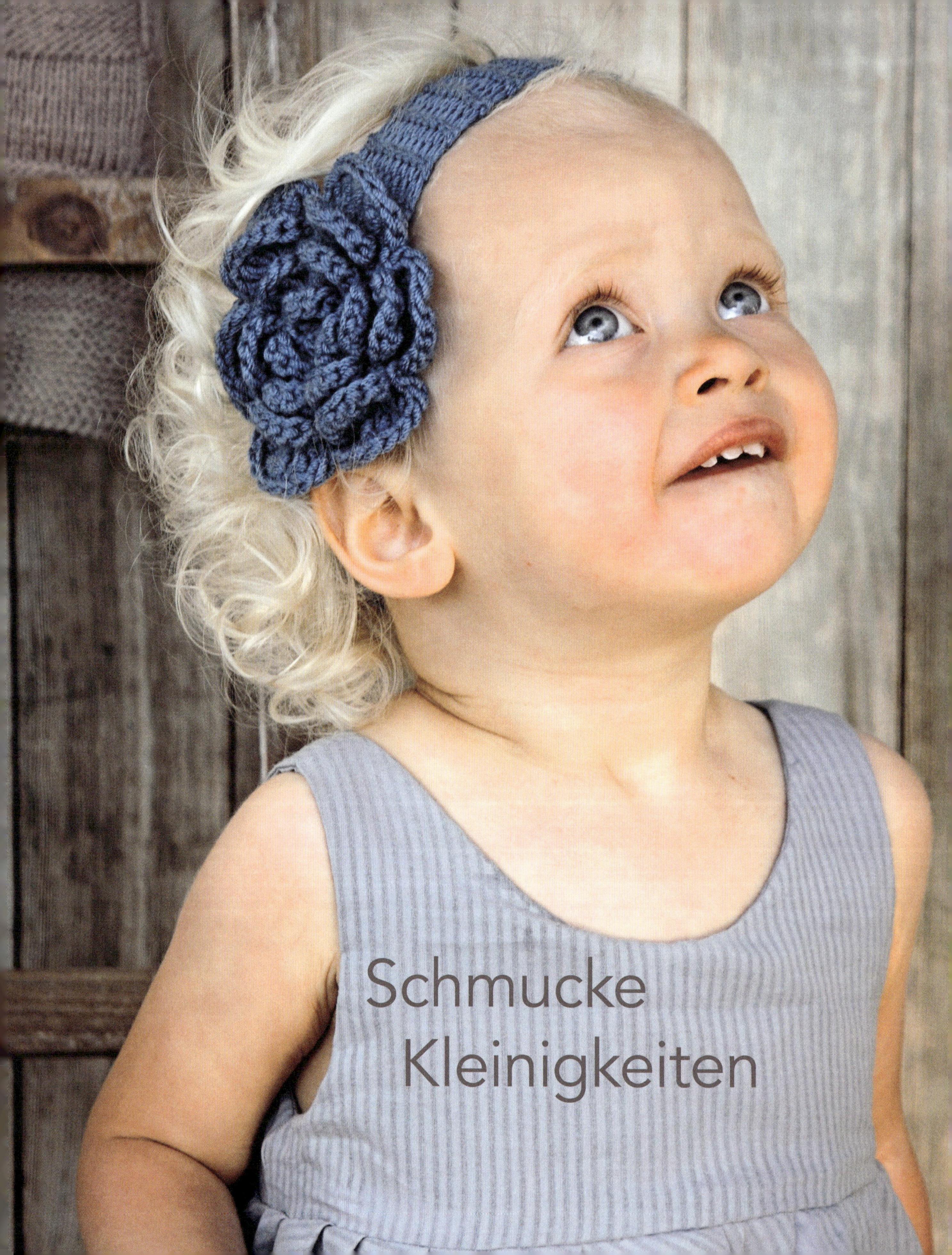

Schmucke Kleinigkeiten

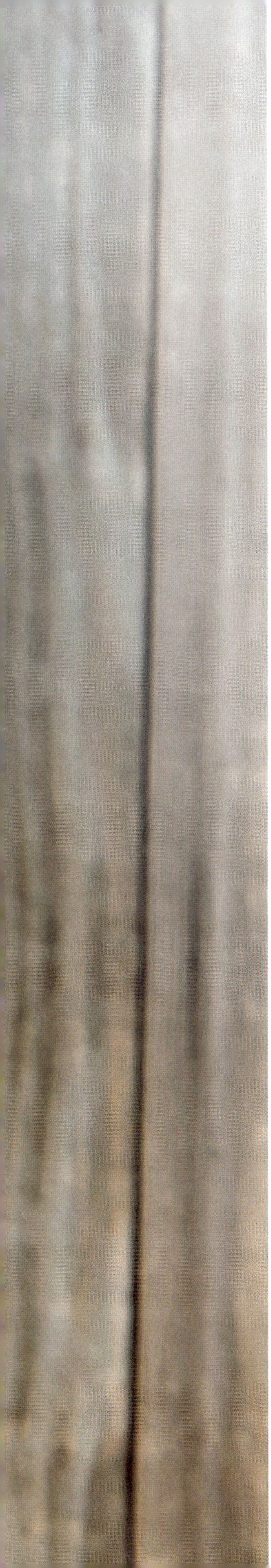

Klompelompe Häkelblume

Eine Häkelnd in der Stärke verwenden, die zum gewünschten Garn passt.

3 Lm anschl und mit 1 Km zum Ring schließen.

Nun wie folgt häkeln:

1. Runde: * 3 Lm, 1 Km in den Ring; ab * 3 x arb (= 3 Bogen).

Nun 3 Blütenblätter wie folgt arb:

2. Runde: * [1 Km, 1 Stb, 3 DStb, 1 Stb, 1 Km] in den Lm-Bogen; ab * 3 x arb.

Die Arbeit wenden.

3. Runde: 6 neue Bogen aus je 3 Lm hinter den Blütenblättern häkeln, dazu diese jeweils im Wechsel 1 x zwischen den Blütenblättern und 1 x in den Bogen der 1. Rd befestigen.

Die Arbeit erneut wenden und wie folgt Blütenblätter in die 6 Bogen arb:

4. Runde: * [1 Km, 1 Stb, 4 DStb, 1 Stb, 1 Km] in den Lm-Bogen; ab * 6 x arb.

Die Arbeit wenden.

5. Runde: 6 weitere Bogen, jedoch aus je 4 Lm, hinter den Blütenblättern häkeln, dazu diese jeweils im Wechsel 1 x zwischen den Blütenblättern und 1 x in den Bogen der 3. Rd befestigen.

Die Arbeit erneut wenden und wie folgt Blütenblätter in die 6 Bogen arb:

6. Runde: * [1 Km, 1 Stb, 5 DStb, 1 Stb, 1 Km] in den Lm-Bogen; ab * 6 x arb.

So weiterarb und dabei jeweils die Anzahl der Lm in den Bogen und die Anzahl der DStb in den Blütenblättern mit jeder Rd erhöhen, bis die Blume die gewünschte Größe erreicht hat.

Tipp 1

Wenn Sie einen sehr dünnen Faden verwenden, kann es besser aussehen, wenn Sie die Anzahl der DStb um 2 anstelle von 1 in jeder Rd erhöhen.

Tipp 2

Eine Häkelblume kann auf viele verschiedene Arten verwendet werden. Wir verwenden sie meist für Mützen – entweder eine große Blume oder mehrere kleine. Die Blumen können auch auf Haarklammern oder Haargummis befestigt werden; damit werden sie schicke Details, die zum Rest der Kleidung passen. Sie können auch ein einfaches Haarband arbeiten, indem Sie eine Häkelblume auf ein einfaches schmales Gummiband oder ein Gummiband mit Spitzenrand aufnähen.

Blumenhaarband

Eine Rundstricknd in der Stärke verwenden, die zum gewünschten Garn passt.
6 oder 8 M anschl – je nachdem, wie breit das Band werden soll – und kraus re str (= 1 Rd re M und 1 Rd li M im Wechsel). Wenn das Haarband ca. 40 cm lang ist, die M abk. Die Enden zusammennähen und eine große Häkelblume an der Naht befestigen, sodass diese überdeckt wird.

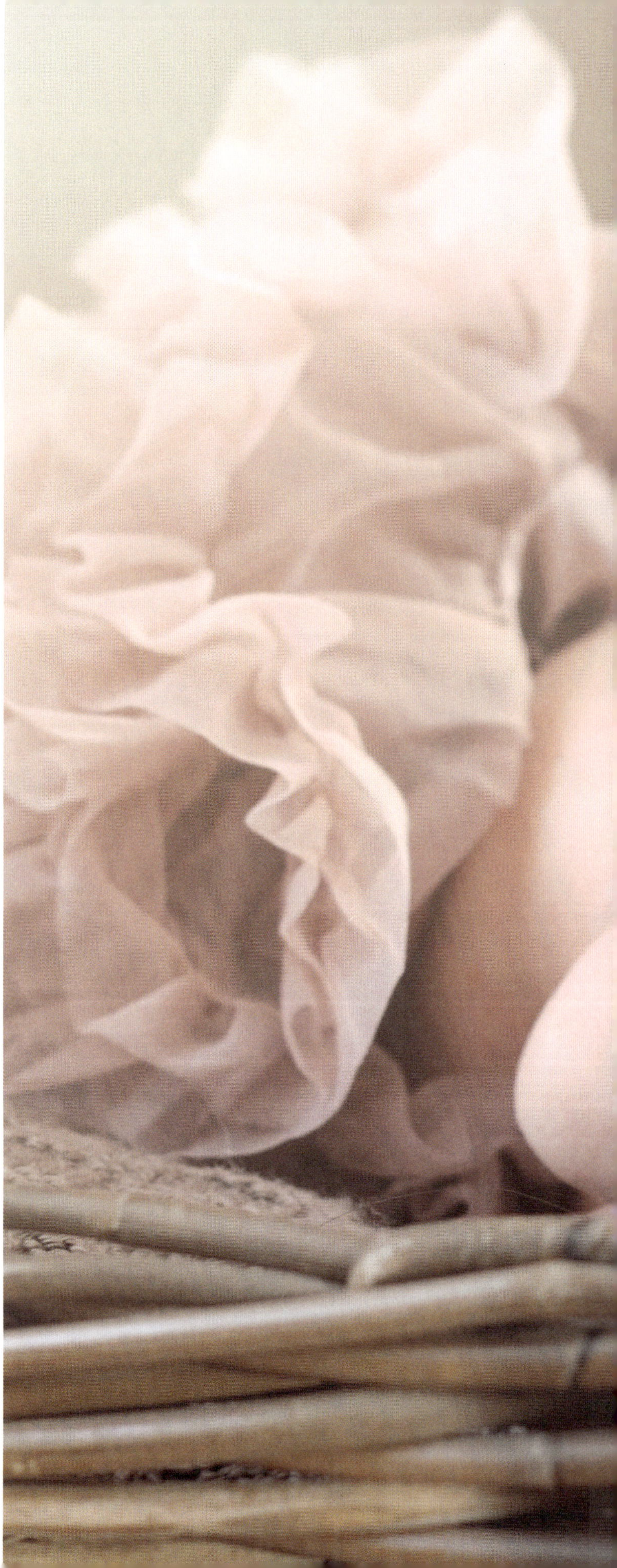

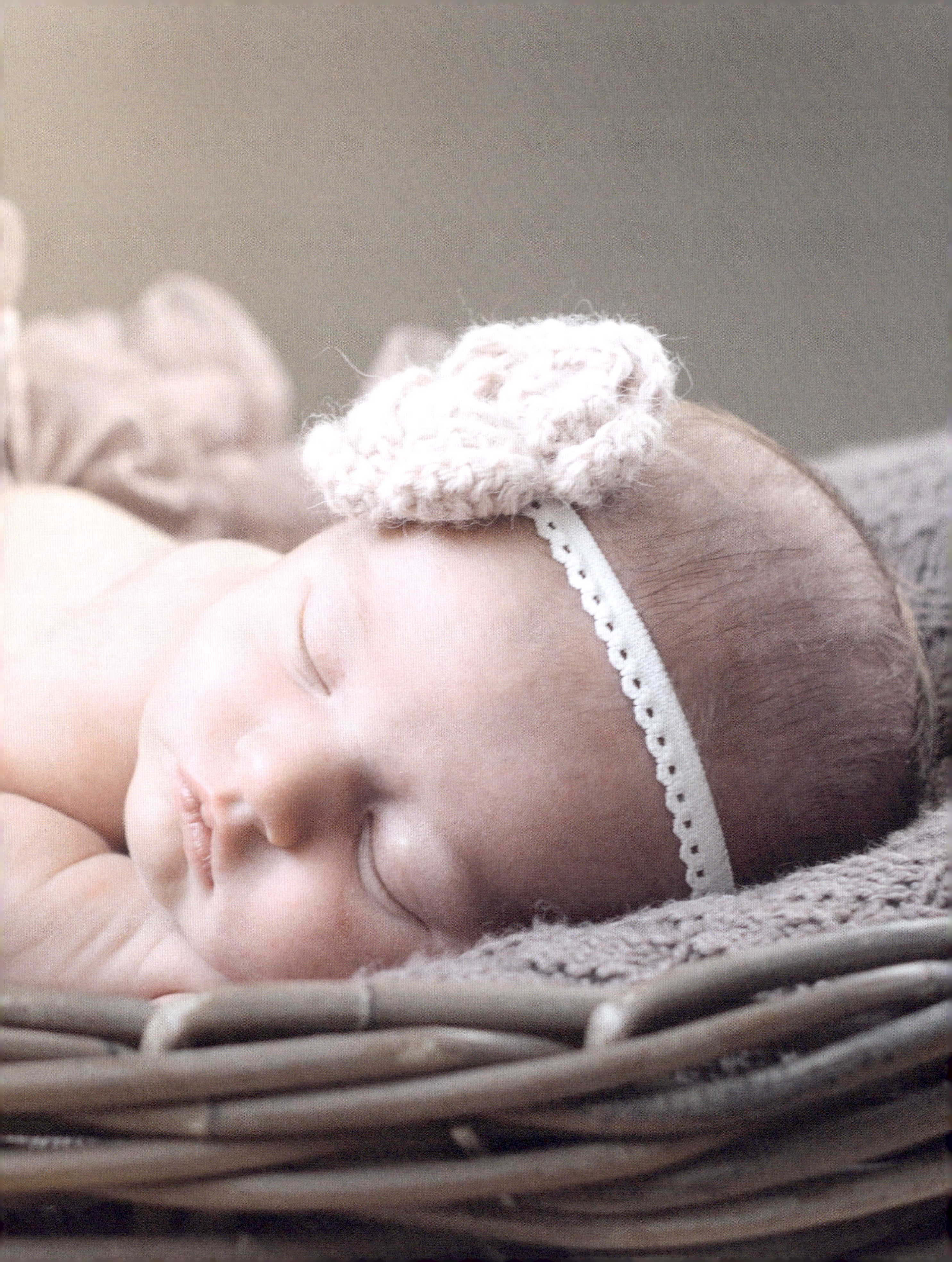

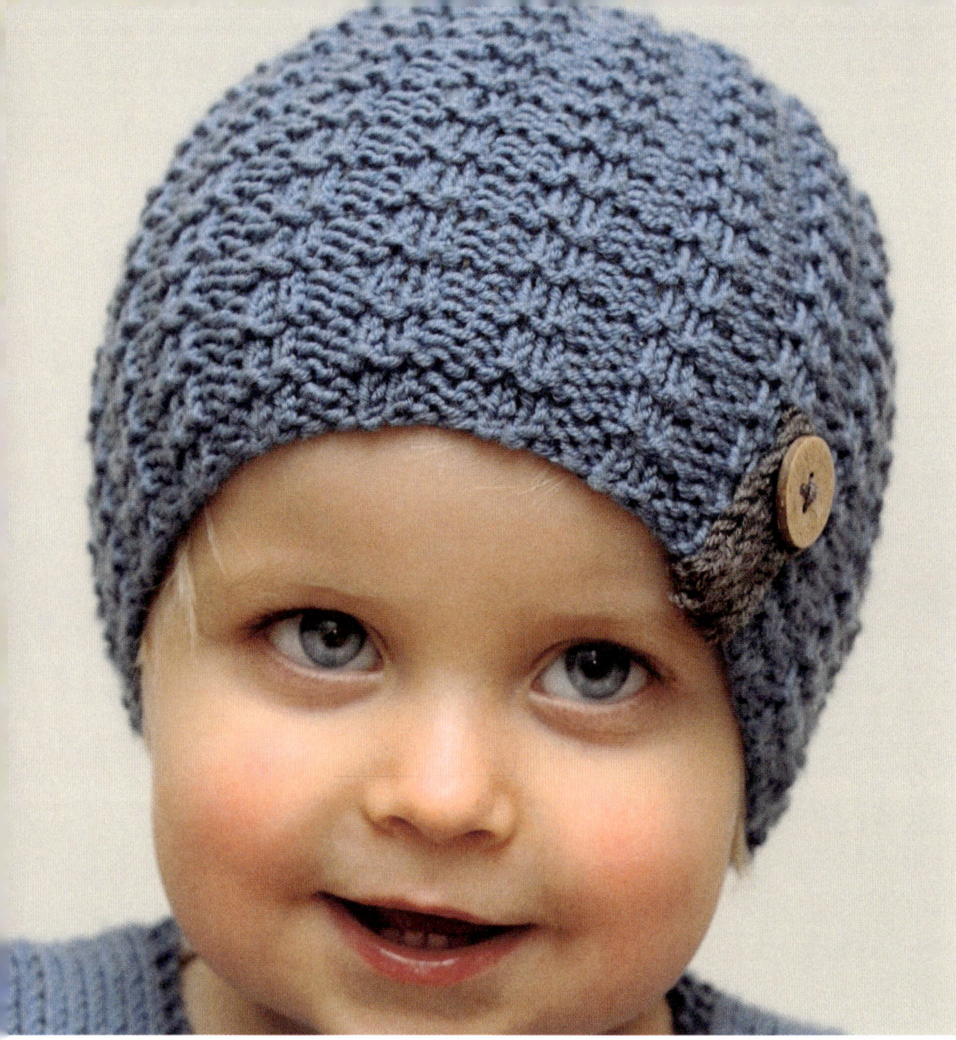

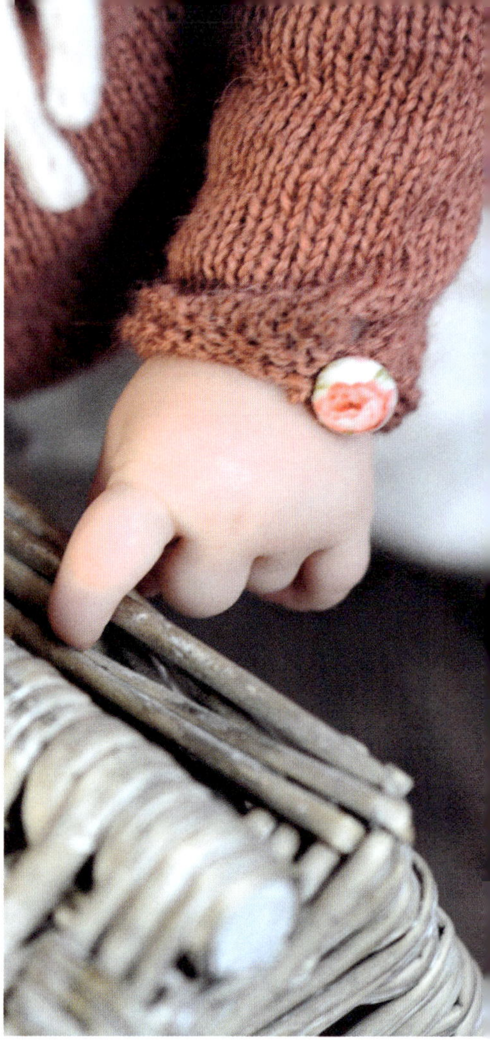

Knopfdetails

Wir lieben Holzknöpfe und verwenden sie für fast alle unsere Projekte. Holzknöpfe passen zu allen Kleidungsstücken und zu allen Garnfarben. Manchmal macht es allerdings Spaß, etwas anderes zu machen. Sie können zum Beispiel Knöpfe mit einem Stoffrest beziehen, der farblich zu dem von Ihnen verwendeten Garn passt. So wird das Kleidungsstück noch einzigartiger!

Ohrenklappen

Eine Rundstricknd in der Stärke verwenden, die zum gewünschten Garn passt. 5 M anschl (oder mehr, wenn ein sehr dünnes Garn verwendet wird). Die Ohrenklappen können gut 1,5–2 cm breit sein. Nun kraus re (= in jeder R re M) oder glatt re (= in Hinr re M, in Rückr li M) str, bis die Ohrenklappe 5 cm hoch ist. Die M abk. Das Ende des Fadens verwenden, um die Klappe am Mützenrand anzunähen.

Flechthaarband

GARN Sandnes Garn Merinoull (100 % Merinowolle, LL 105 m/50 g) in Erika (Fb 4645)
NADELN Nadelspiel 3,0 mm oder eine Strickliesel

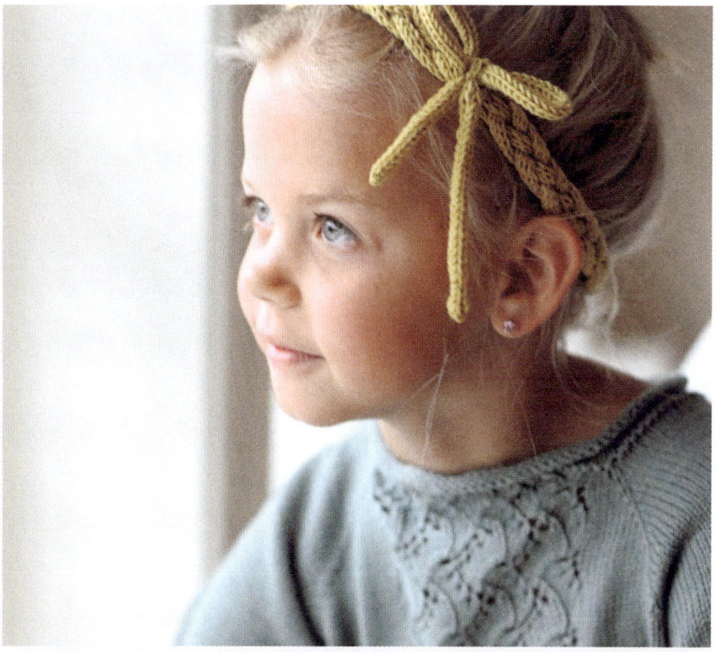

Für die Strickschnur 4 M anschl und re str. Die Arbeit nicht wenden, sondern die M an das andere Ende der Nd schieben. Den Faden auf der Rückseite der Arbeit an den Nd-Anfang holen und die 4 M wieder re str. Wdh, bis die Schnur 252 cm lang ist. Dann die M abk. Oder verwenden Sie eine Strickliesel und arbeiten Sie eine Schnur in derselben Länge.
Die Schnur zweimal falten. Die Enden sollten etwas länger sein als die Schleife in der Mitte. Einen Zopf aus diesen vier Schnüren flechten, bis nur noch die Enden übrig sind. Das Haarband zusammennähen und mit den Enden eine Schleife binden.

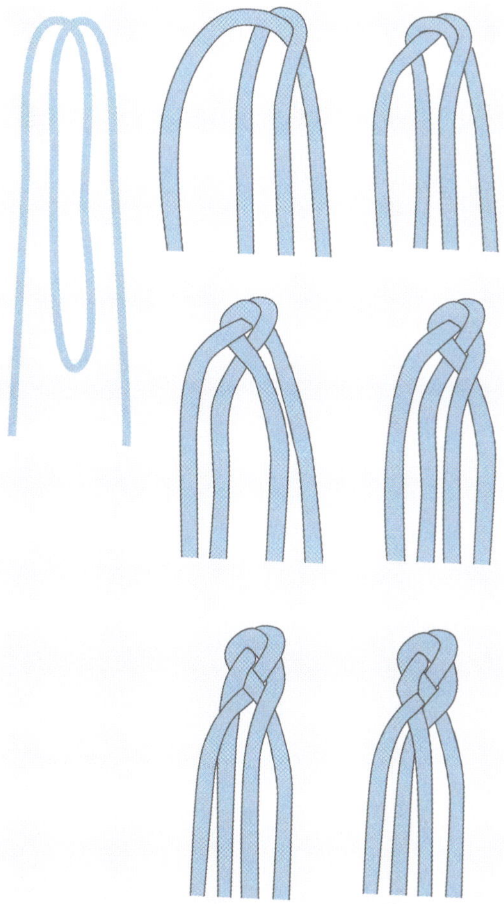

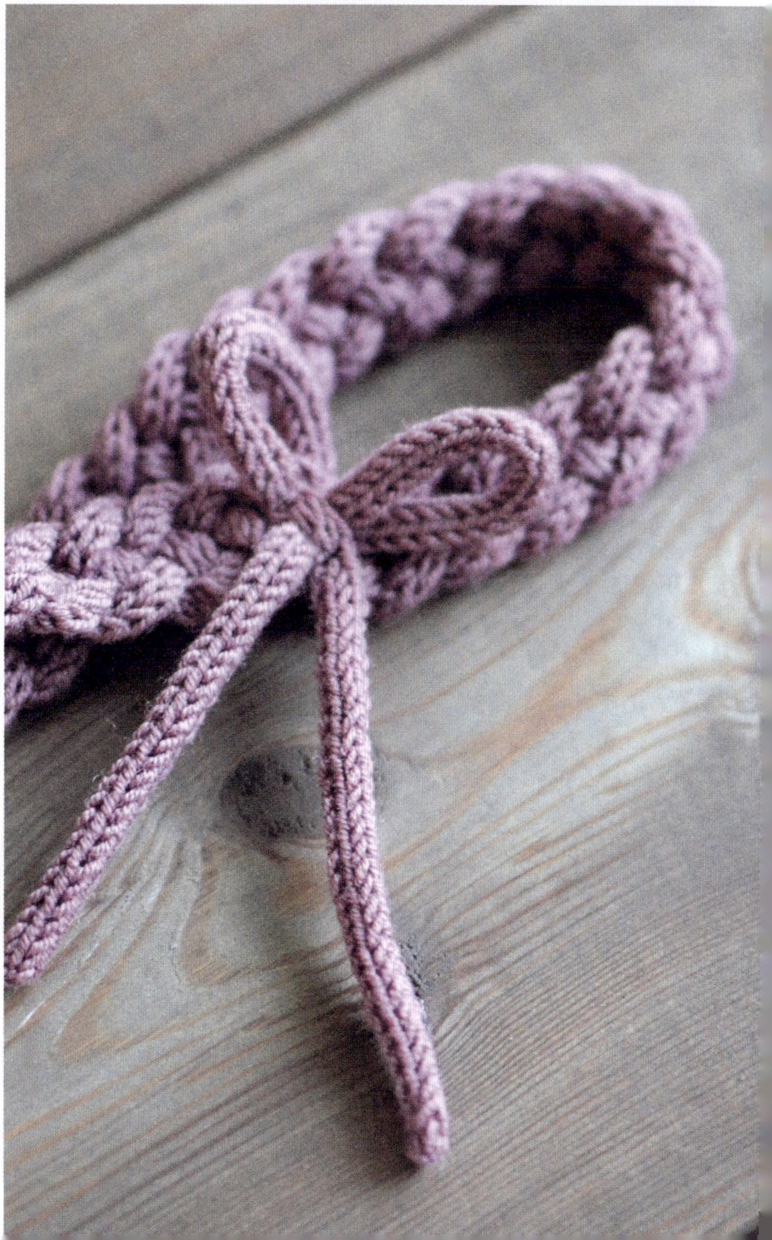

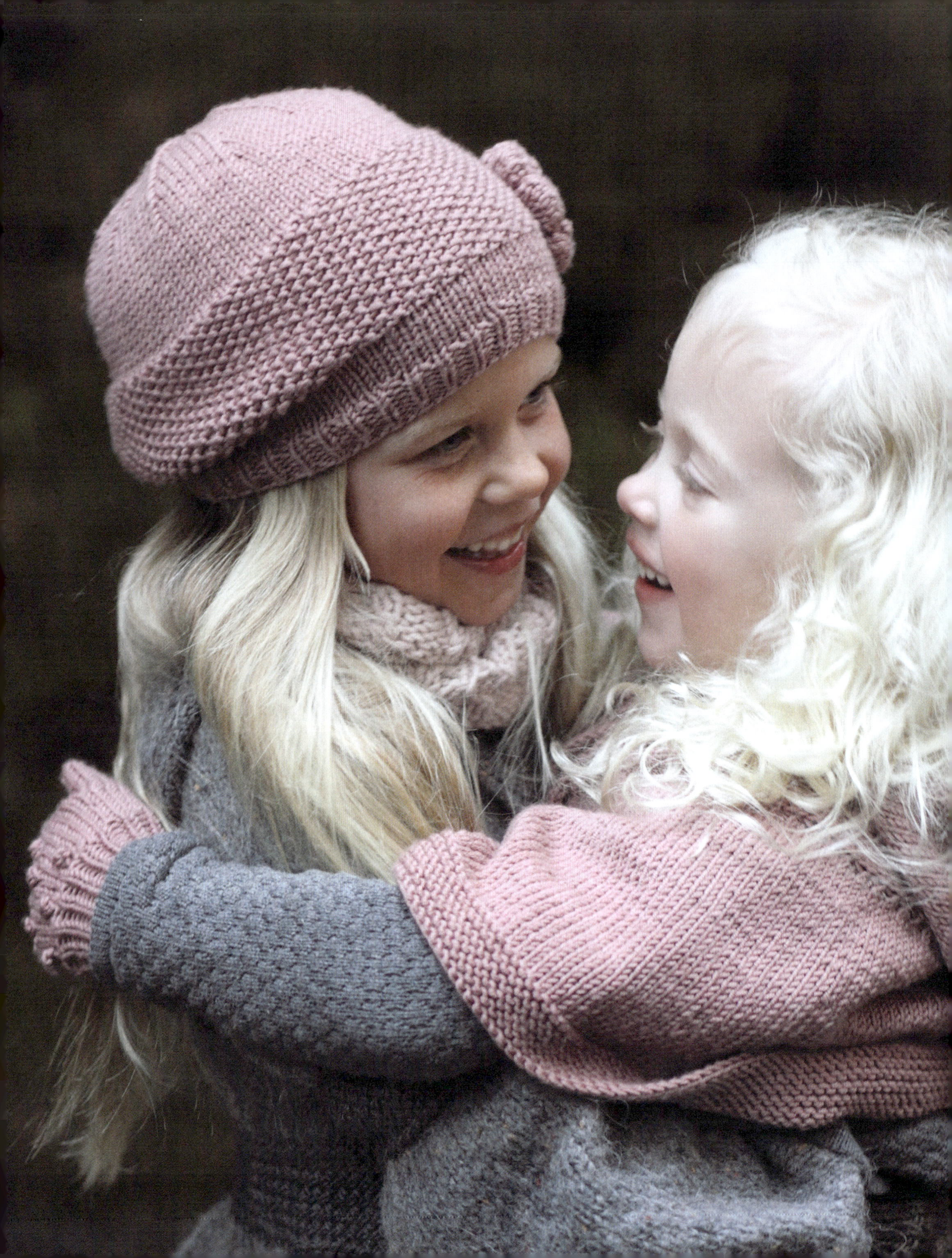

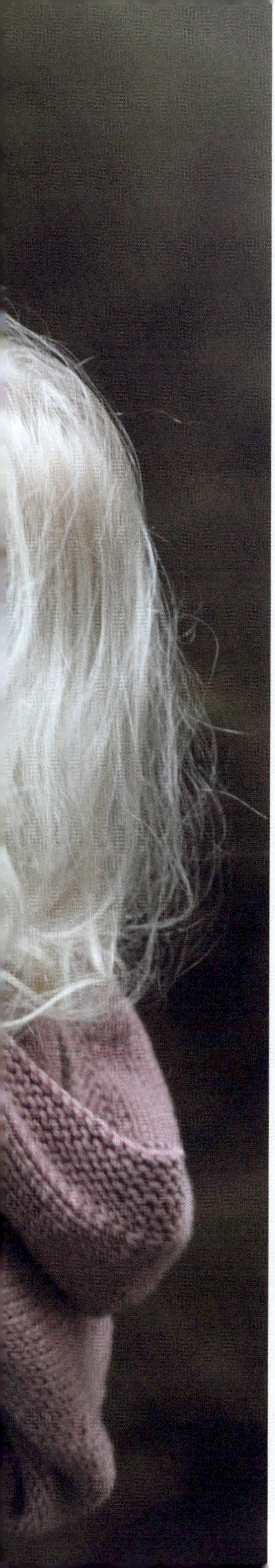

Register

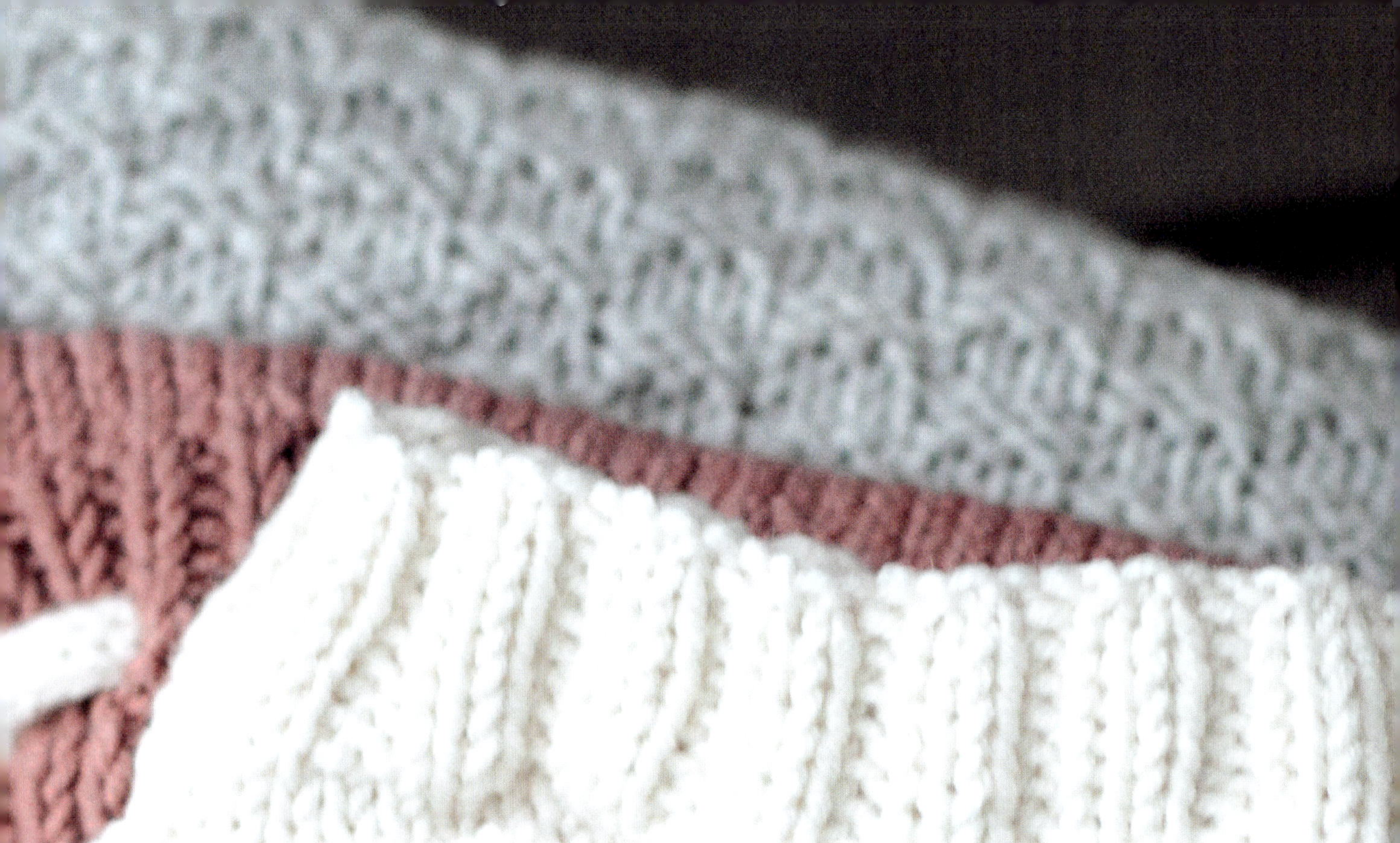

DANK

Vielen Dank für die große Hilfe beim Probestricken unserer Anleitungen! Wir bedanken uns für all die Stunden, die investiert wurden, um uns dabei zu helfen, ein richtig gutes Buch zu machen.

Probestrickerinnen:
Sissel Eikeland, Inger Nes, Ingebjørg Thorsen, Inger V. Andreassen, Johanna Gismervik, Ragnhild Omvik, Britt Alise Kvalevaag, Randi Horn, Svanhild Andreassen, Stina Steingildra, Kathrine Hettervik, Linda Andreassen, Randi Andreassen, Tove K. Milje, Tina Kvilhaug, Rhonda Helen Nes, Vibecke E. Lindtner, Liv Kari Kvalavåg, Hild Kvammen, Ellinor Nyvoll, Åse Osmundsen, Ingrid H. Hiller, Bitti Meling, Eva Britt Kvalevaag, Anna Soveig Vedø, Gunn Lillesund, Ida Kvalevaag, Åslaug Hjelmseth, Malene R. Moe, Ingvild Sakseid, Hilde Paulsen, Line F. Taranger, Lene S. Apeland und Gro Torunn Utvik.

Vielen Dank auch an all unsere tollen Models – dank euch sehen die Kleidungsstücke im Buch ganz besonders schön aus!

Models:
Tora, Henry, Tilda, Ludvig, Lillian, Noah R, Elina R, Rhonda, Veslemøy, Kristine, Johannes, Linda, Sebastian, Amelia, Oline, Elvira Amelie, Elina M, Noah B, Matheus, Kornelius, Aron, Lina, Melissa, Nathalia, Ragnhild, Aurora, David, Nora Martine, Adrian, Mail, Cayla, Henriette, Jenny, Jacob, Svanhild und Jonathan.

Danke an Sandnes Garn, Rauma Garn Ullvarefabrikk, Du Store Alpakka, Drops-Design und Viking Garn, die uns das Garn zum Probestricken zur Verfügung stellten.

Wir möchten uns auch bei Siri und Nøsteliten bedanken. Wir freuen uns sehr, dass wir jedes Mal, wenn wir in Siris Laden waren, mit einem Lächeln und lieben Worten begrüßt wurden. Sie hat alles, was wir an Garn brauchen, und sie hilft uns immer, wenn Not am Mann ist, mit Tipps und Ratschlägen.

Schließlich und endlich geht ein großes Dankeschön an unsere Familien und alle guten Freunde, die an uns geglaubt haben und die dazu beigetragen haben, dass wir uns getraut haben, dieses Buchprojekt in Angriff zu nehmen.

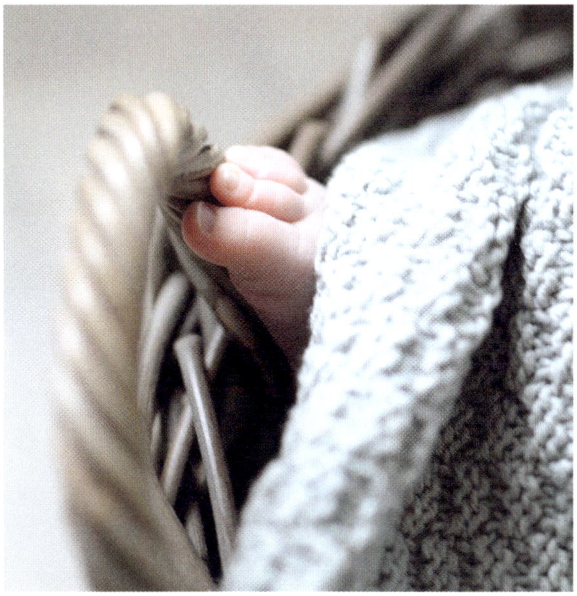

Bibliografische Information der Deutschen Nationalbibliothek
Die Deutsche Nationalbibliothek verzeichnet diese Publikation in der Deutschen Nationalbibliografie; detaillierte bibliografische Daten sind im Internet über http://dnb.d-nb.de abrufbar.

Wichtiger Hinweis
Die im Buch veröffentlichten Ratschläge wurden von Verfasserinnen und Verlag mit größter Sorgfalt erarbeitet und geprüft. Eine Garantie kann jedoch nicht übernommen werden. Ebenso ist eine Haftung der Verfasserinnen bzw. des Verlages und seiner Beauftragten für Personen-, Sach- oder Vermögensschäden ausgeschlossen.

Copyright der norwegischen Ausgabe:
Titel der norwegischen Originalausgabe: Klompelompe
© 2015 J.M. Stenersens Forlag AS
Bokdesign: Anne Vines
Foto: Hanne Andreassen Hjelmås
Repro: Lovaas Lito AS

J.M. Stenersens Forlag
Stortingsg. 12
N-0161 Oslo
www.jms.no
This translation is published by arrangement with Stilton Agency, Oslo, and Arrowsmith Agency, Hamburg

Deutsche Ausgabe:
Projektleitung: Franz Leipold
Übersetzung: Annette Nebelung, Kopervik
Redaktion: Regina Sidabras, Berlin
Layout und Satz: Daniela Schulz, Puchheim
Umschlaggestaltung: griesbeckdesign, München
Druck und Bindung: Drukarnia Dimograf Sp. z o. o., Bielsko-BiaÅ,a, Polen

ISBN 978-3-426-64766-0

9 8 7 6 5

MIX
Papier | Fördert gute Waldnutzung
FSC® C018236

Bitte besuchen Sie uns auch im Internet unter der Adresse:
www.droemer-knaur.de

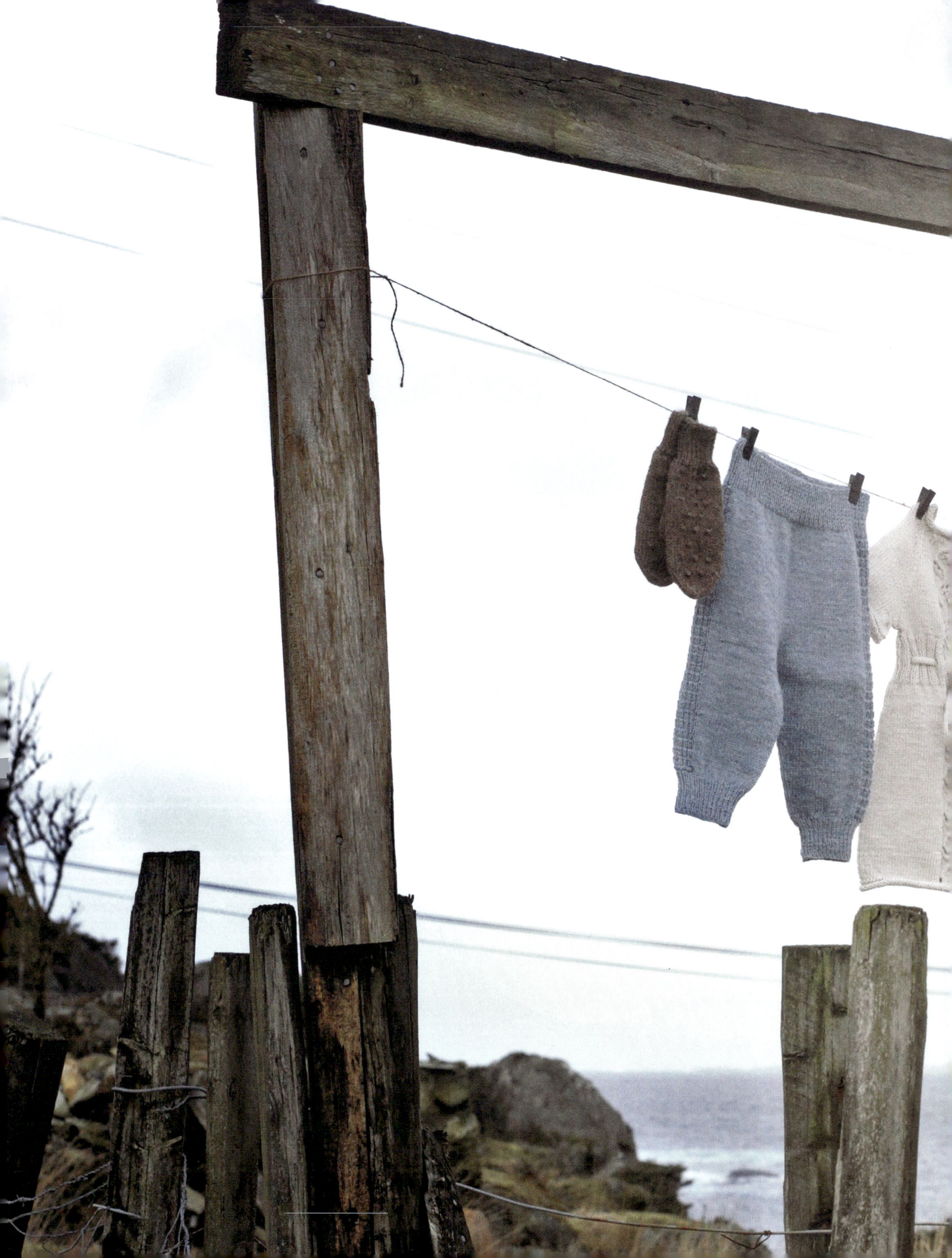